Sidonia Dedina

EDVARD BENEŠ – DER LIQUIDATOR

Dämon des Genozids an den Sudetendeutschen
Totengräber der tschechoslowakischen Demokratie

Zeitgeschichtlicher Roman
Mit einem Vorwort von Ludek Pachmann

Herausgegeben vom Heimatkreis Mies-Pilsen e.V., Dinkelsbühl

Es kann überall geschehen ... wo Kriminelle freigelassen und den Raffiniertesten von ihnen die Staatsführung anvertraut werde.

Yehudi M e n u h i n

Vielleicht hat sich unser Volk niemals so schuldig gemacht, wie nach seiner Befreiung aus der Hitler-Knechtschaft. Wie Raubtiere stürzten sich manche von uns auf fremdes Eigentum und die Gewalttätigkeiten sanken auf das Niveau derer, die uns gemordet hatten.

Přemysl P i t t e r, tschechischer Theologe

Ich bin immer noch auf der Suche nach meiner zweiten Heimat...

Hubert Niepel, Vertriebener

Zeit und Ort des Geschehens

Der zeitgeschichtliche Roman stellt Ereignisse in der Tschechoslowakei von April/Mai bis Ende Juli 1945 dar, bezieht jedoch Rückblenden ebenso ein wie aktuelle Begegnungen der 1980er und 1990er Jahre. Der geschilderte Abschnitt des Genozids an den deutschen Bewohnern der ČSR geschah *vor* den Beschlüssen der Alliierten in Potsdam vom 02. August 1945 und geht völlig auf das Konto der tschechischen Staatsmacht mit Edvard Beneš an der Spitze, keineswegs auf die Potsdamer Konferenz zurück.

Dank

Ich danke all den Menschen, die mir über ihr Leben, Schicksal und Leid erzählt haben oder ihre Erlebnisse schriftlich, auch in Dokumentationen, bereits einem breiteren Publikum zugänglich gemacht hatten. Ohne ihre Aussagen wäre dieses Buch undenkbar gewesen.

Bei einigen Persönlichkeiten war es schwierig, echte Spuren und Zeitgenossen ausfindig zu machen. Für die Schilderungen des tschechoslowakischen Generals Lev Prchala und seiner Freunde, die dem chauvinistischen Wahn des Prager Nachkriegsregimes zum Trotz die Versöhnung mit den Deutschen vorantrieben, danke ich Herrn Dr. Rudolf Hilf in München und dem tschechischen Forscher in Australien Stan Berton.

Dem Militärhistoriker Oberst Stanislav Ausky in Prag danke ich für die freundliche Einführung zu seinen Entdeckungen in europäischen und amerikanischen Archiven über die russische antistalinistische Wlassow-Armee, die im Mai 1945 den Aufständischen in Prag geholfen hatte, um anschließend vergessen und verleugnet zu werden.

Der erneuerten Agrarpartei in Prag und ihrem Chefredakteur Ing. Josef Rathouský danke ich für die spontane Zusendung von persönlichen Aufzeichnungen des ehemaligen Premiers Rudolf Beran aus dem Gefängnis, in das er durch das Prager Nachkriegsregime willkürlich und ungerecht geworfen wurde.

Herrn Dr. Otto Paleczek in Alfter-Gielsdorf bei Bonn, gebürtig aus dem Böhmerwald, danke ich für die Überlassung der ausführlichen und aufschlussreichen autobiographischen Aufzeichnungen seines gleichnamigen Vaters über die Leiden und die Flucht der Familie aus Böhmen.

Herrn Dr. Alfred M. de Zayas danke ich für die Erlaubnis, seine menschenrechtliche Tätigkeit darzustellen. Unter den Autoren im Literaturverzeichnis im Anhang dieses Buches bin ich zu einem besonderen Dank Dr. Jan Mlynarik-Danubius verpflichtet. Wertvolles Wissen konnte ich bei Pavel Tigrid, Tomáš Staněk

und bei den verstorbenen František Moravec, Václav Černý, Ernst Paul und Jaroslav Pecháček schöpfen.
Last but not least danke ich Herrn Gernot Wildt in München für die erste kritische Lesung des Manuskripts und für seine Ermutigung.

Ismaning, September 1999 Sidonia Dedina

Ein Grußwort an die Leser

Danke, dass Sie mein Buch in die Hand genommen haben.

Wie entstand *Edvard Beneš – der Liquidator?* Eigentlich hätte es schon vor 50 Jahren geschrieben werden müssen. Doch das stimmt nicht ganz. Als Jugendliche hätte ich das gar nicht vermocht. Auch eine objektive tschechische Hintergrundforschung steckte in den Kinderschuhen - und die deutsche war mir verschlossen. Erst nach meiner Emigration 1966 nach Deutschland und während einer langjährigen Tätigkeit als Journalistin, Herausgeberin und Übersetzerin, als mir abertausend Druckseiten von Forschern, Politikern und Zeitzeugen in die Hände geflattert waren, hat sich allmählich vor meinem geistigen Auge ein breites Panorama der damaligen Zeit herausgebildet und mir keine Ruhe mehr gegönnt.

„Es fehlt ein zusammenfassender Roman über die Vertreibung", sagte ich einmal zu einem sudetendeutschen Freund.

„Warum schreibst du ihn nicht?", überraschte er mich mit seinem Vorschlag.

„Ich? Als Tschechin? Darf ich das überhaupt?"

„Eben deshalb", erwiderte er und sprach mir Mut zu.

Nun, als Tschechin entdeckte ich einiges über die tschechische Seite der traurigen Medaille, was ein deutscher Autor, vielleicht schon rein sprachlich, hätte nicht mit berücksichtigen können. Beispielsweise stellt *Edvard Beneš – der Liquidator* den ersten literarischen Versuch dar, die Person Edvard Beneš's nicht nur politisch, sondern auch als Individuum und Romanfigur aufzufassen. Wer war er? Wie dachte er? Was sagte er zwischendurch zu seiner Frau? War er tatsächlich so ledern und hölzern wie er oft wirkte? Er war es, aber auch raffiniert und hinterlistig, ungemein fleißig in seiner unheilvollen Mission und besessen, ein Unglück von einem Menschen. In der heutigen Zeit müsste er vor ein internationales Tribunal für Kriegsverbrecher beziehungsweise Nachkriegsverbrecher gestellt werden. So und noch viel anders war Beneš, der Liquidator.

Einige Angehörige meiner Familie haben als Zeitzeugen auch für

ein paar Episoden im Buch gesorgt und ich selbst am Rande als jemand, der zuerst in völliger Dunkelheit tappte, doch immer mehr Dinge herausfand, bis zu der Erkenntnis, dass die zwei Seiten der Medaille - das deutsche Leid bei der Vertreibung und die tschechischen Verbrechen - exakt ineinander passten.
Meine ursprüngliche Absicht war, die ganze Vertreibungsgeschichte in einem Band zu schreiben. Doch als das Manuskript über mehrere hundert Seiten dick war und ich immer noch in der Mitte des Jahres 1945 steckte, verstand ich, dass so viele Seiten keinen Verleger finden würden. Ich musste irgendwo aufhören - fürs Erste.
So kam es, dass das Buch gerade vor Abschluss der Konferenz von Potsdam zu Ende geht, jenem verhängnisvollen Treffen der Alliierten, auf dem über die Vertreibungen auf internationaler Ebene - wenn auch sehr zweifelhaft - entschieden wurde.
Daraus folgt etwas Wichtiges: Alles, was in diesem Buch geschildert wird, kann nicht auf das Konto der Alliierten geschoben werden, sondern *geht ausschließlich und völlig auf das Konto der tschechischen bzw. tschechoslowakischen Staatsmacht mit Edvard Beneš an der Spitze.*
In den Monaten und Jahren, in denen das Manuskript entstand, habe ich Begegnungen in der Heimat erlebt und sie teilweise in das Erzählte mit einbezogen. Es ist also auch ein Buch über die 1990er Jahre, die Zeit nach dem Zerfall des europäischen Kommunismus. Es ist ein Buch für Deutsche und für Tschechen. Beide Völker gehören heute zu meinem Leben und ich gehöre zu ihnen. Den Leserinnen und Lesern, die es mit offenem Herzen und Verstand aufnehmen, ist das Buch herzlich gewidmet.

Die Autorin

Ein Vorwort von Ludek Pachmann
„Pravda vítězí" - Die Wahrheit siegt!
Siegt sie endlich auch in Tschechien?

Der *Liquidator* - diese Bezeichnung für Massenmörder findet man nirgendwo in der Literatur. Sie ist eine gelungene Schöpfung der Autorin dieses Buches. Sie könnte als Sammelbegriff für Personen wie Stalin, Hitler, Berija, Himmler, Sultan Chan, Gottwald, Slánský, Robespierre oder Marat dienen. Die Letztgenannten versucht man in Frankreich und in der übrigen Welt mit dem Hinweis rein zu waschen, sie hätten ihre Morde mit einer so oft missbrauchten Losung 'Kampf um die Freiheit' angeordnet.
Solch eine Ausrede kann man für den zweiten tschechoslowakischen Präsidenten Dr. Beneš kaum akzeptieren. Seine Motive für die Übeltaten, für den Massenmord ab Mai 1945, waren Hass, Rachsucht, aber auch Feigheit und Minderwertigkeitskomplexe.
Meine erste 'Diskussion' zum Thema Beneš führte ich im Alter von sechzehneinhalb Jahren im Herbst 1940 nach meiner Inhaftierung in der Dienstelle der Gestapo in Jungbunzlau (Mladá Boleslav). Beim zweiten Verhör - das erste verlief eine Woche früher recht stürmisch - stellte mir der Untersuchungsbeamte, ein junger Mann, folgende Frage: „Sie lieben sicher Herrn Dr. Beneš, nicht wahr?" Meine wortwörtliche Antwort: „Das tue ich nicht, denn Beneš ist ein unwürdiger Feigling und Kapitulant. Vor zwei Jahren hätte er unserer Armee den Befehl erteilen müssen, unsere Grenzen zu verteidigen."
Die Reaktion des Gestapomannes war verblüffend. Offenbar überlegte er, was wichtiger war, dass ich den Krieg mit Deutschland wünschte oder dass ich über Beneš schimpfte. Weitere, fast sechs Wochen andauernde Verhöre verliefen ziemlich ruhig. Er erfuhr von mir nichts und ich nahm seine Worte ernst, ein Geheimdienst sei keine Stelle, mit der ich wie mit einem Gymnasialprofessor reden dürfte ...
Den Furcht erregenden Begriff *Liquidator* hat eigentlich Beneš indirekt selbst erfunden. Gleich bei seinen ersten Auftritten im April und Mai 1945 in Kaschau, Brünn und Prag rief er dazu auf,

dass das „sudetendeutsche Problem *wegliquidiert*" werden müsse. Verschiedene Verbrecher, unter ihnen Kollaborateure aus der Kriegszeit, Gendarmen, Svoboda-Soldaten und andere, mordeten eifrig, weil der Herr Präsident ihnen volle Straffreiheit garantierte.
Dedinas Buch ist aus zwei Gründen wichtig: Erstens bringt es einen genauen Bericht darüber, was in der ersten Hälfte des Jahres 1945 wirklich geschah. Zweitens ist es keine allgemeine Aufzählung der Übeltaten, denen zuletzt rund 170.000 unschuldige Zivilisten zum Opfer fielen, sondern auch eine Beschreibung der Schicksale einzelner Menschen, der Zeugen damaliger Zeit, was bei den Lesern eine stärkere Wirkung haben muss, als eine allgemeine Berichterstattung.
Wenn es in der Zukunft endlich auch in Prag eine aufgeklärte Regierung geben wird, sollte sie dieses Buch als Schullektüre einführen.
Doch eine ähnliche Bedeutung hat dieses Buch auch für Deutschland, da es hier die so verbreitete Mentalität bekämpfen kann, die dazu neigt, Verbrecher nur im eigenen Volk zu suchen. Natürlich wurden während der ersten Okkupation der ČSR - die zweite kam 19 Jahre später in der Form einer 'brüderlichen Hilfe' und stützte sich ebenso auf die Negation der Wahrheit - schwere Verbrechen seitens der totalitären Diktatur begangen. Trotzdem ist es eine Tatsache, die der gesunde Menschenverstand nicht ewig ignorieren kann, dass es in der Friedenszeit ab April/Mai 1945 unter der zivilen Bevölkerung viel mehr Opfer gab als während des Krieges.
Bei zahlreichen Kundgebungen nach dem August 1968, dem Ende des 'Prager Frühlings', sprach ich davon, dass die Verbreitung der Wahrheit unsere einzige Chance und gleichzeitig unsere Pflicht sei. Es ist eine traurige Feststellung, dass die Tschechen damals im Schatten der fremden Panzer die Probleme ihres Verhältnisses zu den Sudetendeutschen besser verstanden als sie es in der Gegenwart tun. Die Wahrheit lässt sich jedoch nicht auf ewige Zeit unterdrücken.
Der erste tschechoslowakische Präsident T. G. Masaryk setzte

sich für die Losung 'Pravda vítězí' stark ein. Trotzdem war Ende 1918 eine seiner ersten Taten die Verzerrung der geschichtlichen Wahrheit, indem er die deutschen Bewohner des neuen Staates nicht als Mitbürger seit Jahrhunderten begrüßte, sondern sie als 'Einwanderer und Kolonisten' bezeichnete. Und er war es, der den Schießbefehl gegen die unbewaffneten deutschen Arbeiter am 4. März 1919 erteilt hatte. Bis heute hat das Land keine einzige führende politische Persönlichkeit gehabt, die bereit gewesen wäre, vor ihrer politischen Karriere der Wahrheit Vorrang zu geben.
Der Präsident des 'Protektorats' 1939 - 1945 Dr. Emil Hácha war unvergleichlich ehrlicher als sein De-facto-Henker Dr. Beneš. Das erfährt man in Dedinas Buch, zusammen mit Charakteristiken anderer tschechischer Persönlichkeiten und einer neuen Bewertung der geschichtlichen Ereignisse.
Das Attentat auf Hitlers Reichsprotektor Reinhard Heydrich - die Prager Widerstandsführung hatte zweimal dringend davor gewarnt - war nichts als Provokation, die viele Menschenleben kostete und mit der Beneš nur seine Bedeutung im Londoner Exil stärken wollte.
Oft wird in Tschechien behauptet, an allen Entscheidungen ab Kriegsende bis zur Wende 1989 würden die Kommunisten allein die Schuld tragen. Das stimmt jedoch nicht. Bereits im Dezember 1943 zeigte Beneš sein wahres Gesicht, als der Kommunistenchef Gottwald und seine Moskauer Exilführung vor der Vertreibung der Sudetendeutschen warnten und Beneš die Aktion sogar gegen anfängliche Bedenken Stalins durchsetzte.
Kurz und bündig kann man sagen: Wegen seines gegen die Deutschen zielenden Hasses verkaufte Beneš die Nachkriegs-Tschechoslowakei an Stalin, den größten Massenmörder aller Zeiten. Beneš, und nicht Gottwald, trifft die größte Schuld an der Einführung der kommunistischen Herrschaft in der Nachkriegszeit. Ohne die Vertreibung der Sudetendeutschen und die willkürliche Umverteilung ihres Vermögens hätte wohl die kommunistische Partei die Wahlen im Mai 1946 niemals gewinnen können. Wie schwer es ist, der geschichtlichen Wahrheit den Weg zu eb-

nen, davon habe ich mich im Jahre 1997 nochmals überzeugt. Zwischen dem ZDF und dem Tschechischen Fernsehen wurde eine Vereinbarung über die gemeinsame Produktion und Ausstrahlung eines zweiteiligen Dokumentarfilms „Tschechen und Deutsche - Böhmen und Mähren im Herzen Europas" getroffen. Das von mir entworfene Drehbuch wurde von beiden Fernsehanstalten akzeptiert. Am 1. Juli sollten die Dreharbeiten der beiden Kamerateams in Karlsbad beginnen. Kurz davor haben sich jedoch 'höhere Instanzen' in die Vorbereitungen eingemischt und von mir ultimativ Änderungen im Drehbuch verlangt. Diese waren für mich nicht annehmbar und widersprachen meinem Vertrag als Autor. So sollte z. B. die Zahl der Opfer der Vertreibung auf völlig unrealistische 15.000 reduziert und der 4. März 1919 nicht erwähnt werden.
Ich reagierte mit sachlichen Argumenten. Doch nach Karlsbad kam das tschechische Kamerateam nicht mehr, stattdessen erhielten wir dort folgende Faxmitteilung: „Die Koproduktion kann nicht verwirklicht werden. Es wurde festgestellt, dass Pachmann kein tschechischer, sondern ein deutscher Autor ist." Wie absurd. Mein Name ist seit vielen Jahren in Tschechien wohl bekannt gewesen. Ich hatte damals - mit Zustimmung deutscher Politiker - die doppelte Staatsangehörigkeit besessen. Auch deshalb wurde ich vom tschechischen Fernsehen als geeigneter Autor bezeichnet. Wie man sieht, setzt sich die Wahrheit sehr oft nicht schnell durch.
Doch seien wir optimistisch - letzten Endes siegt sie doch. Es gibt auch vernünftigere politische Persönlichkeiten als die bisherigen tschechischen Präsidenten. Die Mehrheit im Europäischen Parlament verbindet den Eintritt der Tschechischen Republik in die Europäische Union bereits mit der Forderung nach der Beseitigung der verbrecherischen 'Beneš-Dekrete'. Und auch in Tschechien wird es immer mehr Leute geben, welche die Vernunft dem Hass und den Vorurteilen vorziehen. Am 22. August 1968 verbreitete ich aus dem besetzten Prag per Telex folgenden Aufruf:
„Anständige Menschen aller Länder vereinigt euch!"

In *Edvard Beneš – der Liquidator* werden Vertreibung und Verfolgung geschildert. Zugleich schenkt die Autorin jenen Personen besondere Aufmerksamkeit, Deutschen wie Tschechen, die selbst in schwertster Zeit Verständnis, Reue und Menschlichkeit gezeigt, Hilfe geleistet und die Erkenntnis der Wahrheit erlangt haben.
Nach der Lektüre des Buches von Sidonia Dedina bin ich zuversichtlich: *Anständige Menschen beider Länder werden sich vereinigen.*

Bayern, März 2000

Der ehemalige Dissident Ludek Pachmann ist als Schachgroßmeister international bekannt, als Schriftsteller und Publizist setzt er sich für eine harmonische und humane europäische Zukunft ein.

SIDONIA DEDINA, geboren in Prag, Englisches Gymnasium und Filmhochschule in Prag, Philologiestudium in Freiburg i. B. und Zürich, Lic. phil 1972. Seit 1966 lebt sie in der Bundesrepublik Deutschland. Ihr erster Roman „*Als die Tiere starben*" erschien 1988 bei Langen Müller, München, 1991 im Ullstein-Taschenbuch-Verlag, Berlin. In den Jahren 1990/91 gab sie als Editorin und Übersetzerin die Dokumentation „*Slyšme i druhou stranu*" (Hören wir auch die andere Seite an), Aussagen vertriebener Deutscher in Budweis heraus. Als Herausgeberin und Journalistin ist sie dem tschechischen Publikum wohl bekannt. Ihre literarischen Arbeiten verfasst sie auf Deutsch. Der zeitgeschichtliche Dokumentarroman „*Edvard Beneš – der Liquidator*" ist das Ergebnis jahrelanger Quellensuche. Sie hat einen Sohn, der als Übersetzer in Lissabon tätig ist. Mit ihrem Ehemann lebt sie in Ismaning bei München.

Begleitwort des Vorstandes des Heimatkreises Mies-Pilsen e.V.

Frau Sidonia Dedina-Jezik ist es gelungen, in einem zeitgeschichtlichen Roman die an den Sudetendeutschen begangenen Verbrechen eindringlich und authentisch zu schildern und ihren Urheber - Edvard Beneš - als Politverbrecher zu entlarven. Dieses Werk sei all jenen anempfohlen zu lesen, die allzu leicht und zu schnell über die Verbrechen der anderen Seite entschuldigend hinwegsehen. Wer dauerhaft Frieden stiften will, muß mit Takt und Klugheit Gerechtigkeit walten lassen. Das ist leider von unseren Politikern mißachtet worden. Deshalb konnten ihre Vertragswerke auch keine echte Versöhnung zwischen Tschechen und Sudetendeutschen stiften. Die Auseinandersetzungen werden deshalb weitergehen. Es wäre aber wünschenswert, wenn die Jugend beider Seiten zueinander finden würde und wenn sie es schaffen könnte, die Hypothek der Schuld im gegenseitigen Einvernehmen und zu Erreichung einer echten friedlichen Zukunft abzutragen.
Frau Sidonia Dedina-Jezik gebührt hohes Lob für ihren Mut, sich der sudetendeutschen Sache angenommen zu haben. Sie wird von unseren sudetendeutschen Landsleuten Dank und Anerkennung erfahren. Herr Jaroslav Tschöpa aus Letohrad in Böhmen hat den Einband gestaltet und zur Illustration des Inhalts eindringliche Bilder gezeichnet. Auch ihm sei dafür ganz herzlichst gedankt.
Der Heimatkreis Mies-Pilsen hat sich entschlossen, dieses Werk herauszugeben und wir meinen, dass wir damit einer gesamtdeutschen und sudetendeutschen Sache dienen. Auch wenn eine bestimmte Politikerkaste heute deutsche und sudetendeutsche Interessen nicht mit der gebührenden Würde und mit Nachdruck vertritt, so hoffen wir doch alle, dass sich dies einmal ändern wird. Das tschechische Volk wird jedoch solange vom Damoklesschwert begangenen und ungesühnten Unrechts bedroht bleiben, bis sich die Erkenntnis durchsetzt, den Sudetendeutschen Gerechtigkeit widerfahren zu lassen.

Dr. Hans Mirtes

1. Auf der Wiese - Prolog

Morde in Vollmau – Wie ein Amerikaner darüber denkt – Ich bin erschüttert

Bayern, 1980er Jahre
„Wer hat die Menschen von Vollmau umgebracht? Wer hat sie aus ihren Häusern gejagt? Konnte das jemals festgestellt werden?“ Ein Mann am Rednerpult bestürmte ein kleines Publikum mit Fragen. „Wer hat die Menschen auf dem Gewissen? Meinen Sie, es waren wütende Bürger oder eher das Militär? Die Polizei? Oder eine zufällige Verbrecherbande?“
Der gut aussehende Redner sprach deutsch mit einem leichten amerikanischen Akzent. „Ich meine ... Wurde die Identität der Täter je geklärt? Falls Ihnen etwas über die Ereignisse von Vollmau bekannt ist, schweigen Sie bitte nicht!“ Da keiner sich rühren wollte, munterte er sie auf: „Gibt es denn eine Barriere zwischen uns? Das wäre unnötig!“
Etwa dreißig Frauen und Männer saßen vor ihm. Sie kamen aus mehreren Ländern Europas, nicht nur aus Böhmen, und hatten früher einmal harte Schicksalsschläge erleiden müssen, nahm ich an.
Der Mann schaute sie wissbegierig an. Waren einige von ihnen Opfer oder Zeugen der Untat?
Jemand im Raum sagte verlegen: „Vor Ihrem Auftritt haben wir uns gerade Dias mit Barockschlössern und Kirchen angeschaut. Wir hörten einen schönen Vortrag über Balthasar Neumann, den Baumeister aus Eger. Verzeihen Sie.“ Er schüttelte den Kopf. „Der Übergang ist uns zu krass!“
„Tut mir leid“, sagte der Amerikaner verständnisvoll. „Ich frage ja nicht aus billiger Neugier.“ Mit seinem dunklen Haar erinnerte er an einen Spanier, der er den Vorfahren nach tatsächlich war.

Seine Brille und ein kurzer Haarschnitt verliehen ihm eine gewisse Strenge, die er als Jurist brauchen konnte. Hier musste er sie erst überwinden.
„Sicherlich", erwiderte Hans Uhlirsch - so hieß der Sprecher des Publikums -, „wir wissen, dass Sie sich für vertriebene Menschen einsetzen. Uns ist bekannt, dass Sie bei den Vereinten Nationen tätig sind. Wir wollen Ihnen auch helfen ... Nicht wahr?", wandte er sich an seine Freunde im kleinen Saal. Sie stimmten zu.
„Sehr gut!", sagte der Gast. „Darf ich Sie also fragen: Ist das alles wahr, was auf diesem Blatt steht?" Er hob einen Text hoch, den er prüfen wollte. „Die Schilderung schrieb ein einzelner, offensichtlich ein Pfarrer, ein Pfarrverweser, was das auch bedeuten mag. Ich als Wissenschaftler muss mein Material verifizieren. Ich gebe mich nie mit nur einer Quelle zufrieden. Daher wollte ich Ihre Meinung hören."

Angespannt beobachtete ich den Forscher und fühlte mich fehl am Platz. Mich überlief eine Gänsehaut beim Gedanken, die Anwesenden würden erfahren, wer ich bin!
Wir befanden uns in einem riesigen fränkischen Kloster, es war nicht klar, ob irgendwo in den Gebäuden noch Mönche lebten. Das stilvolle Gemäuer beherbergte regelmäßig Lehrgänge, Seminare, parteipolitische Klausursitzungen und Kulturtage wie diese.
Ich wollte auch den Vortrag über Balthasar Neumann aus Eger hören, den seine Baukunst nach Franken, Würzburg, an den Rhein, bis nach Trier und Wien geführt hatte. Jetzt aber geschah etwas Unvorhergesehenes.
„Ach lieber Gott!", seufzte eine Frau, die nahe bei mir saß, „wie viele Kommissionen haben sich schon mit dem alten Elend befasst! Es hat alles nichts genützt." Ich fühlte mit ihr, auch wenn ihre Klage nicht für meine Ohren bestimmt war.
Am anderen Ende des Raums hob jemand die Hand: „Vielleicht könnte der Herr vorlesen, was auf dem Blatt steht. Dann können wir darüber reden."
Uhlirsch nickte erleichtert: „Bitte, das wäre ein Weg."

„Ich danke Ihnen", sagte der Gelehrte. „Das Zeugnis kommt von einem B. Zeisel, Pfarrverweser in Vollmau, wie er anführt. Wenn ich es richtig sehe, liegt Vollmau im Südwesten Böhmens. Heute ist es ein Grenzübergang nach Bayern. Der Autor, wahrscheinlich ein Pfarrer, schildert einen tschechischen Überfall, der auf das Dorf verübt wurde. Es war Sonntag, der dreizehnte Mai 1945."

Zu der Zeit, überlegte ich, war ich ein Kind. Die Menschen hier im Saal, zumindest einige, waren zwanzig, dreißig Jahre alt und sie waren meine Feinde! Oder war ich ihr Feind? Sie waren jung, als *meine* Regierung sie vertrieb. Sie hatten ihre Liebschaften und ihre Freunde, ihre Familien und Kinder. Sie hatten Pläne geschmiedet, die ihnen zertrampelt wurden. Wieso begreife ich es jetzt? Damals hatte ich keine Ahnung, was sich um mich herum abspielte.

Der seltsame Amerikaner richtete seine Brille und las: „Die deutsche Bevölkerung bereitete sich zum Kirchgang vor. Trotz des Waffenstillstands und des gutnachbarlichen Verhältnisses der Deutschen zu den Tschechen brachen an diesem Tage uniformierte und bewaffnete tschechische Horden ins Dorf ein. Sie mordeten, plünderten und vertrieben die friedfertige, waffenlose deutsche Bevölkerung aus ihrem Heimatorte ins Ungewisse ... So schreibt er in der Einführung." Der Gast schaute vom Papier auf. Das Publikum hörte aufmerksam zu. Ich unter ihnen, voller Bangigkeit.

Er las weiter: „Meistenfalls waren da alte Leute, Frauen und Kinder. Denn die jungen Männer waren alle eingerückt oder in Gefangenschaft."

„Oh ja", flüsterte eine weibliche Stimme hinter mir. „So war's! Die Männer waren fort." Über die längst vergangene Vereinsamung war sie immer noch betroffen. Sie war damals jung!

Der Forscher machte eine kleine Pause, bevor er weiter vorlas: „Der Jammer wurde voll, als die amerikanische Grenzwache die verjagten Bewohner nicht ins Bayerische hineinließ! In ihr Dorf durften sie nicht, über die Grenze erlaubte man ihnen nicht zu fliehen. So lagen sie, beraubt von allem, ohne Nahrung auf der

Grenzwiese ... Niemand wusste, was nun mit ihnen geschehen sollte. Die Kinder hungerten, doch das ausgestandene Grauen verschloss ihnen den Mund. Eine alte Frau, die neunundsechzigjährige Maria Schottenhammer, verstarb infolge der Strapazen vor aller Augen auf der Wiese. Andere fielen in Ohnmacht. Hochschwangere Mütter mussten eilends ins Krankenhaus nach Furth gebracht werden, denn es bestand die Gefahr einer Notgeburt. Nach Furth bedeutete Bayern", sagte er. „Die Schwangeren waren, wie es scheint, die einzigen, die man über die Grenze ließ?"
„Furth liegt keine vier Kilometer von Vollmau weg!", erklärte Uhlirsch, „es gehörte alles zusammen bis zum Kriegsende."
"Ach ja", sagte der Forscher. „Danke."

Es war das erste Mal, dass ich ein Bild von Gewalt gegen ein ganzes böhmisches Dorf erhielt. Im Geiste sah ich die Ereignisse und die unglücklichen Menschen ganz lebhaft. Ich war erschüttert und fühlte mich niedergeschlagen. Eine tschechische Horde! Aus meinem Volk! Ich schämte mich. Früher haben mir Einzelpersonen aus verschiedenen Orten ihre persönlichen Erlebnisse erzählt. Das berührte mich, ich verstand aber nicht, wieso dies alles passiert war, und konnte mir keinen Reim darauf machen. In Erinnerung hatte ich verlassene, verwaiste Landschaften in vielen Teilen Böhmens und Mährens. Es waren Spuren mir unbekannter, schlimmer Ereignisse. Solange ich in der Heimat lebte, fragte ich die ansässigen Nachbarn vergeblich. Entweder wussten sie nichts oder wollten nicht erzählen, auf welche Weise die Orte verfallen waren. Beim ersten anschaulichen Bericht, den ich jetzt hörte, fühlte ich mich mitschuldig. Am liebsten stünde ich auf und schrie: Ihr wisst ja nicht, wer unter euch sitzt! Doch die Prüfung ging weiter.

„In den folgenden Zeilen fasst der Autor B. Zeisel zusammen: Unter den ersten Opfern waren die über siebzig Jahre alten Lehrereheleute Thim. Im Garten vor ihrem Haus ereilten sie die tödlichen Kugeln. Ebenso fanden der einundvierzigjähri-

ge Johann Macht, Vater von fünf unversorgten Kindern, und seine Frau Maria den Tod. Sie wurden vor den Augen ihrer Kinder niedergeschossen. Die Kinder erzählten selbst über den Mord. Die Mutter starb nicht gleich. Mit Hilfe befreiter französischer Kriegsgefangener konnte Maria Sporer aus Vollmau die tödlich Verletzte an die Grenze transportieren. Zwölf Tage später erlag Frau Macht im Krankenhaus im bayerischen Cham ihren Verletzungen. Auch die Großmutter der Kinder wurde durch einen Schenkelschuss ernsthaft verwundet. Erschossen wurde weiter Franz Kaspar. Und der Häusler Karl Schneck, fünfundsiebzigjährig, der sich im ersten Schrecken mit einer Hacke verteidigen wollte, wurde mit derselben Hacke niedergemacht. Mit zerspaltenem Schädel fand ihn seine Frau tot auf. Übrigens", fragte der Völkerrechtler und zeigte auf den Text, „wo könnte man das Original von dem Dokument finden?"
„Es kann im Bundeszentralarchiv in Koblenz liegen", sagte Uhlirsch, „oder in einer anderen staatlichen oder örtlichen Sammlung. Einiges kann man im Heimatbuch der Ortschaft finden."
Der Amerikaner machte sich Notizen und fuhr fort:
„Ein Flüchtling aus Heidelberg wurde im Bett erschossen, schreibt der Pfarrverweser, und weiter: Ein Augenzeuge erzählte mir, dass sechs Flüchtlinge von Böhmisch-Kubitzen nach Bayern unterwegs waren. Sie wurden bei Vollmau von der Horde eingeholt und niedergemacht, er selbst konnte sich durch Flucht in eine Scheune retten. Der Kriminalpolizist Dr. Sladký sprach später von siebenundvierzig Toten, welche an diesem Tag in Vollmau erschossen wurden. - Sieben Tage darauf wurde Stefanie Weber, ein Mädchen von sechzehn Jahren, das nochmals in ihr leeres Elternhaus zurückgekehrt war, von den Tschechen niedergeschossen. Alle Opfer, ausgenommen das letzte, wurden am Tatort begraben."
Der Gast verschob die Brille, rieb sich die Augen und murmelte: „Das bedeutet auch, dass in der Umgebung von Vollmau, vielleicht im Ort selbst, sich noch unidentifizierte Gräber befinden könnten. Man nennt sie Massengräber, das mag aber niemand in den Vertreiberstaaten hören."

Er schaute ins Publikum: „So sind wir wieder bei meinen Fragen. Wurde jemand, soweit Sie wissen, für die Tötungen und Morde von Vollmau bestraft oder angeklagt? Oder anders herum: Wurden die Gewalttaten zumindest untersucht?"
Ein weißhaariger Mann wischte sich mit einem scheckigen Taschentuch die Stirn und den Nacken und putzte sich laut die Nase. Dann sagte er klar und deutlich: „Wie konnte jemand dafür bestraft werden? Wir waren alle Freiwild!"
„Sind Sie aus Vollmau?", reagierte der Gast blitzschnell.
„Ich komme aus Bischofteinitz. Das ist mein Geburtsort." Der Mann stand auf und fügte hinzu: „Heute heißt er Horsovšky Týn. Er liegt in der gleichen Gegend und ich kannte den Herrn Zeisel. Er war ein ehrwürdiger Herr. Wenn er dies geschrieben hat", zeigte er auf das Papier, „dann ist es voll vertrauenswürdig. Ansonsten ist die von Ihnen vorgelesene Tragödie von Vollmau allgemein bekannt. Nicht wahr?", sprach er die Anwesenden an.
„Gewiss", sagten einige Stimmen, „richtig."
„Wieso, wenn ich fragen darf, interessieren Sie sich für all diese Dinge?", fuhr der Mann fort. „Sie sind Amerikaner und noch ziemlich jung, wie ich sehe."
Der Forscher lächelte verhalten. „So jung bin ich nicht mehr. Ich habe in Amerika, später in Deutschland studiert, dabei bin ich auf die Ereignisse von Flucht und Vertreibung gestoßen. Ich war erstaunt, dass ich früher in Amerika nichts davon erfuhr! So las ich immer weiter. Eine schreckliche Welt tat sich vor mir auf."
„Es gibt nicht viele wie Sie", sagte der Mann anerkennend und setzte sich wieder.
„Auch unter euch sitzen junge Menschen", bemerkte der Gast.
„Die gehören zu uns!", bekräftigte der Weißhaarige von seinem Stuhl aus. „Die wollen wissen, wo ihre Heimat war."
„Verstehen Sie, mein Herr", griff Uhlirsch ein, „wir sind keine Historiker und möchten auch niemanden unnötig beschuldigen. Nur einige von uns kommen aus dem Böhmerwald. Vor Ihnen sitzen auch Vertriebene aus Siebenbürgen und aus dem Banat, aus Schlesien. Wir sind eine christliche Gruppe."
„Deswegen habe ich mich auch an Sie gewandt."

„Wir wünschen keinen Streit mehr mit den Tschechen oder mit den Polen oder mit den Rumänen. Wir wünschen uns Vergebung und Versöhnung, so schwer es dem einen oder anderen auch fallen mag. Uns wird es sicher nicht schwerfallen."
„Das ist sehr lobenswert", nickte der Amerikaner. „Ich bin aber Historiker und Völkerrechtler. Daher bin ich verpflichtet, die gewesenen Dinge zu durchleuchten. Unbestrafte Untaten können zu neuen Untaten ermutigen, wie wir oft sehen. Einige Leute meinen, wenn das alte Unrecht verdeckt wird, ist es für immer vorbei, von der Weltoberfläche verschwunden. Es verhält sich aber anders! Wenn wir durch die Vereinten Nationen etwas bewirken wollen, dann müssen wir aufzeigen, was geschehen ist, damit es später nicht wieder geschieht."
„Wenn das nur wahr wäre!", bemerkte jemand im Raum.
Der Bischofteinitzer sagte: „Wollten Sie uns nicht den Bericht zu Ende vorlesen?"
„Aber ja, sofort. Der Rest befasst sich nicht mehr mit den Toten, ist aber nicht weniger schlimm. - Nachdem die Einwohnerschaft vertrieben war, schildert B. Zeisel, begann die Plünderung. Am ersten Tage des Überfalls wurden Kästen und Schränke aufgerissen, ihr Inhalt auf den Fußboden geworfen, und davon genommen, was einem jeden gefiel. Später nahmen die Tschechen Kleidung, Lebensmittel, Vieh, landwirtschaftliche Geräte, Einrichtungsstücke, kurz alles, was von Wert war, mit. Diese Ausplünderung von Vollmau geschah, bevor die tschechische Regierung die Enteignung des deutschen Vermögens beschlossen hatte. Der Raubüberfall erfolgte am dreizehnten, vierzehnten und fünfzehnten Mai 1945. Erst zehn Tage später wurde durch das Dekret des Präsidenten der Republik über die Überführung des privaten, öffentlichen, beweglichen und unbeweglichen Vermögens der Deutschen, Ungarn und Verräter in die Nationalverwaltungen herausgegeben."

„Es war tatsächlich Raub!", bekräftigte eine Frau.

Der Forscher schaute die kleine Versammlung an. „Rechtlich aufgefasst, darf eine Nationalverwaltung keine Plünderung bedeuten", betonte er.

„Für deutsche Menschen gab es keine Rechte und keine Rechtsmittel“, bemerkte Hans Uhlirsch.
„Auch nicht im Falle der Tötungen und Morde?“, vergewisserte sich der Gast, als wäre es ihm nicht längst bekannt.
„In gar keinem Falle. Hätte es jemand angezeigt, dann wäre er selber der schlimmsten Verbrechen beschuldigt worden. Wir waren die Verdammten, ohne Rechte, ohne Selbstverwaltung, ohne Schulen und Radios, ohne freie Bewegungsmöglichkeiten. Also auch - ohne Stimme. Niemand durfte oder konnte sich unser annehmen. Wir waren von der übrigen Welt abgeschnitten.“

Der Forscher stimmte zu. Ähnliches hat er von tausenden von deutschen Zeugen aus Böhmen, aus Schlesien, Polen, Russland wiederholt hören oder lesen müssen.
„Nur noch ein letzter Satz des Berichts über Vollmau“, kündigte er an. „Nach Tagen sagte der tschechische Bevollmächtige der Prager Regierung Čihák, man wisse bisher nicht, wer den Raubüberfall angeordnet habe und warum er geschah.“
„Sie hören es“, bekräftigte der Sprecher.
„Wurde der Überfall auch später niemals untersucht?“
„Angeblich schon“, sagte der Mann aus Bischofteinitz, „aber da ging es um Vermögenswerte, die dem Staat entgangen waren. Es untersuchten Tschechen für Tschechen, nicht weil Deutsche zu Schaden gekommen sind.“
„Konnten die Deutschen sich nirgends beschweren?“
„Wie nur?“, meinte Uhlirsch. „Solange sie noch im Lande waren, zitterten sie ums nackte Überleben. Und nach der Vertreibung gab es neue Sorgen. Beweise wurden erst viel später mühsam gesammelt.“
„Es wurde also wegen Vollmau keine tschechische Person angeklagt oder bestraft?“
„Nur wenn die Schuldigen unversehens nach Deutschland kamen und jemand sie erkannt hatte, wurden sie strafrechtlich belangt. Aber solche Fälle kann man an den Fingern einer Hand aufzählen“, bekräftigte Uhlirsch.
In einem kleinen Gästezimmer ging ich auf und ab, vom Schlaf

keine Spur. Eine Rosskur war das. Ich habe einen Einblick in die Geschichte meines tschechischen Volkes erhalten, in die Kehrseite der Geschichte! Mir drehte sich der Kopf. Wenn die im Kloster versammelten Deutschen wüssten, dass eine Tschechin sich unter sie eingeschlichen hat, würden sie mich hinauswerfen? Deutsche Freunde hatten mich eingeladen mitzufahren. Vielleicht war es keine gute Idee. Oder wollten sie mir etwas zeigen? Das ist ihnen wohl gelungen, ohne dass sie es geplant hätten. Ich zündete mir eine Zigarette an, und da dies in dem schönen Gästezimmer eigentlich nicht sein sollte, machte ich das Fenster weit auf. Ich musste nachdenken. Das, worüber mir früher einige Vertriebene erzählt hatten, konnte ich als vereinzelte Ausschreitungen ansehen. Diesmal war es anders. Zum ersten Mal spürte ich eine gezielt angelegte staatliche Aktion im Hintergrund, die dem tschechischen Volk später völlig unrichtig vermittelt wurde. Allmählich stieg in mir Wut auf. Wie komme ich dazu, mich mit Verbrechen herumzuschlagen, die jemand vor einem halben Jahrhundert verübt hat? Sollte das ein Vermächtnis der älteren tschechischen Generation sein, die sich damit, aus Bequemlichkeit vielleicht, nicht auseinandersetzen wollte? Oder war es Feigheit!? Was hatte *ich* damit zu tun?
Eine Menge, flüsterte eine innere Stimme mir zu. Schau dir dein eigenes Schicksal an! Warum lebst du in Bayern anstatt in Südböhmen oder in Prag, wo du hingehörst? Jawohl, ich konnte mein Exil mit dem Kommunismus begründen. Trotzdem hing es auch mit der weiter zurückliegenden Geschichte irgendwie zusammen, mit dem Ringen zwischen Tschechen und Deutschen. Waren damals tatsächlich hohe Ideale im Spiel, wie man stets behauptete? Und wenn die Bosheit der Vertreibung direkt in die Bosheit des Kommunismus überging? Es gab so viele Ähnlichkeiten.
Wieso haben Tschechen - gleich welche - den Menschen von Vollmau ihre Kästen und Wäscheschränke geplündert, alles auf den Boden geworfen, geraubt, was einem jeden gefiel? Ich schämte mich für den Raub noch mehr, weil dies leichter war für meine Vorstellungskraft als die nackte Gewalt, die Morde, die ich aus eigener Erfahrung nicht verstand.

Dieser Amerikaner, fiel mir ein, als Forscher und Buchautor muss er Berge von Dokumenten und Zeugenaussagen überprüft haben. Welch eine Anstrengung! So etwas schaff' ich nie ... Doch die Geschichte von Vollmau, der könnte ich nachgehen! Das sollte ich sogar. Der Böhmerwald war meine zweite Heimat. Das, was in Vollmau geschah, konnte ich mir genau vorstellen! Halbwegs entschlossen beobachtete ich die nächtliche fränkische Landschaft vor meinem Fenster. Ich dachte, hier fühle ich mich wie zu Hause. Und dass ich da bin, über diese Dinge hören und offen nachdenken kann, das ist ein Teil der Freiheit, die ich mir gewünscht habe. Der stille Sternenhimmel blinzelte hoch über mir, und ich spürte tiefen Frieden. Ich wusste schon, was ich am nächsten Tag tun würde.

„Herr Uhlirsch?", ich traf ihn im Korridor, „darf ich Sie kurz sprechen?"
Er hielt inne. „Aber mit Vergnügen. Waren Sie denn nicht gestern auch bei uns?"
„Mich haben die Großmanns mit eingeladen", sagte ich zur Erklärung. „Ich wollte keineswegs hereinplatzen".
„Das taten Sie doch nicht", erwiderte er höflich.
„Ich bin eine Tschechin", stellte ich mich schweren Herzens vor.
„Und ich bin ein Deutscher. Ist es nicht schön, wenn wir beide uns miteinander unterhalten?"
„So ist es", fuhr ich rasch fort, bevor der Mut mich verlassen würde. „Ich möchte Ihnen sagen, wie leid mir all das tut, was ich gestern zu hören bekam. Wissen Sie", erklärte ich, um die Unsicherheit zu überwinden, „schon früher habe ich manches erfahren. Nur, das Ausmaß der Dinge konnte ich mir nicht vorstellen. Ich habe gemeint, es habe Exzesse gegeben, wie man das zu bezeichnen pflegt. Jetzt aber bekomme ich ein starkes Gefühl von Maßnahmen, die von irgendwoher exakt geleitet worden sein mussten. Es ist furchtbar! Es tut mir so leid". Meine Stimme wollte nicht mehr. Ich zitterte wie vor einer Schulprüfung.
„Aber, aber! Sie müssen sich doch gar nicht entschuldigen! Sie

waren ja ein Kleinkind, damals. Oder waren Sie noch gar nicht auf der Welt?", fragte er galant.
„Ich war zehn Jahre alt", gab ich zu. Er nickte. „Sehen Sie, was ich meine. Sie haben ja damit gar nichts zu tun gehabt." Er richtete sich auf und schaute mich ernsthaft an: „Mir tut ebenso sehr leid, was die Deutschen den Tschechen während des Krieges angetan haben. Glauben Sie es mir bitte. Nehmen jetzt Sie meine Entschuldigung entgegen, auch wenn ich ebenso unbeteiligt war."
„Dann stehen wir beide vor einem ähnlichen Problem?", tastete ich mich durch die verworrenen Gefühle. Um die Aufregung zu überwinden, sagte ich beiläufig: „Wissen Sie, meine Großmutter war eine geborene Hybner. Sie schrieb sich mit Ypsilon, nicht Hübner. Meine Vorfahren waren tschechisch."
„Und mein Name wird wieder auf Deutsch geschrieben. Auf Tschechisch bedeutet Uhlirsch, glaub' ich, Kohlenbrenner oder Köhler, Kohlenhändler oder Kohlenträger, nicht wahr?" Sein Lächeln wurde immer ermutigender.
„Das stimmt", nickte ich, „lauter ehrenwerte Berufe."
„Wir hießen schon immer so", erklärte er fröhlich. „Niemand weiß genau, wann der Name angenommen wurde. Wir waren böhmische Deutsche seit Generationen. Sie und ich, wir kommen beide aus demselben Land", betonte er und streckte noch einmal die Hand zu mir aus. „Wir sind Landsleute!"
Wir reichten uns die Hände. Keine Spur von Feindschaft. Seine Augen leuchteten mit winzigen Tränen und meine ebenso. Ich hatte so viel Angst gehabt, und es war so leicht, Freunde zu werden.

Uhlirsch sah sich um und grüßte jemanden. „Ich möchte euch bekannt machen", sagte er zu mir und dem Passanten zugleich. „Herr de Zayas, das ist eine tschechische Journalistin."
„Sehr erfreut", sagte Alfred de Zayas, der Amerikaner, der gestern über Vollmau nachgefragt hatte.
„Die Dame denkt wie wir", erkärte Uhlirsch großzügig.
Ich fühlte mich geehrt, musste jedoch zugeben: „Nur, ich weiß über die Dinge noch zu wenig."

„Manchmal habe ich das Gefühl, bereits zu viel zu wissen“, sagte der Forscher höflich. „Es war nur ein Scherz. Glauben Sie, fünfzehn Millionen Vertriebene, das kann kein Mensch ertragen.“
„Aus Böhmen und Mähren waren es drei Millionen“, sagte ich.
„Nur an Zivilbevölkerung“, korrigierte er. „Da rechnet man gar nicht die Reichsdeutschen und die Kriegsgefangenen mit, die ebenso zu Flüchtlingen und Vertriebenen geworden waren.“
„Sie haben ein Buch über all das geschrieben, wie ich gestern erfuhr“, sagte ich.
„Jetzt arbeite ich an einer Neuauflage“, erklärte er.
„Ist es denn wirklich so, dass die drei Alliierten, also auch die Amerikaner, die Vertreibungen angeordnet haben?“ fragte ich mit Zweifel. „Das behaupten viele Tschechen. Nicht nur die Politiker.“
„Das ist eine historische Lüge!“, sagte er. „Die Vertreibungen liefen lange vor der Potsdamer Konferenz, wenn Sie das meinen.”
„Kann man das mit Zahlen statistisch belegen?“
„Wissen Sie, pure Statistik, die kann nicht wirklich überzeugen“, sprach er einen für mich wichtigen Leitsatz aus. „Wer verstehen will, was vor sich ging, der muss hinter den statistischen Berichten lebendige Menschen erkennen. Sie alle erlitten ein höchst reales Unglück. Sie mussten den heimischen Boden verlassen, auf dem ihre Vorfahren seit Generationen ihre und ihrer Familien Existenz aufgebaut hatten.“
„Wie denken Sie darüber ganz persönlich?“, wollte ich von ihm hören. „Sind die Amerikaner mitschuldig an dem, was geschah?“
„Sowohl die Amerikaner als auch die Briten“, sagte er streng, „tragen eine schwere Verantwortung, weil sie das Prinzip des Bevölkerungstransfers nicht sofort verwarfen.“ Er entwickelte die These weiter: „Sie haben nicht direkt getötet, haben aber das Töten gesehen und das Töten geschehen lassen.”
„Darf dies als Entschuldigung für die Tschechen gelten, die Gewalttaten und Morde verübten?“, fragte ich.
„Das“, betonte de Zayas, „das bitte auf keinen Fall.“

Bayerisch-tschechische Grenze, 1995

„Jedesmal wenn wir den Weg über Folmava nehmen“, sagte ich zu meinem Mann - Folmava ist der tschechische Name für Vollmau - „höre ich Schüsse, obwohl da keiner schießt, und sehe Menschen dort auf der Wiese, obwohl sie völlig frei ist.“

„Das nächste Mal nehmen wir eine andere Strecke“, erwiderte mein Mann rücksichtsvoll. Nach der Wende von 1989 konnte ich die Heimat wieder besuchen, als wäre gar nichts geschehen. Hat sich das Böse in Luft aufgelöst?

„Das würde nicht viel helfen“, sagte ich. „Mich verfolgen die Dinge so oder so ... Die Vollmauer Menschen sitzen oder liegen dort auf der Wiese, weißt du, wie auf einem Ölgemälde von Joža Úprka. Er hatte Frauen gemalt, Männer und Kinder in Volkstrachten bei einer Wallfahrt“, versuchte ich mein geistiges Bild zu erklären. „Die Menschen von Vollmau sehe ich dort ebenso festlich gekleidet. Sie wollen zur Kirche gehen. Sie verhalten sich still, wie auf dem Gemälde, erscheinen wie unter Schock. Sie sind machtlos gegen das, was über sie hereingebrochen war. Einen ganzen langen, heißen Maisonntag stecken sie dort, erniedrigt, beraubt, erschüttert.”

„Wie ging es weiter?“, fragte mein Mann mit Anteilnahme. Unter den Kommunisten hatte er am eigenen Leib Brutalität und Ungerechtigkeit erfahren.

„Ein Vollmauer, Johann Sporer, der damals ein Junge war, erzählte mir, dass die Menschen sich bei Dunkelheit heimlich wegstehlen konnten. Sie liefen in die nahen bayerischen Häuser und Höfe. Dort fanden sie Schutz und Hilfe. Er war damals zwölf. Jetzt ist er über sechzig, lebt in Furth. Siehst du, noch zwei Generationen danach bleibt der Himmel für mich hier trüb. Ich sehe die Menschen immer noch auf der Wiese“, zeigte ich zum Wagenfenster hinaus.

„Was willst du tun?“

„Ich will die Verantwortlichen herausfinden! Eine Spur gibt es. Ich frage mich stets, wer der Mann war, der viele Tage später aus Prag nach Vollmau reiste? Vielleicht ist er der Schlüssel zu dem Rätsel darüber, wer die Menschen von Vollmau auf dem Gewissen hat. Was sollte er dort klären? Was hatte er dort zu suchen?" Leise, nur für mich, grübelte ich weiter: *Wer war der Regierungsbevollmächtigte Čihák?*

2. Kriegskarrieren

Suche nach dem Bevollmächtigten – Ich finde einen toten General – Beneš reist um die halbe Welt – Ein langer, langer Zug – Die Stimme aus Kaschau verursacht Qualen in Brünn

Čiháks Geschichte

Wäre doch der Bevollmächtigte aus der Kreisstadt Pilsen gekommen! Aber dort befand sich die amerikanische Besatzungsarmee und die tschechischen Behörden in Pilsen, so konnte man annehmen, hatten mit dem Überfall auf Vollmau nichts zu tun.
Falls der Mann aus Prag kam, dann bedeutete dies nur eines. Das Nest war in Prag. Bis heute beteuert man in Tschechien, dass die deutschen Bewohner Böhmens spontan durch den *Volkszorn* verjagt worden wären, durch Gespenster also ohne Namen und Gestalt und nicht durch die Regierung! Die sanften Minister hätten keine Ahnung von den exzessiven Austreibungen gehabt. Es schien, als hätte das Böse auf dem Mond oder auf Alpha Centauri gewütet. Oder fielen die Übeltäter vom Himmel herab, eher kamen sie doch aus der Hölle herauf, und kehrten wieder unerkannt dorthin zurück.
Merkwürdig, überlegte ich, sehr merkwürdig. Ich wiederholte mir den klar formulierten Satz von B. Zeisel.
Er sagte nicht: Es kam *jemand* aus Prag. Er sagte nicht: Es kam einer, der sich als eine Amtsperson ausgab. Er sagte nicht: Es kam ein Bevollmächtigter, der sich *namentlich nicht zu erkennen gab*. Nein! Er schrieb klipp und klar, wie der Mann hieß, mit welcher Amtsbefugnis, durch wen und aus welcher Stadt er gesandt worden war. Die Sache lag mir wie Blei im Kopf.

Im Geiste sah ich den Entsandten, wie er durch das leere, verwüstete Vollmau irrte. Da erblickt er ein herausgerissenes

Scheunentor, hingeworfene Geräte, dort ausgeschlagene Fenster und ein Durcheinander in der Stube dahinter. Er kann sich des bitteren Gedankens nicht erwehren: Die Menschen, die all das vor kurzem noch in bester Ordnung gehalten hatten, waren unsere Feinde. So sagt man. Während die, die diesen barbarischen Zustand herbeigeführt haben, unsere Freunde sind. Das sind *wir*! Ein Deutscher, ein Pfarrverweser, wie er sich vorgestellt hat, schwirrt um ihn herum, erzählt ihm die ganze Geschichte darüber, was hier geschah. Kann er nicht eine Weile den Mund halten? Muss er so ausführlich erklären, was jeder Sehende sich allein ausmalen kann? Äußerlich lässt Čihák sich nichts anmerken. Innerlich jedoch kocht er vor Wut und Entrüstung. Diesem Toben muss Einhalt geboten werden! Wollen wir den Abschub auf diese schändliche Weise durchziehen? Sein Atem stockt. Oder ist da etwas entfacht worden, das nicht mehr zu zähmen sein wird?! Wie soll er auf die Klagen des Deutschen reagieren? Vielleicht müßte er ihm sagen, dass er, Čihák, all dies ebenso abscheulich finde wie er, verbrecherisch, es für eine bodenlose Schweinerei hält? Mit welcher Folgerung? Er kann doch nicht die Zentralorgane anprangern, die ihn ausgesandt und bevollmächtigt haben. „Man weiß noch nicht, wer den Angriff gegen Vollmau angeordnet hat", weicht er aus. Damit es nicht so gleichgültig ausklingt, fügt er beschämt hinzu „oder warum!"

So lief mein innerer Film ab, stets mit dem sicheren Gefühl, dass Čihák traurig darüber war, was er sah, sehr traurig. Deshalb sein *Warum*! Seine Worte schienen bedeutsam. Er suchte keine Ausrede im spontanen Hass oder in Rachegelüsten des Volkes. Nein! Für den Zugriff war jemand verantwortlich, es musste ein Befehl ergangen sein.
Da er *das* wusste, war er ein *Insider*. Vielleicht war der Čihák, Vorname unbekannt, ein Beamter der Präsidialkanzlei?
Zum x-ten Mal blätterte ich in den Aufzeichnungen des zeitweiligen Leiters der Kanzlei und späteren Justizministers Prokop Drtina. Als treu ergebener Schatten Beneš's, des Präsidenten, hat Drtina keine Mühe gescheut, alles preiszugeben, was er gesehen,

erlebt und empfunden, wen er getroffen hatte, und was er von ihm hielt. Wohl bis auf all das, was er nicht preisgeben wollte: *Hic sunt leones*. Öfters erwähnte er einen Kollegen in der Präsidialkanzlei, einen Čih... Fehlanzeige! Die Endung war anders. Die Sucherei ging über meine Kräfte. Da waren Schwärme von Namen, die uns heute gar nichts mehr sagen. Ich seufzte und klappte die vier unübersichtlichen Taschenbuchteile mit hunderten von Seiten verdrossen zu.

Lustlos stöberte ich durch die wuchernden *Memoiren* Edvard Beneš's. Sie steckten voller Irreführungen und Unwahrheiten, die an viele Stellen raffiniert eingestreut waren. Ein Propagandazeug, das man mit Vorsicht anfassen mußte. Zwei Jahre nach dem Kriegsende hatte er sie herausgegeben, sich darin als Humanist und weitblickender Staatsmann präsentiert. Beides stimmte nicht. Das Buch bot immerhin eine reiche Auswahl an Namen in einem vom Verlag sauber erarbeiteten Register. Meistens waren die Leute schon tot. Ein Friedhofsspaziergang, was bringt er mir? Siehe und staune! Plötzlich steht ein Čihák da, Vorname Jaroslav, ein tschechoslowakischer General - Bingo! Zurück zu Drtina! Jawohl, in dem chaotisch gestalteten Namensverzeichnis kam die hohe Militärperson doch vor! Nun ja, die Drtina-Bücher wurden in einem Exilverlag in Kanada in Abständen von mehreren Jahren herausgebracht. Dadurch war die Nummerierung der Kapitel, der Teile und Bände, gelinde gesagt, außer Kontrolle geraten. Schließlich fand ich die Textstellen. Die karge Angabe Beneš's wurde bestätigt:

Nach dem Einmarsch der deutschen Truppen in Böhmen und Mähren war General Čihák, Deckname Znamenáček, im tschechischen Widerstand tätig. Monate später floh er nach Frankreich. Nach dessen Niederlage setzte er sich, wie viele Kollegen auch, nach London ab.
Im Herbst 1941 entfesselte der deutsche Reichsprotektor Reinhard Heydrich in Čiháks besetzter Heimat eine Welle von Verhaftungen und Hinrichtungen. Verfolgt wurden hauptsächlich

Soldaten und Offiziere einer Untergrundgruppe, die sich *Die Wehr der Nation* nannte. Später wurde der Terror vom Herbst 1941 als die erste Heydrichiade bezeichnet - im Gegensatz zu der zweiten, weltweit bekannteren, die nach dem Attentat ausbrach, bei dem der Täter der Ersten umgekommen war. Jawohl, die Dinge waren kompliziert. Damit musste ich mich abfinden, wenn ich etwas nicht erst aufdecken, sondern nur verstehen wollte.

Offenbar durch die blutigen Ereignisse in der Heimat berührt, initiierte der General als Vorsitzender des Tschechoslowakischen Roten Kreuzes im Oktober 1941 in seiner Londoner Wohnung einen *Fonds für die Opfer der Gestapo*. Es war ein rein privates Unternehmen. Laut Drtina erzielte es „einen großen Finanzeffekt“ unter den tschechischen und slowakischen Emigranten. Mein General Čihák war also ein Patriot, ein Menschenfreund.

In welcher Rolle war er nach Vollmau gekommen, falls er es wirklich war? Hätte B. Zeisel es nicht erwähnt, wenn ein General ins Dorf gekommen war? Nur, ohne Uniform und ohne Heer sieht mancher General oder Admiral ganz schlicht aus. Lediglich Čiháks Überlegungen, wer den Befehl erteilt haben konnte und warum, sollten seinen militärischen Hintergrund erahnen lassen.

In der Nachkriegszeit verlief sich die Spur von Čihák-Znamenáček im Sand. Nirgends eine Erwähnung von ihm. Ich befand mich auf dünnem Eis. Es gab gar keine Bestätigung, dass der biografische Jaroslav Čihák tatsächlich aus dem Exil zurückgekehrt war. Vielleicht traute er den politischen Verhältnissen in der Heimat nicht, wie viele andere Menschen auch, wartete ab, oder entschloss sich, im Gastland, wo er den Krieg verbracht hatte, für immer zu bleiben.

Auch befragte Militärhistoriker und Zeitzeugen, die ihn gekannt haben konnten, wussten nichts. War es vielleicht so, dass sein wahrhaftiger Bericht über Vollmau ihn in Ungnade gestürzt und seine Karriere beendet hatte? Immer vorausgesetzt, dass er es wirklich war, der ins drangsalierte Dorf gekommen war, warnte mich eine innere Stimme: Stell dir vor, du lässt ihn in einer Szene aufleben, und dann kommt einer, der dich auslacht und sagt, der konnte es auf keinen Fall gewesen sein, weil ... Egal, was. Die verlorene Fährte muss wieder entdeckt werden!

Beiläufig stolperte ich über den Satz: 'So traf ich Frau Čiháková, die Generalswitwe'. Er stand in einem Buch über die siebziger Jahre. Damit war meine Frage aber nicht geklärt! Ich rief den Buchautor in Prag an. Nein, er wusste auch nichts mehr. Erinnerte sich jedoch, dass ein Kollege eine Kartei über alle Leute des heimischen und des ausländischen Widerstands führte, und teilte mir dessen Telefonnummer mit. Keine fünf Minuten, und ich erfuhr alles.
„Jawohl, ich hab' die Karte da", sagte der Forscher und las vor: „Jaroslav Čihák-Znamenáček, General, Vorsitzender des Tschechoslowakischen Roten Kreuzes, Mitglied des Exilstaatsrats. Geboren ... Starb in London am dreißigsten April 1944".
„Vielen Dank, Herr Doktor", erwiderte ich. „Sie haben mir sehr geholfen." Enttäuscht war ich nicht, eher erleichtert. Da erschloss sich das Los eines Menschen, den ich nicht kannte, und der mich doch lange beschäftigt hatte. Unwillkürlich lernte ich einiges über seine Person. Auch wenn er nicht der war, nach dem ich Ausschau hielt. Er war keine dreiundfünfzig Jahre alt, als er starb. Ein typisches Kriegs- oder Exilschicksal? Vielleicht.

Die Spurensuche hat mich dennoch weitergeführt. Ich fand eine enge Verflechtung und Verfilzung von Armee und Politik heraus, die vielleicht nicht nur jener Zeit galt. Generäle mischten sich in den Kram von Politikern ein, und Politiker in den von Generälen. Beide übten Macht aus, und beide konnten sie missbrauchen.
Mit Sicherheit wusste ich nun, dass der Mann, der Vollmau besucht hatte - gleichgültig wer er war - den deutschen Pfarrer belogen hat. Lange vor dem Reiseantritt musste der Bevollmächtigte der Prager Regierung präzise gewusst haben, welche Dienststelle die gewaltsame Vertreibung der Bauernbevölkerung

aus Vollmau gesteuert hat. Die Säuberungsaktionen, wie man sie tatsächlich nannte - der Begriff ist keine Erfindung von Bosna oder Kosovo! - wurden aber in der Tschechoslowakei strengstens geheim gehalten. Also durfte der tschechische Besucher dem erschütterten deutschen Pfarrer nicht einmal etwas andeuten. Jedenfalls war der Gesandte verpflichtet, über die Mission nach Vollmau und über das, was er dort vorfand, einen schriftlichen Bericht abzugeben. Wo war der Bericht?

Bei Vollmau, Mai 1945

Wie auf dem Präsentierteller konnten die vertriebenen Vollmauer von sicheren Posten auf den nahen bayerischen Abhängen aus beobachten, wie die Kampfabteilung Niva - den Namen der Horde kennen sie wahrscheinlich bis heute nicht - und anschließend ihre tschechischen Nachbarn aus weiterer Umgebung, ihr Dorf schändeten und plünderten. Die Menschen aus Vollmau fühlten sich beraubt, verschreckt und völlig machtlos.

Beneš's Geschichte, Frühjahr 1945

Zu der Zeit befand sich Edvard Beneš, der geistige Vater aller tschechoslowakischen Vertreibungen, noch auf Reisen. Seit Oktober 1938 abgedankter Staatspräsident - in dieser Rechtslage steckte er immer noch - hatte er seit Anfang März 1945 zwei Monate auf Achse verbracht, um sich das hohe Amt, das er so liebte und das ihm durch Hitler verloren ging, erneut zu sichern.
Seine bequeme, gemütliche Exilzuflucht bei London verließ er nach mehreren Jahren endgültig und flog mit weitem Umweg rund um die Kriegsfronten in das Sowjetreich. Niemand hatte ihn dazu gezwungen, im Gegenteil. Viele warnten ihn und rieten ihm ab. Trotzdem tat er das. Es war seine eigene Entscheidung.
Bei einer Zwischenlandung in Kairo hieß ihn kein hoher Würdenträger willkommen. Die britisch orientierten Herrscher hielten wenig von seinem Ziel in Moskau. Also stattete er nur einem toten Staatsoberhaupt, der in Gold gebetteten Mumie von Pharao Tut-ench-amun, einen offiziellen Besuch ab. In Teheran schien die Stimmung freundlicher. Beneš speiste mit dem leben-

digen Schah Reza Pahlevi und seiner wunderschönen Frau Fawzia, und sein Selbstwert war wieder gestiegen. Im sowjetisch-aserbaidschanischen Baku ließ er eine laute Theatervorstellung mit Volkstrachten und Schwertern über sich ergehen. Protokoll ist Protokoll. Im russischen Luftraum angelangt, kurz nach Woronesch, schlossen sich sowjetische Jagdflugzeuge den zwei Douglas-Maschinen mit der tschechoslowakischen Exilelite an. Die drei Wachhunde kreisten um die Douglas herum, bis sie in Moskau gelandet war.

Im Zentrum des Weltkommunismus beabsichtigte Beneš, einen historischen Kuhhandel abzuschließen. Es musste entschieden werden, wer aus dem Westexil und wer aus dem Ostexil in der neuen Republik etwas würde. Aus dem Hintergrund steuerte Beneš dies sorgfältig. „Ihr müsst euch einigen!“, kritzelte er auf kleine Zettel für seine politischen Freunde aus London, die sich, niemand wusste warum, *Demokraten* nannten. Das bedeutete: Mit den Kommunisten müsst ihr euch einigen, koste es, was es wolle.
Und siehe da, innerhalb von zwei Wochen, ohne Wahlen und ohne Parlament, gar vor der Erneuerung des gemeinsamen Staates, stand die neue tschechoslowakische Regierung. Nach zwei Galadiners mit Josef Stalin, wobei der Diktator mit seiner Bitte um Entschuldigung für die bereits in der Slowakei rabiat operierenden Rotarmisten bei den Gästen Tränen auslöste, ging es endlich in die teilbefreite Heimat. Unter stark bewaffneter sowjetischer Eskorte wurde für die Tschechoslowaken eine Sonderfahrt angepfiffen.

Im Zug, Anfang April 1945
In einem langen, langen Zug nahmen die angehenden Regierungsmitglieder jeweils einen sicheren Platz ein. Nachdem sie sich gerade gegenseitig ernannt hatten, plauderten sie gemeinsam, schliefen in benachbarten Betten und Abteilen, als wären die Kommunisten und die *Demokraten* keine politischen Gegner mehr. Wäre der schicksalhafte Zug, nehmen wir einmal bös-

willig an, in die Luft geflogen, so wäre die Nachkriegsgeschichte des kleinen Staates, das Schicksal seiner Bürger, vielleicht anders verlaufen. Denn die künftige Führungsspitze befand sich im Zug mit Haut und Haar, Machtträger aller Parteizugehörigkeiten und Schattierungen, gar samt Ehefrauen. So war Stalins Massenabfertigung. Der designierte kommunistische Vizepremier, dann Premier, schließlich Präsident, Klement Gottwald, und neben ihm der später unter seiner Präsidentschaft hingerichtete KP-Chef Rudolf Slánský, beide hauptsächlich verantwortlich für den Terror, der in weniger als drei Jahren über die Menschen der Tschechoslowakei hereinbrechen sollte.

Da war ferner der angehende Minister für Schulwesen, Prof. Zdeněk Nejedlý, der die tschechoslowakischen Schulen bald durch seine Reform zugrunde richten würde. Neben ihm saß der künftige Minister für Un-Gerechtigkeit, Dr. Jaroslav Stránský, Autor der Standgerichtsgesetze gegen die Deutschen und gegen manche Tschechen und Slowaken auch. Dazu kamen der belesene Patriot und Nationale Sozialist Dr. Prokop Drtina, der zur Austreibung der Deutschen aufrufen sollte, neben ihm der kommunistische Propagandist Václav Kopecký, baldiger Schreck freidenkender kulturschaffender Menschen, sowie der Nestor der Riege, der katholische Pater Msgr. Jan Šrámek, bisheriger Chef der Londoner Exilregierung, der für seine Hörigkeit mit dem Posten eines Vizepremiers in der Heimat abgespeist würde. Es folgte der emporsteigende slowakische Jüngling JUDr. Gustav Husák, der sein Schicksal mit dem Kommunismus so eng verbunden hatte, dass ihn erst die Samtene Revolution vierundvierzig Jahre später auf die Müllhalde der Geschichte werfen würde. Untereinander gemischt, verbrachten sie die Tage und Nächte ihrer Heimfahrt, voller Hoffnung auf ihre sicher verteilten Karrieren. Einmütig hatten sie beschlossen, zwei oder drei der wichtigsten Parteien der Vorkriegsrepublik per Gesetz zu verbieten. Auch würden keine deutschen oder ungarischen Parteien zugelassen. Eine nützliche Regelung.

Jetzt traten sie den Heimweg als Totengräber und Liquidatoren der tschechoslowakischen Demokratie an. Was für ein Verlust wäre es gewesen, die Clique auf den Mond zu schießen! Wie das Volk geschluchzt und getrauert hätte, ohne zu ahnen, was ihm erspart geblieben wäre. Unglücklicherweise gab es während der Reise keine besonderen Vorkommnisse.

Dem Kopf der Machtergreifer, Edvard Beneš, hat sein Pate Josef Stalin einen prunkvollen Salonwagen des letzten russischen Zaren für die Tage und Nächte gewährt. Anmutig saß Beneš's Frau Hana in einem breiten Polstersessel, während er in Gedanken zum Wagenfenster ging. Seine Papiere ließ er ausgebreitet auf einem antiken Tisch liegen. Er arbeitet immer, dachte sie mit Bewunderung, das Geheimnis seines Erfolgs. Auf der ganzen Welt fesselte ihn nichts anderes als die Politik. Seit ihrer ersten Begegnung in Paris vor mehr als dreißig Jahren hatte sie ihn, bald als Außenminister im neuen Staat, dann als Staatspräsidenten von Ort zu Ort, auf Schritt und Tritt begleitet. Manchmal meinte sie, sein *alter ego* geworden zu sein. Das empfand er auch so. Für ihn war sie der repräsentative Teil seines Ichs. Mit hohen Absätzen und modischem Hütchen auf dem Kopf wirkte sie oft größer als er. Auf unzähligen Cocktails, Diners und Banketten, die er als Chef der tschechoslowakischen Diplomatie auf der ganzen Welt absolvierte, verlieh sie seiner trockenen Unscheinbarkeit Glanz. Dazu trug ihre Körpergröße bei, die er bei sich selber so schmerzhaft vermisste. Sie mischte sich niemals in seine Geschäfte ein. Das gab ihm freie Hand. Darauf war ihre erstaunliche Symbiose begründet.

Es waren gute und schlechte Zeiten, überlegte Hana. Gottlob landete er immer wieder wie eine Katze auf allen Vieren. Auch jetzt hoffentlich. Wie wird es in der Heimat weitergehen, nach beinahe sieben Jahren Abwesenheit?

Er grübelte auch darüber nach. „Ich frage mich, wie uns die Bevölkerung aufnimmt", sagte er, der ukrainischen Landschaft zugewandt. Der Zug ratterte durch Ländereien, die dem Zaren samt dem eigenen Leben verloren gegangen waren. Wie dieser Salonwagen. Kein guter Vergleich.

„Stets muss ich an die Meute vom Herbst achtunddreißig den-

ken. Massenhaft zogen sie gegen uns, gegen den Hradschin." Sie antwortete nicht.
„Der Mob wollte mich stürzen. Obwohl ich doch unzählige Menschenleben gerettet habe. Für sie musste ich das Münchner Diktat akzeptieren! Das verstehen gerade die nicht, die so gut wie sicher jetzt lange tot wären. So sind die Tschechen", seufzte er, „rebellisch und undankbar".
„Das gehört der Vergangenheit an", hauchte sie besänftigend, „die Befreiung ist bald da, es wird keine Unruhe mehr geben", versuchte sie ihm Mut zu machen, „warum nicht an die Zukunft denken?"
„Für mich bleibt das Alte lebendig", wies er ihren Trost zurück. Sie kannte ihn. Hatte jemand ihm geschadet, so vergaß er das nie. „Alle wollten plötzlich kämpfen!", regte er sich auf. „Eine Viertelmillion Demonstranten auf den Straßen. Sie schrien nach Waffen wie toll. Die Generäle auch, ohne eine Ahnung zu haben, was für Folgen es gehabt hätte. Meine Herren, sagte ich zu den Generälen. Ich sehe und höre sie wie heute, den Stabschef Krejčí, die Landesbefehlshaber Wojciechovski, Luža, Prchala, Premier Syrový, letztlich auch Bláha. Meine Herren, sagte ich zu ihnen, Frankreich und England haben uns verraten! Was jetzt kommt, ist nur der Anfang einer großen europäischen Tragödie. Unsere Freunde wollten nicht jetzt, unter den besseren Bedingungen zusammen mit uns kämpfen. Also werden sie schwerer kämpfen müssen, auch für uns, nachdem wir es nicht mehr können. Eine harte Strafe wird sie treffen." So sprach er über Verbündete, die in allen Teilen der Welt immer noch bluteten. Seine Prophezeiung habe sich erfüllt, pflegte er zu betonen.
„Du musst Geduld haben."
Er nickte. „Es wird keine Unruhe mehr geben." Seine kleine Gestalt drehte sich vom Fenster ab. Er steckte die Hand in die Jackentasche und spielte mit Büroklammern, die er vom Entwurf des neuen Regierungsprogramms beim Lesen abgenommen und eingesteckt hat. „Dafür ist vorgesorgt."
„Tatsächlich?", fragte sie. In den Hader zwischen den Parteien und Interessensgruppen in Moskau mischte sie sich nicht ein.

Früher oder später würde Edvard ihr doch alles erzählen.
„Nosek erhält das Innenministerium“, erklärte er schroff.
„Wie bitte?“ Sie starrte ihn ungläubig an. ”Der kommunistische Plumpsack soll die Polizei und alles leiten?“
„Meinem Urteil nach ist er harmlos“, wies er ihre Befürchtung zurück. „Die Genossen haben ein paar Vorzüge: ausgeprägten Ordnungssinn und harte Disziplin. Beides wird vonnöten sein, und zwar bald. Ich muss als Staatsmann denken.“
„Mein Gott“, sagte sie, „aber ein Kommunist als Innenminister!“
„Sie bestanden darauf.“ Leise, nur für sie, fügte er hinzu: „Gottwald hat mir gedroht, wegen der Kapitulation von München, wie sie es nennen, mich vor das Nationalgericht zu stellen.“ Sein Gesicht war blass. „Solange sie in der Regierung sitzen, wollen die Kommunisten stillhalten. Das haben sie mir versprochen.“
„Ist das nicht - Erpressung?“
„Es ist Politik.“
Ihre friedliche Stimmung war vorbei. „So haben sie dich, uns alle in der Hand.“ War das der Preis für seinen Erfolg? Sie wagte es nicht zu Ende zu denken.
„Die Tschechen kann ich bei der Stange halten“, sagte er, „ob sie Kommunisten oder was auch immer sind.“ Mit dunkler, nasaler Stimme fuhr er fort: „Gemeinsam müssen wir die Slowaken bändigen, diese verdammten Chauvinisten! Das dürfte vielleicht schwierig werden.“
„Ja, die Slowaken mit ihrem feinen faschistischen Staat.“ Der eigene Staat, der im März 1939 entstand, war jetzt schon zur Hälfte zerschlagen, existierte bald nicht mehr.
„Die Republik muss wieder eine Einheit werden.“
Sie fragte nicht, wie es denn mit den Deutschen weitergehen würde. Gelegentliche Erwähnungen über sie brachten ihn gleich in Rage, und sie fürchtete um seine Gesundheit. Mit beklemmenden Gefühlen beobachtete sie die wieder abgewandte Gestalt ihres Mannes. Zuweilen verließ er sich just auf Typen, um die er lieber einen großen Bogen hätte machen sollen. Dieser Nosek, dem glaubte sie kein Wort.

Kaschau, April 1945
Der Zug führte sie über Kiew, Lwow und Medzilaborce bis nach Humenné, dem Schlusskopf der bis dahin unbeschädigten Eisenbahn. Von da an fuhren die Selbsterwählten in einer Autokolonne nach Kaschau, der Metropole der Ostslowakei.
Dort hatten die Sowjets Beneš alle telefonischen und telegrafischen Verbindungen abgeschnitten, als wäre er kein Staatsoberhaupt. Als wäre er ihr Knecht! Der selbsternannten Regierung, die fortan zur Tarnung die 'Kaschauer' hieß, hatte er den Schwur abgenommen, sie eingesetzt. Dabei hatte er keinen blassen Schimmer, was in der Außenwelt geschah. Als vermeintlicher Oberbefehlshaber der Streitkräfte, was er als Staatsoberhaupt unermüdlich betonte, befehligte er niemanden.
In den letzten Tagen und Wochen des Krieges, als sich durch sein Land die Frontlinien zogen, unternahm Beneš wie ein Rentner Ausflüge in die befreiten Teilgebiete. Mit Frau Hana ging er in der Hohen Tatra spazieren, in Poprad feuerte er die frischen slowakischen Rekruten an. Doch im Großen und Ganzen gab es für ihn kaum Beschäftigung. Es war eine jähe Veränderung dem gegenüber, als er in London noch im Mittelpunkt stand. Dort hatte er seine Mannschaft manipuliert, wie es ihm gefiel. Und jetzt ?

Einmal geriet er in einen bedrohlichen Gemütszustand. Mit seiner Frau fuhr er ins Kaschauer Rundfunkhaus. Alles lief bestens. Hana unterhielt sich gerade mit dem neuen Direktor, als sie aus der Sprecherkabine vernahm: „Wehe, wehe, wehe den Deutschen! Sie sollen für ihre Verbrechen bitter büßen! Wir werden sie liquidieren."
Mit einem Ruck schaute sie zu ihrem Mann. Durch die gläserne Trennwand sah sie sein tief errötetes, verärgertes Gesicht. Aus dem Mikrophon kam eine rasende, piepsende Stimme, die sie kaum erkannte: „Wehe ihnen allen! Wir werden sie weg-liquidieren!"
Was für ein Wort weg-li-qui-die-ren! Was meinte er damit? Verlegen wandte sie sich zum Rundfunkchef und bemerkte mit ge-

spielter Ironie: „Müssen denn die Politiker immer so kreischen?"

Brünn, April/Mai 1945

Die Krankenschwester ging durch die Reihen ihrer Patienten, bückte sich zu ihnen, einem legte sie einen kühlenden Umschlag auf, dem anderem reichte sie ein Glas Wasser, dem Nächsten gab sie tröstliche Worte. Mehr tun konnte sie nicht .

Eine alte Frau fasste sie an der Hand:

„Ach, Schwester, was ist eigentlich los? Wer bringt uns hier raus? Womit haben wir das verdient?" Zu viele Fragen auf einmal. Margit betrachtete die Frau auf ihrem kahlen Strohsack, die wie auch alle anderen dalag, ohne Kopfkissen, ohne Bettlaken, ohne eine Decke für frierende Beine.

„Haben Sie nicht jemanden in der Stadt, der Sie aufnehmen würde?", fragte sie zurück und berührte die Stirn der Alten mit einem Tuch, um die Schweißtropfen abzuwischen. Sie waren kalt.

„Ich habe Verwandte auf dem Lande", nickte die Frau.

„Es wäre gut, wenn die Sie abholen könnten", empfahl die Krankenschwester, „sonst sterben Sie hier! Was fehlt Ihnen denn?"

„Eine Gallensteingeschichte. Nächste Woche sollte ich entlassen werden! Ich hab' ja eine hübsche, kleine Wohnung hier in Brünn. Früher war ich Postangestellte. Alle meine Bekannten haben mich gern, ich hab' nie Feinde gehabt". Ihre Stimme brach.

„Versuchen Sie, mit den Verwandten Kontakt aufzunehmen", riet Margit. Ja, nur wie, bei diesem Chaos. Die Russen waren da, und überall die Partisanen. „Ruhen Sie sich aus, ich komme wieder." Vom Korridor her vernahm sie ein Geschrei, das immer näher kam. Die Kellertür sprang auf. Sie hausten im Souterrain, eigentlich war es ein Bunker. Kürzlich wurden die Deutschen aus allen Krankenzimmern hierher gebracht, wie Abfall abgeworfen. Kein Arzt besuchte sie. Medikamente wurden nicht verteilt. Wie lange sollten die Menschen es aushalten?

Den Mann, der schrie, warf man auf einen freien Strohsack bei der Wand. Er heulte auf vor Schmerz. Die zwei, die ihn gebracht hatten, gingen wieder. Margit eilte zu ihm. Um den Körper trug er einen Notverband, durchtränkt mit Blut.

„Schwester, Schwester ...“, stöhnte er.
Was ist mit Ihnen geschehen?“
„Ich wurde operiert.“ Sein Gesicht war verzerrt, die Augen voller Tränen. Sie starrte auf den schlampigen Verband:
„Das hat Ihnen doch kein Chirurg angebracht.“
„Bitte, bitte, geben Sie mir etwas gegen die Schmerzen! Ohne Narkose hat man mir der Magen aufgeschlitzt.“ Er konnte nicht mehr. Das ist unmöglich, dachte sie.
„Schwester“, zupfte jemand an ihrem Kittel, „den Mann kenn' ich. Er ist Gastwirt in der Neugasse, heißt Schlesinger.“
Wieder fing er an zu brüllen. Das Lämpchen, das den Keller kärglich beleuchtete, begann durch die Schreie zu pendeln, so schien es. Einige Kranke richteten sich auf und schauten zu ihm.
„Ich hatte einen Durchbruch in der Magenwand“, versuchte er flüsternd zu erklären. „Ich musste ... furchtbar schwere ... Säcke schleppen.“ Das Wehklagen ging wieder los. Oh Gott, bald fangen auch die anderen an ...!

Sie fasste sich ein Herz und stieg die Treppe hinauf ins eigentliche Krankenhaus St. Anna, wo sie früher tätig war. Sie kam zur chirurgischen Abteilung und klopfte an.
„Herein!“ hieß es auf Tschechisch.
Margit beherrschte die Sprache. Mutig trat sie ein. Vor ihr stand eine Ordensschwester, etwa sechzig Jahre alt. Hoffentlich wird sie Verständnis zeigen.
„Bitte“, sagte Margit, „ich habe einen postoperativen Patienten da unten, er braucht dringend Schmerzmittel.“
„Ja, unten“, erwiderte die Ordensfrau. „Das ist derjenige, der so brüllt. Er bekommt nichts. Für Deutsche haben wir nichts, so wie ihr für uns nichts gehabt habt.“ Sie drehte sich weg und fügte hinzu: „Gehen Sie. Hier haben Sie nichts zu suchen.“
„Ich bitte Sie flehentlich! Elf Jahre bin ich in den Krankenhäusern von Brünn und Feldsberg als Rotkreuzschwester tätig gewesen“, sagte Margit. „Es ist mir kein einziger Fall bekannt, dass einem Tschechen Hilfe versagt wurde.“
„Deklamieren Sie nicht! Ein Deutscher bekommt nichts, sagen

Sie es ihm!"
„Das wage ich ihm nicht zu sagen", erwiderte Margit.
„Dann werde ich als Oberschwester es ihm selber sagen! Verschwinden Sie!" Nach wenigen Minuten stand sie in ihrer Ordenstracht über dem Mann, der sich in Schmerzen wand: „Schämen Sie sich! Ein Übermensch, und brüllt wie ein Tier! Sie bekommen nichts!"
Der Gastwirt faltete die Hände: „Um Gottes Barmherzigkeit, helfen Sie mir!"
„Für euch haben wir nichts."
„Dann geben Sie mir ein Gift. So kann ich meinem Leiden ein Ende machen."
Durch sein Schreien wurde ein Partisan herbeigelockt. „Das könnte dir so passen, du Schwein. Sobald deine Wunde vernarbt ist, wirst du hängen!" Die Drohung sollte sich sechs Tage später bewahrheiten ... In der Nacht wurde Schlesinger weggeschleppt und nach Aussage des Partisans Schneider im Kaunitz-Kolleg gehängt. Im Augenblick konnte Margit es nicht glauben. Sie fragte leise:
„Was hat er verbrochen?"
„Er hat die Nazis bewirtet und bedient."
„Und die Tschechen nicht?"
„Die auch, du Hure! Frag nicht so viel. Sonst hängst du mit ihm."
Sie schwieg. Man erzählte sich, und beschrieb es in Zeitungen, wie die Nazis in den Konzentrationslagern mit Häftlingen umgegangen waren. Nun fühlten sich die Tschechen berechtigt, den Dr. Mengele für die Deutschen zu spielen. Was die Schwester im Keller von Sankt Anna erlebte, übertraf ihr Fassungsvermögen. In den Ohren klang ihr immer wieder der Satz, den sie kürzlich im Radio mit Schauder gehört hat:
„Wehe, wehe, wehe, dreimal wehe den Deutschen, wir werden sie *liquidieren!*" Der Aufruf des noch weit entfernten Staatsoberhaupts schoss durch den Äther wie ein Pfeil und, wie man sah, war er auf fruchtbaren Boden gefallen.

3. Die Sicht der Sieger

Beneš ärgert sich über einen alten Mann – Sieht sich als Wunderknabe – Ein Minister und sein Generalstab in Bedrängnis – Ich frage nach dem Anfang der Lügen

Vor Brünn, 12. Mai 1945

Der Präsidentenkonvoi rückte an Brünn heran. An der Spitze fuhren drei Jeeps mit den Rotarmisten. Obwohl die ganze Welt den vierten Tag des Friedens feierte, waren sie bis an die Zähne bewaffnet. Der Anblick missfiel dem Gefolgsmann des Präsidenten, Prokop Drtina, sehr. Er hätte sich tschechoslowakische Soldaten als Ehrengarde gewünscht. Keine Fremden. Haben denn unsere Jungs nicht gekämpft, sich es nicht verdient, den Ehrenzug zu leiten? Ein schlechtes Omen für die Zukunft! Wieso ließ Dr. Beneš das zu? Der Staatspräsident kehrt unter einer Schutzmacht zurück? Er verscheuchte solche Gedanken. Zwei Tage zuvor war Drtina von Preßburg, der Hauptstadt der Slowakei, mit mehreren Regierungsmitgliedern nach Prag vorausgeflogen, um für den Präsidenten eine Kanzlei und Wohnung auf dem Hradschin vorzubereiten. Jetzt war er halbwegs wieder zurück, stand an einer Straße vor Brünn und sollte seinen Dienstherrn abfangen und ihm ausrichten, dass es noch zu gefährlich sei, wie geplant gleich nach Prag weiterzufahren. Es gäbe dort noch Werwolfsnester, hieß es, die erst ausgeräumt werden müssten. Das behaupteten die Minister, die Polizei, Premier Fierlinger selbst. Daher musste auch Drtina wieder auf dem Luftweg nach Brünn. Am Knüppel des Militärflugzeugs saß ein tschechischer Offizier der Luftwaffe, aus dem heimischen Widerstand, wie er erzählte. Sie landeten rechtzeitig. Nur, vor dem Militärflugplatz konnte Drtina kein Auto auftreiben. Ein sowjetischer Major lud ihn in sein Fahrzeug ein. Der musste aber ganz unerfahren oder völlig besoffen gewesen sein! Er schlängelte von einem Straßenrand zum anderen. Drtina stieg aus und wartete lieber vor der Stadt.

Den Jeeps mit den Rotarmisten folgte die ersehnte Limousine mit Beneš und seiner Frau. Sie war es, die Drtina auf der Straßenböschung erblickte und den Fahrer bat, sofort anzuhalten. Vor geöffneter Autotür berichtete Drtina dem Präsidenten über die Verzögerungen in Prag, und dass er vorerst einige Tage in Brünn warten solle. Er meldete auch, wie der ehemalige Protektoratspräsident Dr. Emil Hácha im Staatsschloss Lány verhaftet und nach Prag-Pankrác ins Gefängniskrankenhaus gebracht wurde.
„Das war ein Fehler!", reagierte Beneš ungewöhnlich scharf.
„Seine Tochter Frau Rádlová und eine Krankenpflegerin sind bei ihm", ergänzte Drtina zur Beruhigung. „Er soll sich im Zustand einer Demenz befinden."
„Das hätte nicht geschehen sollen! Das hätten Sie nicht zulassen dürfen!" warf Beneš ihm hitzig vor.
Drtina fühlte sich brüskiert. „Verzeihen Sie, Herr Präsident. Ich war nicht zuständig, um einzugreifen. „Lediglich in *Ihrer* Kompetenz hätte es gelegen, eine Verhaftung zu verhindern!", wollte er Beneš sagen. Doch gleichzeitig bezweifelte er auch das.
Der Chef keuchte: „Die hätten ihn in Lány sterben lassen sollen!" Wen hat er mit die gemeint?
Entweder ist er völlig vergesslich, überlegte Drtina fieberhaft, oder er macht sich nichts daraus, was festgeschrieben wurde. In Kaschau entschied doch die neue Regierung, dass Hácha als Protektoratspräsident, als Hochverräter vor Gericht gestellt werden muss. Weiß es das Staatsoberhaupt nicht mehr? Wie konnte Drtina, lediglich einer aus seiner Kanzlei, etwas dagegen tun? Pass auf, warnte ihn eine innere Stimme. In diesen Tagen kann man alles gewinnen oder auch alles verlieren. Er sagte korrekt:
„Es tut mir leid, Herr Präsident."
„Es hätte nicht geschehen sollen!", wiederholte Beneš.
Interessant, fiel Drtina ein, wie Köpfe noch so unterschiedlicher Regime zueinander halten! Der eine ist stets bereit, den anderen

zu begnadigen. Als möchten sie einen Präzedenzfall für sich selbst schaffen.

Beneš setzte sich in den Wagen zurück und schlug die Tür zu.
„Mamelucken!“, sagte er zu seiner Frau. ”Bis September 1941 hielt Hácha ständigen Depeschenkontakt mit mir. Durch geheime Kanäle haben wir vierzehntausend Mitteilungen gewechselt. Ich war über alle Schritte des deutschen Oberkommandos der Wehrmacht informiert. Die Regierung im Protektorat und Hácha selbst handelten nach meinen Anweisungen. Woher Verräter?“
„Kannst du es ihnen nicht sagen?“
„Er hätte sein Leben in Lány beenden dürfen.“
„Kannst du als Staatsoberhaupt nicht zu seinen Gunsten eingreifen?“, fragte sie voller Anteilnahme.
„Nun ja“, grübelte er, „ich muss mich zurückhalten. Auch ich darf unabhängigen Gerichten nicht vorgreifen.“
„Aber du bist der wichtigste Zeuge!“ drängte sie. „Seine Depeschen kamen zu dir, zu keinem anderen!“
„Das weiß aber niemand“.
„Eben deshalb. Ich verstehe“, sagte sie plötzlich spitz. „Wenn der oberste Hochverräter keiner sein soll, dann würde das ganze Propagandagerüst auch über andere Kollaborateure zusammenstürzen. Wer wäre dann noch zu bestrafen?“
„Das befürchtet man“, gab er zu. „Und dem muss ich mich beugen. Ich bin ein Verfassungspräsident“, erfand er wieder einen neuen Begriff. Gerade das war er aber nicht.

Edvards Bekenntnis

Ich liebe es, Macht auszuüben, überlegte Edvard Beneš sachlich. Ich genieße es, verspüre eine große Lust, wenn ich über andere Leute bestimmen kann. Nur darf man es ihnen nicht zeigen. Es muss alles von hinten her geduldig gelenkt werden. Dann klappt es auch. Während der Ersten Republik war *ich*, glaub' ich, der einflussreichste Politiker im Staat. Wie war das möglich? Ich ha-

be mir die Demokratie gefügig gemacht, jawohl. Das ginge nicht? Und wie es ging!
Nur in den Jahren 1921/22 hatte ich als Ministerpräsident die Zügel offensichtlich in der Hand. Dann habe ich gelernt, dass das nicht nötig war, um meinen Einfluss zu halten. Ich lernte schnell und ständig. Seit der Gründung des tschecho-deutsch-slowakischen Staates mit vielen Ruthenen, Ungarn und Polen darin, konnte ich die Großmächte und die eigenen Bürger davon überzeugen, dass wir einen 'Nationalstaat' hatten. Man muss es gleich in die Bezeichnung setzen: die Tschechoslowakei. Nichts anderes. Und dann immer wiederholen. Ich habe es der ganzen Welt wiederholt. Ununterbrochen von 1918 bis 1935, in nicht weniger als vierzehn Regierungen, war ich Außenminister. Auch wenn meine Partei, die Nationalen Sozialisten - so hießen sie wirklich, dachte er amüsiert - einmal in der Opposition gelandet waren. War ich ein Wunderknabe? Mehr als das! Für ein paar wichtige Monate von 1918/1919 war ich zugleich der Minister des Innern: Die ganze Polizei, die Sicherheit des Staates, unterstanden nur mir. Ich war erst vierunddreißig Jahre alt, als es anfing.
Der Gipfel war meine Wahl zum Staatspräsidenten. Da war ich einundfünfzig und durchtrieben wie kein anderer. Als der schwerkranke Thomas Masaryk ein Jahr zuvor resignieren wollte, überzeugte ich ihn, doch zum vierten Mal zu kandidieren, damit *ich* meine eigene Wahl durch das Parlament, exakt wie die Verfassung es vorschrieb, vorbereiten konnte. Das war klug. In den Monaten darauf hab' ich eine Meisterleistung vollbracht!
Die Mehrzahl der Abgeordneten konnten mich dabei nicht riechen. Das ließ mich aber kalt, ich ging Schritt um Schritt vor, um ihr Misstrauen abzubauen. Jedem versprach ich etwas. Den slowakischen Agrariern sagte ich den Premierposten für Dr. Milan Hodža zu. Das war ziemlich gewagt, da ich dem aktuellen Amtsinhaber, dem tschechischen Agrarier Jan Malypetr, zum Ausgleich auch etwas geben musste. Er bekam den Vorsitz des Parlaments. Den slowakischen Autonomisten kündigte ich die Erfüllung ihrer Forderungen innerhalb eines Jahres an. Für ihren

eingesperrten Abgeordneten Dr. Vojtech Tuka, der die slowakische Selbständigkeit bis dahin vergeblich forcierte, versprach ich Amnestie. Bei den Frommen argumentierte ich mit meinen guten Beziehungen zum Vatikan. Letzlich war es gerade Pater Josef Tiso aus der slowakischen Volkspartei, der zu meinen Gunsten auftrat. Unter den Nazis wurde er dann Präsident des abgetrennten slowakischen Staates. Jetzt wird ihm meine Macht sehr zum Verhängnis werden. Ich bin kein dankbarer Schwächling.
Jawohl, vor zehn Jahren hatten meine zuvorkommenden Schachzüge den Slowaken gegenüber auch die Zuneigung der deutschen und der ungarischen Christsozialen für mich geweckt. Niemals vergaß ich, dass die Tschechen lediglich die Hälfte der Bevölkerung des Staates bildeten. Das sagte ich niemals laut. Ich war doch nicht blöd. Mir war aber klar, dass die Stimmen der übrigen Volksgruppen für mich von entscheidender Bedeutung waren.
Die Kommunisten - vielleicht der härteste Brocken - zog ich auf meine Seite, indem ich für ihren Vorsitzenden Klement Gottwald Straffreiheit versprach. Gegen ihn lief seit einem Jahr ein Steckbrief. Er gab zur Präsidentenwahl 1934 ein Flugblatt mit den Worten *Nicht Masaryk - sondern Lenin!* heraus und verbreitete es. Der Dumme!
Nachdem ich also fast alle meine Widersacher, einen nach dem anderen über den Tisch gezogen hatte, nahmen auch die tschechischen Agrarier meinen einzigen Gegenkandidaten für den Posten des Präsidenten, den Professor Bohumil Němec, als aussichtslos zurück. Den aber verzeihe ich *ihnen* niemals.
Als Masaryk im Dezember 1935 wegen Krankheit doch abdankte, war alles bereit. Ich auch. Die wichtigsten Parteien einschließlich der Sozialisten stimmten für mich, Edvard Beneš. Bei der Wahl gewann ich sogar mehr Stimmen als Masaryk ein Jahr zuvor. War das nicht schwindelerregend? Es war auch in der Tat ein Schwindel, dachte er vergnügt, und doch strikt nach den Regeln der Demokratie, der Verfassung.
Umso mehr hat mich der Dauerkonflikt mit den starrsinnigen Sudetendeutschen empört und erniedrigt. Nach nur drei Jahren im Präsidentenamt wurde mir durch das Münchner Abkommen

alles vernichtet, was ich auf so wunderbare Weise gewonnen hatte.
Das verdammte Deutschland, meinte er bitter, anschließend auch die Polen und die Ungarn, hatten *meinen* Staat um ein Drittel des Gebiets und der Bevölkerung gebracht. Fünf Tage nach der Annahme des Münchner Abkommens resignierte ich. Zweieinhalb Wochen danach flogen wir ins Ausland. Mein Amt als Staatspräsident war im Eimer. Ich Narr hatte geglaubt, besonders gewandt und klug zu sein, es war aber nicht genug. Jetzt, im Frühjahr 1945, bin ich wieder zurück. Diesmal habe ich den Boden viel gründlicher vorbereitet.
„Warum lächelst du?“, fragte seine Frau vom Autositz.
„Nur so“, antwortete Beneš auf dem Weg nach Brünn.

Prag/Ministerium für Verteidigung, Mai/Juni 1945
Der Bericht über die Ereignisse in Vollmau nahm einen unkontrollierten Lauf.
„Diese Meldungen aus der Region, das ist eine Katastrophe“, klagte eine schrille weibliche Stimme am Telefon.
„Wie meinen?“, fragte eine junge Sekretärin ahnungslos.
„Bestellen Sie dem Verteidigungsminister, dass ich morgen früh bei ihm zur Arbeitsbesprechung erscheinen werde!”- Klick.
„Um Gottes Willen und bei allen Heiligen“, stöhnte Svoboda, als er über die Selbsteinladung unterrichtet wurde, „die Hexe hat mir noch gefehlt!“

Die Generalität versammelte sich im Arbeitszimmer des Ministers, ein Dutzend Personen, die am langen Konferenztisch gerade Platz finden würden. Noch standen sie höflich herum, ein wenig verlegen, und warteten auf den Chef.
Meistens kannten sie sich aus der Vorkriegszeit, von den Offiziersschulen, von den Posten in Standortkommandanturen oder im Generalstab. Doch nach der Kapitulation von München schieden sich ihre Wege. Jetzt wusste niemand mehr richtig, was der andere auf welche Weise erlebt oder gelebt hat, und wie sie miteinander umgehen sollten.

Eine Dame schaute herein. „Guten Morgen."
„Guten Morgen, gnädige Frau", erwiderte einer überrascht.
„Darf ich?"
„Nur zu! Wie geht es Ihnen?"
Sie trat ein und stand mitten unter den Generälen. Mit einem nervösen Lächeln schaute sie um sich: „Es geht mir wie im Himmel."
„Tatsächlich?"
„Unter so vielen großen Sternen!" Schmeichelnd zeigte sie auf die hohen Dienstabzeichen.
Jemand lachte, andere schlossen sich an. Das Eis war gebrochen. Keiner fragte, was sie hier denn zu suchen habe. Pünktlich zum Besprechungsanfang öffnete Svoboda die Tür. „Meine Herren!", grüßte er die Anwesenden mit einer leichten Verbeugung, während er flott und selbstsicher zum Tisch ging.
„Guten Tag, Herr Minister!"
Er war ein gut gebauter Mann von fünfzig Jahren, was niemand ihm auf den Kopf zusagen würde. Sein Haar war dicht. Aus einem lebhaften Gesicht schauten funkelnde Augen. Aus jeder seiner Bewegung strahlte Erfolg und bildete eine Aura um ihn. Er war ein Held im befreiten Land. Er hielt kurz inne: „Willkommen, Genossinchen", nickte er höflich der ungebetenen Hexe zu. „Nehmen Sie doch bitte Platz!", forderte er alle gastfreundlich auf.
Er setzte sich neben die anderen an den Tisch. „Wir sind ja Demokraten", betonte er, gleich nachdem er die Besprechungen eingeführt hatte. „Keiner steht höher als der andere." Die Geste brachte ihm Sympathien ein, die er nach seinem märchenhaften, beneideten Aufstieg dringend nötig hatte. Er war ein Held, der anstelle zigtausender am Dukla-Pass gefallener Soldaten berühmt und dekoriert wurde. Nun musste er lernen, leiser zu treten, um seine Karriere bruchfest zu machen.
„Rauchen Sie, meine Herren", bewilligte er großzügig, „und meine Dame". Ihr schob er zuerst die Holzschachtel mit einer reichen Auswahl von begehrten Zigarettenmarken zu.
„Wir haben heute einen reizenden Gast unter uns. Die Dame ist

Redakteurin im Armeerundfunk", versuchte er der Sache einen Stachel zu nehmen. „Sie hat eine Botschaft für uns."
„Keine Redakteurin", verbesserte sie ihn barsch, „ich übe politische Aufsicht über den Armeerundfunk aus." Die hohen Offiziere starrten sie frostig an.
„Herr Minister", sagte sie steif, „verehrte Herren Generäle. Mir ist ein Papier auf den Tisch geflattert, das diese Wände", sie zeigte auf die vier Wände, die sie umgaben, „hätte niemals verlassen dürfen." Sie machte eine Pause. „Es ist eine Meldung aus der Region!"
„Reden Sie bitte."
„Sie betrifft die Kampfabteilung Niva, - die Aue - Zweiter Armeebereich Südböhmen, Ortskommandantur Tábor." Die Angaben klangen präzise. Es war nichts Gutes zu erwarten.
„Eine Begebenheit wurde zu leichtfertig gehandhabt." Sie zog den Text aus der Handtasche und legte ihn auf den Tisch. Alle schwiegen.
„Sie haben das Wort", erinnerte sie Svoboda.

„**D**anke, Herr Minister." Nach einer dramatischen Schweigeminute fuhr sie hoch:
„Diese unerträglichen Ausführungen wären um ein Haar im Rundfunk gesendet worden. Verehrte Herren! Eine bodenlose Verleumdung unserer Partisanen, die da angeblich wehrlose gefangene Deutsche mit einem Lastwagen gebracht, auf ein Dorf zugehetzt, und sie dabei erschossen hätten: Das machten doch die Nazis, nicht unsere Soldaten! Anschließend hätten sie das ganze Dorf über die Grenze hinaus gejagt. Die amerikanischen Grenzposten versuchten dann, die Dorfbewohner in einem tschechischen Lager bei Babilon unterzubringen. Da es voll war, kehrten die Wagen wieder zurück. Solch eine Schande! Die Amerikaner bewachten die Zivilpersonen, angeblich auch Kinder und Frauen, auf einer Wiese, doch in der Nacht stahlen sich die Deutschen nach Bayern fort."
Sie schaute sich die Generäle scharf an. „Noch nicht genug? Nein! Da schreibt der Berichterstatter, dass bei der Säuberungs-

aktion ein alter Bauer sich gewehrt habe, wobei ihm mit seiner eigenen Hacke der Schädel gespalten wurde. Einige alte Menschen wurden erschossen, sowie ein Elternpaar von fünf Kindern - oder welche Märchen da noch stehen. Mir kommen die Tränen." Das war es.
„Um welchen Ort geht es eigentlich?", wollte jemand wissen.
„Vollmau im Böhmerwald."
„Genossinchen", versuchte der Minister sie zu besänftigen, „ich werde das in Ordnung bringen lassen."
Sie setzte sich ganz aufrecht. „Ich bitte darum. Wissen Sie, wie unsere Hörer auf solche Ungeheuerlichkeiten reagieren würden? Sonst möchte ich nicht erleben, was Major Reicin dazu sagt. Sie haben Glück, dass *ich* es in die Hand bekam."
Das NKWD-Schwein Bedřich Reicin, dachte Svoboda. Der hat es bestimmt in der Hand gehabt und uns die Hexe selber hergeschickt. Bei den Kämpfen vor Dukla kreiste Reicin um ihn herum, schaute ihm und den anderen Offizieren und Soldaten auf die Finger, suchte Streit. Jeder wusste, Reicins kleine, doch durchschlagende Spezialabteilungen in der tschechoslowakischen Armee waren den sowjetischen Sicherheitsdiensten direkt unterstellt.
„Ist das alles?", fragte Svoboda. „Seien sie beruhigt, Genossinchen. Ich werde persönlich darauf achten, dass es berichtigt wird."
„Das erwarte ich." Sie stand auf und verabschiedete sich.

Sobald sie fort war, fragte ein älterer Herr traurig: „Ist das denn wahr, was in dem Bericht stand? Wer waren die Erschossenen?"
„Angeblich eine deutsche Wachmannschaft von einer Munitionsfabrik."
„Ist das alles wahr?", wiederholte er.
„Schwer übertrieben, nehm' ich an. Uns darf wohl klar sein, dass der Abschub für einige Deutsche ziemlich schwer und schmerzhaft sein wird."
„Denken wir immer dran", sagte ein anderer General aufgeregt,

„was die Nazis unserem Volk für Gewalt angetan haben! Vielleicht waren in dem Dorf Waffen oder Werwölfe, über die man so häufig hört!"
„Meine Herren!", befahl Svoboda. „Künftig kommen alle Berichte über die Säuberungsaktionen zuerst auf meinen Tisch! Wir dürfen unseren Nachrichtendienst nicht wieder am Halse haben. Verstehen wir uns? Auch unserem Herrn Präsidenten sind wir verpflichtet, alle Eingriffe menschlich anständig durchzuführen!"
„Für mich", sagte einer, „folgt eines daraus. Die Staatsgrenze muss besser gesichert werden."
„Die Amerikaner sollen ihre Grenzübergänge für den Abschub öffnen. Die Regierung soll mit ihnen verhandeln. Das war der Grund der Berichterstattung, nicht wahr?", sagte Svoboda. „Wenn die Ausgewiesenen hinüber gelassen worden wären, dann wäre uns der ganze Zirkus erspart geblieben."
„Andererseits", sagte jemand, „werden die Revolutionsgardisten allmählich zur Bedrohung für unsere militärische Ordnung. Das wissen wir und das wissen Sie auch, Herr Minister!"
Svobodas Augen wurden hart. „Soll ich, Ihrer Meinung nach, jedem verdienten Partisanen die Hände zusammenbinden?" Versöhnlicher fügte er hinzu: „Wir aus dem Ausland, ob West oder Ost, ist auch egal, sollten gerade *wir* denen etwas vorschreiben, die die ganze Last des Nazi-Terrors hier in der Heimat zu tragen hatten? Da würden wir nicht sehr lange auf diesen Stühlen sitzen, glauben Sie mir. Die Wunden sind weit aufgerissen, die deutsche Frage ist das Empfindlichste überhaupt."
Er beendete das Gespräch: „Gut, kommen wir endlich zur Tagesordnung." Er hat es ja geahnt, der Prestigeposten des Verteidigungsministers ist kein Honiglecken.

Unter vier Augen wandte sich Svoboda an seinen Generalstabschef: „Sag' mir, Bohouš, wie ich die Hitzköpfe zügeln soll, wenn jeder sie aufputscht!" Er konnte offen sein zu dem Mann, der die Greuel der Frontkämpfe mit ihm erlebt hat. „Neulich ereiferte sich der Chef der Streitgruppe Alex: 'Weist alle Deutschen aus dem Gebiet der historischen Grenzen aus!' Wie kann ich die dann bremsen!"

„Nun ja", sagte Boček, „General Novák lebt im Geiste immer noch im Widerstand. Das ist aber vorbei."

„Wenn man daran denkt", sagte Svoboda verwundert, „wieviele Generäle kaltgestellt wurden, dann versteht man seinen Eifer. Den Sergej Ingr hat der Präsident abserviert, obwohl er im Exil sein Verteidigungsminister war. Jetzt habe ich den Posten."

„Und den Miroslav, den Neumann, sowieso."

„Gleich wie František Moravec, das überraschte mich am meisten. Der hat den Präsidenten Tag für Tag mit seinen Radiodepeschen überschüttet. Ich dachte, der wäre unentbehrlich."

„Den Moravec hast doch du selbst abgesetzt!", sagte Boček.

„Weil es mir nahegelegt wurde. Sonst war Moravec eine große Klasse im Nachrichtendienst. Den hätten wir gut gebrauchen können."

„Und der Präsident?"

„Wird ohne ihn auskommen müssen. Die Sowjets und ihre Wünsche sind ihm wohl wichtiger."

„Damit ließ er seine treusten Verbündeten fallen", überlegte Boček. „Das ist für ihn nicht ungefährlich."

„Was tust du alles nicht, um deinen Stuhl warm zu halten", erwiderte Svoboda. „Er zittert um den seinen mehr als wir zwei um die unsrigen. Verstehst du? Er will seine Präsidentenjahre nachholen, die Hitler ihm gestohlen hat. Das ist so meine Vermutung und Beobachtung."

„Meinst du?"

„Übrigens, den Vollmau-Bericht für die Regierung lassen wir umschreiben. Machen wir daraus einen deutschen Angriff gegen die tschechischen Posten. Überschrift: Deutsche Unruhestifter in Vollmau. Die Deutschen wurden im Feuergefecht erschossen, und basta. In dem Sinne etwa."

„Richtig", nickte Boček. „Was sie haben wollen, das kriegen sie."

Unter *sie* waren alle die Neuen und Mächtigen gemeint, wer auch immer das war.

Prag, 1995

„Wo war der Anfang aller Lügen?", fragte ich meine frühere Schulfreundin Eva. Oft überlegten wir, welche Umstürze, Niederlagen und Siege auch unsere kleinen Schicksale, das ihrige wie das meine, so nachhaltig beeinflusst haben. Beide lebten wir Jahrzehnte lang im Exil, seit 1989 hin und wieder in der Heimat.

„Ich bin dabei, fast nichts mehr zu glauben", sagte ich.

Sie lachte laut. „Das tue ich seit jeher nicht." Als Redakteurin der tschechischen Programmabteilung der BBC war sie für ihre Ironie und Skepsis bekannt.

„Eigentlich geht es nicht um etwas Vergangenes," meinte ich. „Es ist immer noch Gegenwart. Wo war was schief gegangen?"

„Das wäre eine lange Aufzählung", sagte sie.

„Begann es nicht mit der Prager Volkserhebung im Mai 1945?"

„Es fing viel früher an."

„Den Aufstand haben wir aber miterlebt, du und ich."

„Da waren wir noch soo klein", schüttelte sie den Kopf.

„Trotzdem gehört es zu unserem Leben. Gibt es ein objektives Geschichtswerk darüber?", zweifelte ich.

„So weit mir bekannt, kaum. Eine Menge kommunistischer Kram, andere Studien beschönigen wieder die tapferen Kämpfer, alle verschweigen einige führende Personen, immer aus der jeweils anderen Gruppe. Objektiv kann man das nicht nennen."

"Da ist eine ganze Armee aus dem Volksgedächtnis ausradiert worden. einfach verschwunden!", fuhr ich fort. „Wer waren die Wlassow-Soldaten? Ich erinnere mich, dass sie da waren. Wie kamen sie dazu, den Pragern Hilfe zu leisten? Wo kann man etwas Richtiges darüber erfahren?"

„Da wüsst' ich jemanden, der dir helfen kann", sagte Eva. Sie wusste oft jemanden, darum fragte ich sie. „Er ist ein interessanter Mann und heißt Doktor oder Oberst Stanislav Ausky. Er hat ein Buch über das Wlassow-Dingsbums geschrieben. Ich habe es gehabt, auch größtenteils gelesen."

Wir saßen in einem Prager Restaurant. Sie mischte in einer Schüssel schmackhaften grünen Salat, dessen Rezept sie dem

Personal beigebracht hatte. Das war typisch. Auf ihre charmante Weise brachte sie immer jemandem etwas bei. „So, jetzt ist es fertig!“ Sie schob mir den Salat zu. Beim ersten Happen sagte sie: „Dieser Ausky - wahrscheinlich kriegst du das Buch nicht, es erschien noch im Ausland, er war Emigrant - jetzt lebt er mit seiner Frau wieder in Prag. Er ist ein netter Mensch, erzählt bereitwillig und gern. Am besten du gehst direkt zu ihm!“

4. Die Armee, die verschwand

Wie zwei junge Männer das Kriegsende erleben – Militärische Lage ist prekär – Die Wlassow-Armee hilft Prag und wird unmittelbar darauf von allen allein gelassen

PRAG, 1995

„Freitag, der vierte Mai 1945 war der letzte Arbeitstag im Protektorat Böhmen und Mähren", sagte Stanislav Ausky, „das heißt, auf dem Gebiet, das davon übrig geblieben war, und das war noch bedeutungsvoll." Er sprach scheinbar sachlich, aber ich musste lachen. Wie kann man den letzten Tag vor einer Volkserhebung als *letzten Arbeitstag* bezeichnen?

Das habe ich noch nie gehört. Es war niederschmetternd. Konnte dann der Aufstand, der am fünften Mai, dem nächsten Tag, anfangen sollte, tatsächlich so *spontan*, vom Volk eröffnet, geführt und gewünscht sein, wie später behauptet wurde?

Verschmitzt, aber präzise führte der Forscher an: „Bis Freitagabend hatten die Tschechen völlig loyal und hoch verlässlich für Hitlers Endsieg geschuftet. Von einem kurzen Streik bei den Škoda-Werken am ersten Mai abgesehen, liefen die tschechischen Rüstungsbetriebe glatt und reibungslos. Wie es der deutsche Oberbefehlshaber für Prag, General Rudolf Toussaint, in seinem Kriegstagebuch bemerkte, 'keine Sabotagen bedrohten die Produktion'."

Ausky war nicht nur Historiker, sondern auch Militärfachmann: „In Pilsen montierte man bei den Škoda-Werken die 88-mm-Luftwaffen-Abwehrkanone. Bei Kolben-Danek in Prag-Lieben und bei Ringhofer stellte man das erstklassige Kettenfahrzeug, den Panzerjäger 'Hetzer', eifrig her." Ich verstand, dass es um

irgendwelche Ungeheuer aus Stahl ging, die andere Ungeheuer oder auch Menschen auf eine höchst ausgeklügelte Weise zerstören sollten. Eigentlich hasste ich, was man *Waffensysteme* nannte. „Ich gebe zu, dass ich mich da gar nicht auskenne.“ Er hob die Augenbrauen. „Solange der Mensch den Krieg als Mittel zum Zweck akzeptiert, muss man dies auch analysieren.”
Da hatte er wieder Recht. Von der ruhigen Ausgangslage nannte er eine Ausnahme: „Lediglich bei Dobřichovice südlich von Prag hatten die Partisanen eine Brücke in die Luft gejagt. Sonst blieb alles still.“ Partisanen - wer waren sie wirklich? Kämpfende Tschechen oder sowjetische Agenten, die einen Aufstand anzuzetteln versuchten, wie man öfters herausfand?
„Das 'Volk' meuterte also nicht?“, fragte ich, ein wenig enttäuscht. „Ich war damals zu klein, um eine Ahnung zu haben.“ Den offiziellen tschechischen Schilderungen von Heldentaten glaubte ich nicht mehr. Aber wie war es dann?
„Das Volk meuterte keineswegs!“, betonte der Mann, der mich in seiner Prager Familienwohnung so freundlich empfing. Informationen aus erster Hand waren immer noch der beste Weg, zu Erkenntnissen zu kommen. Interessante Bücher erschienen in äußerst niedrigen Auflagen. Auskys vergriffene Studie über die Wlassow-Armee war ein Paradebeispiel dafür. Ich musste einfach zu ihm und fragen.

„Gerade die lasche Einstellung der tschechischen Öffentlichkeit zum 'historischen Auftrag der Befreiung vom Faschismus', wie sie es nannte, gefiel der selbsternannten Regierung in Kaschau gar nicht!“, fuhr er fort. „Die Herren schmorten in der Ostslowakei wochenlang, warteten, bis die großen Armeen den Sieg erkämpft haben würden. Politiker ohne Beschäftigung sind oft ungeduldig. Also stachelten sie die armen Menschen im Rest-Protektorat an, obwohl die noch das Messer an der Kehle hatten. Als ersten Termin des Prager 'Volksaufstands' hat die Regierung den vierundzwanzigsten April bestimmt. Nur - es stand keiner auf!“ Seine versteckte Ironie wurde mir immer sympathischer.

„War die militärische Lage noch gefährlich?", wollte ich wissen. „Und wie!" Des Forschers lebhafte Augen blinzelten hinter der Brille. Schwer einzuschätzen, wie alt er war. Er hat eine Menge erlebt. Trotz seiner weißen Haare wirkte er jugendlich und voller Energie. „In Südmähren standen eine Million zweihunderttausend deutsche Soldaten der Wehrmachtsgruppe Mitte unter Feldmarschall Schörner, in ihrer Nähe weitere sechshunderttausend Mann der Gruppe Süd unter General Rendulic", erzählte er, als wäre es ein böses Märchen.
„Solange Hitler noch am Leben war, hetzte das Oberkommando der Wehrmacht - das war eigentlich er selber - die deutschen Armeen zu totalem Vernichtungskampf auf. Im Sprachgebrauch Berlins hieß es, den Raum zu 'verteidigen'. Nur, Rendulic, ein österreichischer Kroate, war nicht mehr geneigt, dem Befehl zu folgen. Er hatte vor, den Westalliierten entgegenzumarschieren und sich ihnen zu ergeben. Schörner allerdings, der hatte das Blutvergießen immer noch nicht satt. Das war bedrohlich."
Mit Spannung hörte ich zu. „Wie war die Lage in Prag?", fragte ich, um auf den Kern meines Interesses zurückzukommen.

„Unweit der Hauptstadt waren SS-Einheiten stationiert. Man befürchtete, sie könnten die Stadt angreifen", erwiderte Ausky mit strategischer Breite. Dann schritt er zur Sache: „In Prag allein befanden sich zahlreiche Kampfgruppen, wie sie lose bezeichnet wurden. Es waren Überbleibsel aller möglichen Formationen. Es blieb fraglich, ob sie überhaupt noch kämpfen konnten oder wollten. Meiner Einschätzung nach", sagte der Forscher, „ergaben die Einheiten in der Stadt neun, vielleicht zehntausend Bewaffnete, alle zusammen gerechnet. Auf den Anhöhen Strahov und Petřín, dem Laurenzius-Berg, wurden mehrere Artilleriebatterien aufgestellt. Diese waren allerdings technisch kampfbereit." Nach und nach bekam ich ein Bild davon, was meiner Stadt in jenen Tagen gedroht hatte.
„Vor allem aber war Prag mit einer unbekannten Zahl von Flüchtlingen überfüllt. Und in achtzehn Militärlazaretten lagen

an die fünfzigtausend deutsche Verwundete. Es war also eine prekäre Lage mit vielen Fragezeichen."
„Aber", unterbrach ich, „wie war's mit der Wlassow-Armee?"
„Warten Sie, warten Sie! Die meisten Tschechen interessierten sich viel zu wenig für die Lage der Gegenseite!", sagte er, obwohl auch er einer war. Mir gefiel, dass er nicht 'wir' Tschechen sagte, sich mit keiner Masse oder massenhaften Tendenz identifizierte. „Das ist ein Fehler. Der kann sich rächen. Als Erstes muss man die Gesamtlage im Blickfeld behalten", belehrte er.
Nur, in meinem Blickfeld hingen schöne alte Gemälde. Sie zierten die Wohnung von Herrn Ausky und seiner Frau, einer Ärztin. Die Bilder waren fast halbe Wände groß und stilvoll umrahmt. Ich konnte sie nicht aus den Augen lassen. Die Eheleute hatten sie vor Jahren für hart ersparte Groschen gesammelt, wie sie erzählten. Ähnlich wie ich waren Nonna und Stanislav Ausky Exulanten aus dem kommunistischen Eden gewesen. Über ihre Amerika-Erfahrungen schrieb die Ärztin lustige Bücher, während ihr Mann über längst vergangene Kriege forschte. Nach der Wende von 1989 fanden sie wieder nach Hause zu ihrer Tochter und den Bildern. Es war bizarr, unter den Frieden ausstrahlenden Kunstwerken über Ereignisse zu reden, die ein halbes Jahrhundert zurück lagen und das Herz zerrissen.

Prag, 5. Mai 1945

Was Herr Ausky über die letzten Tage im Protektorat Böhmen und Mähren geschildert hat, stimmte mit den Worten eines Deutschen überein, dem er nie begegnet war. Er musste damals etwa so jung gewesen sein wie Stanislav. Leutnant Waldemar, so hieß der Altersgenosse, kam aus Prag. Vom Herbst 1944 bis Frühjahr 1945 lag er schwer verwundet im Reservelazarett VII auf der Kleinseite. Sein linker Unterarm war durch ein Geschoss zerschmettert worden. Die komplizierte Verletzung heilte nur langsam. Erst seit April konnte Waldemar mit dem Arm in der Schlinge in Wehrmachtsuniform wieder durch Prag spazieren.
„Bei meinen Ausgängen war ich ganz ungefährdet. Die Tschechen zeigten überall Entgegenkommen und freundliche Mienen.

Am vierten Mai herrschte vollkommene Ruhe.“
Waldemar konnte eine ironische Bemerkung nicht unausgesprochen lassen. „Auch die von Staatsminister Frank angeordnete dreitägige Trauerbeflaggung nach dem Tode Hitlers wurde überall ohne Zwischenfall durchgeführt.“ Dann kommentierte er, was bald nicht mehr zu bändigen war:
„Niemals hätte man vermuten oder erwarten können, dass die Tschechen, welche während des ganzen Kriegs nie den geringsten offenen Widerstand gegen die deutsche bewaffnete Macht wagten, nach der Kapitulation gegen wehrlose Menschen in einen beispiellosen Paroxysmus der Grausamkeit verfallen und hierbei auch vor verwundeten Soldaten, Frauen, Kindern und hilflosen Menschen nicht Halt machen würden! Oft habe ich darüber nachgedacht, woher denn so plötzlich der abgrundtiefe Hass dieses Volkes kam.“
Der Leutnant erinnerte daran, dass die Tschechen „doch den ganzen Krieg so gut überdauert hatten, wie kaum ein zweites Volk in Europa.“ Er vergaß nur zu sagen, dass sie den Krieg weder wünschten noch entfesselten. Daher konnten sie keine Dankbarkeit empfinden, wenn sie ihn verhältnismäßig besser als andere überstanden.
„Von den Deutschen waren die Tschechen als gleichberechtigtes Volk behandelt worden“, argumentiert Waldemar. Er zieht nicht in Betracht, dass sie unter einem terroristischen Regime in Angst leben mussten. Folgendes allerdings liegt der Wahrheit nahe:
„Ernährungsmäßig standen sie wohl besser da als so mancher Deutsche. Man saß in der Eisenbahn, im Kino oder Kaffeehaus neben dem Tschechen. Es gab keinen Unterschied als den, dass die Tschechen nicht einzurücken und keine Gefallenen zu beklagen brauchten.“ Als Kriegsversehrter beurteilt er wohl die Dinge aus seiner Sicht, einseitig, erschüttert über den Verlust seiner Gesundheit. Trotzdem bestätige auch ich: Vieles im tschechischen Alltagsleben im Protektorat, wie das Gebilde unter nazistischer Verwaltung hieß, verlief ordentlich. Einen flächendeckenden Terror gegen das tschechische Volk gab es nicht. Gegen die Juden schon.

Mit Waldemar frage ich: Woher kam die Lust auf eine so blutige Rache, sofern es denn Rache war? Was passierte wirklich?

Ich glaube mich zu erinnern, wie der tschechische Rundfunk am fünften Mai 1945 den Ausbruch des Aufstands bekannt gab. Auf Englisch und Russisch, in frenetischen Tönen, rief man nach bewaffneter Hilfe für das *blutende Land.* Doch bis zu den Rufen am Samstagmittag blutete in Prag kaum jemand. Die Rundfunksprecher, die sich kurz zuvor des Senders bemächtigt hatten, befanden sich in einer misslichen Lage. In der Zeit, als sie die Texte verlasen, versuchte eine deutsche Einheit übers Dach des Gebäudes und über die höheren Stockwerke zu ihnen zu gelangen. In den Gängen des Rundfunks hallten Schüsse. Die Autoren der Aufrufe und die Sprecher - wer waren sie wirklich? - hatten sich auf ihrer Etage verbarrikadiert. Einige bemühten sich, den Angriff abzuwehren. Riefen denn die Leute, vielleicht unbewusst, nicht um Hilfe fürs eigene Leben? Ihre verzweifelten Stimmen waren doch im ganzen Land gut vernehmbar. Sie sind wohl zu dem Funken geworden, der die überspannte Gemütslage, knapp vor dem Ende eines langen Krieges explodieren ließ. Das war unumkehrbar. Es war ein Multiplikationseffekt. Die Frage bleibt. War der Ausbruch des Aufstands spontan oder von einer politischen Clique absichtlich, raffiniert und rücksichtslos herbeigerufen? Von welcher? Das Land und die Hauptstadt bluteten ja nicht! Noch nicht. Am Anfang des Aufruhrs stand eine schlimme Lüge.

Der deutsche Arzt Hans Wagner hörte die Rundfunkstimmen auch. Ihm prägten sich andere Worte ein: „Smrt Němcům! Tod den Deutschen! Tod allen Okkupanten!" Was der Prager Arzt weiter zitiert, klingt katastrophal: „Erschlagt die Deutschen, wo ihr sie nur trefft! Nehmt keine Rücksicht auf Kinder, Frauen und Greise! Jeder Deutsche ist unser Todfeind! Jetzt ist die Zeit, die Feinde endgültig zu vernichten! Rottet sie mit Stumpf und Stiel aus!" Dr. Wagner schreibt den Rundfunkaufrufen eine verheerende Wirkung zu.

„Schon in den ersten Stunden nach Bekanntgabe dieser Losungen liefen massenhaft Meldungen über Ermordungen und grauenhafte Misshandlungen deutscher Soldaten und Zivilisten ein. Berichte über das Entsetzen der ersten lebenden Fackeln von Prag wurden von Augenzeugen durchgegeben."
Der tschechische Romanschriftsteller *Pavel Kohout*, damals ein siebzehnjähriger Zeitzeuge, bezeichnete die Tage des Aufstands als *Die Sternstunde der Mörder* und meinte nicht deutsche, sondern *tschechische* Mörder!
Unvorbereitet, militärisch ohne Sinn und Führung, ja ohne Heer und Waffen brach der Aufstand wie ein vernichtendes Steppenfeuer aus.

Prag, 1995
„Den Aufstand nicht anzufangen war ausgeschlossen", meinte Herr Ausky. „Ihn wünschte die Regierung in Kaschau!"
„Nur sie?", fragte ich. „Nicht auch die Sowjets?"
„Die hatten andere Motive. Doch die Regierung rief mehrfach zum Aufstand auf. Die geruhsamen Jahre der Rüstungsproduktion fürs Dritte Reich mussten die zweiunddreißigtausend Prager Volkskämpfer mit ihrem Blut wettmachen. Sonst wären alle Legenden vom Widerstand zweifelhaft gewesen", sagte er mit trauriger Ironie.
„Ich kann's kaum glauben."
„Der Hammer ist", schilderte der Militärhistoriker weiter, was er aus verschiedenen Archiven herausgeholt hat, „was über die angeblich für den Aufstand versprochenen Waffen ans Licht kam. Der ganze Anteil Beneš's an der Volkserhebung bestand darin, den Pragern, dem heimischen Widerstand, die wichtigste Sache zu verheimlichen, nämlich, die offizielle Nachricht der Westalliierten, dass es ihrerseits keine Waffenlieferungen geben würde. Sie wären technisch un-durch-führbar."
„Das verwundert mich."
„Die einzige Möglichkeit wäre der Luftweg über feindliche Linien gewesen und auf ein immer noch feindliches Gebiet. Sollte ein Flugzeug mit den Waffen hoch genug fliegen, um den deut-

schen Flakgeschützen zu entkommen, dann konnten die Kisten mit Waffen aus solcher Höhe auf keinen genauen Punkt am Boden gelenkt werden. Man hätte sie in Prag am Karlsplatz erwartet und sie hätten sich im Umkreis von zwanzig Kilometern verteilt."
„Sie wären in wildfremde Hände gefallen."
„Richtig! Also keine Waffen für den Aufstand! Unter solchen Bedingungen hätte man den Plan der Volkserhebung fallen lassen müssen. Das wollte Beneš aber nicht. Seine politischen Interessen waren im Spiel. Beneš's Außenminister im Exil, Jan Masaryk, dem die Tatsache ebenso bekannt wurde, bat daraufhin die Briten, die Weitergabe der negativen Mitteilung verschieben zu dürfen. So blieb die Sache während des ganzen Aufstands völlig unbekannt. Die Barrikadenkämpfer warteten tagtäglich auf Waffen, die niemals kamen. Man ließ sie mit leeren Händen kämpfen und sterben", sagte Ausky. „Ihre enorme Opferbereitschaft wurde schier ausgenutzt."
Den vergeblichen Versuch, dem tschechischen Widerstand eine Warnung über eigene britische Kanäle zu funken, kommentiert der Militärhistoriker mit trockenen Worten:
„Wer die Depeschen der britischen Special Operation Executive, der Behörde, die für die Résistance in den besetzten Ländern zuständig war, auf dem Weg nach Prag oder in Prag selbst unterschlagen hat, gelang es bisher nicht festzustellen."

Prag, 5. Mai 1945
„Am fünften Mai wurde ich aus meiner Wohnung vom tschechischen Pöbel abgeführt und an den Haaren unter Prügel und Kolbenschlägen ungefähr fünfhundert Meter weit in die Scharnhorstschule geschleppt", klagt Hildegard Hurtinger.
Es geschah im Stadtviertel Dejwitz. Frau Hurtinger lebte seit 1923 mit einer Unterbrechung von fünf Jahren in Prag. Von 1938 bis 1942 wohnte sie in Teplitz. Im Schulgebäude „wurde ich vollkommen beraubt, so dass mir nur Strümpfe und Kleid blieben. Ich wurde von einer tschechischen Kommissarin sofort einem Verhör unterzogen, bei dem mir zu Last gelegt wurde, ich hätte

im Jahre 1942, als ich gar nicht in Prag war, sechzehn tschechische Personen ins Konzentrationslager gebracht, die dort umgekommen seien. Bei jeder Verneinung wurde ich geohrfeigt. Dann wurde ich in die Separation gebracht, wo meine Mithäftlinge und ich, Männer und Frauen, auf das Grausamste misshandelt wurden."

Gerade in Dejwitz, wo die Wehrmachtsführung angesiedelt war, wollte Hitler einst den Kern seiner *Festung Prag* aufgebaut haben. Dann widerrief er den Plan. Seine rechte Hand im Protektorat, Karl Hermann Frank, setzte die Idee einer offenen Stadt durch. Der Weg gegen Westen sollte fliehenden deutschen Soldaten offen stehen, und einer möglichst geordneten Evakuierung deutscher Zivilisten. Auch das blieb großenteils unverwirklicht. Es war zu spät.

Eine Wlassow-Geschichte

Am Vormittag des fünften Mai radelte ein Erkundungstrupp der Russischen Befreiungsarmee gegen die Hauptstadt.
„Ein Trupp der Wlassow-Armee?", fragte ich neugierig.
„Eine sehr kleine Formation", sagte Ausky bescheiden.
„War es ganz bestimmt schon am Vormittag?", zweifelte ich. „Da war der Aufstand doch noch gar nicht ausgerufen!"
„Das weiß ich mit Sicherheit", erwiderte Herr Ausky supercool. „Denn ich war der Wegführer."
„Sie persönlich! Wie kamen Sie dazu?"
„Weil ich gerade dort war", sagte er mit leichtem Achselzucken, „zur richtigen Zeit am richtigen Ort. Meine Sprachkenntnisse spielten eine Rolle. Ich sprach Russisch, Tschechisch und Deutsch."
„Ungewöhnlich, für damals." Es wurde immer bunter.
„Ich wuchs in Karpato-Russland auf."
„Und mussten es verlassen", sagte ich. Der Landesteil gehörte zur Ersten Tschechoslowakei, wurde jedoch noch kurz vor dem Krieg abgetrennt.

„Jawohl, im November 1938 mussten wir fort. Das wäre aber eine andere und längere Familiengeschichte."
„Sie waren am Kriegsende dreiundzwanzig Jahre alt. Hat jemand Sie zu Wlassow geschickt? Oder war es ein Zufall, dass Sie zu seiner Armee stießen?", fragte ich, obwohl ich den Begriff Zufall ungern benutze. In Auskys Leben zeigte er sich als sinnvoll.
„Es war reiner Zufall!", lächelte er amüsiert. „Ich arbeitete auf dem Gut des Dorfes, wo die Erste Division der ROA, der Russischen Befreiungsarmee, zeitweilig ihr Hauptquartier aufschlug. Der Ort hieß Suchomasty."
Irgendein Kaff, nie gehört. „Wlassow stand aber auf deutscher Seite. Wieso entschied er sich, Prag zu helfen?"
„Vorsicht!" Die Sache komplizierte sich immer mehr. „Wlassow und seine Soldaten wollten nicht *für* Hitler, sondern *gegen* Stalin kämpfen. Ihr erster Einsatz war an der Oder gegen die Rote Armee. Das war Anfang April 1945. Hitler zögerte zu lange, bevor er die ROA bewilligte. Als er es tat, um den roten Vormarsch zu stoppen, wussten alle, dass es zu spät war", erörterte der Forscher.
„Es klingt wie eine einzige große Tragödie."
„Das ist es buchstäblich geworden", sagte er. „Da die Stellungen an der Oder nicht mehr zu halten waren, rückte die Erste Division südwärts vor. Sie ging um Dresden herum, überquerte die Elbe und das Erzgebirge. Dann setzte sie den Weg durch Böhmen bis an die Berounka fort. Laut Befehl des Oberkommandos der Wehrmacht hätte sie Prag von Süden her umgehen und sich der Schörner-Armee Mitte in Südmähren anschließen müssen. Gerade das wollten die Soldaten aber nicht mehr. In der Truppe wuchs eine antideutsche Stimmung."
„Wer waren sie wirklich?", fragte ich mehr und mehr verwirrt. „Waren es russische Faschisten, wie man oft behauptet?"
„Keine Spur", sagte Herr Ausky. „Es waren Freiwillige, weiße Emigranten, meist jedoch von den Deutschen gefangen genommene Rotarmisten, neunzig Generäle und neunhunderttausend Soldaten und Offiziere. Sie alle standen zuletzt unter Wlassows Führung."

„Fast eine Million. Stimmt das?“
„Das stimmt. Anfangs hatten sie einen *'Ausschuss zur Befreiung der Völker Russlands vom Bolschewismus'* gegründet, wie es hieß, und ein Manifest herausgegeben.“
„Davon hat kein Tscheche eigentlich eine Ahnung.“
„Auch kein Amerikaner oder Brite. Woher auch?“, antwortete er mit einer Gegenfrage.
„Was stand in dem Manifest?“, drängte ich weiter.
„Erstens ging es um die Gleichberechtigung aller Völker, die unter der sowjetischen Herrschaft damals leben mussten. Denn ihre Angehörigen dienten zahlreich in der ROA, es musste auch für sie schmackhaft gemacht werden. Eine weitere Forderung war, die Kolchosen und Sowchosen zu beseitigen, das Privateigentum wieder einzuführen. Alle politischen Gefangenen sollten freigelassen werden. Nach der Zerschlagung des bolschewistischen Regimes sollte der friedliche Wiederaufbau folgen. Man hatte also demokratische Ziele verfolgt.“
„Das hört sich wie aus den achtziger Jahren an.“
„Wahrlich, das war die tiefste Tragödie der Wlassow-Bewegung. Sie kam vierzig Jahre zu früh. Nein, die ROA, die aus dem Manifest hervorging, war kein nazistisches oder faschistisches Gebilde“, bekräftigte der Forscher und sagte nachdenklich:
„Vielleicht kam sie lediglich vier Jahre zu früh. In der Zeit des Kalten Krieges hätte man sie schon eher verstanden.“
Zu spät ... zu früh ...
Niemand weiß, wer von der tschechischen Seite die Wlassow-Armee als Erster aufgespürt oder Kontakt aufgenommen hat. Tausend Fragen blieben unbeantwortet. Wieso benachrichtigte die Tochter des Protektoratspräsidenten Dr. Emil Hácha schon Anfang Mai von Lány aus das Widerstandsmitglied František Schwarzenberg, dass die Erste Division der ROA möglicherweise in Prag eingreifen würde? Und wieso kam die erste Nachricht gerade über den bald darauf geächteten Hácha, einen vermeintlichen Hochverräter, der keiner war? Wer hat wen gesucht, dringender gebraucht, die Tschechen die Wlassow-Soldaten oder die Wlassow-Führung die Tschechen? Auch die ROA war be-

müht, sich von einer Zusammenarbeit mit dem Naziregime reinzuwaschen. Das schlimme Ende sollte sein, dass wenige Tage nach dem Einsatz der Wlassow-Armee in Prag von ihr niemand mehr etwas wissen wollte. Doch ohne sie hätte der Prager Aufstand in einem noch größeren Inferno gemündet. Das meint nicht nur Stanislav Ausky, der eine Menge darüber erforscht hat, und seinerzeit persönlich dabei war.

Rätselhafter Oberst

Es wurde festgestellt und mehrfach bestätigt, dass bereits in aller Herrgottsfrühe des fünften Mai, also viele Stunden vor dem Ausbruch des Aufstandes, ein kleiner, untersetzter Oberst der tschechischen Gendarmerie das Hauptquartier in Suchomasty erreicht hat.

Ihn begleiteten ein Gendarmeriekapitän, ein weiterer Offizier und sein Stab. Die Namen der Personen sind im Abfallkorb der Geschichte gelandet. Ob sie mal jemand herausfischt?

Wahrscheinlich brachte gerade diese Gruppe das Wichtigste, nämlich die Stadtpläne von Prag, nicht weniger als zwanzig große Lichtdruckkopien. Sie sollen noch in der Nacht zuvor ausgedruckt worden sein. Auch den Ort der illegalen Erstellung der Pläne hat jemand nachträglich aufgespürt. Wie so manches, geschah es gleich an der Quelle, im Prager Stadtbauamt. Eine straff geleitete Aktion, hoch riskant war sie auf jeden Fall.

Der Stabssitz der Ersten Division der ROA befand sich im Sokol-Turnhaus des Dorfes Suchomasty. Dort wurden den ganzen Vormittag Marschbefehle für die einzelnen Regimenter und Formationen gefertigt. In ihre blauen Stadtpläne trugen die Kommandeure mit Rotstift die ihnen zugeteilten Aktionsstreifen ein.

Später verbreitete die tschechische Propaganda, die Wlassow-Armee wäre den Aufrufen des tschechischen Rundfunks gefolgt. Aus heiterem Himmel war sie da, aus eigener Entscheidung zur Hilfe geeilt. Eine rührende Geschichte.

Wahr ist, dass sie die einzige Hilfe war, die kam. Wahr ist auch, dass die Aktion der ROA im Einvernehmen mit gewissen tschechischen Kreisen professionell und sorgfältig vorbereitet wurde.

Nur, mit welchen? Wer waren die Kontaktleute? Ihre Identität wurde von weiteren Ereignissen überrollt und weggespült.

Aufklärung

Der Radfahrertrupp des Zweiten Regiments mit Dolmetscher und Wegführer Ausky an der Spitze, wurde zur Erkundung des Terrains vorausgesandt. Neugierig fragte ich:
„Dem General Wlassow sind Sie auch mal begegnet?"
„Er war an der Operation Prag nicht direkt beteiligt", erwiderte Herr Ausky gegen alle Erwartungen. „Sein Quartier war nicht in Suchomasty. Doch ich sah ihn kurz an jenem fünften Mai. Bis heute habe ich seine hohe Gestalt in Erinnerung."

Der General befahl dem Fahrer anzuhalten. Das Auto hatte eine Anhöhe erreicht. Er stieg aus dem Wagen und blieb stehen, um die Landschaft vor seinen Füßen zu betrachten. Irgendwo hinter dem Horizont lag Prag, die Metropole, die er gut kennen gelernt und lieb gewonnen hatte. Einige Monate zuvor erlebte er dort den ersehnten Höhepunkt, die offizielle Entstehung der ROA. Die Russische Befreiungsarmee war endlich bewilligt. Sie war die bisher umfangreichste Widerstandsbewegung gegen die Diktatur Stalins. General Wlassow hatte sich die Einführungszeremonie ausdrücklich auf dem Hradschin gewünscht. Nicht in Berlin oder in einer anderen deutschen Stadt. Der Ort sollte zum Symbol für slawische Solidarität werden. Galt dies denn immer noch? Andrej Andrejewitsch Wlassow war voller Zweifel. Er war ein bewährter, ungemein fähiger, hoch dekorierter sowjetischer Kriegskommandeur gewesen. Wie kam es dazu, dass er auf die andere Seite der Front geriet? War es eine *andere* Seite? Wer kämpfte denn wofür?
Dreieinhalb Jahre zuvor beteiligte er sich vor Moskau mit mehreren russischen Generälen an der Zerschlagung der deutschen Offensive. Ein halbes Jahr später irrte er in den Wäldern herum, mit Soldaten, welche die Not und den Hunger der Belagerung im Wolchow-Kessel vor Leningrad gerade überlebt hatten. Nach der Schlacht um Moskau wurde der General zur Zweiten sowje-

tischen Stoßarmee abkommandiert, neunzig Kilometer tief im Rücken des Feindes, um die Soldaten aus der deutschen Umzingelung herauszuführen. Was er dort erlebte, veränderte sein Leben. Die verelendeten Soldaten kochten Birkenrinde und Lederteile von ihrer Ausrüstung in den Feldkesseln. Sonst gab es nichts zu essen. Ohne logistische und militärische Hilfe von außen waren sie ausgeliefert, und Hilfe kam keine. Während dieser Verlassenheit begriff der General, wie menschenverachtend die Doktrin des Regimes war. Alles war nur auf Angriff ausgerichtet, keineswegs auf die Verteidigung oder den Schutz des Lebens. Neun Divisionen und sieben Brigaden gingen in wenigen Monaten vor seinen Augen zugrunde. Körperlich und geistig erschöpft wurde Andrej Andrejewitsch samt der Truppe, die noch übrig geblieben war, in einem Waldweiler namens Tuchoveschti durch den Ortsvorsteher an deutsche Wachposten übergeben. In deutscher Gefangenschaft zog er die Konsequenzen.

Nun stand er voller Gedanken vor dem Wagen am Straßenrand. Schweigsam begrüßte er den Fahrradtrupp, der an ihm vorbei gegen Prag fuhr. Der General sah nicht fröhlich aus, sein Gesichtsausdruck war betrübt. Man sagte, er sei krank. „Erst viel später verstand ich, was in ihm vorging", sagte Herr Ausky. Die kurze Begegnung vergaß er nie.
„Was war es?"
„General Wlassow hatte den Deutschen sein Wort gegeben, er würde niemals mehr gegen sie kämpfen. Unter den Deutschen hat er einige echte Freunde gewonnen. Und jetzt sollte die Erste Division, unter dem Befehl von General Bunjatschenko in Richtung Prag vorstoßen. Wlassow wusste, dass dies für seine Soldaten wichtig war. Sie wollten doch als Antifaschisten anerkannt und angenommen werden, dem Zugriff der Roten Armee entkommen. Sie rangen um ihr Leben. Wahrscheinlich fühlte er, dass ohnehin alles verloren war."

Der Kampf
Am Nachmittag des fünften Mai rollte die Erste Division in drei

großen Zügen gegen die Hauptstadt. Die Soldaten hatten fünfzig Kilometer zu bewältigen. Der Fahrradtrupp mit Oberleutnant Solin als Kommandant erreichte die Stadt gegen Abend. Hastig errichtete Barrikaden hatten die *offene* Stadt zu einem undurchdringlichen Verkehrsknoten gemacht. Viele bereitwillige Menschen beteiligten sich an dem, was für die beste Verteidigung Prags erklärt, den Menschen jedoch zum Verhängnis wurde. Viele bereiteten sich zum Kampf vor. Andere schwelgten schon in Bestialitäten.

„In der Nacht", erzählt Frau Hurtinger über ihren Aufenthalt in der Scharnhorstschule mit Schrecken, „wurden alle Häftlinge wiederholt auf den Hof geholt. Dort zu je zehn Männern, Frauen und Kindern abgezählt, und vor den Augen der übrigen Häftlinge erschossen. Darunter waren auch meine zwei Brüder mit Familien. Das jüngste Kind meines Bruders war fünf Monate alt. Später mussten wir Gräber schaufeln, die Leichen ausziehen und eingraben. Auch sonst wurde ständig bei Tag und Nacht wahllos in die Häftlinge hineingeschossen, wobei Tausende ums Leben kamen." Eine Übertreibung? Wer hat die Opfer gezählt? „So wurde auch ich durch einen Schuss am Hals verwundet. Ich blieb einen Tag und eine Nacht unter den Leichen liegen, da ich es nicht wagte aufzustehen. Dann stiegen Revolutionsgardisten über die Leichen und stachen blindlings mit dem Seitengewehr in die noch Lebenden. Dabei erhielt ich einen Bajonettstich in die linke Hand."

„Ich wurde als Deutscher am sechsten Mai in Prag verhaftet", gab Alfred Gebauer Monate später zu Protokoll, „und war der Reihe nach in den Lagern Schulministerium, Scharnhorstschule, Wehrmachtsgefängnis, Reitschule, Stadion und Arbeitsanstalt bis Ende September untergebracht. Ich bin Schwerkriegsbeschädigter und wurde bei der Verhaftung von Wlassow-Soldaten geohrfeigt und sämtlicher Sachen beraubt."

Zu Professor Václav Černý, gerade aus einem deutschen Konzentrationslager zurückgekehrt, kam sein Nachbar gelaufen „mit weit aufgerissenen Augen. Sein fünfzehnjähriger Sohn, ein begeisterter tschechischer Student, hat sich bei der Bürgergarde zum Dienst gemeldet. Dort hat man den Kindern Stöcke ausgeteilt, damit sie inhaftierte deutsche Zivilisten nach Belieben schlagen sollten, die im Souterrain der örtlichen Schule (Prag 6) gefangen gehalten wurden." War es auch wieder die Scharnhorstschule? Empört, matt und müde erlebte der Literaturhistoriker die Tage, in denen er zum Mitglied des Tschechischen Nationalrats ernannt wurde, eines Gremiums, das den Aufstand leiten sollte.

„Selber sah ich einen Zug von kahlgeschorenen deutschen Frauen, die zur Straßenarbeit getrieben wurden. Der tschechische Gestapismus", führte Černý einen neuen Begriff ein, „war dem nazistischen haargenau gleich. Worauf wollten wir dann den Stolz der eigenen moralischen Überlegenheit noch stützen?"

Wlassows General Bunjatschenko stand oberhalb der Stadt auf einem Beobachtungsposten. Von tschechischen Offizieren ließ er sich strategisch wichtige Punkte zeigen. Die Gruppe befand sich über dem Stadtviertel Jinonice. Dort unten, in der Gaststätte U Abrahamu siedelte der Divisionsstab der ROA. Der zweite Tag der Kämpfe war hart und noch nichts war entschieden.

„Großartig, dass ihr uns beisteht!", lobte ein Tscheche und zeigte auf die nah aufgestellte Haubitzenbatterie der ROA. „Den ganzen Krieg haben wir auf diesen Augenblick gewartet."

„Nur gewartet?", bemerkte Bunjatschenko. „Das ist nicht genug."

„Es ging uns an den Kragen", wandte der Offizier ein.

„Das tut es uns allemal", betonte der General. „Wenn wir den Rotarmisten in die Hände fallen, sind wir tot. Werdet ihr uns vor ihnen schützen?"

„Ohne euch wäre der Aufstand erstickt."

„Weiß das denn eure Obrigkeit, euer 'Nationalrat' auch?"

„Aber gewiss".

„Das scheint nicht der Fall zu sein. Man erzählt sich schon, wir hätten nicht viel bewirkt", beschwerte sich der General bitter.
„Der Nationalrat, Herr General, ist eine reine Politgruppe. Über die militärischen Personen hat er keine Befehlsgewalt. Die meisten im Nationalrat sind Kommunisten. Durch den Aufstand wurden sie überrascht, sie führen ihn nicht. Wir Offiziere wissen genau, was los ist. Ihr Zweites Regiment hat doch im Süden vor der Stadt viertausend SS-Leute mit ihren Panzern aufgehalten, und es hält den Raum auch weiterhin."
„Fünfzig von meinen Männern sind schon tot", sagte der General.
„Unsere Leute auf den Barrikaden sterben wie die Fliegen", beklagte sich der Offizier.
„Was wollt ihr mit den unausgebildeten Zivilisten? Lasst lieber eure dämlichen Barrikaden sein und kommt mit uns mit! Ich werde morgen die Stadtmitte angreifen. Dafür brauch' ich einige Dutzend Tschechen als Wegführer."
„Die werden Ihnen zur Disposition sein."
Der General nickte und breitete seinen Stadtplan aus. „Schauen Sie, über diese zwei Brücken falle ich ins Zentrum ein. Meine Division wird die Stadt in der Hälfte zerschneiden. Damit verhindere ich, dass die Deutschen vom Süden und vom Nordosten sich zusammentun. Verstanden?"
„Das ist strategisch perfekt", stimmte der Tscheche zu.
„Mir stehen insgesamt zwanzigtausend Mann zur Verfügung", überlegte der General.
„Das ist eine Menge."
„Vierzig Panzerfahrzeuge und einhundert schwere Geschütze."
„So etwas haben wir absolut vermisst. Für den Raum Groß-Prag ist das eine militärische Macht, die jedem Ansturm standhalten kann."
„Das meine ich."
„Wir haben keine schwere Ausrüstung. Die Alliierten haben uns nichts gebracht, ohne euch wären wir ausgeblutet", sagte der tschechische Offizier.

Zwei Tage und drei Nächte blieb die Wlassow-Armee in Prag. Nach harten Kämpfen besetzten die Regimenter General Bunjatschenkos den Flugplatz Ruzyne. Damit hatten sie das deutsche Bombardement der Stadt fast völlig unterbunden. Die Soldaten bemächtigten sich auch der deutschen Artilleriestellungen auf dem Laurenzius-Berg und führten eine blutige Abwehrschlacht bei Slivenec im Süden der Großstadt. Es gelang ihnen tatsächlich, das Zentrum Prags quer über das Viertel Weinberge zu spalten und die drohende Verschmelzung der südlichen und nördlichen deutschen Verbände zu verhindern.

Ohne Unterbrechung trug der Stabschef der Ersten Division Oberstleutnant Nikolajev ein wichtiges Dokument bei sich. Es war das Abkommen mit den Tschechen, für die Division der Beweis ihrer Beteiligung am Prager Aufstand. Später von keinem Überlebenden mehr gesehen, sollte das Papier das tschechische Versprechen für die Wlassow-Soldaten beinhalten, dass sie den Sowjets nicht ausgeliefert würden. Ihnen würde in der Tschechoslowakei politisches Asyl gewährt. Der Tschechische Nationalrat warf alles um.

Vom Abend des siebten Mai an durfte der aufständische Rundfunk keine Nachrichten über die Wlassow-Armee mehr bringen, keine ihrer Erklärungen mehr verlesen. Das hatte der selbsternannte Tschechische Nationalrat durchgesetzt. Die Offiziere im Rundfunkgebäude wollten nicht folgen. Also drohte der Rat, ihre Sendungen ganz abzuschalten. Gesagt, getan. Es war der erste politische Coup in einem Land, das sich gerade befreien wollte. Das Volk hatte nichts davon gemerkt. Von dem Zeitpunkt an wurde das Programm zensiert und nicht mehr aus dem bekannten Rundfunkgebäude, sondern aus einer evangelischen Kirche auf den Weinbergen gesendet. Noch hingen große Portraits General Wlassows, eins davon über zwei Stockwerke hoch, mit Kohle gezeichnet, in den Straßen Prags. Doch der Prozess der Ausradierung seiner Armee hatte bereits begonnen.

Ein Adjutant des Generals, Kapitän Antonov, musste im Gang warten, um sich das Urteil zu holen. Aus dem Sitzungsraum des Tschechischen Nationalrats kam Josef Smrkovský zu ihm, Kommunist und Stellvertreter des Vorsitzenden, doch wichtiger als der.

„Wir haben uns eure Hilfe nicht erbeten", sagte Smrkovský grob zu Antonov. „Unser Offiziersstab spricht nicht für das Volk und nicht für die Regierung." Nachdem der Gast sich auf das Asylversprechen der tschechischen Kollegen berief, lehnte Smrkovský barsch ab: „Mit deutschen Söldnern machen wir keine gemeinsame Sache."

„Wir sind keine deutschen Söldner", wandte Kapitän Antonov erschüttert ein. „Unser Ziel ist die Befreiung Russlands vom Bolschewismus." Das erzählte er gerade dem Richtigen.

„Eure letzte Chance bleibt, euch auf die Seite der Roten Armee zu schlagen", erwiderte Smrkovský. „Wenn die Führung der ROA nicht einverstanden ist, warum nehmen Sie nicht selbst alles in die Hand?" Sein Russisch war dürftig, sein Vorschlag klar.

„Kommen Sie doch bitte herein", unterbrach das Gespräch ein Mann, der aus dem Sitzungsraum trat und richtig russisch sprach. „Ich bin General Kutlvašr." Er führte Antonov hinein. „Setzen Sie sich bitte. Wir wollen über Ihren Antrag abstimmen."

Der Nationalrat überstimmte Smrkovský und erklärte, die militärische Hilfe der Wlassow-Armee in Prag sei wichtig und wertvoll gewesen. Doch den Angehörigen Asyl zu gewähren, nein. Der Vorschlag wurde abgeschmettert.

„Verstehen Sie bitte, gerade das ist für uns lebenswichtig. Die Zusage wurde uns schriftlich gegeben", bemühte Kapitän Antonov sich verzweifelt. „Es geht um unsere politische Rehabilitierung, auch in den Augen der Amerikaner, denen wollen wir uns ergeben. Die Amerikaner sind unsere letzte Hoffnung."

„Es tut uns leid. Versprechungen, die Ihnen jemand anderer gegeben hat, können wir nicht bestätigen."

„Wie bitte?", schrie General Bunjatschenko auf. Mit seinem Stabschef leitete er gerade Artilleriefeuer von den Stel-

lungen über Zlíchov. „Wir haben tausende tschechische Leben gerettet, Prag vor sicherer Vernichtung bewahrt. Dafür haben die Tschechen uns ganz gemein verraten."
Er schaute sich den unverbindlichen, lauwarmen Dankesbrief des Tschechischen Nationalrats an. „Für diesen Fetzen Papier sollen unsere Männer sterben? Wir ziehen ab", entschied er. „Sofort." Gleich laut fügte er hinzu: „Damit können sich die Tschechen den Arsch wischen."
Der Befehlshaber des Vierten Regiments, Oberst Sakharow, kam zu Bunjatschenko. „Die Amerikaner werden nicht gegen Prag vorrücken", meldete er die Katastrophe. „Eine schottische Gruppe hat gerade die Nachricht aus Pilsen gebracht."
„Dann sind wir ausgeliefert", stellte Bunjatschenko fest.
„Und die Tschechen?", fragte Sakharow überrascht. „Die haben uns das Wort gegeben - und es gebrochen!"
„So ist es", bekräftigte Stabschef Nikolajev. „Die Abmachung, die ich hier trage" - er klopfte auf seine Brusttasche -„ist wertlos."
Oberst Sakharow, der seine Soldaten im Zentrum Prags befehligte, sagte betrübt: „Den Tschechen, wie man sieht, ist tatsächlich nicht zu trauen. Mein Vater hatte Recht, aber ich hab's nicht wahrhaben wollen."
„Ihr Vater?", fragte Nikolajev.
„Ein hoher General unseres Zaren", erklärte Bunjatschenko. „Konstantin W. Sakharow, ein großer Mann."
„Was hat Ihr Vater damit gemeint?", interessierte sich Nikolajev.
„Mein Vater beschuldigte die tschechischen Legionäre, sie hätten im Jahre 1920 Admiral Koltschak den Roten ausgeliefert, aus Habgier, meinte er. Er sagte, die tschechoslowakischen Legionen hätten den Bolschewismus bei uns stoppen können. Sie waren gut ausgerüstet, hätten gegen die roten Horden kämpfen müssen. Das war damals noch möglich. Sie taten es aber nicht. Den Legionen mit Thomas Masaryk und Edvard Beneš persönlich gab mein Vater die Schuld daran, dass in Russland der Bolschewismus siegen konnte. Ich habe die Geschichte nie ganz glauben wollen."
„Da haben wir's! Mit dem Papier", wiederholte Bunjatschenko

mit Blick auf den kühlen Dankesbrief, „können auch wir uns den Arsch wischen!“ Er war kein wohldressierter Zarengeneral. Die Ideologie konnte ihm gestohlen bleiben, sonst aber war er Soldat der rauen sowjetischen Prägung.

Zu spät zog die Erste Division ab. Der Retter Prags floh übers Land nicht mehr in seinem Kommando-Automobil. General Bunjatschenko saß am Hintersitz eines zivilen, unauffälligen Opel-Kadett unter mehreren Pappkartons versteckt. Einige fliehende und verwirrte Soldaten trafen auf ihre einstigen deutschen Gegner vom Flugplatz Ruzyne in den sowjetischen Auffanglagern bei Zlonice, nördlich von Slaný und bei Saaz. Dort erschossen die Rotarmisten die Deutschen unterschiedslos neben den Wlassow-Gefangenen oder erschlugen sie. Ein Großteil der Division ergab sich friedlich den Briten und den Amerikanern. Die Westalliierten waren nicht ihre Feinde. Trotzdem ließen auch sie die ROA-Angehörigen allein und überstellten sie in vollen Bussen an die Sowjets. Der sowjetische Geheimdienst brachte unzählige Wlassow-Soldaten um. Die übrigen wanderten in den Gulag, um dort in Arbeitslagern zu krepieren oder vielleicht zu überleben ... Eine Chance, ihr Leben zu retten, behielten einzig die Offiziere und Soldaten, die in kleineren Gruppen oder gar auf eigene Faust versuchten, den Weg in die Freiheit zu finden. Einigen ist es gelungen.

Etwa dreihundert Wlassow-Soldaten verloren für Prag und seine Bewohner das Leben. Ihre kleinen Denkmäler in den Straßen, ihre Gräber auf dem Friedhof Olšany werden von den Pragern seit einem halben Jahrhundert verehrt - als Ehrenmale von Rotarmisten! Das waren sie meistens auch, ehe sie gefangen genommen wurden und sich für etwas anderes entschieden hatten. Nur wenigen Pragern ist bekannt, dass dort Wlassow-Soldaten liegen. In der verpesteten, verlogenen Atmosphäre der tschechischen Nachkriegsgeschichte hat sich die Armee Andrej Andrejewitsch Wlassows, die einzige, die Prag zur Hilfe kam, in Luft aufgelöst. Die sowjetische Rote Armee hatte in Prag nichts mehr zu kämpfen, nachdem sie ziemlich verspätet zur Stelle war.

Ein Angebot, hinter die Frontlinien zu fliegen, lehnte General Wlassow ab und teilte das Schicksal seiner gefangenen Soldaten. Am zwölften Mai 1945 rückte beim Ort Lnáře in Südböhmen, wo diese entwaffnet warteten, eine Sondereinheit der Roten Armee illegal über die Demarkationslinie der Amerikaner vor und nahm Wlassow fest. Am zweiten August 1946 wurden die Helfer Prags, die Generäle Andrej Wlassow und Sergej Bunjatschenko mit mehreren führenden Persönlichkeiten der Russischen Befreiungsarmee in Moskau durch den Strang hingerichtet.

Nachdem es um die meisten Wlassow-Soldaten längst geschehen war, erklärte der zum Reformkommunisten gewordene Josef Smrkovský im Jahre 1968 während des Prager Frühlings: „Als historisches Faktum gilt, dass die Wlassow-Soldaten Prag geholfen haben, und das taten sie reichlich."
Wieso hat er es nicht gleich gesagt? Dreiundzwanzig Jahre früher hätte er ihr Leben schützen können, so wie die Wlassow-Männer tschechische Leben geschützt haben. Eine große Schuld bleibt bis zum heutigen Tag offen.

Ein Abschied

Teile der Ersten Division, in einer feindlichen Welt verlassen, eilten gegen Pilsen. Der junge Dolmetscher Stanislav Ausky musste von den neuen Freunden Abschied nehmen. Es fiel ihm nicht leicht. Er suchte den Kommandanten des Zweiten Regiments auf, um Lebewohl zu sagen. Oberstleutnant Artjomow dankte Stanislav, dann schaute er ihn mit großen dunklen Augen an und bemerkte mit bitterem Sarkasmus: „Einen Hund seid ihr losgeworden, aber ein anderer springt euch an den Hals." Er meinte die Ablösung Hitlers durch Stalin.

5. Detektivarbeit

Was ich von meinen Eltern und aus einem alten Stadtplan erfuhr

Mit Vaters Augen

In mir wuchs der Verdacht, dass ich im Zentrum eines Geschehens lebte, das mir systematisch verschwiegen worden war. Nur, warum? Wo befand sich die Scharnhorstschule, in der Frau Hildegard Hurtinger geohrfeigt, verhört und zuletzt nur durch eine höhere Fügung nicht getötet wurde? Das Gebäude befand sich fünfhundert Meter von ihrem Heim entfernt, und sie wohnte in Dejwitz. War das Objekt nicht mit der Schule 'Prag 6' identisch, wo man tschechische Schüler mit Stöcken gegen deutsche Zivilisten geschickt hatte, wie Professor Černý bezeugt? 'Prag 6' ist die neuere, bis heute geltende Bezeichnung auch für Dejwitz. Ich komme aus Dejwitz. Die Frage, was in meiner Umgebung wirklich passiert war, fesselte mich immer mehr. In unserem Viertel gab es wohl mehrere Schulgebäude. Welches davon war die Scharnhorstschule?

Die Schwierigkeit bestand in Folgendem. Während der Protektoratszeit hatten die Deutschen sehr viele Straßen und Orte in Prag umbenannt. Nach dem Kriegsende taten die Tschechen dasselbe. Damit waren die Kriegszeitbezeichnungen erloschen. Später änderten die Kommunisten fast alle wichtigen Platz- und Straßennamen noch einmal. Es war, als hätte man jeweils in einer anderen Stadt gelebt. Wen sollte ich fragen? Manchmal nahm ich meinen neunzigjährigen Vater in die Pflicht. Er war Zeitzeuge von vielem, wovon er dachte, es würde niemanden mehr interessieren.

Ich versuchte seine Aufmerksamkeit zu wecken: „Papa, ich habe etwas Merkwürdiges gelesen." Fangen wir einmal weiter zurück

an. „Ein russischer Zarengeneral behauptet, die tschechoslowakischen Legionäre wären schuld daran gewesen, dass in Russland der Bolschewismus gesiegt hat. Weißt du etwas davon?"
Vater war fünfzehn Jahre alt und kein Soldat, als der Erste Weltkrieg zu Ende ging. „Jawohl!", erwiderte er zu meiner Überraschung. „Man erzählte sich in der Ersten Republik, dass T. G. Masaryk den Bolschewisten zum Sieg verhalf."
„Ist das wahr?"
„Man hat eine Zeit lang darüber geredet."
„Mehr nicht ...?" Es war nur eine rhetorische Frage. Ich beschloss, nicht weiterzubohren. Vater konnte nichts dafür, dass ein Buch von Konstantin W. Sakharow aus dem Jahre 1930 in der Ersten Republik auf Grund eines *Gesetzes zum Schutz der Republik* nicht erscheinen durfte. Die Demokratie hatte ihre schwarzen Löcher. Mein Vater, ein Kommerz-Ingenieur, war dafür nicht verantwortlich. Ich wollte von ihm sowieso etwas anderes wissen.

„Wusstest du, wo während der deutschen Okkupation eine Scharnhorstschule war? Sie musste irgendwo in unserer Nähe gewesen sein."
„Das ist mir nicht bekannt", erwiderte er eher teilnahmslos.
„Und erinnerst du dich vielleicht, was während der Revolution hier um uns herum geschah?" Meine Geschwister, Mutter und mich hatte Vater nach den heftigen Luftangriffen im Februar 1945 aufs Land zu Verwandten gebracht. Den Aufstand im Mai erlebte ich nicht in Prag.
„Ja, daran kann ich mich lebhaft erinnern." An den Kämpfen hatte er nicht teilgenommen. „Ich sehe es heute noch, wie man die Deutschen da drüben", er zeigte zum Fenster hinaus, „auf der Fahrbahn vorwärts trieb. Man hat ihnen über die Köpfe geschlagen. Viele von ihnen bluteten. Es war furchtbar." Er schaute zum gleichen Fenster hin, aus dem er das Grauen damals wahrscheinlich beobachtet hatte.
„Waren es deutsche Soldaten?", fragte ich.
„Aber nein! Es waren Zivilisten, lauter Zivilisten."

„Siehst du, davon muss man heute doch reden“, versuchte ich ihn, wie früher so oft, zur Offenheit zu ermutigen, zur Einsicht, dass der Hass und die Vertreibung etwas Böses waren.
Er drehte sich zu mir, langsam, wie sein neunzigjähriger Körper es ihm erlaubte, und bat mich: „Sprich nicht davon!“ Seine Augen waren dunkel, feucht mit Tränen, sehr ernst.
„Warum nicht? Es muss doch einmal erzählt werden.“
Sein besorgter Blick beschwor mich: „Tu das bitte nicht. Sonst hast du die ganze Nation gegen dich.“ Das war der Grund seiner Warnungen und Mahnungen zur Zurückhaltung. Er hatte Angst um meinen guten Ruf. Die ganze Nation ...! Ich schaute in seine Augen. Ich liebte ihn sehr. Die periodisch vorkommenden Streitgespräche über die Deutschen, das einzige glaube ich, was zwischen uns stand, hasste ich.
„Vielleicht nicht die ganze Nation ...“, hauchte ich besänftigend, obwohl ich verärgert war. Unter den älteren Menschen wusste fast jeder etwas. Beinah jeder von ihnen hatte irgendwo Blut, Schläge, Gefangene, Tote gesehen. Lange nicht jeder war mit dem einverstanden, was geschah. Trotzdem schwiegen sie. Ich wusste, warum. Die tschechischen Nationalisten, mit ihnen die Kommunisten und später jahrzehntelang allein, hatten es verboten, die Rechtmäßigkeit der Handlungen gegen die Deutschen anzuzweifeln, die Wahrheit darüber zu schreiben. Wer das wagte, wurde als Kollaborateur gebrandmarkt. Das war nicht nur eine Schmach. Der Zweifler konnte selbst unter die Räder der tschechischen Standgerichte geraten, und das passierte vielen. Auch heute noch, im Jahre 2000, trauen sich viele alte Menschen nicht, über das Vergangene frei nachzudenken oder gar offen zu reden. Doch durch das Schweigen der Alten erhielten jüngere Generationen kein Bild davon, was sich wirklich ereignet hat. Sehr dürftig blieb der Wissensstand *der ganzen Nation*, und das machte mich unglücklich.

Alter Stadtplan

Mit einem Seufzer schlug ich einen Prager Stadtplan aus der Protektoratszeit auf. Ich entdeckte ihn ganz beiläufig in einem neuen in Prag erschienen Bildband. Meine Suche war kurz. Der Scharnhorstplatz lag direkt vor unseren Fenstern. Die Scharnhorstschule war das Gebäude uns gegenüber in der Seitenstraße. Ich konnte mich erinnern, wie ich durch die hohen Klassenfenster immer wieder deutsche Soldaten in Uniformen gesehen hatte. Sie schliefen dort auf zwei- oder dreistöckigen Betten, die für sie im ehemaligen Klassenraum aufgestellt worden waren. Die ganze Protektoratszeit über waren dort welche einquartiert, vom ersten Tag des Einmarsches der Wehrmacht in Prag an, dem fünfzehnten März 1939. Manchmal schaute ich neugierig durch die Gardinen unseres Schlafzimmers hinüber. Ich war ein kleines Mädchen, und die Männer schienen mir alt und müde. Niemals zeigten sie sich uns gegenüber aggressiv. Wir lebten unmittelbar vor ihren Augen unbehelligt während der ganzen sechs Jahre des Protektorats. Warum haben die Tschechen gerade hier später Deutsche gemordet?

Die Fenster unseres Schlafzimmers, der Küche und eines Hinterzimmers führten in die Seitenstraße, die wir mit der Scharnhorstschule teilten. Enttäuscht war ich nur deshalb, weil ich in eine entferntere Schulbaracke laufen musste, wo ich doch die richtige Schule gleich vor der Nase hatte. So ein Pech!

Das Schulgebäude war großzügig und solide gebaut, mit einem riesigen Innenhof und einer breiten, vergitterten Einfahrt. Die Front ging zum Scharnhorstplatz, heute zum Platz der Freiheit, Náměstí Svobody. Zu beiden Seiten der Einfahrt befanden sich zwei monumentale Eingänge, einer für die Buben, einer für die Mädchen. Ein hinterer Quertrakt verband alles zu einem Quadrat. Die beiden Eingänge bildeten architektonische Vorsprünge. Seitlich von ihnen befanden sich geräumige Nischen, die an die Seitenstraßen links und rechts anschlossen. Gegen eine der Seitenfronten wohnten wir.

Mit Mutters Ohren

Niemals konnte ich vergessen, was Mama einmal mir gegenüber bemerkte: „Die Nischen waren voller Leichen, sagt man."

„Wann?", fragte ich erschrocken.

„Ja, am Ende der Mairevolution. Die Nachbarinnen erzählten sich ständig davon. Ich hab's beim Fräulein in der Mangelstube mehrmals gehört."
Fräulein Knížková hatte ein Bügelgeschäft im Parterre unseres Hauses. Hinter einem Vorhang, der als Raumteiler diente, wohnte sie auch. Die Mangelstube roch wunderbar nach sauberer Wäsche. Wenn die Hausfrauen beim Fräulein standen und zuschauten, wie ihre Tischdecken und Bettüberzüge durch die Walzen liefen, plauderten sie über Gott und die Welt. Es war das Kommunikationszentrum unserer Straße.
„Leichen ...?", wiederholte ich. „Wieso?" Ich war sehr jung und hatte bisher nur wenig Schreckliches gesehen.
„Ich kann mir nicht erklären, wieso", sagte Mama. „Ich wollte auch nicht übermäßig nachfragen. Die Weiber sagen, da waren Berge von Leichen in den Nischen. Man hätte sie mit Planen abgedeckt, manchmal ragte ein Arm oder ein Bein hervor. Es hätte fürchterlich gestunken. Sie mussten dort länger gelegen haben. Dann hat man sie weggeschafft. Sie sagen, in eine Grube beim Gotthart." Das war eine kleine Kirche mit Friedhof, dicht am Baumgarten.
„Aber wie sind die Leichen dorthin gekommen?"
„Du fragst zu viel", ermahnte mich Mama. „Ich weiß auch nicht mehr als ich gehört habe."
Wahrscheinlich ahnte sie nicht, dass es der neue tschechische Gestapismus war, wovon die Weiber redeten. Oder hatte sie eine Ahnung? Mein Gefühl war, sie wollte das Furchtbare loswerden, deswegen hat sie es vor mir erwähnt.
„Ja, ich frage mich auch, wer die Toten waren, so am Ende des Krieges", überlegte Mama. „Manchmal zahlen Unschuldige drauf." Sie sprach sehr gut Deutsch, hatte ein Jahr in Herrenhut in Sachsen in einem evangelischen Internat gelebt. Sie schüttelte den Kopf:
„Auch wenn es Deutsche waren, schade um ihr Leben." Es klang traurig. Mamas Worte, vor Jahrzehnten gesprochen, bestätigten mirFrau Hurtingers Horrorerlebnisse. War Prag plötzlich eine Sprudelquelle des Bösen, das bald das übrige Land überziehen würde?

6. Prager Kinoprogramm

Ein Arzt ist bemüht, vielen Menschen zu helfen – Kinos werden zu gespenstischen Gefängnissen – Vereinbarungen in den Wind geschlagen – Selbsternannte Regierung reißt die Macht an sich

Prag, am Morgen des 5. Mai 1945
In deutscher Uniform fuhr Leutnant Waldemar durch die Stadt. Er sah keine Gefahr, überall herrschte Ruhe. Aus der elterlichen Wohnung im Stadtviertel Bubna fuhr er gemächlich das Moldauufer entlang, an mehreren hübschen Brücken vorbei, bis die Straßenbahn in die schmalen, gewundenen Straßen der Kleinseite einbog. Er stieg vor seinem Hospital in der Karmelitergasse aus. Für den verwundeten Unterarm brauchte er einen neuen Verband. Gegen elf Uhr wartete er noch im Lazarett. Da drang zu ihm ein großes Geschrei von der Straße herauf. Er schaute aus einem Fenster. Plötzlich wurden Häuser mit tschechischen Flaggen geschmückt. Leute umarmten sich und schwenkten tschechische Fähnchen und Blumen. Etwas verunsichert verließ er das Gebäude. Mit dem Arm in der Schlinge schob er sich durch die Menge vor, bestieg eine vorbeifahrende Tram und fuhr wieder nach Hause. Von überall her tönte der Sender Prag-Stadt. Unermüdlich forderte man in tschechischer Sprache die Bevölkerung zum Aufstand auf. Die Sprecher wiederholten: "Smrt Němcům!" -Tod den Deutschen! Unbeschadet zu Hause angekommen, tat Waldemar, was jeder Soldat einer besiegten Armee tun sollte, meistens aber nicht kann. Er zog sich in Zivil um. Aus einem Wohnungsfenster sah er, wie im Gelände des Bahnhofs Bubna an Aufständische Gewehre verteilt wurden. In greller Sonnenhitze lag ein blutüberströmter deutscher Soldat. Von einem Tschechen

wurde er bewacht und mißhandelt. Bei dem Anblick beschloss der Leutnant, seine Soldatenkarriere zu vergessen. Künftig würde er sich für einen Universitätsstudenten ausgeben! Ob das klappt?

Die deutschen Bewohner des Hauses hatten Angst. Doch außer Kleinwaffen und Zigaretten wurde ihnen nichts genommen. Erst am Sonntag, dem sechsten Mai, wurden sie kurz zum Bau der Barrikaden herangezogen. Anschließend mussten sie ihre Wohnungen verlassen und sich im Luftschutzraum versammeln. Der Schlag kam in den späten Abendstunden. Im Keller erschienen mehrere Tschechen und riefen: "Alle Männer sofort mitkommen!" Die Mutter klammerte sich an Waldemar. Er war der einzige der Familie, der noch bei ihr lebte. Sie wollte mit dem Sohn gehen, wohin auch immer, wurde aber weggerissen und zurückgestoßen. Ohne Abschied führte man Waldemar fort. In den nächsten zwei Jahren sollte er sie nicht wiedersehen. Das ahnte er damals nicht.

„**W**ir wurden in das Kino Oko (Orion) gebracht und dort mit Männern, Frauen und Kindern aus anderen Straßenzügen eingesperrt. Die Behandlung war anfangs nicht schlecht", gab Waldemar zu, „die Wachen kümmerten sich nicht viel um uns, wir bekamen etwas Brot und Suppe zu essen."
Die Orte der Vergnügungen, die Prager Kinos, wurden, wie man bald sah, in Auffanglager und Internierungsstätten für deutsche Zivilisten verwandelt. Trotz allem Gram konnte Waldemar - in Zivil umgezogen - noch von Glück im Unglück reden.

Im Stadtzentrum loderten „lebende Fackeln von Prag. In erster Linie wurden SS-Männer dem Flammentod überantwortet", berichtet der Prager deutsche Arzt Dr. Hans Wagner. Er war im gleichen Lazarett tätig, wo Waldemar kürzlich behandelt wurde.
„Da aber von den Kommunisten großzügig jeder Uniformträger als SS-Angehöriger hingestellt wurde, waren unter den Feuerop-

fern auch zahlreiche Soldaten anderer Wehrmachtsteile und Angehörige verschiedener Formationen." Über der Stadt lag der Geruch von verbranntem Menschenfleisch. Allein in einer Sache irrte Dr. Wagner. Nicht nur von den Kommunisten, sondern von den allermeisten Tschechen wurden in jenen Stunden praktisch alle Deutschen als Nazis und SS-Leute angesehen, einschließlich jener, die in Prag seit Generationen lebten und von denen es einige zehntausend gab, darunter einige Deutsch sprechende Juden, welche die nazistische Verfolgung irgendwie überlebt hatten. Doch solche Widersprüche kümmerten zu der Zeit fast niemanden. Die deutschen Kliniken Prags, zivile Krankenhäuser, wurden geräumt, erzählt Dr. Wagner. Viele Schwerkranke wurden aus den Betten gerissen und der fanatisierten tschechischen Volksmasse in die Arme getrieben.
Der letzte Rektor der Deutschen Universität von Prag - einer Institution, die Kaiser Karl der Vierte vor sechshundert Jahren gegründet hatte, und die vor knapp hundert Jahren in einen deutschen und einen tschechischen Zweig geteilt worden war -, Direktor der Neurologischen und Psychiatrischen Klinik Professor Albrecht, wurde vom Pöbel in seiner Klinik überfallen, zu Boden geschlagen und auf dem Speicher der Irrenanstalt aufgehängt.

Verhandlungen

Am sechsten Mai wurde ein merkwürdiger Brief verfasst, von dem die aufgewühlte tschechische Öffentlichkeit gar nichts erfuhr. Ihn schrieb das Gremium, das den Aufstand theoretisch leiten sollte.
„Der Tschechische Nationalrat bevollmächtigt seinen stellvertretenden Vorsitzenden Herrn JUDr. Josef Kotrlý und Herrn General Karel Kutlvašr zu Verhandlungen mit den deutschen Bevollmächtigten." An erster Stelle unterschrieb Josef Smrkovský. Zu welchen *Verhandlungen* schickte man zwei führende Repräsentanten? Mit welchen deutschen Bevollmächtigten? Der Nationalrat hatte damit ein Angebot des bisherigen deutschen Statthalters Karl Hermann Frank - wohlgemerkt einstimmig - ange-

nommen, über das Internationale Rote Kreuz Gespräche über einen separaten Waffenstillstand aufzunehmen.
Das war vernünftig. Denn bei Dresden stand die Sowjetarmee und bewegte sich nicht weiter. Manche Tschechen munkelten später, Stalin wollte Prag ausbluten lassen, wie er dies Monate zuvor Warschau zugemutet hatte. In Pilsen wiederum stand der amerikanische General Patton, und gemäß der Abmachungen mit den Sowjets durfte er nicht gegen Prag weiter vorrücken, auch wenn viele Tschechen, umso mehr Deutsche, es sich gewünscht hätten. Es war rührend, wie die verfeindeten Parteien den gleichen Wunsch teilten. Beide befürchteten mit Recht, ihre jeweils bedrohliche Lage könne noch schlimmer geraten. Daher versuchten die verantwortlichen Tschechen und Deutschen die gegenseitige Feindseligkeit beiseite zu schieben und einen Ausweg zu finden.

Am siebenten Mai steigerte sich die Schlacht um Prag zu größter Intensität. Das waren die Tage, an denen die Erste Division der Wlassow-Armee um die Stadt kämpfte. Es kreisten Gerüchte über einen baldigen Waffenstillstand, bezeugt Hans Wagner. „Am Dienstag, den achten Mai, wird die Gefechtstätigkeit in der Frühe stärker, dann aber flaut sie ab.“ Um zwölf Uhr wird die allgemeine Waffenruhe verkündet.

Machtwechsel

Im Lazarett, wo am Samstag Leutnant Waldemar der Verband gewechselt wurde, übergibt der bisher leitende Arzt Dr. Wagner seine Befugnisse an einen anderen. Zum tschechischen Chefarzt von Náhradní nemocnice (Ersatzkrankenhaus) - so heißt jetzt das Reservelazarett im Tyrš-Haus - wird Stabskapitän Dr. N. bestellt. Hans Wagner schreibt den Namen nicht aus, obwohl er seinen Nachfolger gut kennt und ihn als benevolent bezeichnet. Im Ersten Weltkrieg bereits, als Chefarzt eines Reservespitals, zeigte Dr. N. für die Belange Verwundeter großes Verständnis. Auch jetzt überlässt Dr. N. dem deutschen Kollegen volle Bewegungsfreiheit bei der Behandlung seiner Patienten. Die Herren kennen sich ja. Wie man sieht, hätte die Prager *Revolution* auch menschlich, mit einer gewissen Würde verlaufen können. Sie tat es aber nicht.

Dr. N. konferierte gerade mit Dr. Wagner, als das Telefon klingelte.
„Hier spricht das Polizeikomissariat der Kleinseite. Wir möchten, dass Sie einhundert Schwerverletzte übernehmen!"
„Wird sofort gemacht", erwiderte Dr. N. „Gleich schicken wir die Sanitäter!" Bald brachten die Sankas einhundert Tote ins Tyrš-Haus, meist junge, kräftige Menschen. Ihre Körper waren verstümmelt, die Gesichter entstellt. Die Ärzte des Lazaretts stellten fest, dass die Männer, wahrscheinlich deutsche Soldaten, ganz offensichtlich gefoltert worden waren. Als Abschluss empfing jeder einen Genickschuss. Die Überstellung der Opfer ins Ersatzkrankenhaus sollte ein Massenverbrechen tarnen. Bei wem, um Gotteswillen, konnte man sich beschweren, es anzeigen, wenn die Polizei es gedeckt hat? Die Mechanismen eines Rechtsstaats gab es nicht mehr. Wer waren die Folterer und Mörder der hundert Männer? Waren die Polizisten selbst die Täter? Waren es die berüchtigten Rotgardisten? Gerade brach eine Rote Truppe in eine Abteilung des Ersatzkrankenhauses ein. Dr. Wagner eilte dorthin und ermahnte den Partisanenführer, dass Waffenruhe eingetreten sei. Der Tscheche drohte, er würde Wagner verhaften lassen, wenn er nicht still hielte. Die Partisanen behaupteten, versteckte Waffen zu suchen, aber in Wirklichkeit plünderten sie die Verwundeten aus.
Dr. Wagner gingen die Toten nicht aus dem Kopf. Wer ließ es zu, die Menschen zu foltern? Wer befahl, sie zu erschießen? Wer war bereit, den Befehl durchzuführen? Wie hießen die Opfer? Und warum sind sie zu Opfern geworden? Die Betroffenen konnten es nicht mehr verraten.

Abmachung

Die ungewöhnlichen geheimen Verhandlungen zwischen den verantwortlichen Tschechen und Deutschen in Prag wurden am Nachmittag des achten Mai abgeschlossen. Die Wlassow-Armee

ging von der Stadt bereits weg. Ein Protokoll erhielt die Überschrift: „Über die Form der Kapitulation der deutschen Streitkräfte." Es wurde vereinbart:
Die Deutschen stellen alle Kampfhandlungen sofort ein. Ihnen wird freier Abzug nach Westen ermöglicht. Sämtliche deutschen Waffen und Munition werden den Tschechen übergeben, nichts wird absichtlich beschädigt. Flugzeuge bleiben auf den Flugplätzen Ruzyne und Kbely stehen. Alle alliierten Kriegsgefangenen werden sofort freigelassen. Deutsche Frauen und Kinder werden unter den Schutz des Internationalen Roten Kreuzes gestellt. Eigentlich war es ein Separatfrieden, doch hieß es zuletzt im Protokoll, es beeinflusse nicht die Bedingungen, die den deutschen Einheiten durch das Oberkommando der Alliierten bereits gestellt worden seien. Für die Deutschen unterschrieb der Oberbefehlshaber für Prag, General Rudolf Toussaint, die bilaterale Abmachung, für die Tschechen der Vorsitzende des Tschechischen Nationalrats Prof. Albert Pražák mit Josef Smrkovský, Josef Kotrlý, Kpt. Jaromír Nechanský, General Karel Kutlvašr, die Oberstleutnante Jaromír Kadaňka sowie František Bürger als Stabschef des Aufstands. Es war ein beinahe sensationelles Ergebnis, das Menschenleben retten und Vernichtung ersparen sollte. Es war ein Erfolg sowohl für die *bedingungslos* Besiegten, sie erhielten ja freies Geleit, als auch für die bedrohten Einheimischen. Die Tschechen haben sich zu einem Volk gemausert, das keine Befreier mehr nötig hatte.
„Zweifellos", betonte der Militärhistoriker Ausky, „gab es am Abend des achten Mai in Prag so gut wie niemanden mehr, von dem die Stadt hätte befreit werden müssen. In der Tat wurde Prag durch niemanden befreit!"
„Der Prager Aufstand endete also mit einem Sieg", meint Václav Černý, ein nach dem Nazi-KZ erschöpftes Mitglied des Nationalrats. „Prag war frei, es entging dem Schicksal Warschaus (Toussaint folgte dem Befehl Schörners nicht, die Stadt im Kampf eventuell zu vernichten). Es war die höchste Zeit. In Prag begann man bereits zu plündern. Es häuften sich Fälle eines unbarmherzigen Umgangs mit den deutschen Gefangenen, auch mit Zivilisten."

Den beiden Kontrahenten, den Deutschen als auch den Tschechen, wurde der Verhandlungserfolg bald genommen, gar weggestohlen. Jemandem, vielleicht sehr vielen, passte es nicht, dass die ehemaligen Feinde sich vertrugen. Hass war angesagt. Ein führendes Mitglied des Tschechischen Nationalrats, Universitätsdozent Otakar Machotka, protestierte später gegen das planmäßige Verschweigen und Verleugnen der tatsächlichen Vorkommnisse des Aufstands bei Beneš persönlich. Der abgedankte Präsident ließ Machotka abblitzen:
„Tut mir leid, Kollege. Die historische Wahrheit muss vorläufig der politischen Wahrheit weichen." Der feine Unterschied war nicht ganz neu im Lande Tomáš G. Masaryks. Es gab besondere politische Wahrheiten in Bezug auf die guten alten Legionäre, ihre Wirkungen und Versäumnisse in Russland. Und es gab ausgeklügelte politische Wahrheiten in Bezug auf die deutschen Bewohner Böhmens und Mährens. Die aktuelle politische Wahrheit hieß von nun an, die Rote Armee war die Befreierin Prags, obwohl sie es nicht war. Auf dem Hradschin wehte die Präsidentenflagge mit Löwen und dem Spruch: Die Wahrheit siegt. Im Newspeak George Orwells, das in seiner Vorstellungskraft bald entstehen würde, hätte es geheißen: *Die politische Wahrheit siegt!* So war es auch für viele Jahrzehnte lang, die kommen sollten.

„Eines darf nicht übersehen werden", ermahnt Stanislav Ausky. „Die Operation Prag, seine Besetzung durch die Sowjetarmee am neunten Mai, war Teil eines viel größeren Einkreisungsmanövers gegen die Armee des Feldmarschall Schörner. Seine Armeegruppe Mitte wurde zuletzt im Raum Leißen, Jičín, Hořice, Pardubice, Chrudim, Chotěboř und Kolín eingekesselt. Erst dann - am elften Mai! - war der Zweite Weltkrieg in Europa beendet." Zu dem Zeitpunkt, als sie schachmatt gesetzt wurde, wies die Armee Mitte immer noch achthundertsechzigtausend Mann in Waffen auf.

Der Abmarsch der deutschen Wehrmacht aus Prag musste bis zum Abend des achten Mai vollzogen sein. So lautete das

deutsch-tschechische Abkommen. „Daher begaben wir uns nach Dejwitz zurück“, berichtet Dr. Hans Wagner, „um Weisungen wegen der Mitnahme der Verwundeten und der Zivilbevölkerung entgegen zu nehmen.“ Die Überraschung war groß. „Allein, die Dienststellen des Befehlshabers waren vollkommen in Auflösung begriffen. Weder er (offensichtlich General Toussaint) noch sein Vertreter General Ziervogel oder einer der Herren seines Stabes waren anzutreffen. Die engsten Mitarbeiter des Wehrkreisarztes hatten sich von ihm verabschiedet, seine persönlichen Adjutanten und Referenten wählten die Freiheit.“
Und wieso nicht? Gerade von den Dienststellen aus, vom Platz der Wehrmacht, der so oft umbenannt worden war, dass er heute im tschechischen Volksmund nur noch der Runde Platz (Kulaté náměstí) heißt, führt die beste Ausfallstraße gegen Westen. Wer würde daran denken, dass Kapitäne das Schiff als letzte verlassen sollen? Welchen Sinn hätte das angesichts des wütenden Pöbels gehabt?

In einer Wohnung in Prag-Žižkov klingelte das Telefon.
„Hallo?“, sagte der, der es abhob.
„Bist du es, Otakar?“ Eine keuchende Männerstimme. Der Angerufene kannte sie gut.
„Ja, ich bin’s. Wo bist du, Wolfgang?!“
„Hier... in Prag.“
„Um Gottes willen, was suchst du hier jetzt noch?“
„Ich komme gerade aus Mähren“. Dort hatte Wolfgang als deutscher Bevollmächtigter in einem Betrieb Aufsicht ausgeübt und bei Otakars Onkel gewohnt. Es war eine merkwürdige Symbiose. Im gleichen Schrank, wo Wolfgang Abend für Abend seine SS-Uniform aufhängte, wurde auch die ausgediente tschechische Legionärsuniform des Onkels aufbewahrt. Niemals hat Wolfgang darauf hingewiesen, niemals jemandem von der Familie Schwierigkeiten gemacht. Das wusste Otakar. Daher sagte er ins Telefon:
„Schau, wie du wegkommst! Hast du dein Motorrad dabei?“
„Freilich. Nur kenne ich mich in Prag schlecht aus.“

„Also, pass auf!“ Der Tscheche beschrieb dem Deutschen ausführlich, wie er die Ausfallstraße in Dejwitz erreicht. „Aber mach schnell!“, fügte er hinzu, bevor der Anrufer ein Danke sagen konnte.
Otakar hatte bereits Dinge gesehen! Im Kino Flora wurde eine deutsche Frau verhört, dabei presste man ihr an die Wange eine brennende Glühbirne, um sie zum Geständnis zu bewegen. Auf offener Straße hat jemand auf einen tschechischen Briefträger gezeigt mit dem Ausruf: *„Ein Denunziant!“* Ganz zufällige Passanten erschlugen ihn, ohne die Beschuldigung zu prüfen. Was würde man mit einem Wolfgang, der bei der SS war, anstellen! Seine Leiche würde von einer Laterne schaukeln. Das zumindest. Der zweiundzwanzigjährige Otakar gehörte einer lokalen Revolutionswache an. Nachdem er das Telefon abgelegt hatte, wurde ihm klar, dass er über das spontan geführte Gespräch nicht einmal seinen Eltern, umso weniger einem seiner Freunde ein Wort sagen durfte, sonst würde er wie der Briefträger enden.

„Ich wählte die Pflicht“, entschied sich Dr. Wagner, „und blieb bei den verwundeten Kameraden. Wir gaben an die Lazarette, mit welchen wir Verbindung hatten, die Weisung durch, dass alle gehfähigen Patienten und das entbehrliche Sanitätspersonal sich dem allgemeinen Aufbruch der Wehrmacht anschließen sollten.“
Man konnte aber nicht alle Betroffenen erreichen. „Leider hatten wir keine Möglichkeit, die 'besetzten' Lazarette und ihre Insassen zu verständigen, was den Abmachungen nach von den Tschechen hätte veranlasst werden müssen. Bei den Verhandlungen war ausdrücklich vom Abmarsch *aller* Deutschen die Rede, und in den Vertrag war auch dieser Passus eingebaut worden.“ Konnte es sein, dass Wagner selbst bei den Verhandlungen, vielleicht unter den Rot-Kreuz-Vermittlern war? Eine schwere Beschuldigung folgt: „Durch einen Wortbruch des Tschechischen Nationalrats gerieten wohl an die achtzigtausend Deutsche in Gefangenschaft und Internierung!“ Der Aufstand war ein Staffellauf, bei dem den jeweils Schlimmeren der Führungsstab weitergereicht wurde.

„Als nun die Wehrmacht und einige Gruppen von Zivilisten sich nach Westen in Richtung Pilsen zu den Amerikanern in Bewegung setzten, übersiedelten wir in das Reservelazarett im Palais der rumänischen Gesandtschaft in der Spornergasse (Nerudova), um in der Nachbarschaft des Internationalen Roten Kreuzes zu sein." Eine Suche nach dem Strohhalm des Ertrinkenden? Denn „ungefähr auf dieselbe Zeit fallen die Todesmärsche der Deutschen aus Prag nach Theresienstadt, wo kaum ein Zehntel der Ausmarschierten anlangte. Die übrigen säumten die Straßen mit ihren Leichen."
Nach Theresienstadt? Was hatten am Kriegsende die Deutschen in einem bislang nazistischen Ghetto für die Juden aus ganz Europa zu tun? Fragen über Fragen.

„Ich bin siebenundsechzig Jahre alt, eine Ingenieurswitwe und seit vierzig Jahren (also seit 1905) in ein und demselben Hause in Prag-Smíchov, Hollergasse sechzehn, wohnhaft gewesen. In all diesen Jahren hatte ich niemals mit jemandem den geringsten Streit oder eine Meinungsverschiedenheit, weder sachlich noch politisch, auf welchem Gebiete ich mich niemals und in keiner Weise betätigt hatte", beeilt sich die Zeugin zu betonen.
„Trotzdem holten mich am neunten Mai um drei Uhr vier Zivilisten mit aufgepflanztem Gewehr, Partisanen, aus meiner Wohnung. Im Hausflur standen bereits drei ältere Frauen mit dem Gesicht an der Wand, 'Hände hoch', hinter jeder ein Mann mit Gewehr. Es waren Frau Kogert, Oberingenieurswitwe, siebenundsechzig Jahre alt, Frau Arbes, Professorenwitwe, siebzig Jahre alt, und deren Tochter, alle wohnhaft in den umliegenden Häusern", schildert Anna Seidel.
„Man führte uns in die Vorstadt Radlitz in eine Fabrik, wo man uns alles, aber auch wirklich alles abnahm, was wir besaßen. Geld, Wertpapiere, Schmuck und so weiter. Man maltraitierte uns, mit Füßen wurde uns in den Rücken getreten und man schlug uns so, dass wir noch Wochen nachher keinen einzigen weißen Fleck am Körper hatten." Warum? Es gab doch gar keinen Haftbefehl, keinen Grund.

„Nach vier Wochen im Gefängnis Pankraz kamen wir auf offenen Kohlewagen in die Kleine Festung Theresienstadt, wo wir ein Jahr verblieben. Eingesperrt hinter Gitterfenstern hatten wir schwerste körperliche Arbeit zu leisten, wie Kohleverladen am Bahnhof, desgleichen mußten wir Bretter und Möbelstücke in den Kasernen aufräumen, überfüllte Klosetts reinigen, deren Zutrittstür man kaum mehr öffnen konnte. In Typhusbaracken mußten wir ohne Schutz oder Vorsichtsmaßnahmen unter unbeschreiblichen Verhältnissen Dienst tun“, klagt sie.
Die Kleine Festung, vom späteren Ghetto etwas entfernt, war als Verteidigungsanlage durch die österreichische Kaiserin Maria Theresia gebaut worden. Unter den Nazis wurde sie zu einem furchtbaren Kerker für Menschen von vielen Nationen. Von den Maitagen 1945 an hatten die Tschechen dieselbe berüchtigte Anlage für deutsche Internierte verwendet. Das Blut der früheren Opfer war in den Kasematten noch nicht ganz trocken.
Wer hat jene perverse Entscheidung erlassen? War es die kaum angekommene selbsternannte Regierung? Waren es die aufkeimenden halblegalen, halbkonspirativen Machtgruppen der Armee, des Innenministeriums? Wieso sind die drei Prager deutschen Witwen nach Theresienstadt geraten? Was hatten sie verbrochen? Mussten sie dafür leiden und büßen, da sie Wohnungen besaßen, die einige Tschechen haben wollten?

Prag, 10. Mai 1945

Auf dem Militärflughafen Prag-Kbely landeten zwei sowjetische Maschinen. Man schrieb den zehnten Mai, sofern man in jenen Tagen zum Schreiben kam. Die Epoche hinterließ wenige schriftliche Dokumente. Das Wichtigste wie das Schlimmste wurde mündlich erledigt. Erst viel später hielt man fest, was einem im Kopf stecken geblieben war. „Ich saß in einem regelrechten fliegenden Salon. Während der Reise erfuhr ich erst, es sei eigentlich das Flugzeug des sowjetischen Botschafters in Prag, Zorin“, erzählte Prokop Drtina von Beneš's Präsidialkanzlei.
„Soweit ich mich erinnern kann, flog mit uns außer ihm der Regierungschef Zdeněk Fierlinger und seine Stellvertreter, Msgr.

Šrámek, Ján Ursíny, Jožka David und Klement Gottwald.“ Drtina, wie oft unfreiwillig, enthüllt die harten Tatsachen. Der sowjetische Aufpasser für die selbsternannte Regierung, der Botschafter Zorin, wurde also gleich mitgeliefert. In einer zweiten Sowjetmaschine reiste die restliche Ladung von Ministern, Staatssekretären, Popanz und Prominenz. Beide Maschinen waren von Bratislava gestartet, dem zweiten slowakischen Ort nach Kaschau, wo sich die Insassen des langen, langen Zugs zeitweilig aufhielten und warteten, bis die anderen für sie die neue Freiheit mit ihrem Blut bezahlt hatten.

Plötzlich hieß alles *national*. Wie schön. Die selbsternannte Regierung der Nationalen Front aus Moskau grüßte sich in Kbely mit den Vertretern des Nationalrats von Prag. Drtina küsste sich mit dem Literaturprofessor Albert Pražák ab. Der scheue, gemäßigte Vorsitzende des Tschechischen Nationalrats, ein Zivilist, verlor sich förmlich im Auflauf von Militärs, meistens in sowjetischen Uniformen. Die selbsternannten Regierungsmitglieder nahmen die hastige Parade einiger sowjetischer Panzer und der Infanterie ab, dann eilten sie zu ihren Limousinen und mit ihnen zum Hotel Alcron, das einige Tage zuvor noch von deutscher Militärprominenz besetzt gewesen war. Die Wachablösung verlief Hals über Kopf. Dem armen Drtina, einer Büromaus, fuhren sie glatt davon. In einer Klapperkiste, gottlob unter Freunden, musste er sich durch die verstopfte Stadt quälen, sich die Sorgen und ersten Fragen der Menschen anhören. Das Alcron in der Stephansgasse nahe dem Wenzelsplatz wurde zum ersten kollektiven Obdach jener Regierungsriege. Schließlich durfte auch der vorläufige Leiter der Präsidialkanzlei Drtina dort seine Ecke finden. Das Hotel war Arbeits- und Wohnzentrale zugleich, bis man der neuen Elite staatseigene Dienstvillen zuteilen würde; im Hotel, unter einem Dach, konnten sich die Eigen-Mächtigen vorerst gegenseitig unterstützen.

Um vier Uhr früh sah Marianne Klaus ihren Mann zum letzten Mal. Er lebte nicht mehr. Sein Gesicht hatte faustgroße Beulen, die Nase und der Mund waren eine blutige Masse, die

Hände dick aufgeschwollen. Der sechsundsechzigjährige Gotthard Klaus war am Tag zuvor, dem neunten Mai, in der Polizeidirektion Prag, gleich gegenüber dem Sitz des Tschechischen Nationalrats, zu Tode geprügelt worden.

Prag, 11. Mai 1945

In der Bartholomäus-Gasse erschienen ein paar Gäste. Sie betraten das Haus vis-a-vis des Polizeipräsidiums. „Wir fordern den Tschechischen Nationalrat auf, ab sofort alle Macht an die tschechoslowakische Regierung abzugeben!“, grölte einer. Ob der Rat eine wirkliche Macht besaß oder ausgeübt hat? Wohl kaum. Doch ging es darum, dass er keine weitere Macht erhalten solle, es ging ums Prinzip.

„Und wer sind Sie?“

„Ich bin Václav Kopecký, Minister für Information und Kultur“, sagte der lauthalsige Kerl. Von Kultur merkte man ihm wenig an. „Das sind meine Kollegen.“

Die Hausherren waren bestürzt. „Es war nie die Rede davon, dass der Nationalrat alle Befugnisse verlieren würde.“ Auch den Betroffenen ging es ums Prinzip.

„So lautet der Regierungsbeschluss“, begründete Kopecký den Überfall. Das war er, unangemeldet und unvereinbart.

„Es wurde uns seitens der Exilpolitiker stets versprochen, dass der 'heimische' Widerstand in der neuen Regierung mehrere Posten erhalten wird“, sagte ein Herr empört darüber, dass der Kuchen ohne ihn verteilt würde. Niemand sprach davon, dass auch der Nationalrat kein echtes Mandat hatte, jemanden zu vertreten. Er sollte den Aufstand führen, doch wurde er von ihm überrascht und überrollt. Das Gremium wurde erst vor einigen Wochen zusammengewürfelt. Konfrontiert mit den Exilpolitikern, die ihre Machtintrigen viele Jahre lang in Ruhe üben durften, zog der Rat den kürzeren.

„Das Kabinett ist vollständig“, bekräftigte der selbsternannte Minister für Kultur und Information.

„Für uns habt ihr keine Aufgaben?“, fragte der Vorsitzende Professor Pražák mit Bitterkeit in der Stimme.

„Aufgaben schon. Nur nicht an der Spitze", erwiderte der Minister spöttisch. „Die Anweisungen sind klar."
„Wollen Sie mir die Gründe nennen."
„Ihr habt mit dem nazistischen Feind verhandelt", deutete Kopecký die Abmachung mit General Toussaint über den deutschen Abzug an. „Darüber hinaus, und das ist besonders abscheulich, habt ihr die konterrevolutionäre Wlassow-Armee angefordert und ihre Dienste angenommen. Das war Hochverrat an unseren sowjetischen Freunden!"
„Hätten die Menschen von Prag mit bloßen Händen gegen die bewaffneten Deutschen kämpfen sollen?", fragte jemand laut.
„Es gab keine ausgebildeten tschechischen Gefechtseinheiten", argumentierte ein hoher Offizier. „Niemand kam uns zu Hilfe, weder General Patton aus Pilsen noch General Malinovskij aus Dresden. Schwere Waffen waren keine vorhanden, von einer Panzerabwehr keine Spur. Zehntausende Prager wären jetzt tot. Die Stadt läge in Schutt und Asche. Herrgott!"
„Müssen wir uns entschuldigen, dass wir noch leben?", fragte der Professor sarkastisch.
Kopecký war nicht gekommen, um Argumente zu hören. Im Hotel Alcron, dem improvisierten Regierungssitz, wurde man sich einig. Der Nationalrat hat ausgedient. Als Kopecký die Mission übernahm, den Beschluss den Mitgliedern des Rats zu überbringen, atmeten die anderen auf. In schmutzigen Geschäften erwies sich der grobe Kommunist als nützlich.
„Für politisch unzuverlässige Elemente des Untergrunds gibt es in der Regierung keinen Platz", schloss er ab. „Der Tschechische Nationalrat wird hiermit aufgelöst."
Gleich undankbar hat der Rat die hilfsbereite Wlassow-Armee abziehen lassen. Folgt die Strafe des Himmels so rasch? Es war ein Staffellauf, bei dem zunehmend schlechtere Figuren den Führungsstab an sich rissen.
„Die sind wir los! Habt ihr's gemerkt?", fragte der selbsternannte Minister seine Begleiter, als sie vor der Tür standen. „Die konnten vor Wut platzen!" Eine Lachsalve hallte durch das Treppenhaus. Weder die selbsternannten Minister noch die

meisten Ratsmitglieder fühlten sich dadurch gestört, dass in ihrer Nähe Menschen zu Tode geprügelt worden waren.

Adelheids Geschichte

Die Wohnung wurde von außen geöffnet. Ein Mann mit Trikolore im Knopfloch bedeutete Adelheid, ihm zu folgen. Sie konnte gerade einen Mantel anziehen. Sonst mitnehmen durfte sie gar nichts, nicht einmal ihre Handtasche oder ein Taschentuch. „Ganz mit leeren Händen wurde ich ausgetrieben. Mittwoch der neunte Mai war der grauenhafteste Tag meines Lebens!"
Sie wurde in einen Keller gestoßen. Mit anderen in den Winkeln Hockenden glaubte sie, man würde sie erschießen. Bald sah sie sich auf der Straße wieder. Der Hausmeister aus Nummer elf hat sich einen Eimer mit weißer Farbe geholt. Unter dröhnendem Gelächter der Zuschauer malte er ihr und den anderen riesige Hakenkreuze auf den Rücken. Dann stürzten sich die Rotgardisten auf die Bemalten. Es waren ausgesucht brutale Typen, anscheinend zu diesem besonderen Zweck entlassene Schwerverbrecher, fiel Adelheid ein. Mit Gewehrkolben und Gummiknüppeln trieben sie die Menschen zur Arbeit. Barrikaden, die sie abräumen sollten, bestanden aus schweren Steinen, dicken Balken, eisernen Gartentüren und Wagenrädern. Doch zuerst mussten die Geiseln ihre Schuhe und Strümpfe ausziehen. Während der Arbeit wurden sie genötigt, über Glassplitter zu laufen, die auf der Straße zerstreut worden waren. Mit fürchterlich schmerzenden und blutenden Füßen arbeitete Adelheid rasch und fleißig. Wehe dem, der zu Boden fiel! Unter Klatschen der johlenden Menge wurde solch einer mit Gewehrkolben auf die Beine gebracht. Bei der Wärme des Frühlingstags und der schweren Arbeit begann sie zu schwitzen. In einem unbewachten Augenblick hängte sie ihren Mantel über den Zaun eines Vorgärtchens. Als Stunden später alle weitergetrieben wurden, hat man sie mit Schlägen daran gehindert, den Mantel mitzunehmen. Das Letzte und Einzige, was sie noch besaß. Die Wachen zwangen die Gefangenen, die sie nun waren, die Hände hochzuheben und sich auf den Knien rutschend zu bewegen. Schuhe und Strümpfe an-

ziehen durften sie nicht. Ein Schuh entglitt aus Adelheids erhobener Hand. Sie versuchte, sich danach zu bücken, doch ein entsetzlicher Hieb traf sie auf den Hinterkopf.
„Mir wurde schwarz vor den Augen, aber ich verlor nicht die Besinnung. Nur, von dem Augenblick an hatte ich ununterbrochen ein Zischen in den Ohren, Tag und Nacht, das mich fast wahnsinnig machte. Außerdem, sobald ich zu sprechen begann, legte sich mir etwas vor die Ohren. Ich war fast taub. Das Sprechen machte mir große Mühe." In dem erbärmlichen Zustand kam sie ins Kino Slavia.

'**M**an hat sie auf die Köpfe geschlagen, sie bluteten, es war furchtbar', so höre ich meinen Vater erzählen. 'Aber rede bitte nicht davon!' Leider gab er mir keinen Rat, wie ich darüber schweigen sollte.

7. Die Besiegten

Elende Flüchtlingstrecks, und wie man ihnen hätte helfen können – Schläge und Anträge – Beneš hetzt in Brünn und in Prag gegen die Deutschen und zieht in den Hradschin ein

Prag, 10. Mai 1945

Ein Treck von Pferdewagen, beladen mit Hausrat, Frauen, Greisen und Kindern, stand in der Prager Innenstadt. Um ihn herum lungerten bewaffnete tschechische Wachen. Vom Kleinseitner Ring zog sich der Treck durch die ganze Karmelitergasse und reichte bis Smíchow. Etwa auf halber Länge lag das Tyrš-Haus. Dort, vor seiner Dienststelle, traf auf die Wagenkolonne am Donnerstag, einen Tag nach dem Kriegsende, Dr. Hans Wagner.

„Woher kommt ihr?", fragte er möglichst unauffällig eine junge Flüchtlingsfrau; das war sie wohl. Wie verloren saß sie oben auf einem Wagen. „Was ist denn passiert?"

„Oh, mein Gott!" Der Klang der deutschen Sprache riss sie aus einem Zustand der Teilnahmslosigkeit. „Helfen Sie uns doch!" Sie wiegte einen Säugling auf dem Arm. „Man hält uns hier fest."

„Ihr seid doch Vertriebene?", wollte er sich vergewissern.

„Jawohl, wir kommen aus Ohlau, möchten einfach nur nach dem Westen! Keine Waffen, auch keine waffenfähigen Männer haben wir unter uns. Wir sind absolut wehrlos. Warum erlaubt man uns nicht, weiterzufahren?"

„Aus Ohlau in Schlesien?"

„Ja", nickte sie wieder, „Kreis Breslau. Heute sind die Polacken dort. Sie jagen alle fort, die noch nicht geflüchtet sind."

„Richtig, das Gebiet fiel den Polen zu", erinnerte er sich an die einsetzende neue Weltordnung. „Jetzt heißt es Wroclaw."

„Wie bitte?“
„Unwichtig. Aber wie habt ihr euch nach Prag verirrt?“
„Man sagte uns, über Prag führt der sicherste Weg ... Nun sind wir auch noch in den Aufstand hier geraten. Aber wir haben mit keiner Seite etwas zu tun“, bekräftigte sie.
Der Arzt stimmte zu. „Frauen und Kinder sollen den Schutz des Internationalen Roten Kreuzes genießen. So lautet die Abmachung“, sagte er mehr zu sich, als zu der unglücklichen Frau.
„Die geben uns nicht einmal Milch für die Kleinsten“, klagte sie.
„Warten Sie, warten Sie.“ Er lief in sein Lazarett. Bald hielt er zwei Flaschen Milch in den Händen und eilte damit zum Treck. Ein Wächter mit dem Rotgardisten-Band am Ärmel hat ihn bemerkt. Gerade als Dr. Wagner den Arm ausgestreckt hatte, um die Milch der Frau zum Wagen hinaufzureichen, sprang der Wachhabende zu ihm und schlug ihm die beiden Behälter aus der Hand.
„Du Schwein!“, schrie er und versuchte, auch den Arzt zu treffen. Die Frau presste das Kind beschützend an sich. Erschüttert beobachtete sie, wie die Flaschen auf die Pflastersteine fielen, zerbrachen und die wertvolle Nahrung zwischen den Steinen langsam in den Boden einsickerte. Ein paar Kinder von anderen Wagen ließen sich herabfallen und wollten die Milch aus dem Schmutz auflecken. Doch die Partisanen trieben sie davon.
„Dich werden wir erschießen!“, bellte der Rotgardist den Hilfsbereiten an. Dieser konnte nichts tun, als sich zurückzuziehen. Tatenlos würde er der Not der Menschen zusehen müssen! Das war wesentlich schlimmer, als verwundete Soldaten zu betreuen.
Der Treck stand vor dem Tyrš-Haus mehrere Tage lang. Die Pferde krepierten, viele Menschen starben vor Hunger und Durst.
Eines Morgens waren die Wagen mit den Menschen darauf, den vielen verelendeten Kindern, weg und verschwunden. Wo sie wohl gelandet sind? fragte sich der Arzt. Wahrscheinlich oben im Strahover Stadion. Bei dem Gedanken wurde ihm ganz übel. Auf einer weiten Sportfläche hielten die Tschechen seit Tagen Zehntausende deutscher Menschen fest. Sie waren dort ohne jeg-

liche Versorgung, bestenfalls ihrem Schicksal überlassen. Bestenfalls. Oft schossen die tschechischen Wachen in die Menge hinein. Darüber hörte er immer wieder. Gänsehaut lief über seinen Rücken. Dass der Vertriebenentreck aus Ohlau gegen Westen weiterfahren durfte, nach den furchtbaren Tagen und Nächten von Durst und Hunger rein physisch in der Lage war, weiterzufahren, hielt Dr. Hans Wagner für undenkbar.

Auf dem Lande, Frühjahr 1945

Monate zuvor habe ich solch einen Treck gesehen. Ich verstand nicht ganz, wieso wildfremde Menschen plötzlich auf dem Gut meiner Verwandten erschienen waren. Es war eine merkwürdige Geschichte. Jemand klopfte an die Tür.

„Aaach, Herr Polívka! Nur hereinspaziert!", rief Großmutter vom riesigen Küchentisch her, ihrer festen Arbeitsstätte.

„Guten Tag, Frau Dědinová! Von der Gemeinde lässt man Ihnen ausrichten: Morgen kommen die Nationalgäste ins Dorf."

„Sagen Sie nicht sowas!"

„Sämtliche Bauern im Dorf werden angewiesen, kostenloses Obdach und Verpflegung zu gewähren."

Oma wandte sich zur Tür, und rief: „Lídynkooo ...!"

Im Gehen trocknete sich die Tante ihre schönen, obwohl harten Hände mit einer Schürze ab. Auch wenn sie Gehilfen auf dem großen Gut hatte, arbeitete sie von morgens bis abends im Stall und auf den Feldern mit.

„Lídynko, hör dir mal an, was auf uns zukommt!", sagte Oma mit Bedenken. Dem Boten erklärte sie: „Wir beherbergen hier schon zwei verwandte Familien aus Prag." Damit sprach sie von uns. Tante lauschte den Anweisungen des Gemeindebeamten und nickte: „Wir können nicht anders. Die Leute sollen kommen."

Mehrere Flüchtlingsladungen wurden unter die größeren Anwesen im Dorf verteilt. Ich hörte, wie man sie als Volksgäste oder wohl Nationalgäste bezeichnete. Warum denn *Gäste?* Das ging mir nicht in den Kopf. Sie waren weder eingeladen, noch mit Blumen angekommen. Wie aus heiterem Himmel standen sie da.

Eine Großfamilie. Drei junge, kräftige Frauen mit altmodischen Zöpfen um den Kopf gewickelt, sie mussten Schwestern oder Schwägerinnen sein; ein älteres Ehepaar, und mehrere Kinder unterschiedlichen Alters. Bald rupften die jungen Frauen vor Tantes Waschküche zwei Hennen, die extra für sie geschlachtet worden waren. Die haben's gut, so was kriegten wir nur sonntags. Die zwei Alten saßen dabei, die Hände traurig in den Schoß gelegt. Mit ihrem schweren Schritt kam Großmutter zur Hausschwelle.

„Das sind unsere Eltern", stellte eine der Frauen das Paar vor.

„Aha", sagte Oma. „Guteen Tag!", versuchte sie es auf Deutsch. Sie schaute sich die zwei an und schüttelte den Kopf. „Alte Leut', alte Leut', und müssen sich auf der Landstraße herumschlagen!", fügte sie auf Tschechisch hinzu. Sie konnte es nicht glauben.

„Treten Sie doch näher!", wandte sie sich zum Ehepaar. „Pojd'te, pojd'te." Mit der Hand deutete sie an, dass sie ins Haus kommen sollten. Unsicher folgten sie ihr. Sie bat die Frau und den Mann, am großen Ofen Platz zu nehmen. Gleich griff sie nach einem Schöpflöffel und goß Kaffeeersatz mit etwas Milch in zwei Haferln. „Bedienen Sie sich!", sagte sie auch weiterhin auf Tschechisch, ohne daran zu zweifeln, dass sie sie verstanden. Eine Platte mit selbstgemachtem Brot stand auf dem Tisch. „Erzählen Sie mir, woher Sie kommen, bitte."

Sie setzte sich ihnen gegenüber und hörte aufmerksam zu, auch wenn sie auf Deutsch redeten. Sie beherrschte die Sprache gerade so viel, um das Wichtigste aufzuschnappen. Ich merkte, wie die Alten weinten. Oma, mit ihrem Gemüt immer den Tränen nahe, hatte auch feuchte Augen und Wangen. Sie wischte sie mit einem scheckigen Taschentuch mehrmals ab. Wieso das? Alle saßen ruhig beisammen, es geschah doch nichts Böses. Ich kapierte es nicht. Am nächsten Morgen brachen die fremden Gäste wieder auf. Sie hatten irgendwo im Haus oder in der Scheune auf ihrem Wagen geschlafen, ich weiß es nicht. Sie verlangten nicht mehr, als ihnen angeboten wurde. Tante schob ihnen, in ein Tuch gewickelt, einen umfangreichen Laib Brot in die Hände, um

ihnen etwas auf den Weg mitzugeben. Die flüchtende Bauernfamilie nahm es nur zögernd an. Sie wussten um die harte Arbeit und den Wert des Geschenkten.
„Für die Kinder", sagte Tante, „das ist für die Kinder." Sie wußte doch, dass die Menschen vor einer rollenden Kriegsfront, man sagte auch vor den Grausamkeiten der Roten Armee auf der Flucht waren. Von massenhaften Vertreibungen hatte sie einiges gehört. Tante zitterte. Gott bewahre uns vor solch einem Schicksal!
Die kurze Begegnung prägte sich tief in mein Gedächtnis ein. So verständnisvoll wie damals, dachte ich oft, hätten die Tschechen und die Deutschen in Böhmen und Mähren auch nach dem Krieg miteinander auskommen können! Es wäre möglich gewesen, wieder eine Gemeinsamkeit zu finden. Statt Hass hätten die Gemeindebeamten Anweisungen zu gegenseitiger Hilfe verbreiten sollen. Das alles wäre, psychologisch gesehen, gut machbar gewesen. Nur, das Gegenteil wurde getan.

Prag, Mai 1945

Endlich waren sie am Ziel im Kino Slavia in der Reifstraße, der Řipská ulice. Adelheid war noch ganz verwirrt darüber, wie sie aus ihrer Wohnung grob abgeholt, bei dem Barrikadenabbau um ihren Mantel gebracht und zu alledem auf den Kopf geschlagen wurde.
„Anfangs dachten wir, man wollte uns einen Propagandafilm vorführen", erzählte sie später über den Kinoaufenthalt. „Es wurde jedoch Abend, es wurde Nacht, wir bebten vor Kälte in unseren nassen Kleidern und mit den bloßen Füßen in diesem dumpfen, kalten Kinosaal. Nun hatten wir begriffen: Wir waren gefangen, wir waren in einem Konzentrationslager."
Auf der Bühne vor der Leinwand saß ein Rotgardist, den Lauf seines Revolvers ununterbrochen drohend auf die Menschen gerichtet. Nach einem Nachtlager sahen sich die Eingesperrten vergebens um. Sie mussten die Nacht auf den kahlen Klappsesseln zubringen, oder auch darunter. Denn viele sanken vor Erschöp-

fung von den Sitzen und blieben in Schmutz und Abfällen der letzten Kinovorstellung liegen, soweit von Liegen zwischen dem Gestänge der Sitze und den Füßen der Sitzenden die Rede sein konnte.
Am nächsten Tag und an den folgenden Tagen bekamen sie etwas bitteren schwarzen Kaffee und einige Scheiben Brot. Weiter nichts. Es waren mindestens fünfhundert Menschen in der Slavia, vielleicht auch mehr, keineswegs weniger Personen. Das Kino hatte als Toiletten zwei Kabinen für Männer, zwei für Frauen.

Fünf Wochen lang hat Adelheid das einzige Kleid, das sie am Leibe trug, nicht ausgezogen. Die schrecklichen Mißhandlungen, der Hunger, die Überfülle von grauenvollen, sich überstürzenden Eindrücken, die qualvollen Folgen des Schlages, den sie auf den Hinterkopf erhielt, als sie sich nach ihrem heruntergefallenen Schuh bücken wollte, das alles hat bei ihr einen seltsamen seelischen Zustand hervorgerufen. Sie schlief nie wirklich und war auch nie wirklich wach. Sie nahm alles wahr wie aus weiter Ferne, und doch ganz deutlich. Oft fiel sie in Ohnmacht, was ihr im ganzen Leben nie passiert war. Einmal musste sie gefallen sein, während sie mit anderen den Kinosaal kehrte. Man hat eine deutsche Rotkreuzschwester geholt. Adelheid erwachte, gerade als die Schwester bemüht war, ihre krampfhaft geschlossene Hand zu öffnen. Die Frau zeigte sich überrascht. In den geschlossenen Fingern lag eine Brotkruste, fest umklammert. Adelheid hatte sie im Kehricht gefunden. Niemand durfte sie ihr nehmen.

Jeden Morgen wurden die Menschen zur Arbeit gebracht. Wehe dem, der unterwegs den Fuß auf den Gehsteig setzte! Das passierte Adelheid nur einmal. „Deutsche Sau, du wagst es, den Gehsteig zu betreten, wie ein normaler Mensch!?“ Von einer brutalen Hand wurde sie heruntergezerrt und in die Mitte der Straße geschleudert. Die Frauen mussten die Straßen pflastern und Schutt von den ausgebombten Häusern fortschaffen. Dabei wurden sie von ihren Aufsehern geschlagen und beschimpft, wenn es ihnen nicht schnell genug ging. Von der tschechischen Bevölkerung wurden sie verhöhnt. Im Kino verübten verzweifelte deutsche Menschen täglich Selbstmord. All das registrierte sie mit einem Gemisch von Nüchternheit und Entsetzen. Durch den Schlag auf den Kopf war sie aus der Bahn geraten. Was sie erlebt hatte, erschien ihr keine Wirklichkeit zu sein. Es war eher ein Traum aus der Hölle, dachte Adelheid.

Der Chef des tschechischen Armeesanitätswesens, General Srůnek, empfing zwei deutsche Ärzte mit Freundlichkeit.
„Setzen Sie sich, meine Herren. Was führt Sie zu mir?"
„Wir möchten Ihnen einige Wünsche und Bitten vorlegen, Herr General. Es ist wirklich dringend." Die Nerven der Besucher waren angespannt. Bevor sie das Haus der städtischen Amtsärzte betraten, hörten Dr. Wagner und Dr. Dobbek Schmerzens- und Todesschreie, aber auch Schüsse aus dem gegenüberliegenden Haus der Polizeidirektion. Beide Gebäude befanden sich in der schmalen Bartholomäusgasse.
„Herr Stabskapitän Dr. N. hat mit mir bereits telefoniert", erwiderte Srůnek ruhig und korrekt.
„Herr General, erstens bitten wir um Veränderungen bei den leitenden Posten in den Krankenhäusern. Wir schlagen vor, dass anstelle der Revolutionsgardisten als Spitalskommandanten doch tschechoslowakische Sanitätsoffiziere eingesetzt werden."
„Das kann ich gut verstehen. Reden Sie weiter."
„Wir bitten um ausreichende Verpflegung für die Verwundeten."
„Das steht ihnen nach allen Kriegsregeln zu."
„Dringend benötigen wir Ausweichräume für die Insassen des Einserlazaretts. Die Russen drohen, sie aus dem Fenster zu werfen, falls das Gebäude nicht sofort freigemacht werde. Am besten sollten die Verwundeten ordentlich evakuiert werden."
„Den Abtransport der Lazarette kann ich nur unterstützen", nickte Srůnek. „Doch ist das eine Sache der Regierung. Mit den Amerikanern muss auf höchster Ebene verhandelt werden."
„Ich möchte auf eine Zusage des Tschechischen Nationalrats hinweisen", sagte Dr. Wagner. „Danach erhielten alle deutschen

Soldaten, einschließlich der Verwundeten, die Erlaubnis friedlich abzuziehen."
„Sie sehen, was hier los ist", sagte der General ein wenig verwirrt. „Im Rahmen meiner Befugnisse will ich das Menschenmögliche tun."
„Haben Sie vielen Dank dafür! Unser letztes Anliegen, Herr General", fügte Dr. Wagner hinzu. „Wir bitten um Ihre Hilfe für die deutsche Zivilbevölkerung. Tausende sind in Lagern und Kerkern eingesperrt und aller Art Willkür schutzlos ausgesetzt!"
Der General räusperte sich und sagte karg: „Der gefangenen Zivilisten kann ich mich leider nicht annehmen." Milder erklärte er: „Für Zivilpersonen ist die Polizei zuständig."
Mit einem Blick fiel Wagner auf, dass die Fenster der Amtsstube fest verschlossen waren, obwohl es draußen sehr warm und sonnig war. Von der Polizeidirektion drüben wollte der höchste Armeesanitäter offenbar keine Todesschreie hören. Der General stand auf und reichte den Ärzten die Hand. „Es tut mir leid. Schauen Sie morgen wieder vorbei. Auf Wiedersehen!"
„Haben Sie unseren aufrichtigen Dank, Herr General."
Sein Wort hat Srůnek gehalten. Am elften Mai meldete sich im Tyrš-Haus ein Oberstleutnant Dr. Haas in tadellosem Deutsch. Er bestätigte den neuen tschechischen Chefarzt Dr. N. als leitenden Arzt und sorgte für die Einhaltung der Verpflegungssätze. Die Intervention bei dem General war also nicht vergebens gewesen.

Erste Schläge von der tschechischen Menge sausten auf die deutschen Gefangenen nieder. Sie waren unterwegs zu einer großen Barrikade, die einige Straßenzüge weiter stand und abgeräumt werden sollte. Sie war zweieinhalb bis drei Meter hoch und bestand aus Pflastersteinen, versetzt mit Eisenstangen und Stacheldraht. Den ganzen Nachmittag baute Leutnant Waldemar nur mit der rechten Hand die Barrikade ab. Anschließend pflasterte er mit einer Hand die Straße. Die Wunde am linken Unterarm war noch nicht geheilt und begann zu eitern. Das machte ihm Sorgen. Es hat sich eine Zuschauermenge angesammelt. Mit

Kalk schmierten sie den Arbeitenden große Hakenkreuze auf den Rücken und mit heißem Teer kleinere auf die Stirn. Fuhr ein russisches Auto vorbei, mussten sich die Deutschen hinknien und den Kopf bis zur Erde senken. Eine Begrüßung wie im alten Tatarenreich, dachte Waldemar empört. Gegen Abend war die Aufgabe erledigt. Im Laufschritt, unterbrochen von kurzem Hinlegen und Hüpfen in tiefer Kniebeuge, trieben die tschechischen Wachen sie zurück. Waldemar bemerkte, dass jedesmal nur ein Teil des Arbeitskommandos ins Kino Oko zurückkam und die meisten noch dazu verwundet waren. Den Frauen hatten die Tschechen die Köpfe kahlgeschoren. Selber hat er am Rückweg von einer tschechischen Frau einen so heftigen Schlag mit einer Zaunlatte gegen die verwundete Stelle erhalten, dass der linke Arm jetzt unfähig war, sich zu bewegen. Viele Menschen waren am Ende ihrer physischen und geistigen Kräfte. Sie öffneten sich die Pulsadern, erhängten sich oder stürzten sich vom Kinobalkon herab. Nachts holten sich Russen und Tschechen deutsche Frauen und Mädchen heraus. Aus dem Vorraum des Kinos hörte der Leutnant oft Schreie ihrer Verzweiflung. Unter den Opfern war auch seine ehemalige Tanzlehrerin, wie er später erfuhr. Seit der Zeit war sie geistesgestört, sagte man. Waldemar selbst konnte einem Mädchen von sechzehn Jahren das bittere Los ersparen. Sie verbarg sich unter heruntergeklappten Kinostühlen. Er legte sich oben auf die Sitze und versperrte so den Schurken den Blick. Das Mädchen wurde vor dem Horror bewahrt.

Die Doktoren Wagner und Dobbek marschierten zum Internationalen Roten Kreuz. Dort wollten sie sich für verfolgte Menschen einsetzen.

„Stundenlang können wir Ihnen schildern, welchen Akten der Roheit und Unmenschlichkeit die deutschen Zivilisten ausgesetzt werden. Wir beide sehen es ja täglich. Vor allem beim Abbau der Barrikaden. Nach jedem Einsatz bleiben viele Tote am Platz liegen. Andere schleppen sich, oft schwer verwundet, dahin.“

„Ich habe schon etwas Ähnliches an einer Stelle auch beobachtet“, gab der Beamte zögernd zu. Dabei betonte er den Ausnahmecharakter seiner Erfahrung. „Leider kann man die Ausschreitungen hie und da nicht verhindern. Die Bevölkerung ist wütend nach alledem“.

„Es sind keine Einzelfälle!“, sagte Dobbek, „keine einmaligen Ausschreitungen. Es ist eine allgemeine Methode. Haben Sie denn die neu errichteten Lager gesehen? Als Rotes Kreuz sollten Sie das.“

„Wissen Sie, was in den besetzten Schulgebäuden vor sich geht?“, fügte Wagner hinzu. „In den Prager Kinos und den Kellern? Im Strahover Stadion, das ist ein Schauder für sich, dort setzt ein Massensterben ein. Mehr als fünfundzwanzigtausend Menschen werden dort unter freiem Himmel gehalten!“ Die Zahl wuchs alltäglich. „In der Hitze bei Tag und der Kälte bei Nacht. Ihnen wird jede Nahrung verweigert. Das Trinkwasser wird nur in dürftigster Menge zugeteilt.“ Er dachte an den armen Treck aus Schlesien.

„Wie bedauerlich“, sagte der Herr zweifelnd. „Nur, ich weiß nicht, was wir dagegen unternehmen könnten. Sie wissen ja ... “.

„Würden Sie sich bitte dafür einsetzen, dass die gewaltsame Räumung der Krankenhäuser und der Kliniken abgestellt wird? Das liegt doch sicher in Ihren Kompetenzen als Vertreter des Roten Kreuzes“, bohrte Dobbek nach.

„Ja, verstehen Sie, unsere Hände sind gebunden. Die Russen bestimmen nun die Dinge.“ Der Beamte blieb unerschüttert.

„Es gibt doch international festgelegte Regelungen.“

„ ... welche auch die deutsche bewaffnete Macht während des Krieges keineswegs einhielt, sondern grob verletzt und weitgehend ignoriert hat!“, fuhr der Herr sie an.

„Verstehen Sie bitte, uns geht es um unschuldige Opfer, auf welcher Seite auch immer“, wandte Dr. Wagner ein. „Das ist der Teufelskreis, den gerade das Internationale Rote Kreuz mit allem Nachdruck verhindern soll, nicht wahr? An den Unschuldigen einer Seite werden Untaten gerächt, die früher an Unschuldigen der anderen Seite verübt worden waren. Ist es nicht widersinnig?“

„Da haben Sie allerdings recht. Da pflichte ich Ihnen bei", erwiderte der Herr, von Wagners spontaner Definition beeindruckt.
„Darum bitten wir Sie", sagte Wagner. „Es darf auf keinen Fall ein Todesmarsch nach Theresienstadt wiederholt werden. Viele Prager Deutsche sind dabei umgekommen. Es war grausig."
„Wir wollen alles tun, um zu helfen", sagte der Herr eilig. „Aber unsere Kompetenzen sind eng begrenzt, glauben Sie mir. Erzählen Sie mir doch über Theresienstadt, über den Todesmarsch, wie Sie ihn nennen." Der Beamte machte sich Notizen. Nach dem Gespräch wurden die Deutschen aus Prag nicht mehr zu Fuß, sondern in offenen Viehwagen, meistens mit der Eisenbahn nach Theresienstadt befördert. An der willkürlichen Gefangenschaft des 'besiegten Volkes' hat sich nichts geändert. Vom Kind zum Greis, alle waren sie zu Geiseln geworden.

Brünn, 12. Mai 1945
„In diesem Krieg hat das deutsche Volk überhaupt aufgehört, menschlich zu sein!", kreischte Edvard Beneš. Seine Stimme klang nasal und eindringlich. In historischen Augenblicken wie diesem war es der richtige Ton. Nach begeisterten Begrüßungsovationen und einem Bad in der Menge befand sich Beneš im Brünner Rathaus. Die Dinge liefen besser, als er sich träumen ließ. Erneut wurde er mit allen Ehren als Staatsoberhaupt empfangen. Die Karte des Hasses gegen alles Deutsche sowie die sowjetische Karte, auf die er während der Exiljahre gesetzt hatte, zahlten sich aus. Prokop Drtina, ein Mann in Beneš's Schatten, schätzte sich überglücklich. In allen Einzelheiten durfte er miterleben, wie die mährische Metropole ihren Helden empfing.
„Das deutsche Volk hat aufgehört, überhaupt menschlich erträglich zu sein", schrie Beneš. „Jetzt kommt es uns vor wie ein einziges großes menschliches Ungeheuer. Wie blind und taub ging dieses deutsche Volk ans blutige Morden heran. Es lehnte sich dagegen nicht auf, es dachte nicht nach, machte keinen Halt. Es zog los, um sich stumpfsinnig oder fanatisch töten zu lassen und um

selbst zu töten. Für all das muss das deutsche Volk eine große und strenge Strafe treffen!“
So wühlt man die Massen auf, merkte sich Drtina in unbegrenzter Bewunderung. Im Exil war er Beneš's politischer Berater gewesen. Häufig gab er den Rundfunkreden des Präsidenten den letzten Schliff. Selber sprach er auch im Exil-Radio. Nur, die Reaktion der Hörerschaft blieb ihnen damals verborgen. Jetzt erfuhren sie 'live' wie die Leute sich begeistern ließen.
Einige Einzelheiten im Vortrag des Dienstherrn klangen zwar etwas irreführend. Drtina kam es vor, als wäre da ein Widerspruch. 'Sich' fanatisch töten zu lassen, das klang so, als wären auch die Deutschen zum Teil Opfer gewesen. So etwas zu sagen wäre natürlich nicht förderlich. Das muss Dr. Beneš wissen! Doch die weiteren Sätze lenkten Drtina wieder ab.

Nachdem der weißhaarige Held auf den Balkon des Rathauses getreten war, staunte Drtina noch mehr. Der fleißige Schreibtischmensch war zum wahren Volkstribun geworden!
„Wir werden Ordnung unter uns schaffen! Namentlich mit den Deutschen und allen anderen auch hier in der Stadt Brünn!“, ereiferte sich Beneš. Wiederholter Applaus bestätigte seine Worte.
„Mein Programm ist - ich verheimliche es nicht -, dass wir die deutsche Frage in unserer Republik aus-li-qui-die-ren müssen!“ Sein sprödes weißes Haar wehte in der Brise.
„Výborně!“, ausgezeichnet!, riefen die Leute unterm Balkon.
Ausliquidieren, exakt! Ein doppeltes Aus und Weg! Das Wort wird sich durchsetzen, begriff Drtina.
„Für diese Arbeit werden wir jetzt alle Kräfte von euch allen brauchen! Stürzen wir uns jetzt alle in diese Arbeit. Und dieser Arbeit rufe ich ein herzliches Heil, Zdar! zu.“
Der Abschluss war nicht so glanzvoll. Hat sich in zu viel Arbeit verstrickt. Aber vielleicht war gerade das der neue Zeitgeist? Von Arbeit reden, nicht so viel arbeiten. Jubelten die Leute nicht eben deshalb? Solch ein entfesseltes, spontanes Massenglück habe ich noch nie erlebt, ließ auch Drtina sich von Freude überwältigen. Er hat viel Stoff zum Nachdenken gewonnen.

Die Besiegten von Brünn

Alle Deutschen mussten Brünn verlassen. Die strikte Anordnung wurde vor der Präsidentenankunft ausgegeben. Tausende wurden nach Leskau dirigiert. Krankenschwester Margit war darunter. Immerhin besser, als in einer Sandgrube zu schmoren, wohin andere verbannt wurden. Leskau war ein ehemaliges Erholungsheim für deutsche Militärs gewesen, aber das schien eine Ewigkeit her zu sein. Vor kurzem waren dort die Russen einquartiert. Der Zustand des verlassenen Lagers war unbeschreiblich. Mit achtundfünfzig Personen, einundfünfzig Frauen und sieben Kindern, wurde Margit in eine Geschirrkammer eingesperrt. Entsetzt schaute sie sich um. Jeder Winkel war zu einem Klosett geworden. Das gesamte Geschirr war entweder zerschlagen oder beschmutzt. Auch die Einbaukästen waren als Klosett benutzt worden. Dagegen war die eigentliche Klosettanlage völlig zerschlagen.

Die Menschen sollten in Leskau drei Tage eingesperrt bleiben, einen Tag vor und einen Tag nach dem Aufenthalt Beneš's in Brünn, aus Sicherheitsgründen, sagte man. Nun hat sich aber etwas geändert. Sie mussten um zwei oder drei Tage länger ausharren. Lebensmittel waren nur für die erste Zeit vorgesehen. Also hat auch der Hunger sie gequält. Vor drei Wochen war Margit in dem furchtbaren Keller des St. Anna-Hospitals eingesetzt worden, ohne Medikamente für deutsche Patienten, ohne die Möglichkeit jemandem zu helfen. Jetzt konnte sie nicht einmal sich selber helfen.

Im Äther

Über alle Rundfunksender wurde die Präsidentenrede aus Brünn in das übrige Land ausgestrahlt. Die befreiten Tschechen und Slowaken sollten erfahren, was der Held von ihnen erwartete und verlangte. Ran an die Arbeit! Viele verstanden es. Eine Menge von der Arbeit reden, aber weniger arbeiten. Es war Samstag, der zwölfte Mai, der vierte Tag der Freiheit und des unbeschreiblichen Glücks. Am Sonntag danach wurden die deutschen Bäuerinnen, die alten Bauern und die deutschen Kinder in einem entfernten Zipfel des Böhmerwalds, in Vollmau, wie Hasen aus ihren Häusern gejagt.

Brünn, zwischen 12. und 16. Mai 1945
„Alles läuft bestens!“, freute sich Frau Hana nach den Auftritten ihres Mannes im Brünner Rathaus. „Ich hab‘s richtig vorausgesagt!“
„Noch sind wir nicht in Prag“, erwiderte er nüchtern.
„Warum fahren wir eigentlich nicht weiter?“, prüfte sie nach. „Ist es wahr, das mit den Werwolfsnestern, wie Drtina gewarnt hat?“
„Das sind Märchen, die man kleinen Kindern erzählt“, sagte er.
„Was ist der wahre Grund?“, bohrte sie nach.
„Die Straßen sind voll von Gefangenentransporten“, sagte Beneš. „Die Sowjets bringen die Schörner-Soldaten nach Russland. Da kämen wir gar nicht durch.“
„Ist denn Drtina doof?“, fragte sie ironisch.
„Als politischer Beamter hat er mir korrekt ausgerichtet, was die Regierung ihm auferlegt hat. Er weiß nichts über das Militär.“
„Und wie weißt du das?“
„Ich sprach mit meinen Generälen“, sagte er. „Die deutschen Gefangenen sollen in der Sowjetunion wieder aufzubauen helfen, was sie kaputt gemacht haben.“
- Und was die Rote Armee mutwillig zerstörte, indem sie unbeschädigte Dörfer und Städte auf ihrem Siegeszug in Brand gesteckt hat. Die Versklavung der deutschen Kriegsgefangenen brach alle internationalen Normen, die zum Schutz gefangener Soldaten seit Jahrzehnten galten. Nach sehr vielen Jahren kehrte nur ein Bruchteil der Männer zurück. Hunderttausende Frauen blieben für immer allein. Erst 1999 öffnete Russland einige Archive und Totenregister, die über den letzten Verbleib deutscher Soldaten und verschleppter Zivilisten Auskunft geben konnten. -
„Ich habe die Generäle und führenden Sicherheitsleute zu mir bestellt“, fuhr Beneš fort. „Als Oberbefehlshaber der Streitkräfte verlangte ich Information. Das sagte ich zu ihnen.“
„Sehr richtig“, lobte sie ihn.

„Ich befahl ihnen, die Evakuierung der Deutschen aus Brünn vorzubereiten. Die haben wir schon weggebracht, sagte einer zu mir. Ich weiß, für drei Tage weg. Aber das meine ich nicht. Potemkinsche Dörfer wird keiner mit mir machen, sagte ich. Ich spreche von einer Evakuierung für immer". Er schritt durch das schöne Zimmer, wo sie zu Gast waren, wie ein gerade auferstandener Napoleon.

„Und was haben sie geantwortet?", fragte sie amüsiert.

„Wir wollten Ihre Sicherheit garantieren, während Ihres Aufenthalts in Brünn, so redeten sie sich aus. Aber ich ließ nicht locker: Jetzt also wisst ihr, meine Herren, was ich meine. Ich habe den Boden für die Evakuierung politisch vorbereitet! Mehr darf ich nicht tun. Die Durchführung ist eure Aufgabe, sagte ich. Es sind aber dreißigtausend Menschen, wandten sie wieder ein. Menschen, fragte ich. Deutsche sind keine Menschen! Ich lasse mir durch den Minister für Verteidigung allwöchentlich Bericht erstatten, sagte ich. Sie kennen den Befehl, meine Herren, sagte ich zu den Generälen. Zuletzt begriffen sie, dass die Armee wieder in fester Hand ist. Und ich wollte wissen, wie meine Reise nach Prag gesichert werde."

„Und?", fragte sie gespannt.

„Es gab mehrere Vorschläge. Ich will nicht ewig in Brünn stecken bleiben, drängte ich. Es gibt sehr viel zu tun. Schließlich war ich einverstanden, dass uns spätestens am Mittwoch ein Sonderzug nach Prag bringen wird. Mit der Bahn kommen wir um die Gefangenentransporte herum."

„Am Mittwoch", freute sie sich. „Ich kann es kaum erwarten!"

Prag, 16. Mai 1945

Drtina war wieder in Prag, doch beabsichtigte er, wie alle anderen, dem Präsidentenzug nach Kolín entgegenzufahren, eine gute Stunde östlich der Hauptstadt. Dort wollten die längst zurückgekehrten selbsternannten Minister und Topbeamten den Sonderzug besteigen. In Beneš's Windschatten würden sie eine feierliche Wiederkehr in die Heimat erst richtig genießen. Drtina war in Prag schon zweimal angekommen. Zuerst mit dem

Flugzeug aus Bratislava, neulich wiederum aus Brünn. Jetzt wollte er es mit Glanz und Gloria zum dritten Mal erleben. Sein Fahrer nahm die Kurven, Tiefen und Höhen zwischen Prag und der Kreisstadt mit einem teuflischen Tempo. „Wann kommt der Sonderzug in Kolín an?", fragte er. Drtina nannte die Uhrzeit. Der Chauffeur drückte fest aufs Gaspedal. Am Kolíner Bahnhof blieb ihnen gerade eine Minute vor der Ankunftszeit, doch der Sonderzug war verspätet. An allen Bahnstationen wurde der Held und Sieger jubelnd begrüßt. In größeren Ortschaften konnte man die Willkommenszeremonien gar nicht verkürzen. Am leeren Bahnsteig traf Drtina den roten Innenminister Nosek und den hochdekorierten Verteidigungsminister Svoboda. Sie hatten ihm versprochen, ihn im Dienstwagen mitzunehmen. Jetzt spielten sie verblüfft: „Wir haben Sie im Alcron überall gesucht", warf ihm Nosek vor, „und konnten Sie gar nicht auftreiben."

„Ich saß in meinem Hotelzimmer, wie vereinbart, und wartete auf Sie. Danke für die Mühe, meine Herren."

Es wird schwer sein, mit den Kommunisten zu regieren, überlegte Drtina. Irgendwie müssen wir ihnen den Pips nehmen, aber wie? Die Verfluchten! Heute waren sie die Schnelleren.

Mit meinen Eltern fuhr *ich* zum Wenzelsplatz. Mama hat ihr feinstes Kostüm angezogen und einen eleganten Hut aufgesetzt. Ich bewunderte sie. Mit zehn war ich bereits so groß wie sie. Aber so hübsch? Das schaff' ich niemals! Mein Kopf und Herz waren voller Eindrücke. Vor einer Woche noch wusste ich gar nicht, ob mein Vater lebt. Er steckte in Prag, mitten in der Revolution. Wir waren auf dem Lande, ratlos und aufgeregt, lauschten den verzweifelten Hilferufen des schwer umkämpften tschechischen Radios. Erst am zehnten Mai, als das Telefonnetz wieder in Betrieb war, kam ein Anruf aus Prag. Vater und die drei Onkel, Mamas Brüder, sind wohlauf! Die Tyrannei war zu Ende. Vater lebte. Wir alle lebten. Unglaublich, dass ich es erfahren, mit eigenen Augen sehen, mitmachen kann. Etwas ganz Neues hat sich vor mir geöffnet. Ich fühlte mich wie im Himmel.

Der Wenzelsplatz war randvoll mit Menschen. Drtina verfolgte alles von einem Begleitwagen Beneš's, der langsam dicht hinter dem Mann der Geschichte fuhr. Nicht nur auf den Gehsteigen drängten sich die Schaulustigen, merkte sich Drtina begeistert, sondern auch in den Fenstern. (Dort stand auch ich, beugte mich vom ersten Stock so weit ich konnte hinaus, um den legendären *Herrn Präsidenten* zu erblicken.) Auf den Balkons, sogar auf den Dächern war alles besetzt, alles jubelnd.

„Zu Ehren des Präsidenteneinzugs wurden deutsche Menschen reihenweise als lebende Fackeln angezündet", schreibt Dr. Wagner.
Ich habe keine gesehen. War ich, da ich ein Kind war, von meinen Eltern vor dem Anblick geschützt? Ich weiß es nicht. Hat sich der Arzt im Datum geirrt? Erschütternderweise irrte er sich nicht in der Tatsache selbst. Über lebendig Verbrannte, an den Laternen Erhängte in den Straßen Prags geben viele Deutsche wie Tschechen vielfach persönliches Zeugnis ab.

Am Altstädter Ring, vor dem zerbombten und zerschossenen historischen Rathaus als Symbol des heroischen Kampfes, wurde eine Rednertribüne aufgestellt. Ein Kommunist begrüßte das zurückkehrende Staatsoberhaupt. Dr. Václav Vacek, ehemaliger Stellvertreter, hat sich während der Aufstandstage, nach der Ankunft der Roten Armee, des Amtes des Primators bemächtigt. Prokop Drtina verfolgte das Geschehen mit Empörung. So etwas hätten die anderen zwei Stellvertreter, František Kellner und Pater Tylínek, nicht zulassen dürfen. Der Vorkriegs-Primator Dr. Petr Zenkl, aus nazistischem Konzentrationslager befreit, hielt sich noch in London in einer Quarantäne auf. Nun hat ein Kommunist sein Amt, seine Würde an sich gerissen! Dicht an der Tribüne stehend, verfolgte Drtina jedes Wort des selbsternannten Oberbürgermeisters. Aufgeblasen gab er dem Staatsoberhaupt die Erlaubnis, auf die Burg weiterzufahren – nur weil er über Moskau gekommen war. Wie unverschämt!

Wieso waren wir in London nicht härter und stärker gewesen, hatten des Präsidenten Umweg über das Sowjetreich nicht verhindert. Die höchste Schuld an der peinlichen Lage trug Dr. Beneš selbst, dachte Drtina bitter. Er gab den Kommunisten nach. „Vor allem wird es nötig sein, die politischen Parteien neu zu gestalten. Ihre Zahl zu reduzieren“, lauschte Drtina der beliebten Forderung Beneš's, die politische Landschaft zu straffen. Irgendwie musste der Chef die Parteien hassen. Warum nur?
In gleichem Atemzug sagte der Redner, was weiter nötig sein wird: „und vor allem die Deutschen in den böhmischen Ländern und die Ungarn in der Slowakei kompromisslos liquidieren, sofern solch eine Liquidierung im Interesse des einheitlichen nationalen Staates der Tschechen und Slowaken überhaupt durchführbar ist. Unser Leitspruch muss lauten, unsere Heimat kulturell, wirtschaftlich und politisch definitiv zu entgermanisieren!“
Nun erkannte Drtina seinen Dienstherrn wieder.

Mit Stolz und Freude begleitete Drtina die Beneš's auf den Hradschin, den Sitz der Kaiser und Könige. Zum letzten Mal hatte Beneš in der Burgresidenz am sechsten Oktober 1938 geschlafen, als soeben abgedankter Präsident. Seit jenem trüben Tag war der Krieg vorbeigezogen, königliche Throne sind erschüttert worden, mächtige Regime haben sich in Schutt und Asche aufgelöst. Nur Beneš brauchte nicht wiedergewählt zu werden. Er war einfach wieder da. Sofern Drtina sich entsinnen konnte, ist so etwas keinem Amtskollegen vergleichbaren Ranges in keinem anderen europäischen Land gelungen. Was für eine Leistung!

8. Des Liquidators Comeback

Eines Verlierers Mühen, wieder ans Ruder zu kommen – Beinahe verhinderter Abflug aus London und die fatale zweite Reise nach Moskau – Wem galt seine Bewunderung?

Exilmission 1938 - 1945

Edvard Beneš's Wiederkehr auf den Hradschin, auf seinen kaiserlichen Präsidentenstuhl, war nach dem Debakel von München des Jahres 1938, wo er sein Volk zum Kniefall zwang und dafür dessen Hass geerntet hat, nur mit größter Anstrengung möglich. Wie viele Machthungrige vor und nach ihm, erkannte *Edvard* den Nationalismus im Volk als die ergiebigste Saite, die ein Demagoge zupfen kann. Eine urfeindliche Gesinnung gegen alles Deutsche machte er zum Mittelpunkt seines Programms. Die altansässigen Deutschen, auch die Ungarn, ein ganzes Drittel der Bürger der Ersten Tschechoslowakei, müssen nach dem Kriegsende aus dem Lande verschwinden. Dafür suchte er ein *Ja* von den Großmächten zu gewinnen. Also pendelte Edvard sechs Jahre seines Exils zwischen dem unschlüssigen *Franklin* über dem Großen Teich und dem bissigen *Winston* in London hin und her, bis er bei *Josef* im Kommunistenreich offene Türen eingerannt hatte. Im Exilsender der BBC wetterte er: „Es wird notwendig sein, die Endlösung der Frage unserer Deutschen und Ungarn vorzubereiten." Für die Ohren der Hörer in Böhmen, Mähren und der Slowakei schmiedete er einen furchtbaren Plan. Er spürte es, die trägen Einheimischen musste er als Komplizen gewinnen. Auf sie wird er sich später berufen, alles abwälzen können. Durch das Quietschen und Kreischen deutscher Störmaschinen wurde das Wort 'End-lö-sung' in Stücke zerschnitten. Es klang

noch bedrohlicher. Es hieß tatsächlich 'Endlösung'! Edvard war für seine Ausdauer bekannt und auch dafür, fast Unmögliches bewegen zu können. Nach Kriegsende würden „*alle Landkreise, die von deutschen und ungarischen Staatsangehörigen bewohnt sind, durch Regierungskommissare und Regierungskommissionen verwaltet und natürlich durch notwendige Militärkräfte gesichert*", kündigte Edvard die Diktatur über ethnische Minderheiten im Staate an. „*Wo Widerstand - welcher Art auch immer - auftreten sollte, muss er gnadenlos gebrochen werden!*", drohte er im heiseren Radio.
Den gedemütigten Zuhörern in der Heimat war das Musik. An ihren Funkgeräten hatten sie rote Zettel hängen, wo auf tschechisch und deutsch stand, Empfang von Auslandssendern sei 'strengstens verboten' und würde 'auch mit der Todesstrafe geahndet'. Das 'auch' drückte die uneingeschränkte Macht der Okkupanten aus. Entweder kann man gnädig verfahren, oder 'auch' über Leben und Tod der Opfer bestimmen. Also wurde das Zuhören zur Mutprobe, wenn nicht zur Heldentat. Die Wut der Hörer wuchs. Der Redner beruhigte sie: „Die Exilregierung wird jetzt vor allem den Krieg gegen die Deutschen führen!" Das sagte er im Februar 1945, wo der Krieg mehr oder weniger entschieden war, und dies ganz bestimmt ohne ein Zutun seiner Exilbürokraten.

Von seinem Exilschreibtisch, wo er auch immer stand, trennte Edvard sich nur, wenn er seinen Reitanzug und die Stiefel anzog, nicht um zu reiten, nein, sondern um die am Boden Britanniens stationierten tschechischen und slowakischen Rekruten, Fallschirmjäger oder Flieger der Royal Air Force zu inspizieren. Das Umziehen scheute er seit jener Zeit nicht, als er anfangs die geschundenen Soldaten, die gerade aus Trainingslagern im Nahen Osten gekommen waren, in einem hellen Flanellanzug, weichem zivilem Hut und mit weißen Handschuhen in der Hand begrüßt hatte. Sie betrachteten ihn wie einen Clown und lachten sich ins Fäustchen. Bei der Verteidigung Frankreichs, in der Luftschlacht um England oder während der Invasion in der Normandie waren es die Männer im Feld, die den Kampf führten, das Leben riskierten und zahlreich zu Opfern wurden. Tausende tschechoslowakische Männer und Frauen waren in verschiedenen Formationen an der West- und Ostfront aktiv.

Irgendein Schlachtfeld kannten aus eigener Erfahrung nur die wenigsten Exilpolitiker. Meistens hockten sie auf ihren Exilstühlen und grübelten, wie sie nach dem Kriegsende das Volk in der Heimat kurz halten könnten. Eine Schreibtischschlacht - nicht nur gegen die Deutschen, und schon gar nicht nur gegen Soldaten, sondern gegen Zivilisten - führte der Exilminister JUDr. Jaroslav Stránský. Monatelang feilte er auf Beneš's Geheiß an einem Entwurf der künftigen 'Volksgerichte'. Das Ergebnis seiner Mühen, in London nicht durch die ganze Exilclique angenommen, sollte später zu dem berüchtigten Retributions-Dekret, dem widerwärtigsten aller 'Beneš-Dekrete', werden. Wusste der Universitätsprofessor und Jurist Stránský denn nicht, dass 'Vergeltung' unvereinbar war mit einem Rechtsstaat? Meinte Beneš vielleicht, die vorbereiteten Rechtsbeugungen und Justizmorde könnten durch die lateinische Bezeichnung 'Retribution' verdeckt werden?

„Herr Präsident, fahren Sie nicht nach Moskau! Bleiben Sie doch in London!“, bat der resignierte Exilfinanzminister Feierabend seinen ehemaligen Dienstherrn im März 1945. Dr. Ladislav Feierabend, ein tschechischer Agrarier, wie auch der slowakische Agrarier Ján Lichner, waren die zwei Mutigen, die im vorigen Oktober 1944 in einer Sitzung der Exilregierung gegen Stránskýs Entwurf der Volksgerichte gestimmt hatten. Es war Standrecht, daher missbrauchbar. Ihr Protest blieb wirkungslos. Im Februar 1945, Monate vor Kriegsende, trat Feierabend von seinem Exilposten wegen der *katastrophalen Politik* der Exilregierung ab, wie er es formulierte. Alles verfärbte sich immer mehr kommunistisch. Seines Chefs Beneš katastrophale Politik durchschaute er trotzdem nicht, und blieb sein ergebener

Freund. Nun saß Feierabend an Beneš's Krankenbett und redete ihm gut zu.
Ein Großteil der Exilriege war planmäßig gen Moskau abgeflogen, Beneš blieb frustriert zurück. In der Nacht zum neunten März 1945, wenige Stunden vor seinem geplantem Abflug nach Moskau, konnte Beneš plötzlich nicht mehr sehen. Sein Arzt entschied, er müsse die Abreise verschieben. In Beneš's Umkreis wusste jeder, dass er seit Jahren an schwerer Arteriosklerose litt. Eigentlich litt eher seine Umgebung daran. Nun kam vermutlich ein leichter Hirnschlag hinzu. Zwei Tage nach dem Anfall ging es ihm aber wieder besser. Er rief den resignierten Feierabend zu sich.
„Herr Präsident!", versuchte Feierabend ihn umzustimmen.
„Ich weiß nicht, ob Sie an die Vorsehung glauben. Bei unseren Spaziergängen hier in Aston Abbots, die mir mein Leben lang in Erinnerung bleiben werden, haben wir über alles Mögliche gesprochen, nur nicht über Gott. Ich glaube an Gott, und bin überzeugt, Ihre Unpässlichkeit", so bezeichnete er schonend den schlimmen Zustand Beneš's, „die ist ein Wink der Vorsehung!"
Er sah einen kranken Mann vor sich. Eine Gesichtshälfte war gesunken, ein unteres Augenlid stand ab. „Ich bitte Sie noch einmal: Fahren Sie nicht nach Moskau, bleiben Sie in London! Sie haben einen schwerwiegenden gesundheitlichen Grund. Damit können Sie die Änderung Ihres Entschlusses begründen. Niemand dürfte politische Motive dahinter suchen oder vermuten!"
„Lieber Kollege, jetzt ist es schon zu spät!", erwiderte der Bettlägrige. Er war es gewohnt, Gedanken anderer Leute zu erkunden, wobei er die eigenen Motive, außer manchmal vor seiner Frau, niemals verriet. Auch Feierabend wusste trotz der vielen Gespräche recht wenig über die wahren Beweggründe seines Chefs. Der Minister durfte zwar reden, aber der wesentliche Teil der Seele Beneš's blieb ihm verhüllt.
„Nach Moskau muss ich!", bekräftigte Beneš starrsinnig. „Und ich will so früh wie möglich dort sein!" Das war sehr unvernünftig.
Besonders langsam, mit inbrünstiger Betonung wiederholte der

resignierte Agrarier seinen Wunsch. Er wollte verdeutlichen, wie sehr ihm an der Erfüllung seiner Bitte lag: „Herr Präsident, fahren Sie *nicht* nach Moskau!“ Er hatte keine Ahnung, wie tief Beneš bereits in die Fallen geraten war, die er selbst ausgelegt hatte. Feierabend konnte einfach nicht begreifen, warum seine Mühe vergeblich gewesen war.

Den kaum erholten tschechoslowakischen Topdiplomaten - nur in dieser Form hatten die Briten die Exilfunktion Beneš's anerkannt, nicht als die eines Staatspräsidenten - verabschiedeten am Londoner Flughafen Premier Winston Churchill und sein Außenminister Anthony Eden. Während einer kleinen Feier sollte Beneš auf ihre Reden erwidern. Plötzlich konnte er aber den eigenen Text nicht mehr lesen - er las immer alles nur vom Papier ab -, konnte kein Wort aussprechen. Die Mikrophone wurden abgeschaltet. Nach einer peinlichen Pause bedankte sich Beneš doch karg für die britische Gastfreundschaft, stammelte etwas über die sechs vergangenen Exiljahre - und weg war er.

„Er ist ein Phantast, dieser Feierabend!“ bemerkte Edvard im Flugzeug zu seiner Frau. Sie wickelte ihm eine Wolldecke um die Beine. Es war kalt, die Maschine, mit der sie gegen Kairo flogen, war unbequem und unbeheizt wie die meisten Kriegs- und Kampfmaschinen der Zeit.

„Ein netter Phantast, immerhin“, bemerkte sie freundlich. Er presste die Lippen zusammen. „Von der Weltentwicklung versteht er nichts. Keine Ahnung! Die Revolution ist im Kommen, eine nationale und eine soziale, ob er es will oder nicht!“, wiederholte er seine beliebte These, mit der er Menschen ständig aufgeheizt hat. „Das Ende dieses Krieges wird blutig sein. Darauf müssen wir uns einstellen.“ Leicht erschrocken sah sie ihn an. Hat er nicht genug Gewalt der Bomben und des Sterbens rings herum erlebt?

„Was unsere Kommunisten betrifft, denen traue ich nicht recht“, entwickelte er seine Gedanken weiter. „Aber Stalin, der ist mein Verbündeter.“

Sie hob die Augenbrauen: „Seit wann denn das?“ Sie war die einzige, die ihn so fragen durfte.
„Gut über zehn Jahre!“ Nachdenklich schüttelte er den Kopf. Einige Zeit vor dem Kriegsausbruch wurde Beneš eine geheime Nachricht zugespielt. Vom deutschen Geheimdienst gesteuert sickerte zu ihm durch, dass Sowjetmarschall Tuchatschewski gegen Stalins Leben putschen sollte. Beneš schöpfte keinen Verdacht, dass dies frei erfunden sein konnte. Sofort gab er es an Stalin weiter, in festem Glauben, ihn vor dem sicherem Tod bewahrt zu haben. Seit dem Augenblick war Beneš überzeugt, Stalin müsse ihn wie einen eigenen Bruder lieben. Stalin jedoch benutzte die falsche Nachricht, die ihn vielleicht auch aus anderen Quellen erreicht hatte, zum Vorwand für seine wahnsinnigen Säuberungen. Er ließ nicht nur Tuchatschewski, sondern zehntausende Armeeoffiziere, Politiker und andere unbequeme Menschen exekutieren. Merkwürdig, dachte Beneš, wie mich die Ströme von Blut unberührt lassen. Bin ich unmenschlich? Und wenn schon. Mitleid und Politik gehören nicht zusammen. Das ist das Prinzip. Schließlich war es Stalins Sache, was für Konsequenzen er aus der Meldung zog. Er, Beneš, war nur Bote. Jetzt erwartete er einen Gegendienst.
„Stalin schuldet mir etwas!“, bekräftigte er.
„Tatsächlich?“
„Das ist der Grund“, erörterte er, „warum er mir die Zustimmung zur Ausweisung aller Deutschen aus unserem Hoheitsgebiet gab. Er hat sofort verstanden.“
„Meinst du wirklich?“
„Hitler ist dumm!“, spann Beneš mit schwerer Zunge den Faden weiter. „Er posaunt seine furchtbaren Greueltaten in die Welt hinaus. So etwas tut man nicht.“
Frau Hana schaute ihren Mann besorgt an. Es schien, der Schlaganfall war noch nicht ganz vorbei. Ob er die Anstrengungen seines Amtes in der Heimat ertragen würde?
Beneš blieb in Gedanken vertieft, ertappte sich dabei, den Herrscher vom Kreml sehr zu bewundern. Ihm imponierte Stalins Art, seine Feinde zu liquidieren, ohne sich die eigenen Hände

mit Blut zu beschmieren. Das Grobe erledigten die anderen. Stalin ließ seine Helfershelfer über fremde Leben entscheiden, nachdem er selbst über alle entschieden hatte. Anschließend beobachtete er scheinbar unbeteiligt nur noch wie die Dominosteine von fallenden Köpfen, juristisch voll gedeckt, in langen Reihen in die Henkerskörbe stürzten. Das leichtgläubig blöde Volk verehrte und liebte Stalin immer inniger. Das war sein großartigster Trick.

Ich sollte, fiel Edvard ein, *meine* höchst bewährten Schreibtischmethoden noch mehr nach *Josefs* Vorbild verfeinern. Das wäre die wichtigste Lehre aus den ermüdenden Exiljahren, weg von den schlappen Demokraten in London und in Washington! Die wählt man früher oder später ab, nicht aber Stalin. Der ist unerschütterlich geworden, das spürte Beneš.

Die Erkenntnis setzte Beneš gleich in Moskau ein bei der Schaffung einer illegalen Regierungskoalition, ohne Wahlen und ohne Parlament, zusammengesetzt aus dem Londoner Exil und den tschechischen und slowakischen Exilkommunisten. Sie alle werden jetzt mit ihm das blöde Volk regieren. Zahlreiche *Komplizen* aus dem Volk werden ihnen zur Hand gehen. So wird es funktionieren. Bald würde Edvard einundsechzig sein. Wieviele Erfolgsjahre haben die Deutschen ihm geraubt?! Jetzt werde *ich* sie jagen!

Mit seinen nach Stalin verbesserten Strategien feierte Beneš im Mai 1945 auf dem Hradschin sein glänzendes Comeback.

9. Die Namen des Volkes

Pogrom in einer alten Stadt – Ein Karrierist ruft zur Vertreibung auf – Brand stoppt das Morden, nicht jedoch das Grauen – Namen der Opfer sowie der Täter sind bekannt

Landskron, 17. Mai 1945

Erst acht Tage waren seit den letzten Kampfhandlungen oberhalb der Stadt an der Scheide von Böhmen und Mähren vergangen, acht Tage russischer Anwesenheit in Landskron. Am Anfang der Besetzung geschah nicht viel. Die Soldaten hatten lediglich nach Alkohol gesucht, geplündert, nach Mädchen gejagt. Ganze Nächte konnte man Rufe der gehetzten Opfer hören. Geängstigte deutsche Einwohner versuchten, ihre Frauen zu verstecken. Die wenigen Tschechen, die in der Stadt ansässig waren, sorgten sich auch um ihre Habe. Sie wussten nicht recht, wie sie sich verhalten sollten, bis die Partisanen auf vielen Lastautos gekommen waren. Am Stadtplatz hörten die angekommenen tschechischen Partisanen einem russischen Offizier zu und untermalten seine feurige Ansprache mit wiederholtem: „Hurrah! Hurrah!“

Es war gegen elf Uhr vormittags. Die Partisanen waren schwer bewaffnet, als würden sie erst jetzt in den Krieg ziehen. Nach der Rede des Russen stoben sie in alle Windrichtungen auseinander. Sie waren auf der Jagd. Die Straßen und Häuser von Landskron durchsuchten sie systematisch. Wo deutsche Männer waren, holten sie diese heraus, alte wie junge, gebrechliche wie schwerkranke. Auch einige Frauen und Kinder schleppten sie gleich mit. In kleinen und größeren Gruppen wurden die Gefangenen zu schnellem Laufen angetrieben und zu dem schönen Hauptplatz mit seinen Renaissance- und Barockfassaden gehetzt. Die ganze Zeit schossen die tschechischen Bewacher blindlings um sich, schlugen auf alles ein, was ihnen unter die Hände und Füße kam. Mehrere Partisanentrupps waren in umliegende deutsche Dörfer gefahren. Von dort aus trieben sie ebenfalls die Männer in die Stadt.

In den frühen Nachmittagsstunden standen weit über eintausend gefangene Deutsche mit erhobenen Händen, geschlagen, getreten, bespuckt, wild beschossen am Stadtplatz. Viele Verletzte konnten sich bald nicht mehr erheben und litten qualvoll. Die Partisanen warfen die Verwundeten einen nach dem anderen in einen großen Wasserbehälter vor dem Rathaus, der im Krieg zum Löschen von Bränden nach Luftangriffen dienen sollte. Mit Stöcken und Stangen hinderten sie die nach Atem ringenden Menschen am Auftauchen und schossen hinein. Das Wasser färbte sich blutrot. Wer bemüht war herauszukriechen, dem traten sie auf die Hände. Mehrere wurden tot herausgefischt. Ein Ortskundiger hatte eine Feuerwehrspritze herbeigeholt. Menschen, die am Boden lagen, strahlte er damit an.
Plötzlich standen Tische und Stühle auf dem Gehsteig vor dem Landratsamt. Dort nahmen alteingesessene Tschechen Platz: Sägewerkbesitzer Hrabáček, die Weber Franz und Stefan Matschat, Wilhelm Pfitzner von der Krankenkasse, Schumacher Bernard Wanitschek, Tischler Friedrich Bednář, Offizier der Gendarmerie Polák und eine Frau, „vermutlich Frau Lossner aus Landskron“, meinte der Zeuge Julius Friedel. Man kennt sich in einer Kleinstadt.
Einige Tschechen standen als Ankläger um den Richtertisch, denn das war er geworden. Das willkürlich gebildete Volksgericht eröffnete seine Verhandlung. Einzelne aus den versammelten deutschen Männern wurden mündlich verschiedenster Übeltaten bezichtigt und hervorgeholt. Die letzten zwanzig oder dreißig Schritte mussten sie am Boden kriechen. Vom Tisch aus wurde jedem sein Urteil gleich verkündet und auf den Rücken mit weißer Kreide geschrieben. Gegen die Entscheidung gab es

keine Berufung. Fünfzig oder sechzig Meter weit mussten die Verurteilten zur Toreinfahrt Spießruten laufen. Viele blieben schon auf dem Weg liegen, bevor die eigentliche Strafe vollzogen wurde.

Unter den ersten Opfern war Tischlermeister Karl Piffl. Aus einer Reihe geholt, durchs Wasser getrieben, von dort halbtot herausgezogen, wurde er buchstäblich zu Tode geprügelt und zu Brei getreten. Der Nächste war Werkmeister Reichstädter. Zur Unkenntlichkeit zerschlagen, wurde er an die Mauer des Rathauses gestellt und durch Salven von Maschinenpistolen getötet. Im Laufschritt kam aus der Gasse, die zum Gefängnis führte, von johlenden Tschechen getrieben und blutüberströmt Ing. Josef Neugebauer. Mit erhobenen Händen und lautlos fiel er ebenfalls vor dem Rathaus zu Boden, von Kugeln der Maschinenpistolen durchbohrt. Auf ähnliche Weise beendeten ihr Leben Ing. Otto Dietrich und Bauer Viktor Benesch, der mit abgeschossener Schädeldecke am gleichen Ort liegen blieb. Schmerzensschreie blutender Menschen übertönten bald alles. Viele Verwundete und Geschockte saßen oder lagen teilnahmslos unter den Toten. Gegen sieben Uhr abends endete die Sitzung des Volksgerichts. Die Mehrzahl der Zusammengetriebenen wurde in Haft genommen, zur Fortsetzung am nächsten Tag. Nur wenige wurden wieder nach Hause geschickt. Das alles geschah am siebzehnten Mai, dem ersten Morgen Hanas und Edvards auf dem Hradschin.

Prag, 17. Mai 1945

Angestrengt überlegte Beneš's politischer Berater Dr. Prokop Drtina, was er bei der ersten feierlichen Versammlung seiner Partei der Nationalen Sozialisten - so hießen sie wirklich - vortragen würde. Im Lucerna-Saal auf dem Wenzelsplatz sollten Märtyrer begrüßt werden, die aus den Konzentrationslagern und Gestapo-Gefängnissen zurückgekehrt waren. Mehrere Exilpolitiker würden auftreten, darunter er selbst. Welch eine Herausforderung! Allmählich kam ihm eine Idee. Bei der Themenwahl, das

gestand er sich offen zu, hatte er auch einer *gewissen demagogischen Vorteilhaftigkeit ein wenig nachgegeben* ... Drtina trat als letzter Redner auf das erhöhte Podium. Asse der Parteipolitik sprachen gerade, der bereits zum Justizminister der Republik selbsternannte Dr. Jaroslav Stránský als auch der KZ-Überlebende und Prager Primator der Vorkriegszeit Dr. Petr Zenkl, der zum Parteichef wiedergewählt werden sollte. Auch der leider nur Außenhandelsminister gewordene Hubert Ripka, der lieber zum Außenminister selbsternannt werden wollte.
Wer war Drtina im Vergleich zu ihnen? Ein Nichts. Ein Berater des Herrn Präsidenten, der sowieso alles besser wusste.
„Unseren Streit konnten wir nicht verlieren", - führte ihn die Moderatorin der Konferenz, ewige Vizevorsitzende der Partei, Fráňa Zemínová, scherzhaft ein - „wenn auch die Heiligen mit uns gekämpft haben. Das Wort hat Pavel Svatý!", Paul der Heilige.
Das war sein Deckname. Drtina hatte ihn für seine Auftritte im Exilrundfunk bei der BBC London gewählt. Damit schuf er sich eine verdeckte Identität, und ohne es zu ahnen, ein Renommee bei den Hörern in der besetzten Heimat. Nach kurzer Einführung traf er den Kern seiner Botschaft: „Die Bestialität, der Vandalismus, dessen sich die Deutschen in den letzten Augenblicken in Prag noch schuldig gemacht haben, und dessen sie sich, wie ich höre, in sogenannten sudetendeutschen Städten immer noch schuldig machen, indem sie Gewalttaten an Tschechen verüben", sagte er am Abend des tschechischen Pogroms gegen die Deutschen von Landskron, „diese gewohnten Bestialitäten einer Kulturträgernation deuten schon allein an, was die erste Aufgabe bei der Gründung unseres neuen Lebens sein muss, nämlich die Republik ganz und vollkommen von den Deutschen zu säubern!"
Applaus.
„Das ist die historische Aufgabe unserer Generation!" Applaus.
„Wenn wir dies nicht erreichen, dann haben wir bereits den zweiten Sieg, den wir als Staat und Volk im Leben nur einer Generation über Deutschland erzielt haben, nicht zu nutzten ver-

mocht, und unsere künftigen Menschengeschlechter werden uns richten."

Applaus. Der Saal kam allmählich in Wallung, das sah er.

„Unsere neue Republik kann nicht anders aufgebaut werden denn als reiner Nationalstaat, ein Staat für niemanden anderen als für die Tschechen und Slowaken! Das ist das erste selbstverständliche Ergebnis unseres totalen Sieges im deutschen totalen Krieg!"

Applaus, Applaus.

„Unser Land ist wunderschön, es ist fruchtbar und reich, allerdings viel zu klein. Es gibt darin für niemanden anderen Platz als für uns." Riesenapplaus. Uff ... Es scheint zu laufen! Ein historischer Abstecher würde jetzt nicht schaden. „Die Deutschen sind in unserem Lande Ausländer, Zugewanderte und Kolonisten, wie selbst Präsident Masaryk festgestellt hatte, als er nach dem vorigen Krieg als Sieger zurückgekehrt war. Die deutsche Kolonisierung der tschechischen Länder" - nicht der böhmischen - „hat ein ganzes Jahrtausend ununterbrochen gedauert, und oft war sie gewaltsam."

Ausländer? Nach einem Jahrtausend? Deshalb betonte er: „Und trotzdem sind die bei uns angesiedelten Deutschen niemals mit uns zusammengewachsen, sie sind immer ein fremdes Geschwür auf unserem Leibe geblieben. Das hat sich in diesem Jahrzehnt wieder einmal gezeigt, in ihrem von Henlein geprägten, antitschechischen Wahn." Applaus. Die Kurve vom Jahrtausend zum Jahrzehnt hat er glatt gekriegt. Wieder auf dem richtigen Pfad holte er zum Höhepunkt aus: „Sie sollen also gehen, wohin ihr Herz sie führt, und wo sie selbst hingewollt haben: Heim ins Reich!" Beifall, immer mehr. Fast atemlos wagte er nun die wichtigsten Weisungen zu geben: „Wir müssen mit der *Vertreibung* der Deutschen aus unseren Ländern anfangen, und zwar sofort, augenblicklich, auf jede Art und Weise. Vor gar nichts dürfen wir Halt machen oder zögern. Jeder von uns muss bei der Säuberung unserer Heimat helfen. Auch die Armee muss helfen!" Und: „Eine schwere Verantwortung liegt bei dieser ersten heimatlichen Staatsregierung. Wir Nationalen Sozialisten werden die Regierung bei der Erfüllung dieser Aufgabe mit allen Kräften unterstützen." Wieso auch nicht. Sie regieren doch mit. „Das ist auch der erste Grund, warum unsere Partei sich jetzt neu etabliert: Um die höchsten Interessen der Nation zu schützen!" Lange andauernder Beifall. „Dies ist die erste Aufgabe." Jawohl, der Schutz der Nation ist ein stets dankbares Argument. Er kam zum Schluss: „Ich zweifle nicht daran, dass all das, was ich gesagt habe, im Einklang mit der Meinung der überwältigenden Mehrheit unserer Nation gesagt worden ist!"

Die Versammelten belohnten ihn mit stehenden Ovationen. War ja auch nötig, dachte Drtina. Gerade dieses Treffen sollte Anstoß zur neuen Entfaltung der Partei geben! Vor allem aber, es war seine, seine brillante Rede. Die Presse wird am nächsten Tag damit prahlen. Seine Worte werden aus der Zeitung ausgeschnitten, weitergereicht, auf die Schaufenster der Geschäfte geklebt werden.

„Wir müssen mit der Vertreibung der Deutschen anfangen, sofort, auf jede Art und Weise! Jeder muss bei den Säuberungen helfen!" Er, Prokop Drtina, hat es gesagt.

Landskron, 18. Mai 1945

Wieder am Stadtplatz zusammengetrieben, wurden die deutschen Menschen weiter gemartert.

Vom selbsternannten Volksgericht wurde zum Tode durch Erhängen der Installateurmeister Josef Jurenka aus der Angergasse verurteilt. An einer Gaslaterne wurde das Urteil vollstreckt, nachdem er sich, vor aller Augen, selbst die Schlinge um den Hals legen musste. Unweit von ihm endete der am Landratsamt angestellte Robert Schwab aus Ober-Johnsdorf. Beide Erhängten mussten von anderen Deutschen in schwingender Bewegung gehalten werden. Der aus Deutschland stammende Ing. Köhler, welcher in Landskron nur wohnhaft war, wurde, nur mit Lederhose bekleidet, mit Spazierstöcken aufgespießt. Die Lederhose hat auf die Tschechen wie ein rotes Tuch gewirkt. Furchtbare Schreie gellten den ganzen Tag über den üblicherweise ruhigen Stadtplatz. Gegen siebzehn Uhr nahmen die Greuel ein überraschendes Ende dank der Kaufmannswitwe Auguste Heider, die ihr Geschäftshaus am Stadtplatz hatte, ziemlich genau hinter dem improvisierten Stand des grausamen Volksgerichts. Von ihrem Dachboden aus hatte sie das Furchtbare ganz von der Nähe beobachten können. Um der Raserei Einhalt zu gebieten, in einem Akt der Verzweiflung und Selbstopferung, hatte Frau Heider ihr eigenes Haus in Brand gesteckt und sich selbst erhängt. Der Brand verursachte Panik, die das bestialische Treiben beendete. Es geschah einen Tag nach der Rede Drtinas im Prager Lucerna-Saal.

Vor dem Rathaus, wo das selbsternannte Volksgericht gemordet hatte, lagen teils erschossen teils erschlagen, bis zur Unkenntlichkeit verstümmelt in ihren Blutlachen die Toten: der Landwirt und stellvertretende Ortsbauernführer Viktor Benesch, die Baumeister und Ingenieure Josef Neugebauer und Otto Dietrich, Betriebsleiter Ing. Köhler, der Leiter des Arbeitsamts Leo Janisch und seine Beamten Karl und Josef Langer, neben ihnen Fleischhauermeister Karl Kowarsch, welcher von seinem eigenen Gehilfen erschossen wurde, weiterhin Forstdirektor i. R. Theodor Benesch, Feldwebel Rudolf Gert, der Landwirt aus Lukau Hubert Lug, Elektrotechniker Johann Klement, Zementwarenerzeuger Reinhold Schwab, Spenglermeister Schmidt Karl, Schlossermeister Jurenka Josef, der Beamte des Landratsamtes Robert Schwab, der Bauer aus Rudelsdorf Richard Antl, Eisenbahner Marek, Oberlehrer i. R. Josef Koblischke, Tischlermeister Karl Piffl, Arbeiter Leopold Hafler, der Beamte Julius Reichstädter und die Bauern aus Lukau und Rudelsdorf, Linhart Josef und Zandler. Bis zum neunzehnten Mai blieben die Opfer dort liegen. Dann, in den späten Nachmittagsstunden, musste Landwirt Eduard Neugebauer aus der Angergasse sie zum Friedhof fahren. Der die Toten beschauende Arzt erklärte, dass er bei den zu Tode gequälten Menschen nicht mehr eindeutig feststellen konnte, wer sie waren. Er selbst war ein Deutscher, betont Zeuge Julius Friedel. „Bei den Deutschen aus Landskron wurde er ob seines anrüchigen Verhaltens aus dem Gedächtnis gelöscht."

Die Toten wurden buchstäblich in einem Massengrab verscharrt. Der ehemalige Bürgermeister der Stadt Landskron, Dr. Franz Nagl, später in Leitmeritz tätig oder wohnhaft, wurde in Königgrätz erschossen.

Die Namen der Tschechen, die bei der Gemeindeverwaltung tätig und an Ausschreitungen gegen die Deutschen beteiligt waren, durch Raub und Diebstahl bekannt wurden und auf alle Fälle für all das Geschehen mitverantwortlich sind, lauten:
Die beiden Bürgermeister Losser und Hejl, die Stadtverordneten Židlík, Ing. Vagner, Dr. Řehák, Wanitschek, Kudláček, Pfitzner, Vorsitzender Dr. Skála, Vodička. Ganz besonders hervorzuheben sind der Sägewerkbesitzer Hrabáček und Polák, der Gendarmerieoffizier. Eine besondere Brutalität legte der tschechische Schuhmacher Janeček aus Hermanitz an den Tag. Mit Stolz erzählte er später im Gefängnis, dass er nicht weniger als achtzehn deutsche Soldaten, die waffenlos durch die Wälder zogen, aus dem Hinterhalt erschossen hatte.

„Mein Vater Robert Schwab war wegen eines Beinleidens vom Militärdienst freigestellt und arbeitete am Landratsamt in Landskron", erzählt die Tochter eines Ermordeten, Hermine Hausner. Damals war sie kaum elf Jahre alt. „Auch sein Bruder, mein Onkel Reinhard, war zurückgestellt, nämlich für sein Ingenieurstudium. Vor dem Einmarsch der Sowjets arbeitete er in einer Fabrik in Landskron. Unsere Familien waren sich keiner Schuld bewusst, deshalb sind sie auch nicht geflüchtet, wie manche andere es taten. Am siebzehnten Mai 1945 schienen die Verhältnisse sich normalisiert zu haben. Somit gingen mein Vater und Onkel nach Landskron zur Arbeit. In den späten Morgenstunden kamen einige Lastwagen mit tschechischen Partisanen nach Landskron, um dort ein Volksgericht abzuhalten. Das war natürlich vorher nicht bekannt. Am frühen Nachmittag waren einige hundert Männer zusammengetrieben worden, darunter auch Vater und Onkel Reinhard. Meinem Vater hat man mit Ge-

wehrkolben das Gesicht so zerschlagen, dass die Augen aus dem Kopf traten. Dann wurde er halbtot an einer Laterne am Marktplatz aufgehängt. Meinem Onkel erging es ähnlich. Er wurde nicht erhängt, sondern zu Tode gemartert, in den Stadtbrunnen geworfen, wo er ertrank. Die übrigen deutschen Männer mussten zuschauen und wurden teilweise auch mit Gewehrkolben und Fußtritten misshandelt. Darunter auch mein Großvater, der damals fünfundsechzig Jahre alt war. Unter den Zwangszuschauern befand sich auch mein Onkel Emil Pelzl. Am späten Nachmittag war das Volksgericht beendet. Mehr als vierzig Tote befanden sich auf dem Marktplatz.
Auch tschechische Männer waren da, entweder aus Neugier, Hass oder Mitleid. Da mein Großvater und Onkel Emil bei vielen tschechischen Bauern durch Viehhandel bekannt waren - meine Großeltern hatten neben der Land- und Gastwirtschaft auch eine Metzgerei -, wurden beide, unabhängig voneinander, von tschechischen Bauern aus dieser Hölle geholt und heimgeschickt, um sich zu verstecken."
So erzählt die Tochter und Nichte der zwei ermordeten Schwabs.

München, 1999
„Warum alle diese Namen?", fragte mein Mann, als er einen Blick in mein Manuskript warf. „Ist es nicht zu viel?"
„Es waren so viele."
„Ich meine ... für den Leser zu viel."
„Mit ihren Namen erhalten sie ihr Gesicht zurück, so fühle ich es. Das mindeste ist, ihre Namen zu schreiben und sie auch zu lesen. So viel Zeit sollte man ihnen schenken."
„Aber - wenn auch unter ihnen nicht nur Lämmer waren? Ich meine, du weißt ja gar nichts von denen!"
„Siehst du, über die Schwabs fand ich ein unabhängiges Zeugnis, ein halbes Jahrhundert danach!"
„Und die anderen?" Er spielte den advocatus diaboli, wohl wissend, was als Antwort darauf kommen würde.
„Sie wurden alle von einer Horde brutal ermordet. Sie wurden nicht vor einem 'unparteiischen Gericht' gehört, wie die Euro-

päische Konvention der Menschenrechte es vorschreibt."
„Die Konvention existierte damals gar nicht!"
„Die Briten und die Amerikaner haben trotzdem nicht gemordet. Es war die Gründungszeit der Vereinten Nationen", suchte ich noch mehr Argumente. „Die gleiche Zeitrechnung galt überall."
„Dass du die tschechischen Täter anführst, ist richtig", meinte mein Mann. „Nur, die meisten werden heute hinüber sein."
„Auch die müssen ihr wahres Gesicht zurückerhalten. Nicht dass man glaubt, irgendein anonymer 'Volkszorn' war für die Verbrechen verantwortlich, und hat sie verübt."
„Und die Partisanen? Die mit den Lkws kamen?"
„Es ist ein Hammer. Ich hab' den Namen des Kommandanten!"
„Wer war es?"
„Er hieß Josef Hýbl-Brodecký. Seine Kumpane gehörten zu denen, die in der Gegend um Landskron, Zábřeh, Mährisch Schönberg und unter dem Adlergebirge wüteten."
„Wüteten?"
„Wie man sieht, waren es Horden von feigen, verspäteten Partisanen. Man behauptet, viele hatten dann ihre Karrieren in der Armee, der Polizei, bei der Staatssicherheit fortgesetzt."
„Und wo sind sie jetzt?"
„Tot ... Oder im verdienten Ruhestand."
„Bedeutet das", überlegte mein Mann, „dass das tschechische und slowakische Volk mit unbestraften Mördern in seiner Mitte gelebt hat?" Er antwortete sich selbst: „Eigentlich tut es das bis heute."

Landskron, Mai 1945

Wegen des grausamen Geschehens setzten viele Deutsche ihrem Leben ein Ende durch Freitod, bezeugt Julius Friedel. Zuverlässig bezeugt sind folgende: Allen voran ist Frau Auguste Heider, Kaufmannswitwe am Landskroner Stadtplatz, zu nennen. Auguste die Tapfere, die ihr Haus in Brand gesteckt hat, um das Martyrium der Mitbürger zu verkürzen. „Wer sein Leben gibt für seine Freunde", sagt Jesus. Aus der Magdalenenstraße wähl-

ten fünf Menschen den Freitod. Schnittwarenhändler Eduard Maresch mit seiner Frau, Schumacher Hubert Richter mit Ehefrau und der Gendarmeriewachtmeister Wenzel Riedel. Von der Badgasse war es Wanderlehrer i. R. Hans Waschitschek mit seiner Frau, aus der Angerstraße Landwirt Killer und das Ehepaar Major i. R. Wenzel Kusebauch, aus der Friedhofstraße Gärtner Karl Janisch, aus der Knirschstraße Steuerobersekretär i. R. Josef Jandejsek mit Frau und die Arztwitwe Anna Piffl mit Tochter Ingunde Ilgner und ihrem Kind.
Auf dem Stadtplatz, wo die gute Frau Auguste ihr Opfer gebracht hatte, folgten ihr in den Tod Gerlinde Knapek und Schuhmacher Otto Portele, vom Schulplatz Gemeindeangestellter i. R. Karl Langer. Ob er der Vater der beiden ermordeten Langers war? Sonst nahmen sich das Leben Straßenmeister Viktor Schromm, Richard Rotter mit einem Kind, und aus der Johannesgasse Dr. Franz Pelz mit seiner Frau Mathilde. Eine Kleinstadt wurde allmählich ausgelöscht.

Noch arbeitsfähige Deutsche wurden in größere Gruppen zusammengefasst und den Russen übergeben. Die Russen verschleppten die deutschen Zivilgefangenen von Landskron nach dem Osten. Monate und Jahre opfervollen Lebens mussten die Menschen ertragen. Viele von ihnen erlebten die Heimkehr nicht mehr, bezeugt Julius Friedel. Seine Aussage darüber, was in Landskron geschah, stammt vom Februar 1951. War auch er unter den Verschleppten, vielleicht einer der glücklicheren, die doch wieder nach Hause fanden?

Die grausigen Ereignisse von Landskron griffen auf die umliegenden Dörfer über. In Triebitz und Sichelsdorf wurden die Bauern Julius Klaschka und Franz Kaupe erschossen, mehrere Menschen in Tschenkowitz. Um drohenden Qualen zu entgehen, erschoss die Frau des Bürgermeisters Schmidt in Türpes ihre Kinder und sich selbst. Erbrichter Franz Hübl aus Ziegenfuß erschoß seine achtköpfige Familie, nur seinen achtzigjährigen Vater ließ er am Leben. Auch in Rudelsdorf schied eine Anzahl von Menschen freiwillig aus dem Leben. In Abtsdorf waren es der Freisassenhofbesitzer Heinz Peschka mit Frau und Sohn, ebenso Bürgermeister Max Wilder mit Ehefrau und drei Kindern. Über sechzig Personen von Hilbetten gingen in den Freitod. Unter ihnen auch der Arzt des Ortes Dr. Schwarz, der den Verzweifelten wahrscheinlich mit Medikamenten oder Spritzen den Weg erleichterte. Denn, wie Julius Friedel berichtet, in seiner Wohnung suchten viele Deutsche den Tod.

„In vollkommener Verzweiflung über das Erlebte fasste mein Großvater Julius Kreuziger den Entschluss, seine ganze Familie und dann sich selbst zu vernichten“, erinnert sich die damals elfjährige Hermine, Tochter des ermordeten Robert Schwab. „Während dieser Nacht wollte er uns Kinder zuerst, dann die anderen, und zuletzt sich selbst erschießen. Wir sollten dabei schlafen. Aber die gebrechliche Großmutter verhinderte dies, und somit wurde der Entschluss immer wieder verzögert, bis der nächste Tag angebrochen war und mein Großvater sich dann doch dagegen entschied. Es folgten grausame Tage und Nächte.“

Landskron-Ilinois/USA, 1964 - 1997

Im Sommer 1964 fuhr Hermine Hausner, die Tochter und Nichte der ermordeten Schwabs, mit ihrem Mann zu einem internationalen Ärztekongress nach Prag. Inzwischen lebte sie in Illinois, in den Vereinigten Staaten. Am Rande des Friedhofs, wo ihr Vater und Onkel mit anderen Opfern in einem Massengrab verscharrt wurden, wucherte Unkraut.

„Als wir 1992 wieder auf dem Friedhof von Landskron dieses Grab aufsuchen wollten, war nichts mehr davon zu sehen, nur noch eine Rasenebene. Niemals stand dort ein Grabstein oder nur eine Gedenktafel“, beschwert sie sich über die Gleichgültigkeit der aktuellen Bewohner - nicht nur von Landskron.

„Bislang ist niemand von den Mördern vor Gericht gestellt worden“, bestätigte Frau Hausner aus Illinois in Juni 1997.

Der Blutsonntag von Landskron

10. Anabasis

Zwei Familien aus völlig verschiedenen Orten fliehen vor den Grausamkeiten der neuen Herrscher – Ihre Wege überschneiden sich und verlieren sich wieder

Kladno, Anfang Mai 1945

„Jetzt kommt Ihr Griessmanns auch bald dran!" Die tschechische Nachbarin stand vor dem Haus. Ihre warnende Stimme zitterte vor Angst und Mitgefühl.

„Was soll noch mehr auf uns zukommen?" Erikas Mutter bückte sich zum Fenster hinaus. „Vor drei Tagen ist mein Mann verhaftet worden, ich weiß gar nichts von ihm!"

„Alle deutschen Siedlungen werden geräumt", erzählte die Nachbarin mit gedrückter Stimme. „Die Russen sind da!"

„Die Wohnung hat man uns bereits geplündert!", sagte Mama. „Meine Tochter wurde geohrfeigt, da sie einem tschechischen Soldaten nicht sagen konnte, wo wir unseren Schmuck vergraben haben. Wir haben aber nichts vergraben. Genügt es nicht?"

„Es ist furchtbar", stimmte die Nachbarin zu. „Die Russen ziehen in die Quartiere der deutschen Soldaten ein. Die Deutschen sind aus allen Lazaretten auf die Straße geworfen worden. Erika erzählt, die Verwundeten wurden vom Mob gesteinigt. Ist das die Möglichkeit?", fragte Mama.

„Heute ist alles möglich, Frau Griessmann. Sehen Sie sich vor! Ihr Mann war Beamter bei der Poldihütte, das verzeiht man nicht."

„Das war doch ein deutsches Unternehmen!", wunderte sich Mama, „vor einhundert Jahren von Herrn Wittgenstein gegründet. Sein Sohn war Philosoph, Ludwig Wittgenstein. Es war eine gute Familie."

„Aber es wurde mit tschechischen Arbeitern, sagen sie, auf tschechischem Boden aufgebaut."
„Es war alles das alte Österreich, damals. Mein Mann und ich mit den Kindern leben seit zwanzig Jahren, vom Anfang der Ersten Republik an, hier in Kladno. Unsere Familie ist nicht mit Hitler gekommen!"
„Wer fragt danach?! Laufen Sie, laufen Sie fort, solange sie können!", drängte die Nachbarin halblaut. Plötzlich weinte sie: „Niemand kann euch helfen!"
„Das stimmt", sagte Mama wie erstarrt. Sie konnte es nicht begreifen. „Von unserem Fenster im ersten Stock sahen wir, wie deutsche Männer über die Felder liefen. Es waren viele. Sie versuchten zu entkommen, wurden verfolgt. Die Partisanen haben sie mit Maschinengewehren wie Hasen niedergemäht. Das geschah am Montag."
„Eben, das sag' ich Ihnen. Jeder Deutsche ist jetzt dran, ob Zivilist oder Soldat, ob Parteimitglied oder nicht. Niemand fragt danach. Nehmen Sie die Kinder, laufen Sie fort, Frau Griessmann!"

Es war nicht mehr möglich. Erika bemerkte einen Trupp der Revoluční garda, der berüchtigten Revolutionsgarde, der sich auf dem Gehsteig näherte. Der Anführer war ein hochgewachsener Kerl. Das konnten Mutter und Erika noch erkennen, bevor sie schnell vom Fenster sprangen. Eine Handgranate flog herein. Es kam zu keiner Explosion, doch die Partisanen brachen ins Haus ein. Wild schauten sie um: „Wo ist der Mann?"
„Mein Mann ist nicht da", sagte die Mutter. „Nur ich bin zu Hause und zwei Kinder. Meine Tochter und mein fünfzehnjähriger Sohn."
Der Anführer, mit Blut besudelt, schaute sich die zwei Frauen an. Er warf Erika auf die Ottomane: „Vergewaltigen tue ich dich nicht. Das werden schon die Russen besorgen!", sagte er. Zu seinen Begleitern: „Durchsucht das Haus!" Mehrere Männer stürmten die Treppe hinauf und warfen alles durcheinander. Erst jetzt begriff Frau Griessmann die Warnungen der Nachbarin. Sie packte den Sohn bei der Hand und lief zum Haustor.

„Raus, nur raus!“, rief sie Erika zu. Die sprang von der Ottomane auf und zum Fenster hinaus. Durch die Wras-Gasse, wo sie so lange gewohnt hatten, mussten sie Spießruten laufen. Eine tschechische Menge, die sich wer weiß woher angesammelt hatte, stürzte sich auf die drei, schlug auf sie ein. Alte tschechische Nachbarn schauten erschrocken aus den Fenstern und weinten. Auch die Freundin, die sie gewarnt hat. Ohne ein Stück Gepäck, ohne alles hatten sie das Haus verlassen.

Die drei Griessmanns schlossen sich einem Flüchtlingshaufen an. Jemand sagte, die Fremden kämen von Unhošť'. Viele bluteten. Die Partisanen hätten Handgranaten in die unbewaffnete Schar geworfen. Jetzt trieben sie sie zu einem Fabrikplatz. Dort wurden die Gefangenen mit erhobenen Händen gegen eine Wand gestellt. Auf Erikas Bruder fielen Peitschenhiebe. Mehrere Tschechinnen warfen sich auf Erika und Mama. Sie blutete bald am ganzen Kopf. Die wütenden Frauen nahmen Erikas Ohrringe und Haarschleifen ab und wollten ihr die Zöpfe abschneiden. Eine Stimme rief über die Menge hinweg:
„Die Schönsten kommen zu den russischen Offizieren!“
Die Frauen hielten inne. Mädchen und junge Frauen wurden sofort weitergetrieben, immer wieder geschlagen. Ein Partisan packte Erika an den Haaren und zog sie ins Auto. Vor Schrecken verlor sie das Bewusstsein.

Sie lag auf einem Sofa, den Kopf und die Hände mit Verbänden versorgt. Hohe russische Offiziere standen um sie herum.
„Hast du Hunger?“, fragte einer auf Deutsch. Seine Stimme klang nicht aggressiv. „Wo willst du hin?“
„Zu meiner Mutter!“, hauchte sie, aber verstand nicht gleich, was geschehen war. Der Offizier gab Anweisungen. Sie wurde wieder zu einem Auto gebracht. Dann beobachtete sie, wie der Wagen zum Fußballplatz fuhr. Gleich am Tor traf sie auf Mutter und Bruder. Mama erschrak, als sie Erika mit den Verbänden sah.
„Mama, mir ist nichts Böses passiert,“ versuchte sie zu erklären.

Doch Mutter hörte nicht zu, fiel vor den Soldaten auf die Knie und schrie: „Quält uns nicht weiter! Erschießt uns doch endlich!“ Dann brach sie zusammen. Mamas Worte hätten sich kurz nach dem Mittag beinah erfüllt. Die Gefangenen wurden vor eine Grube getrieben. Ein Partisan rief umher: „Knallt sie alle ab!“ Ein älterer tschechischer Offizier eilte herbei. „So weit ist es noch nicht!“, sagte er und fuhr den Bewaffneten an. „Bring sie zum Lastwagen da rüber!“
Die Deutschen wurden zum Marktplatz von Masshaupt geschafft. Wie seltsam, dachte Erika. Hier in Masshaupt bin ich vor achtzehn Jahren geboren. Ist es mein Schicksal, hier von der Welt zu gehen? Im Herzen hoffte sie es nicht. Eine tschechische Menge bespie die Deutschen und bewarf sie mit Steinen. Nach dieser Erniedrigung fuhren sie nach Kladno zurück.

Am Boden des Fußballplatzes lagen deutsche Soldaten mit Kopf- und Bauchschüssen. Beim Anblick des vielen Blutes, und vielleicht noch mehr unter dem Eindruck der Fahrt nach Masshaupt, brach Mama erneut zusammen. In einer nahen Gruppe bemerkte Erika einen deutschen Arzt. „Bitte, helfen Sie meiner Mutter!“, flehte sie ihn an. „Es geht ihr sehr schlecht. Sie hat Angst um unseren Vater, der ist seit drei Tagen verschwunden, und jetzt all dies.“
„Ach Erika. Ihr seid auch hier? Wo ist deine Mutter?“ Er sah sie hilflos da liegen und machte einige Schritte zu ihr. Die Wachen ergriffen den Arzt und verprügelten ihn, bevor er überhaupt zu Frau Griessmann gelangen konnte.

Brünn, Ende April 1945

„Es ist ein Wunder!“, rief Eugen von der Wohnungstür seiner Frau entgegen. „Ich hab' die Fahrkarten!“
„Wir sind bereit“, erwiderte Frau Scholz gefasst. „Gehen wir.“ Sie griff nach einem Koffer, der seit Tagen vollgepackt im Flur stand. Den sechsjährigen Sohn nahm sie an der Hand. Ihr Mann hob ein dreijähriges Mädchen auf den Arm und bemächtigte sich des zweiten Gepäckstücks. Sie marschierten zum Hauptbahnhof.

Die Eheleute konnten nicht voraussehen, dass dies der allerleichteste Teil ihrer Anabasis sein würde. Man schrieb den einundzwanzigsten April. Jeder wusste, Brünn müsste bald in die Hände der Roten Armee fallen. Wer von den im Kriege hierher versetzten Deutschen konnte, aber auch einige der Alteingesessenen, versuchte sich zu retten.

Katschitz, Anfang Mai 1945

Mit vielen Umfahrungen und wiederholtem langem Anhalten stoppte der Zug aus Brünn nach zwölf Tagen endgültig. Nichts ging mehr. Sie befanden sich westlich von Prag, irgendwo bei der Stadt Kladno. Es war der dritte Mai, und sie konnten nicht weiter. Der Flüchtlingszug, das war es ja inzwischen, war auf zweitausend Menschen angewachsen. Sie wurden auf bereits überfüllte Dörfer verteilt, wo vor ihnen Flüchtlinge aus Schlesien Obdach gefunden hatten. Die Scholzens wurden in eine Schule des Ortes Katschitz eingewiesen. Die lange Fahrt hat sich auf Eugens Gesundheit verheerend ausgewirkt. „Du bist ganz nass!“, stellte seine Frau am nächsten Morgen fest. Sie legte die Hand auf seine Stirn. „Nicht nur das, du fühlst dich heiß an!“ Er sah ihren beunruhigten Blick und wollte sie trösten, aber aufzustehen, das schaffte er doch nicht. Schwarze Ringe breiteten sich vor seinen Augen aus. Er sank hilflos zurück.

„Mein Mann braucht Behandlung!“, hörte er die Stimme seiner Frau wie von weit her. Jemandem erklärte sie: „Er hat eine schwere Lungenverletzung erlitten. Sehen Sie, durch die Strapazen ist jetzt alles wieder ganz schlimm geworden.“

„Es wird wahrscheinlich eine Lungenentzündung sein“, antwortete eine männliche Stimme. „Gut, dass Sie es gemerkt haben, Frau Scholz. Wir bringen den Herrn Ingenieur sofort ins Krankenhaus.“ Einer willenloser Puppe gleich wurde er auf eine Bahre gelegt und fortgetragen. Nicht einmal den Gedanken konnte er fassen, dass dieser Augenblick eine schicksalhafte Trennung von der Familie bedeuten konnte. Während die Frau mit Kindern zurückblieb, landete Eugen im Bezirkskrankenhaus von Kladno.

Kladno, Mai 1945

Eines Nachmittags, Eugen wusste nicht, welchen Tages, jedenfalls war es nach dem Tag der deutschen Niederlage, wurden viele männliche deutsche Insassen des Krankenhauses in den Raum gebracht, wo er lag.

„Alle Wehrmachtsangehörige an die Seite!“, befahl ein Tscheche. Die noch nicht genesenen, kranken und verletzten ehemaligen Soldaten wurden in einer Gruppe abgeführt. Im Krankenzimmer blieben etwa dreißig Menschen, meistens Kinder, ein paar Jugendliche. Ein Greis und Eugen waren die einzigen Erwachsenen. Da erschienen tschechische Partisanen. Sie schrien und droschen auf die kranken Kinder ein, die nach ihren abwesenden Eltern jammerten. Zwei größere Jungen mussten an die Wand herantreten. Mit Fäusten schlugen die Freiheitskämpfer von rückwärts auf ihre Hinterköpfe so kräftig ein, dass die Jungen immer wieder mit den Gesichtern gegen die Wand prallten. Bald bluteten ihre Nasen und Stirnen. Die Wand wurde rot verschmiert. Angeblich hätten sich die Männer des tschechischen Untergrunds, falls sie es waren, früher im Krankenhaus versteckt. Nun bot sich ihnen die Gelegenheit, ausgebliebene Heldentaten nachzuholen. Andere Tschechen kümmerten sich um die Wertsachen. Mit einer Pistole erschien ein Patient von nebenan, bezeichnete sich als Kriminalinspektor und versuchte, die Kinder mit seiner Waffe zu beeindrucken. Eugen Scholz musste ihm seine meisten Sachen überlassen. Die ganze Nacht über wurde das Licht im Zimmer in kurzen Zeitabständen ein- und ausgedreht. Grell aufleuchtende Lampen raubten den Kranken den Schlaf. Morgens wurden die Entkräfteten unter polizeilicher Aufsicht auf einen Lastwagen verladen. Aus dem Krankenhaus, das sie bisher doch einigermaßen geschützt hatte, mussten sie weg.

Vor einer anderen Klinik wartete eine schlesische Flüchtlingsfrau. In den Armen hielt sie ihren Säugling. Neben ihr standen sechs weitere Kinder im Alter von zwei bis sieben Jahren. Sie waren an Mittelohrentzündung erkrankt. Auf den Köpfen trugen sie dicke Verbände. Trotzdem hatte man auch sie von der Klinik verwiesen. Ihre Eltern waren nicht dabei, sie mussten irgendwo in den umliegenden Orten einquartiert sein. Nachdem die Flüchtlingsfrau mit den Kindern zugestiegen war, wurden sie zum städtischen Sportplatz gefahren.

In der Mitte des unbedeckten Sportplatzes hockten vielleicht hundertfünfzig ältere deutsche Männer. Unter ihnen auch Kriegsversehrte. Man sagte, es waren Veteranen aus dem Ersten Weltkrieg. Die offensichtlich Unbewaffneten wurden scharf bewacht. Der neu entstandene revolutionäre Nationalausschuss von Kladno, wie er hieß, hat die Männer der Stadt und Umgebung zusammengetrieben und hierhergebracht. Niemand wusste weshalb.

Das Elendshäufchen von den Spitälern wurde von einem älteren tschechischen Unteroffizier empfangen. Eugen Scholz merkte, wie der Mann mit langen Blicken, sichtlich überrascht und erschüttert, die kranken Kinder und Jugendlichen musterte. Das ermutigte Eugen, ihn anzusprechen.
„Herr Kommandant, Sie sehen's, wir sind alle am Ende unserer Kräfte!", sagte Scholz. „Selber komme ich aus Brünn. Diese Frau und die Kinder sind aus Schlesien geflohen. Schauen Sie sich bitte die Kleinen an. Haben Sie Mitleid!"
Der Uniformierte sah Eugen ernsthaft an und sagte:
„Mitleid mit euch hab' ich, junger Mann, das hab' ich. Sie ahnen nicht, wie ich das alles verabscheue, was hier mit unschuldigen Menschen geschieht!" Er schüttelte den Kopf.
„Sie sind doch der Wachkommandant?"
„Das bin ich, das schon. Trotzdem kann ich die Dinge nicht ändern. Die jungen Gauner lassen sich gar nicht zügeln. Die wären imstande, auch mich noch der Kollaboration zu beschuldigen, wenn ich etwas gegen sie sage oder tue."
„Wieso sind Sie denn hier, wenn ich fragen darf?"
„Als Reservesoldat musste ich einrücken, hatte keine andere Wahl. Aber hier wird mit Menschen umgegangen, als wären es keine Menschen, als wären wir keine Menschen. Schon beim Gedanken an meine eigene Familie bin ich empört. Wie soll das weitergehen?"

„Könnten Sie uns ein wenig beschützen?", wagte Eugen zu fragen.
„Ich mache, was sich machen lässt." Er schaute sich den Gesprächspartner an. „Was ist Ihnen zugestoßen?"
„Kriegsverletzung. Lungenentzündung. Zwölf Tage Irrfahrt im Zug mit meiner Familie."
„Haben Sie die Familie dabei?"
„Wir waren im Schulgebäude von Katschitz einquartiert. Ob sie immer noch dort sind, weiß ich gar nicht, meine Frau mit zwei kleinen Kindern. Ich musste ins Krankenhaus, war völlig erledigt. Heute früh wies man uns aus", beschrieb Eugen es umsichtig.
„Bleiben Sie nur bei Ihrer Gruppe! Bleiben Sie bei den Kranken! Geht alle zu den übrigen Frauen und Kindern, an den Rand des Sportplatzes!", entschied der Kommandant. „Hauptsache, Sie verhalten sich unauffällig."
„Ich danke Ihnen vom ganzen Herzen!"
„Sie haben mir nichts zu danken!" Er wandte sich ab, um die Aufmerksamkeit der anderen Bewaffneten nicht zu erwecken. „Ich schäme mich für all das, was hier geschieht." Wie er sagte, war das Wachpersonal ihm unterstellt, aber er fürchtete die jungen Burschen, sie ihn aber nicht.

Am Nachmittag des brennend heißen Tages erhielten die Gefangenen ihren ersten schwarzen Kaffee. Bei der Kaffeeausgabe kam die Gruppe der älteren Männer von der Mitte des Sportplatzes an den Kranken vorbei. Eugen sprach sie leise an: „Warum seid ihr da?"
„Warum wohl!", erwiderte einer. In seinem Gesicht waren Blutkrusten zu erkennen, wie bei mehreren anderen auch. „Wir sind nur Angestellte verschiedener Ämter gewesen. Sämtlich zum Kriegsdienst untauglich. Wir haben nichts verbrochen!"
Er konnte nicht weiterreden. Die Männer wurden zum Antreten aufgerufen. Unter fürchterlichen Schlägen von etwa zwanzig Partisanen mussten sie um den ganzen Sportplatz kriechen. Hinter der Mauer hetzte ein zusammengerotteter tschechischer

Mob gegen sie auf und versuchte, auf die Sportfläche zu gelangen. Die gefangenen deutschen Frauen und Kinder schauten dem brutalen Schauspiel zu. Sie mussten es. Es waren auch Väter und Männer von einigen darunter, die vor ihren Augen gequält wurden.

Nachts, mit den Kranken in einen Raum gepfercht, beobachtete Eugen Scholz durch ein offen stehendes Fenster, was mit den älteren Männern weiter geschah. Viele tote Opfer des grauenvollen Nachmittags wurden mit einem Lastwagen weggeschafft. Der Lkw musste mehrere Fahrten machen. Ich wäre garantiert unter diesen Toten, hätte ich nicht bei den kranken Kindern und Frauen bleiben dürfen, meinte Eugen mit Entsetzen. Wenn es den anständigen, verschreckten tschechischen Kommandanten nicht gegeben hätte, der Mensch hat mir das Leben gerettet.

Die Kleinkinder mit der Mittelohrentzündung waren am nächsten Tag in einem bedauerlichen Zustand. Ihre Verbände waren von Eiter durchtränkt.
„Gibt es hier keinen Arzt? Könnten Sie bitte nicht jemanden zur Behandlung dieser Kinder holen?", baten die gefangenen Frauen einen Wachposten. Nach einer längeren Zeit erschien ein deutscher Militärarzt.
„Das hab' ich noch nie erlebt!" Er schüttelte nur den Kopf. „Medikamente habe ich keine", sagte er. Energisch wandte er sich an die Wächter: „Die Kinder müssen sofort zum Flugplatz gebracht werden. Dort gibt es eine medizinische Hilfsstelle". Er sah ihre erstaunten Gesichter. „Oder wollen Sie als Kindermörder gelten?", fragte er scharf.
„Warten Sie, warten Sie", sagte einer verunsichert, „ich muss erst mal fragen", und ging weg. Bald war er wieder zurück. „Der Kommandant ist einverstanden. Er schickt einen Wagen."
„Entschuldigen Sie Kamerad!", sagte Eugen zum Arzt. „Wir müssen doch den Kindern ihre Namen mitgeben, sie aufschreiben, meine ich." Der Arzt sah ihn kurz an. „Erledigen Sie das?"

„Jawohl, das tue ich sofort. Wie heißt du? Und du?“, sprach der Ingenieur die Kleinen nacheinander an. „Hab keine Angst. Erzähl' nur.“ Ihm schauderte davor, eines der Kinder sollte seinen Namen vergessen, irgendwo in dem Wirrwar verloren gehen. Die Kinder müssen zu ihren Eltern zurück, falls die noch am Leben sind ... Eugen schrieb die Namen und Daten sorgfältig auf, soweit er sie erfahren konnte. Jedes Kind bekam ein kleines Schild um den Hals gehängt. Das jüngste Bübchen konnte noch nicht richtig sprechen. Auf seinem Zettel stand lediglich der Vorname.

Ein Auto mit russischen Offizieren kam zum Sportplatz. Einer nahm Notiz von der stark dezimierten Gruppe der verletzten deutschen Männer. Sie mussten die Nacht im Freien überstehen. Der Russe schritt zu ihnen.
„Was ist mit Ihnen passiert?“, fragte er auf Deutsch.
„Ach, wissen Sie ...“, fing einer zögernd an. Ein anderer trat hervor und sagte: „Wir sollen lieber nichts verheimlichen. Schlimmeres kann uns nicht mehr passieren, als dass die Wachen auch uns totschlagen, wie gestern unsere Leidensgenossen.“
„Wer hat wen totgeschlagen?“, bestand der Offizier auf einer ehrlichen Antwort.
„Wir mussten uns gegenseitig mit den Fäusten ins Gesicht schlagen“, gab ein anderer Mann gesenkten Hauptes zu.
„Die Wachen gingen durch unsere Reihen, und schlugen auf uns von rückwärts ein!“, ergänzte der energische Sprecher. „Wir mussten uns gegenseitig verletzen, das stimmt. Viele konnten sich nicht mehr auf den Beinen halten. Sie fielen zu Boden. Glauben Sie, Herr Offizier, wir sind keine Nazis. Wir sind Beamte, meistens kriegsuntauglich.“
„Das sieht man“, nickte der Russe. „Und dieToten?“
„Das sind die, welche die Tortur nicht aushielten.“
„Alle Menschen hier im Stadion können das bestätigen“, fasste sich der Unsichere ein Herz. „Sie mussten alle zuschauen!“
„Wir wissen nicht einmal“, ergänzte der Erste, „ob alle, die in der Nacht fortgefahren wurden, wirklich tot waren. Es waren mehrere Lastwagenladungen. Gut möglich, dass einige nur be-

wusstlos waren. Es ist zu befürchten, dass zuletzt alle liquidiert wurden."
„Das will ich den Tschechen versalzen!", beendete der Russe das Gespräch und wandte sich an seine Begleiter: „Wo ist die Kommandostube?"

Wütend betrat Iwan Rodionowitsch den improvisierten Kommandoraum.
„Sie sind mir eine Erklärung schuldig!", kläffte er den tschechischen Kommandanten auf Russisch an. „Wieso werden hier Menschen erschlagen!?"
„Herr Velitel," stand der Unteroffizier stramm und antwortete auf Tschechisch, langsam und deutlich: „Herr Befehlshaber, ich bin erleichtert, dass Sie gekommen sind."
„Haben Sie mich rufen lassen?"
„Jawohl, Herr Velitel", gab der Kommandant zu. Nachdem der Russe aus dem Mund des älteren Mannes erfahren hatte, was im Lager im Gange war, befahl er:
„Lassen Sie die Wachmannschaft antreten."

Vor den freundschaftlich grinsenden Rotgardisten stand Iwan Rodionowitsch eine Weile im Schweigen. Er schaute sie sich an, bis das Lächeln von ihren Mienen verschwand.
„Soldaten! Die Bewacher von Gefangenen sind keine Mörder", sagte er hart und deutlich. Einer übersetzte seine Worte, doch viele verstanden ohnehin, was er sagte. „In diesem Lager - das unter meiner Obhut steht, wird nicht mehr geschlagen, gequält, tyrannisiert und nicht mehr gemordet. Sollte ich erfahren, dass jemand meinem Befehl nicht gefolgt ist, wird er sich vor einem Militärgericht verantworten."
Er machte eine Pause und sah sich die Gesichter, eines nach dem anderen, an, bevor er fortfuhr: „In diesem Lager wird auch nicht mehr gestohlen. Alles, was den Gefangenen bisher genommen wurde, wird ihnen wieder zurückgegeben; denn wir sind auch keine Diebe! Wer stiehlt, gehört nicht in die Reihen einer Befreiungsarmee. Ich stelle vorläufig keine Untersuchungen an, ver-

lange aber, dass die Bestohlenen alle ihre Wertgegenstände zurückbekommen. Wer künftig stiehlt, wird aus der Einheit ausgeschlossen und hart bestraft."
Er wandte sich zu dem tschechischen Kommandanten, der ihn angerufen hatte. „Sie haften mir für die Ausführung des Befehls." Zu den Gardisten: „Wer die Anweisungen des Kommandanten nicht befolgt, der kommt ebenso vor ein Militärgericht." Noch einmal maß er die Gesichter mit einem strengen Blick. „Das ist alles."
Die Befehle von Iwan Rodionowitsch wurden nur teilweise erfüllt. Viele Sachen waren inzwischen fortgeschleppt und niemand wollte wissen, wo oder bei wem sie sich befanden. Umso weniger konnten die Erschlagenen zum Leben erweckt werden.

Auf dem offenen Fußballfeld mussten sich Erika, Mutter, Bruder und viele andere bis aufs Hemd ausziehen. Die Partisanen durchsuchten sie. Nach der peinlichen Leibesvisitation wurden sie in eine Kaserne von Kladno gebracht. Was Erika dort sah, ließ sie das eigene Leid vergessen. Auf dem Boden der Kaserne lagen entwaffnete Soldaten, aber auch Zivilisten in eigenen Blutlachen. Niemand kümmerte sich um sie. Sehr viele Menschen hätten versucht, sich das Leben zu nehmen. Später erzählte Erika entsetzt:
„Ich sah eine Menge Kleinkinder, denen ihre eigenen Eltern den Hals durchgeschnitten hatten. Durch einen raschen Tod wollten sie die Kinder vor weiteren Folterungen bewahren!"
Ein tschechischer Arzt und eine Krankenschwester legten einigen Verletzten Verbände an. Doch für viele der durch Freitod Gestorbenen konnten sie oder wollten sie vielleicht nichts mehr tun.

In der Kaserne blieben die gefangenen Deutschen nicht lange. Es sollte dort eine tschechische militärische Kreiskommandantur eingerichtet werden. Von da aus würden bald Soldaten, aber auch bewaffnete Banden, nach Nordböhmen und Nordwestböhmen ausströmen, um Greuel und Gewalt zu verbreiten. Die zur Sammelstelle in die Kaserne gebrachten Gefangenen, Flüchtlinge, Eingesperrten und sonst ins Netz Gegangenen mussten also schleunigst wieder hinaus. Zum Teil war es ihr Glück, falls sie die Räumung überlebten.

Am Nachmittag des zehnten Mai wurden die Schwerverwundeten in Krankenautos verladen. Andere, die nur leicht verletzt waren, wirklich gesund war kaum jemand, stellten sich zum Abmarsch auf. Inzwischen hatte sich vor den Kasernentoren eine lärmende tschechische Menge angesammelt. Von einem Blatt Papier verlas ein Tscheche einen selbstverfassten Aufruf. „Sämtliche Deutsche sind Verbrecher!“, schrie er. An die Adresse der Verwundeten und Erkrankten drohte er: „Sobald ihr aus der Kaserne heraustretet, werdet ihr für eure Verbrechen schwer büßen!“ Aus der Mitte der Tschechen flogen erste Steine. Die Marschkolonne hatte sich einige Schritte aus der Kaserne gewagt. Plötzlich sausten Handgranaten gegen die unbewaffneten, vielfach verletzten Menschen. Erikas Mutter riss ihre beiden Kinder zu sich und zog sie in den Hof zurück. Sie fanden Zuflucht bei den wartenden Krankenwagen. Durch die Autos abgeschirmt, verfolgten sie die Horrorszenen vor dem Tor. Verstümmelte und Blutende lagen dort im Sterben. Unter ihnen erschien auf einmal ein tschechischer Priester, wollte den tödlich Verletzten die Letzte Ölung erteilen. Viele wiesen ihn zurück. Vielleicht sahen sie in ihm einen Mittäter, in seinem Angebot Hohn und Gotteslästerung.

In den Westen Böhmens, Mai 1945

„Nehmen Sie wenigstens meine Kinder mit! Ich bitte Sie!“, flehte die Mutter eine Krankenschwester an, die über die Krankentransporte zu entscheiden hatte. Die Frau sah die drei kurz an und erwiderte: „Schlupft alle rein!“ Einer jüngeren Schwester befahl sie: „Legen Sie der Frau und dem Jungen Verbände an, der hat ja auch etwas mitgekriegt, sehen Sie das nicht? Und das Mädchen ...“

„Ich kann dem Mädchen eine Rot-Kreuz-Haube aufsetzen!“, fiel

der Schwester ein. „Das Alter dafür hat sie. So wird sie am besten geschützt!" Sie wartete auf die Zustimmung der Vorgesetzten.
„Richtig. Setzen Sie ihr die Haube auf!" Die Oberin ging zu den anderen Autos, gab Hinweise zur Abfahrt und klappte die Türe zu. Zum zweiten Mal passierten die Griessmanns das Kasernentor, diesmal unter dem Schutz und einer echten Abschirmung durch das Deutsche Rote Kreuz. Am Rande der Stadt wurden sie noch einmal angehalten. Ein russischer Posten öffnete den Sankawagen.
„Komm mit!", deutete er auf Erika. „Du keine Krankenschwester!" Jemand hat mich verpetzt, dachte sie in Panik. Es wäre auch unverdient gewesen, warum sollte gerade ich mich retten, wo viele andere elend krepieren?
„Sie ist unsere Krankenschwester!", hörte sie jemanden sagen. Der war von seinem Verbandszeug fast vollkommen verhüllt und konnte nur schwer reden. Bewegen konnte er sich gar nicht. Ermutigt meldeten sich einige andere zu Wort: „Sie betreut uns von Anfang an. Wir kennen sie doch gut."
„Wie heißt sie?", stellte der Rotarmist eine Kontrollfrage. Überschnell platze sie mit ihrem Namen heraus: „Erika Griessmann!" Die Insassen hörten ihn zum ersten Mal.
„Jawohl, so heißt sie", nickten sie zustimmend.
„Unsere Schwester Erika", bezeugte einer deutlich, damit es alle richtig mitbekamen. Der Russe schaute sich die Schwerverwundeten prüfend an. Dann sagte er scharf: „Alle Uhren her! Ich will die Uhren! Oder ich will Erika!"
„Mach meine Armbanduhr ab!", bat der in Verbänden Verhüllte seinen Nachbarn. „Zieh auch den Ring ab!" Nachdem beides in der Hand des Russen lag, meinte er: „Meine Frau wird mir verzeihen, wenn ich ihr erzähle, dass wir mit unserem Hochzeitsring ein Mädchenleben gerettet haben."
Andere zogen ebenfalls ihre Uhren und Ringe ab und händigten sie dem russischen Posten aus. Der betrachtete die Beute mit Genugtuung. Freundlich schloss er die Tür des Sankawagens und machte ein Klopfzeichen. Sie hörten seine Anordnung: „Freie Fahrt!" Das Auto setzte sich in Bewegung. Erika verbarg das

Gesicht in ihren zitternden Händen. Sie weinte. Sobald der Weinkrampf vorüber war, wischte sie sich die Tränen mit den Handflächen ab. Sie schämte sich. Nicht einmal ein Taschentuch hatte sie von zu Hause mitgenommen. Ach was! Sie hatte ihr Leben, ihre Hoffnung wieder. Sie schüttelte das Gefühl der Schmach ab und setzte sich aufrecht.
„Ich danke Ihnen allen!“, sagte sie deutlich und laut und schaute die verwundeten Männer an. „Haben Sie vielen, herzlichen Dank!“
Einer, der vorhin auch Uhr und Ring abgeliefert hat, antwortete: „Uns haben Sie nichts zu danken, Fräulein Erika. Wir sind Soldaten.“ Er wandte sich an den rundum Verbundenen: „Nicht wahr, Herr Leutnant!“
Jemand mit einer Mullbinde um den Hals sah die Kameraden an und fügte hinzu, was den meisten auf den Lippen brannte: „Liebe Erika! Wir als deutsche Soldaten werden doch ein hübsches deutsches Mädchen nicht so einem russischen Schwein überlassen!“
Nach einer langen Zeit konnten sie wieder lachen.

Nach dem Westen Böhmens bewegten sich lange Flüchtlingsströme der amerikanischen Besatzungszone entgegen. Es war noch Zeit. Noch hatte man es nicht geschafft, allen und jeden zu internieren, hinter Schloss und Riegel zu bringen. Weder die sowjetische noch die tschechische Militärkontrolle war ganz dicht. Vom Sportplatz zum Flugplatz Kladno getrieben, durfte sich Eugen Scholz eine Gruppe auswählen, mit der er weitergehen würde. Zwar galt die Parole, jeder müsse dorthin, wo er im Jahre 1939 zuletzt wohnhaft war. Doch, um aus der Hölle herauszukommen, schwieg Eugen über Brünn und gab das Altreich an. Er war verwundert, dass er laufen konnte. Sieben oder zehn Tage zuvor, wer weiß es schon genau, lag er fast auf der Leichenbahre. Der Körper ist eine merkwürdige Maschine, überlegte er. Wenn sie ins Stocken gerät, heißt es noch lange nicht, sie hätte ausgedient. Wenn sie glatt läuft, bedeutet es noch nicht, sie sei in Ordnung. Er nahm sich vor, einmal über seine

Gedanken und Erfahrungen zu schreiben, falls er überlebt, wie er hoffte ...
Es herrschte eine unbarmherzige Hitze. Unter den extremen Bedingungen schien jeder Tag, jede Nacht wie ein Stück Ewigkeit.

D„Die Wachen sind weg!", hörte er beim Anbruch eines Tages. Gleich war er hellwach. Ein Mann war in die Scheune, ihr Nachtlager, von draußen zurückgekehrt. Es war der Schlesier, erinnerte sich Eugen. Er war mit einem Pferdewagen unterwegs gewesen und mit drei Töchtern. Jetzt hatte er nur noch zwei. Scholz richtete sich auf und fragte verwundert: „Die Wachen sind weg, sagen Sie?"
„Die Tschechen sind abgezogen! Jawohl!" Der Mann hockte sich zu ihm nieder. „Ich musste austreten, eine Schwäche von mir. Erst nachher wurde mir bewusst, dass keiner mich aufgehalten hat. Also lauf' ich um die Scheune, um das ganze Anwesen. Nirgends ist jemand postiert. Ich wag' mich ein Stück weiter. Da sehe ich die Kerle ganz weit weg, wie sie die Straße entlang marschieren mit ihren Gewehren. Nicht einmal umgeschaut haben sie sich."
„Die haben's mit der Angst bekommen", meinte Eugen.
„Wieso das?"
„Gestern Nacht haben wir das sudetendeutsche Gebiet erreicht."
„In der Tat?", fragte der Schlesier. „Aber ..."
„Es steht theoretisch wieder unter tschechischer Gewalt, aber die trauen sich anscheinend noch nicht hinein. Die wussten besser als wir, wo wir angekommen waren."
„An ihrer Stelle würd' ich auch das Weite suchen", stimmte der Mann zu. Er richtete sich auf und rief: „Alles aufstehen, meine Damen!" Es waren fast nur Frauen und Mädchen in der Flüchtlingsgruppe. „Die Wachen sind weg. Wir ziehen weiter!"

Den Weg gegen Karlsbad musste Erika mit der Mutter und Bruder zu Fuß fortsetzen. Die Sanitätswagen mit den Verwundeten hatten eine andere Richtung angeschlagen. Verstreute tschechische und russische Soldatengruppen verbreiteten Angst

unter den vielen Kolonnen marschierender Frauen. Gegen Abend erblickten sie auf einem Feld einige Menschen, die sich dort zur Übernachtung einrichteten. Ein Wagen mit einem Pferd war dabei und ein paar Männer unter den Flüchtlingen, vielleicht zwei oder drei nur, aber besser als gar keine. Erika lief zu ihnen: „Bitte, könnten wir uns euch anschließen? Wir fürchten uns vor den Soldaten.“ Der Schlesier wandte sich von seinem Wagen ab und sagte:
„Seid willkommen! Nicht wahr?“, bat er die anderen um ein Ja. Eugen stimmte zu: „Je mehr wir sind, desto besser können die Frauen geschützt werden.“ Er ging der Gruppe entgegen. „Woher kommt ihr?“, fragte er.
„Von der Prager Gegend“, entgegnete Erika.
„Ich komme aus Brünn“, sagte er statt seinen Namen zu nennen. Er begrüßte die Neuen.
„Zu essen können wir kaum etwas anbieten.“
„So wenig wie wir“, erwiderte Erikas Mutter traurig. „Das werden wir schon aushalten. Schlimmer ist ...“
„Komm, Mama“, sagte Erika, die Mutters Verzweiflung über das ungeklärte Schicksal ihres Vaters zuvorkommen wollte. „Wir müssen uns ein günstiges Plätzchen suchen.“
Nachdem die meisten sich zur Ruhe gelegt hatten, sagte Eugen zu dem Mädchen: „Gut, dass Sie sich uns angeschlossen haben. In diesen Tagen haben Frauen, sogar Mädchen, die Hölle erlebt. Wir logierten bei einem Wald. Da erschienen die Russen, zerrten mehrere von ihnen in den Wald ...“ Er hielt inne und fügte hinzu: „Der Schlesier drüben hatte drei Töchter. Doch die Jüngste mit vierzehn wurde so furchtbar misshandelt, dass sie im Sterben lag. Er musste sie in einem Spital zurücklassen. Wahrscheinlich sieht er sie nie wieder.“
„Der Arme“, hauchte Erika.
„Mit den zweien, die sie dort sehen, mußte er weiterziehen, wenn er sie retten wollte. Die sind achtzehn und zweiundzwanzig, erzählte er mir. Die haben es überstanden. Aber sie verfallen in Angstkrämpfe, sobald sich die Russen nur nähern.“
„Und die anderen Frauen?“

„Sie sind tapfer. Sie hoffen, dass all dies bald zu Ende ist."
„Haben Sie Ihre Frau dabei?"
„Wir haben uns aus den Augen verloren", seufzte er. „Es geschah irgendwo bei Kladno."
„Bei Kladno!", rief Erika. „Wir kommen aus Kladno!"
„Sie kommen aus Kladno? Warum haben Sie es nicht gleich ... Kennen Sie Katschitz?"
„Das kleine Dorf?"
„Dort wurden wir in einer Schule gemeinsam einquartiert! Ich wurde krank". Eugen erzählte seine Geschichte. „Haben Sie meine Frau nicht irgendwo unterwegs gesehen, mit zwei kleinen Kindern?"
„Wir haben so viele Frauen mit Kindern gesehen", sagte Erika.
„Verzeihen Sie, natürlich."
„Es wäre immerhin möglich gewesen", gab sie zuversichtlich zu.
„Das wäre es", sagte er mit schwindender Hoffnung.
„Was haben Sie jetzt vor?", fragte sie.
„Ich werde sie in Karlsbad suchen. Es könnte sein, ja, ich glaube fest, ich werde alle drei wiederfinden. Und Sie?"
„Mamas Eltern leben bei Mies. Wir wollen zu den Großeltern."
„Eine gute Idee. Unter den Amerikanern sind Sie geschützt."
„Mich", sagte Erika, „haben verwundete deutsche Soldaten mit ihren eigenen Armbanduhren und Ringen von einem schrecklichen Russen freigekauft."
„So etwas habe ich noch nie gehört."
„Und in Kladno hat mich ein russischer Offizier vor seiner Mannschaft gerettet."
„Das gibt es auch?"
„Er schien ein gebildeter Mann zu sein. Sprach gut Deutsch."
„Ob es nicht derselbe war, der am Sportstadion erschien?", überlegte Eugen laut.
„Waren Sie auch am Sportplatz?", wunderte sie sich.
„Er hat dort die Tschechen ziemlich zusammengebrüllt. Also, waren Sie dort auch? Unsere Wege mussten sich mehrmals überschnitten haben."
„Und morgen trennen sie sich wieder", ergänzte sie mit Bedau-

ern. „Geben Sie uns eine Nachricht, wie es bei Ihnen ausgegangen ist? Ich hoffe, gut. Sie waren sehr freundlich zu uns. Wir werden in Hermannshütte bei Mies sein. Meine Großeltern heißen ...“ Sie gab ihm eine Adresse, die dann, wenn er vielleicht schreiben kann, gar nicht mehr gelten würde.

Erikas Geschichte

Am vierten Tag nach der Austreibung aus Kladno erreichten die Menschen die äußeren Bezirke von Karlsbad. In die Stadt wurden sie nicht eingelassen. Der schöne Badeort war mit Flüchtlingen bereits vollgestopft. Erika, ihre Mutter und ihr Bruder gingen nach Hermannshütte. Auf einem tschechischen Bauernhof dort fand Erika Arbeit. Im November 1945 zog die amerikanische Armee aus Westböhmen ab und nahm Erika mit nach Bayern.

Scholzens Geschichte

Eugen Scholz wich Karlsbad in großem Bogen aus und zog über Joachimsthal mit einer deutschen Gruppe nach Sachsen weiter. Wochenlang suchte er dort nach seiner Frau und den Kindern. Ergebnislos. Mit neu erweckter Hoffnung entschloss er sich schließlich, seinen Weg nach dem Westen Deutschlands fortzusetzen. Erst um die Weihnachtszeit 1945 gelang ihm, woran er bereits gezweifelt hatte und darum tief verzweifelt war. Er fand die Spur seiner Familie, der erste Kontakt wurde aufgenommen. Alle drei lebten! Seine Frau erzählte ihm, wie es ihnen ergangen war.

Fast auf gleicher Strecke wie Eugen waren sie in den Westteil Böhmens gelangt und in Karlsbad gestrandet. Die Verhältnisse dort waren sehr schlimm. Vielleicht war es übertriebene Panik, aus Brünn zu fliehen, überlegte Frau Scholz. Die Deutschen lebten dort wie eh und je, erzählte man sich. Möglicherweise würde sich alles wieder beruhigen. Dort würden sie wenigstens ein Dach über dem Kopf haben. Den Kindern zuliebe entschied sie sich, nach Brünn zurückzukehren. Wegen der

Kleinen wagte sie es, mit der Eisenbahn zu fahren, obwohl es den Deutschen inzwischen strengstens untersagt war. Bei der Fahrt musste sie dem Jungen und dem Mädchen gänzlich verbieten zu sprechen. Sonst hätten sie sich verraten. Doch wie konnte das zwei lebhaften Wesen von drei und sechs Jahren klar gemacht werden? Sie drohte ihnen. Sie sagte, sie würde sie aus dem fahrenden Zug werfen, falls sie nur ein Wort sagten. Sie weinte, als sie dies ihrem Mann erzählte. Endlich waren sie wieder in Brünn. Es war bereits Ende Mai geworden. Kaum hatten sie den Fuß über die Schwelle der Wohnung gesetzt, mussten sie sie am gleichen Tag wieder verlassen. Sie waren in den Brünner Todesmarsch geraten.

11. Ums feindliche Eigentum

Ein kranker Mann, der niemals lachte – Seine Frau ist erschüttert – Mit einem Federstrich berauben die selbsternannten Minister Millionen von Bürgern – Beneš triumphiert

Prag, Ende Mai 1945

Der Blick des Präsidenten verfolgte die Bürger auf Schritt und Tritt. Aus einem Schaufenster des Fleischers schaute er hervor, von der Wand eines Schuldirektors blickte er nieder. Sein Antlitz war nicht hässlich, strahlte aber nichts Angenehmes aus. Oberhalb der aufgedunsenen kleinen Backen starrten scharfe dunkle Augen, die jedem etwas vorwarfen. So wie nervöse Eltern ihren Kindern oft etwas vorwerfen, und die Kinder nicht wissen, was. Jeder durfte sich schuldig fühlen. Dafür, dass im Leben Edvard Beneš's so manches schief ging, oder weil er schlecht geträumt hat. Er lachte nicht. Nicht seine kleine Statur war - wie er oft meinte - ein Hindernis für ungeteilten Respekt, eine herzlichere Zuneigung des Volkes, umso weniger seine Glatze. Er ließ sich durch die begeisterten Begrüßungen nach seiner Rückkehr nicht täuschen. Die Popularität Masaryks würde er nie erreichen. Was stand im Wege? Das Hindernis war, dass er die Menschen nicht liebte. Er lächelte selten und lachte fast nie. Eingeweihte wussten, dass er krank war. Mit Arteriosklerose und hohem Blutdruck belastet, hat er neulich einen leichten Hirnschlag erlitten. Der Mann, der bis vor kurzem Chef seines militärischen Nachrichtendienstes war, der abgesägte General František Moravec, meinte sogar, Beneš litte an Tuberkulose der Wirbelsäule. An einigen Tagen ging es ihm besser und seinen Mitarbeitern ebenso, merkte sich Moravec, der ihm in der Exilzeit jeden Morgen regelmäßig Meldungen bringen musste. An anderen Tagen verfolgten Beneš die Krankheiten und er sein Fußvolk. Seine Frau betrachtete sein unbewegtes, graues Gesicht, seine fest verkniffenen Lippen, den leeren Blick, mit Besorgnis. Er baute eine Barriere um sich. Nur, weshalb? Dahinter muss ja mehr stecken als körperliche Beschwerden. Oft gelang es nicht einmal ihr, die Schweigemauer zu durchbrechen.

Am Samstag der zweiten Friedenswoche saßen sie gerade am Frühstückstisch. Es war der dritte Tag nach ihrem Einzug in Prag, und Beneš wollte unbedingt eine Regierungssitzung leiten.

„Kannst du dir keine Ruhe gönnen?“, warf Frau Hana ihm vor. „Deine Gesundheit ist noch nicht stabil.“

„Rücksicht auf mich selbst kann ich mir gar nicht leisten!“, schnaufte er und trank hastig seinen Kaffee. „Ich muss die Zügel fest in die Hand nehmen. Ich kann mich auf niemanden verlassen.“ Den Satz kannte sie zu gut.

„Deine Ärzte wären nicht einverstanden.“ Um ein erfreulicheres Thema anzuschlagen, ging sie zum weit geöffneten Fenster. „Schau nur, wie wunderbar unser Prag ist!“

Die Präsidentenwohnung lag oberhalb der Südgärten des Hradschin. In den zwanziger Jahren hatte der slowenische Architekt Josip Plečnik auf Anregung Masaryks an einem bisher kahlen Abhang die Gärten angelegt. Inzwischen waren die Bäume zu einer schattigen, repräsentativen Parkanlage emporgewachsen. Weiter hinten sah man das hunderttürmige Panorama mit einem Meer von Dächern und Häusern.

„Als wären wir gar nicht fort gewesen, als hätte es keinen Krieg gegeben! Wenn ich an das zerstörte London denke ...! Von dieser Höhe aus merkt man die einzelnen zerbombten Häuser da unten gar nicht.“ Sie fügte hinzu: „Prag ist die schönste Stadt der Welt.“

„Es gab aber einen Krieg“, versetzte er.

„Dies ist der Sitz der Kaiser und Könige“, sann sie vor sich hin.

„Tschechischer Könige“, betonte er.

„Nun, sicher.“ Frau Hana wollte sagen, ausschließlich tsche-

chisch waren die Könige doch nicht. Sie waren auch polnisch und österreichisch und luxemburgisch. Und noch weniger tschechisch waren die Kaiser.
„Jetzt sind wir die Könige", bemerkte sie spielerisch.
„Ich bin der verfassungsmäßige Präsident", korrigierte er und tupfte die Lippen mit einer Serviette ab. Ihn störte auf keine Weise, dass alle Regeln der Verfassung bereits gebrochen wurden, zumal er es selbst eingeleitet und weitergeführt hatte.
Sie wandte sich zu ihm und fragte mit einem Seufzer: „Was kommt in der Regierungssitzung vor?"
„Die Einsetzung von Nationalverwaltungen über feindliches Eigentum, eine längst vorbereitete Vorlage", sagte er und sprang vom Tisch auf: „Wie ich höre, hat Gottwald bereits vor einer Woche die Öffentlichkeit zu Bodenkonfiskationen aufgerufen, als hätte er das jahrelang ausgearbeitet und bei unseren Alliierten durchgesetzt. Die Früchte meiner Mühe werd' ich aber den Kommunisten nicht überlassen!"
Er ist in eine Zwickmühle geraten, fiel seiner Frau auf. Hoffentlich kommt nichts Unheilvolles auf uns zu!

Als er fort war, schickte sie sich an, die Post durchzusehen. Wo hab' ich meine Lesebrille gelassen? Vor dem Krieg hab' ich sie nicht gebraucht. Auch das war anders. Wahrscheinlich habe ich sie im Nachttisch vergessen. Kann jemand sie mir holen? Vor dem Krieg waren viele Bedienstete zur Stelle. Jetzt sah man sie kaum. Sie musste allein zum Schlafgemach laufen. Diese ungemütlich langen, breiten Salons und Säle. In England, wenn sie in dem schönen Haus von Aston Abbots etwas vergaß, lag es immer zum Greifen nah. Nie hätte sie gedacht, sie würde ihre nette Exilzuflucht doch einmal vermissen. Etwas war nicht in Ordnung. Die Schublade des Nachttisches klemmte. Ein elegantes Möbelstück sollte man besser pflegen. Das muss sie der Zofe oder besser dem Kammerdiener ganz entschieden ans Herz legen. Mit einem Ruck öffnete sich das Tischlein. Die Brille war drin. Neben ihr lag ein Stück Papier. Offensichtlich war es durch eine innere Ritze hinuntergefallen. Das war es, weshalb die

Schublade nicht aufging. Sie drehte das Papier um, ein Foto mit zwei Gestalten. Mit der Brille auf der Nase erkannte sie den Sitzenden. Es war Dr. Emil Hácha, bei ihm, an seinen Stuhl angelehnt, eine lächelnde Dame. Sie hat den Arm um seine Schulter gelegt, als möchte sie ihn beschützen. Das ist doch die Tochter. Oh, mein Gott! Jetzt befinden sie sich beide im Kerker! Das Papier in ihrer Hand zitterte. Hana sank auf das noch ungemachte Bett und sprang gleich wieder auf. Hier hatte sie geschlafen, kürzlich noch. Mit einem Schlag wurde Hana bewusst, wie viele Jahre seit ihrem letzten Aufenthalt in diesen Räumen vergangen waren. Es gab wirklich einen Krieg, und hier hat ein ganz anderes Leben geherrscht. Auf einmal kam ihr alles rundherum bitter kalt vor wie in einem fremden Hotel. Jemand öffnete die Tür.
„Entschuldigung!"
„Treten Sie nur näher!" Sie nahm sich zusammen. „Sie heißen Jiřinka, nicht wahr? Ich hab' nur etwas vergessen und gehe gleich wieder. Ich erwarte meine Nichte im Salon", und eilte hinaus.
„Sie ist schon da, gnädige Frau!", rief die Zofe ihr nach.

Die Besucherin umarmte Hana und fragte: „Wie hast du dich eingelebt?" Mit einem Blick aufs Foto, das die Tante in der Hand hielt, rief sie aus: „Das ist doch - der Hácha!"
„Ja - mit seiner Tochter."
„Gib's mal her, damit es niemand sieht!"
Hana hielt das Bild fest in den Fingern. „Die beiden sind im Pankrác-Gefängnis interniert worden. Wie unwürdig! Edvard soll veranlassen, dass sie freikommen. Ich muss ihn daran erinnern."
„Vergiss die Angelegenheit besser."
„Wie bitte? Dr. Hácha hat uns doch geholfen! Er hat uns unsere Sachen nach London nachgeschickt. Er und Herr Beran auch. Das muss man doch belohnen", meinte Hana und bot der Nichte Platz auf einem Sofa neben sich. „Diese Leute waren immer freundlich zu uns, auch wenn es nicht ihre Pflicht war. Es war für sie sogar ein ziemliches Risiko."
„Hier weiß niemand etwas davon", entgegnete die Nichte.
„Wir wissen es aber. Wenn es Geheimkontakte waren, dann müs-

sen wir sie jetzt aufdecken, klarstellen, wie es wirklich war!"
„Wenn du das tust, ist der Onkel aus dem Spiel."
„Wie meinst du das?"
„Ich lebe unter den Menschen, ich höre, wie sie reden und was sie denken. Du hier, im Glashaus, verzeih mir. Du wirst die ganze Nation gegen dich haben."
„Nicht die ganze Nation", sagte Hana zuversichtlich. „Es ist eine Frage der Moral, des Anstands!"
„Für solche Fragen ist es nicht die richtige Zeit", sagte die Verwandte. „Oder hast du einen anderen Eindruck? Die Leute hier lieben uns nicht, weil wir fort waren und sie selbst alles auslöffeln mussten. Die Heydrichiade, die Exekutionen, die KZs, die Anspannungen und die Unsicherheiten. Ich fürchte, Onkel wird's nicht leicht haben."
„Ich habe Angst um ihn!", gab Hana plötzlich zu. „Mir drängt sich eine schlimme Vorahnung auf, ich werde sie nicht los."
„Nachdem wir wieder in der Heimat sind?", fragte die Nichte, die das Ehepaar Beneš im Exil begleitet hatte.
„Ich habe eine Riesenangst. Dir kann ich's erzählen, dass er in etwas gerät, vielleicht bereits hineingeraten ist! Die Dinge sind nicht wie vor dem Krieg. Es geht mir stets durch den Kopf. Wir hätten gar nicht mehr zurückkommen dürfen. Alles ist total anders. Und er ist krank und alt geworden." Ihre Stimme brach, sie schluchzte und neigte sich zu der jüngeren Frau. Die Besucherin nahm sie in die Arme.
„Gib mal her, Tante", sagte sie sanft. „Das Foto muss weg." Sie zündete es mit einem Streichholz an, das sie auf dem Tisch fand, und beobachtete, wie sich das schwarz werdende Blatt, dünn wie Schmetterlingsflügel, in einem Aschenbecher in Nichts auflöste. Bei dem Anblick sagte Hana leise:
„Das bleibt nach sieben Lebensjahren auf dem Hradschin. Ich finde, dies ist eine miese Zeit." So urteilte sie darüber, was sie passiv, ihr Mann aktiv zu schaffen half.

Gerade stand *er* vor den Kollegen Machtergreifern und war bestrebt, sie für eine bevorstehende Abstimmung zu gewin-

nen. Viel bemühen musste er sich nicht, davon war er überzeugt, aber man weiß ja nie. Manchmal gehen Dinge schief, man kann nur staunen. Mit festem Blick und klarer Stimme war er angetreten.
„Sämtliche Finanzinstitute, der Bergbau, jegliche Industrie, der Handel, alle gewerblichen Betriebe der *Deutschen und der Ungarn* werden ab sofort unter unsere Nationalverwaltungen gestellt!“, las er aus einem Dokument vor. „Meine Herren“, redete Beneš die Anwesenden an - Damen gab es da keine -, „das sind unsere Aufgaben der ersten Stunde!“ Er räusperte sich, und sprach nachdrücklich weiter:
„Alles Land- und Forsteigentum, dazu gehörende Immobilien einschließlich der Wohnhäuser werden dem tschechoslowakischen Staat unterstellt. Desgleichen gilt dies für das Vermögen deutscher und ungarischer Kultur- und Interessengemeinschaften.“
Der abgedankte Präsident beobachtete die unbewegten Gesichter der Männer vor sich. In Moskau ließ er sie zu einer Mannschaft zusammenschmieden. Wird sie auch zusammenhalten? Sie haben sich zur ersten Regierungssitzung versammelt, die er in Prag berief. Es war eine bunte Mischung. Das Haupt der Kommunisten, Vizepremier Gottwald, und seine Genossen, der biedere Möchtegern-Innenminister Nosek, vielleicht der gefährlichste von allen, der langweilige Historiker und Kulturminister Nejedlý als auch der primitive Kopecký, ein Propagandaminister unter der irreführenden Bezeichnung von *Information*. Die wird er bestimmt nicht verbreiten. Am lästigsten zeigte sich wie erwartet Gottwald, kaum in Prag angekommen. Am elften Mai bereits riss er das Maul groß auf:
„Beschlagnahmt alles Eigentum der Deutschen, der Verräter und Kollaborateure, und stellt es unter die Nationalverwaltung. Auf dem Lande bereitet die Konfiskationen des Bodens vor, der dem fremden Adel, den Deutschen, Verrätern und Kollaborateuren gehört hat!“
Beschlagnahmt! Bereitet! Ohne Richtlinien, ohne Regeln! Wer war der Adressat? Meinte er vielleicht, ihm, dem Präsidenten

seinen Willen diktieren zu dürfen? So wird es nicht gehen. Das kommunistische Chaos muss durch das sorgfältig vorbereitete Dekret verhindert werden!
Es waren auch die Nationalen Sozialisten da, so hießen sie wirklich, David, Ripka und Stránský, Beneš's eigener Klub, auf den er gottlob bedingungslos zählen konnte. Doch neben ihnen saßen die unberechenbaren slowakischen Demokraten Ursíny und Lichner, ironischerweise von den slowakischen Kommunisten Široký, Šrobár und Ďuriš flankiert.
Mit einem nur kleinen Fragezeichen betrachtete Beneš die bereitwilligen Patres Šrámek und Hála von der Volkspartei. Da Šrámek fügsam war und noch in dem langen, langen Zug irgendwo zwischen Moskau und Humenné seine Abdankung als Chef der Exilregierung eingereicht hatte, wurde er sofort mit dem Posten eines Vizepremiers belohnt.
Beneš überlegte, wie lange das Koalitionsspiel klappen würde. Wie werden sich die Sozialdemokraten mit dem Regierungschef Fierlinger an der Spitze, herausschälen? Manche hielten den neuen Premier für unzuverlässig, schlimmer noch, für undurchschaubar. Baut der ehemalige Botschafter in Moskau seine Partei zur Verfechterin von Demokratie auf, wie Beneš sie verstand, oder wird er mit den Kommunisten an einem Strang ziehen?
Ein Glück, dass die Armeeführung dem parteilosen Svoboda zugesprochen wurde, grübelte Beneš . Die Armee brauche ich mehr als alles andere sonst. Das Oberkommando über die Streitkräfte, das behalte laut Grundgesetz auf jeden Fall *ich* !

Jetzt müssen diese ungleichen Kontrahenten auf einen gemeinsamen Nenner gebracht werden. Ein aufreizendes Kunststück, wenn es gelingt, dachte er leicht amüsiert.
„Durch dieses Dekret", erklärte er mit schneidender Stimme, „werden alle staatlich unzuverlässigen Personen, *die Deutschen, die Ungarn sowie Kollaborateure und Verräter* unter den Tschechen und Slowaken endgültig außer Gefecht gesetzt. Ihr gesamter Besitz verfällt."
So etwas spricht alle Parteien an, fühlte er mit Sicherheit.

„Das bedeutet, dass alles, was diesen Personen oder Gruppen bislang gehört hat, unverzüglich beschlagnahmt werde.“ Eine breit angelegte Konfiskation von Eigentümern, das war ein Leckerbissen für alle Revoluzzer und für viele Konservative auch. Jeder konnte ein Stück Kuchen, wenn nicht die fettesten Pfründe erwarten.

Unverhofft hob Pater Hála die Hand und Stimme.
„Soll das nun *alle* deutschen und ungarischen Altbewohner der Tschechoslowakei betreffen? Ich meine, einige Deutsche oder Magyaren waren vielleicht loyal zu der Republik. Unter ihnen war mancher Priester oder so ...“ Ein bekanntes Lied. Es geht wieder um die kirchlichen Besitzstände!
„Unbescholtene Personen“, las Beneš trocken vor, „dürfen - wie es hier steht - die Herausnahme ihres Eigentums aus der Nationalverwaltung und die Rückgabe des Besitzes beantragen. Eine Rückgabe wird erfolgen, wenn sie ihre Treue zur Republik beziehungsweise die Tatsache, dass sie selbst Opfer waren, hieb- und stichfest beweisen können.“
„Es geht ja um mehr als drei Millionen Menschen“, wollte Hála sich nicht gleich abservieren lassen. „Da kann man differenzierte Einstellungen erwarten. Übrigens, wird der Antrag auf die Rückgabe einen Aufschub der Konfiskation bewirken?“
„Das könnte dann wohl jeder versuchen!“, wies Beneš ihn mit scharfer Ironie ab und suchte mit einem prüfenden Blick ins Plenum Gleichgesinnte.
„Richtig“. Der Pater schüttelte wohl überlegt den Kopf. „Aber, wer wird darüber befinden, wer wo als der Nationalverwalter eingesetzt werden soll? Das sind keine leichten Entscheidungen!“
„Das liegt in der Kompetenz der Revolutionsnationalausschüsse und der Verwaltungskommissionen.“ Alle diese kommunalen Gremien wurden nicht gewählt. Sie schossen spontan vom Boden auf, niemand wusste wie. „Meinen Sie vielleicht, die kennen sich nicht aus?“, ging Beneš zum Angriff über. „Unterstellen Sie, dass die Menschen vor Ort ihre Leute nicht kennen?“

„Ich fragte ja nur."
Gut, dass Hála lediglich Postminister ist, dort kann er nicht viel vermasseln. Beneš wandte sich feierlich an die Schweigenden: „Verehrte Regierungsmitglieder! Unsere Aufgabe ist es, den neuen Staat vom Faschismus vollkommen zu befreien, das heißt von den Deutschen und den Ungarn zu säubern. Vergessen wir bitte nicht: Falls wir es nicht sofort tun, werden wir später keine zweite Gelegenheit mehr bekommen. Ich fordere Sie auf, dem Dekret über die Nationalverwaltung zuzustimmen."
Die Hände schossen hoch.

Er bekam vierundzwanzig Unterschriften unter das erste Präsidentendekret, mit der eigenen waren es fünfundzwanzig. Für Außenminister Jan Masaryk, den Sohn des ersten Präsidenten, unterschrieb der kommunistische Staatssekretär Clementis. So war es vereinbart. Masaryk befand sich gerade irgendwo in San Francisco, wo die neue Organisation der Vereinten Nationen als Hüterin des Friedens und der Menschenrechte aus der Taufe gehoben wurde. In Prag wurde mit den Menschenrechten zur gleichen Zeit der Fußboden gewischt. Das interessierte die Welt keineswegs, dachte Beneš.
Wir gehören zu der richtigen Seite der Barrikade, wie er oft betonte. Unsere Taten wird niemand sonderlich prüfen.
„Es werden weitere Maßnahmen folgen, welche die Enteignungen gesetzlich für immer verankern werden. Ich danke Ihnen, meine Herren", schloss Beneš die Sitzung.

Es war ein Triumph. Mit diesem Votum haben die Minister mit dem Premier an der Spitze, ihn, Beneš, im Präsidentenamt faktisch bestätigt. Vor gut drei Wochen in Kaschau hatte Beneš seinerseits die Regierung vereidigt, obwohl er als abgedankter Präsident dafür nicht legitimiert war. Heute bestätigten die Minister seine Autorität als Staatsoberhaupt, obwohl auch sie über keine Legitimation verfügten. So schloss sich der Kreis.
Keiner in der Regierung, ebenso wenig der Präsident, wurde in seine Ämter demokratisch gewählt. Durch ein paar abgehaltene

Zeremonien hatten sie sich gegenseitig selbst ernannt, sind zu einer Bande von Verschwörern geworden. Den übrigen fünfzehn Millionen Bürgern - welcher ethnischen Zugehörigkeit auch immer - konnten sie ab sofort ihren Willen diktieren.
Auch die gerade um alles Eigentum beraubten Deutschen und Ungarn waren seit einem Monat wieder Bürger der Republik. Normalerweise hätten sie ein Wörtchen mitzureden gehabt. Das hatten die Verschwörer völlig verhindert. Eine reife Leistung! Immerhin bildeten die beiden sogenannten Minderheiten ein Viertel oder gar ein Drittel der gesamten Einwohnerzahl der Tschechoslowakei.

12. Im Todesmarsch

Wohin mit dreißigtausend Menschen? – Ein Kommandant findet seine Knechte – Ein schwarzer Fußmarsch nach Pohrlitz, Drasenhofen und Wien – Bekannte und unbekannte Gräber

Brünn, Ende Mai 1945

In den Ohren der Brünner Tschechen klang die nasale, meckernde Stimme ihres wieder einmal geliebten Präsidenten Edvard Beneš nach, seine Worte, die deutsche Frage in Brünn zu *liquidieren*. Die Frage, das waren Menschen. Vor kaum drei Wochen, anlässlich seiner Rückreise aus dem Exil, hatte er die *Liquidierung* vom Balkon des Rathauses gefordert.

Viele Tschechen von Brünn lasen den Aufruf des Leiters der Präsidialkanzlei, Prokop Drtina, die Deutschen mit allen Mitteln zu *vertreiben*. Zuletzt kam der Chef der tschechischen Kommunisten, Vizepremier Klement Gottwald an, um den Brünner Stadträten klarzumachen, dass nicht nur die Deutschen, sondern auch die deutsch sprechenden *Juden* alles Eigentum verlieren würden. Auf den Straßen und Plätzen Brünns verlangte man auf den Plakaten „sofortige Entfernung aller Deutschen aus unserer Stadt! Sonst rufen wir zum Generalstreik auf!"

Meterhohe Aushänge luden alle tschechischen Patrioten zu einer *antideutschen Hauptkundgebung* ein. Die Hetzkampagne wurde von sämtlichen Parteien der Nationalen Front - so nannten sich die Verschwörer - aus dem Hintergrund sorgfältig organisiert.

Ohne Parlament, das es nicht gab, hat das jüngste Präsidenten-Dekret zur *Nationalverwaltung des feindlichen Eigentums*, so grotesk es auch klang, Konfiskationen aller Art angeordnet. Als Personen wurden die Deutschen zum Störfaktor. Wie konnte man sich ihrer Sachen, Häuser, Handwerksbetriebe oder Wohnungen bemächtigen, wenn die gesetzlich Enteigneten immer noch drinsaßen?

Im Brünner Rathaus donnerte ein Gewerkschaftssekretär Kapoun: „Wir verlangen die Evakuierung aller deutscher Einwohner, die arbeitsunfähig sind!“ Nur, wohin mit diesen Unfähigen? Die tschechischen Nationalen Sozialisten - so hießen sie wirklich - wiederholten, was ihr Parteiorgan seit Tagen druckte: „Treiben wir sie aus!“ Überzeugend lautete die Mahnung Drtinas: „Entweder die Deutschen oder wir. Und weil dies ein tschechisches Land ist und da wir gesiegt haben, sind sie es, die gehen müssen!“
Eine Plenarsitzung des zusammengeschusterten, vorwiegend kommunistischen Nationalausschusses für Groß-Brünn sollte das Problem lösen.
„Aber wohin sollen sie gehen?“, stellte jemand die Frage. „Auf die Müllhalde? Was würden die Alliierten davon halten?“
„Die Russen haben uns schon ihre Unterstützung zugesagt!“, bekräftigte ein Amtsträger. Bajonette der Roten Armee, die überall hervorstachen, waren überzeugend genug.
„Ihr meint, dreißigtausend Menschen sollten auf einmal fort?“, prüfte der Fragende nach. Wenigstens so viele deutsche Einwohner hatte Brünn seit Generationen gehabt. „Wohin denn?“
„Auf die Landgemeinden versprengen!“, entschied jemand.
„Von wem reden wir da, Genossen?“, wollte sein Nachbar klären. „Wir müssen uns vor Augen halten, es sind meist unvollständige Familien. Frauen mit Kindern, Jugendliche, ältere, sehr alte Leute!“
„Und das willst du den tschechischen Bauern aufhalsen?!“, warf der Sachliche dem Ersteren vor.
„Auf den Bauernhöfen könnten sie arbeiten, kriegten was zu essen“, verteidigte der Mann seinen Vorschlag.
„Auch die Unfähigen, die Kinder?“
„Krepieren sollen sie!“, schrie jemand auf. „Nach alledem, was die uns angetan haben!“ Es entstand eine verlegene Pause.
„Warum werden sie nicht einfach interniert?“, meinte einer.

„So viele Lager haben wir gar nicht."
„Es werden welche eingerichtet", versicherte jemand.
„Nach Raigern mit ihnen! Zum Arbeitseinsatz!"
„Einschließlich der Alten, der Säuglinge?", ermahnte einer. „Es wird hier ständig vergessen, von wem wir reden."
Keiner der Vorschläge schien machbar. Dreißigtausend Menschen mit einem Schlag fortzuschaffen, das hat noch niemand erlebt. Nicht in diesem Land.

In der Polizeidirektion Brünn, seit kurzem hieß sie Direktion für Nationale Sicherheit, erschienen Männer entschlossener Mienen, jüngeren und mittleren Alters.
„Brünner Waffenfabrik meldet sich zur Stelle! Wir sind vom Betriebsrat entsandt worden. Als Kommunisten sprechen wir für die Belegschaft." Niemand fragte, ob oder wer sie gewählt hat. „Unsere Werktätigen verlangen umgehende Lösung der Lage mit den Deutschen!" Es war eine Schieflage. Vieles musste möglichst rasch vertuscht werden .
„Die gleiche Forderung stellen wir Nationalen Sozialisten auch!"
Der frisch eingesetzte Chef der Polizeibehörde betrachtete die Ankömmlinge mit Zweifel, unschlüssig, ob er sie ernst nehmen durfte. „Was schlagt ihr vor?"
„Totale Evakuierung. Was sonst!" Sie präsentierten es ihm als ihren eigenen Wunsch, was er nicht war. Jedem war bekannt, was die Prager Regierung plante, also ritten sie auf der richtigen Welle.
„Da kann ich euch trösten." Stockamtlich trug der Polizeichef vor: „Der Mährisch-schlesische Landesnationalausschuss gab gerade Anweisungen zur Aussiedlung heraus. Auch der Nationalausschuss für Groß-Brünn entschied sich für die Aktion." Sämtliche waren nicht gewählte Gremien, die von den neuen illegitimen Machthabern aus dem Boden gestampft worden waren. Für die geplanten Untaten sollten möglichst viele Komplizen die Verantwortung mitübernehmen.
„Das freut uns aber!", strahlte der ausgesandte Kommunist.

Was wollen die Kerle von mir? Der Chef der Sicherheitswache kannte die Männer nicht. Möchten sie mich kontrollieren? Alles war denkbar. Laut bekräftigte er: „Es geht los. Ein Fußmarsch an die Staatsgrenze."
„Wann?"
„Ab morgen. Ich ziehe die Sache durch. Ich bin Kommandant der Nationalen Sicherheitswache", stellte er klar, „Stabskapitän Pokorný, Bedřich Pokorný."
„Sie meinen, von Brünn aus zu Fuß bis zur österreichischen Grenze?", fragte einer ungläubig.
„Richtig."
„Das sind etliche Kilometer."
„Rund fünfzig", sagte Pokorný.
„Wie lange wird so eine Marschkolonne brauchen?"
„Das wird sich zeigen."
Verunsichert meinte der Besucher: „Ist das nicht allzu weit für einen Fußmarsch?"
„Soll ich die Deutschen mit Limousinen ins Ausland verfrachten?", provozierte Pokorný, bereits verärgert.
Kurz lachten sie auf. „Es können technische Schwierigkeiten auftreten, Herr Kapitän", warnte der Umsichtige.
Sie prüfen mich. Oder wollen sie mir helfen? Pokorný spielte die Alternativen rasch durch und entschloss sich für die bessere. „Dafür brauche ich gerade euch! Stellt mir Arbeiterwachen zur Verfügung!" Man soll die Gelegenheit beim Schopf packen. Ob das klappt? „Übrigens, für euch bin ich 'Genosse'!"
Er traf ins Schwarze. „Wieviele Männer brauchst du, Genosse?", fragte wie geschäftsmäßig der Anführer der Gesandschaft.
„Mehrere hundert."
„Die wirst du haben."
„Ab morgen!", wiederholte der Kommandant.
„Unsere Männer stehen bereit", stimmten die anderen zu.
„Ich brauche sie aber mit Waffen", nannte Pokorný die nächste wesentliche Bedingung. „Mit echten Gewehren. An Schlagstöcken gibt es in diesem Haus genug."
„Für die Marschkolonne wirst du kaum Waffen brauchen",

meinte ein Besucher verächtlich. „Kinder, Frauen, alte Krüppel."
„Mal sehen", warnte Pokorný. „Ihr liefert mir also Männer zusammen mit Gewehren!"
„Hast du schon 'ne Waffenfabrik ohne Waffen gesehen?", erwiderte einer. Jetzt lachten sie alle hart und unbeschwert, als stünde ihnen ein Jagdvergnügen bevor. Pokorný fing an zu glauben, die Operation könne er meistern. Waghalsig war sie für ihn allemal. Versagt er - dann lassen ihn seine Paten in der kommunistischen Partei, der er schleunigst beigetreten war, sowie die Freunde an der Spitze der Stadt - oft waren es dieselben Typeneinfach fallen. Das wäre brenzlig für einen Mann mit seiner Vergangenheit. Bewährt er sich, dann steigt er höher, und zwar energisch. Mit den Wachen aus der Waffenfabrik, überlegte er, kann der gigantische Fußmarsch klappen! Vor einer Stunde noch war er voller Bedenken. Mit seiner „Befehle zur Durchführung der Evakuierung sind erteilt worden", informierte er die Kontrahenten. Mit wachsender Selbstsicherheit stellte er seine eigenen Vorzüge heraus: „Ich verfüge über viel Erfahrung. In der alten tschechoslowakischen Armee war ich Kommandant des Nachrichtendienstes in Preschau. Für die ganze Ostslowakei." Ob das stimmte? Die Kerle werden es nicht überprüfen. Dass er über die Kriegszeit ein Naphtalin-Offizier war mit seiner Uniform im Schrank, erzählte er ebenso wenig, wie von seiner Karriere als Steuervollzieher der Landesfinanzdirektion Brünn, der Fleischer und Besitzer der Lebensmittelläden bedrängte. So konnte er sich gut über Wasser halten. Ihm genügte es aber nicht. Eine tückische Mitarbeit beim deutschen Sicherheitsdienst, das saß ihm jetzt im Nacken. Es drohte ihn zu vernichten, falls es herauskam.
„Wer soll's anpacken, wenn nicht Kader wie ich!"
„Alles klar, Genosse Kapitän! Unsere Jungs sind eifrig. Sie haben es verdient, an der Ehrensache beteiligt zu werden."
„Im Protektorat mussten sie für die Nazi-Rüstung schuften", verriet einer den Schmutzfleck, von dem sie sich nun reinwaschen wollten. „Sie brennen darauf, es den Deutschen heimzuzahlen!"
Pokorný schaute sich die Besucher scharf an. Gleich ihm konn-

ten diese Männer der Kollaboration bezichtigt werden. Jetzt kriegen sie die Hosen voll, wollen sich als Nachkriegspartisanen verdingen. Wir haben alle mitgemacht, als sollte das Hitler-Reich tatsächlich eintausend Jahre walten. Wir sitzen im gleichen Boot. Er darf sie hart anfassen.
„So ist es! Hácha, die ganze Protektoratsregierung und viele mehr schmoren hinter Gittern. Heute erst zeigt sich, wer wer ist! Unsere Aktion ist wichtig und wird unbarmherzig durchgeführt." Mit einem gnädigen Lächeln betonte er: „Ich baue auf euch. Ich bin mir sicher, auf euch ist Verlass."
„Darauf kannst du wetten, Genosse!" Die Delegation der Waffenfabrik war mit den getroffenen Vereinbarungen voll zufrieden.

Seit dem frühen Nachmittag liefen Vorgesetzte und Meister durch die Brünner Fabriken: „Alle Deutschen beenden die Arbeit! Deutsche Arbeiterinnen und Arbeiter gehen nach Hause, und zwar sofort! Um neun Uhr abends melden Sie sich bei ihren zuständigen Polizeistationen!"
„Ist etwas passiert?", befürchteten die Menschen.
„Wir werden ausgewiesen!", ahnte jemand.
„Unsinn! Man braucht doch unsere Arbeitskraft."
„Geht bitte heim!", bekräftigte der Meister. „Warum, das weiß ich nicht. Es ist nicht meine Entscheidung."
„Angeblich sollen nur die Arbeitsunfähigen evakuiert werden", sagte eine Frau laut, worüber leise gemunkelt wurde. Sie wehrte sich. „Ich kann doch arbeiten. Meinen Mann haben die Tschechen ins Lager gesteckt, ganz ohne Grund. Keinen einzigen Tag war er bei den Nazis!" Sie versuchte den Meister umzustimmen. „Vor dem Krieg war mein Mann Leo Zahel Sekretär der Sozialdemokraten in Brünn. Wir haben einen Sohn, er ist noch Schüler. Wer soll für uns Unterhalt verdienen?"
„Und wer soll für mich hier arbeiten?", klagte der Meister. „Ein Chaos wird das. Für Sie tut es mir leid, Frau Zahel", sagte er, „aber Sie müssen jetzt gehen."
Zuhause wartete der Sohn aufgeregt: „Jemand hat an der Tür ge-

klopft. Ich musste aufmachen. Da stand ein junger Tscheche mit roter Armbinde und einem Gewehr an der Schulter. Er ordnete an, dass wir als Deutsche abends um neun Uhr bei der Polizeistation antreten müssen. Ist das wahr, Mami?"
„Offensichtlich ja, mein Schatz. Wir sollen uns vorbereiten."
„Wo-für?"
„Ich weiß nicht wofür, mein Lieber", sagte sie hastig in schlimmster Vorahnung. „Hilfst du mir bitte?"

Täglich musste sich Walter Saller bei dem Nationalausschuss melden. Als entlassener Wehrmachtssoldat wurde er vier Wochen zuvor an der Stadtgrenze von Brünn verhaftet und zwei Tage lang brutal verhört, bis er zusammenbrach. Die Tschechen glaubten ihm nicht, dass er gerade aus einem Lazarett heimkehre. Schließlich hatte ein Arzt seinen schweren Kopfschuss bestätigt. Walter wurde für arbeitsuntauglich erklärt und beinah auf freien Fuß gesetzt. Kurz vor Abend erschien in Sallers Familienwohnung der tschechische Hausmeister. Walter erschrak und meinte, er wäre seinetwegen gekommen. Was wollen sie wieder von mir, verzweifelte er allmählich. Diesmal traf es die ganze Familie:
„Innerhalb von zwei Stunden steht ihr alle vor dem Haus! Nehmt warme Kleidung und Decken mit, Verpflegung für drei Tage."
Als der Hausmeister fort war, fragten sie sich bestürzt: „Warum warme Kleidung im Mai? Warum für drei Tage Essen?"
Um neun Uhr tauchten tschechische Zivilisten mit Karabinern vor ihrem Haus auf, fast noch Jugendliche. Es waren die bis zuletzt fleißigen Rüstungsproduzenten aus der Waffenfabrik. An der Brust trug jeder ein Schild mit dem Namen eines KZs angesteckt, obwohl sie keine ehemalige KZ-Insassen waren. Die Schilder sollten daran erinnern, wofür die Deutschen nun büßen würden. Das fing gleich an. Mit Gewehrkolben und Peitschenhieben trieben die jungen Männer die deutschen Alteinwohner mit ihren Rucksäcken, Koffern und Taschen durch die Brünner Straßen. Seit Jahrhunderten hatten die Deutschen in der Stadt ge-

lebt. Sie gehörten dorthin wie die Tschechen. Jetzt jagte man sie hinaus.

Zehntausende Menschen waren um und in den städtischen Polizeistationen gesammelt. Die Namen wurden in lange Listen eingetragen. Jedem drückte man ein Formular in die Hände.
„Ihre Abmeldung von der Wohnung", sagte der Polizist.
„Ich möchte uns aber nicht abmelden", sagte Frau Zahel. „Wo sollen wir denn hin?" Der Sohn wich nicht von ihrer Seite. Selber verschreckt, wollte er die Mutter schützen. Eine ältere Frau riet: „Unterschreiben Sie, wir alle haben keine andere Wahl!"
„Mein Mann wurde zu Unrecht interniert", wiederholte Frau Zahel. „Wir haben eine Bescheinigung als Antifaschisten."
„Die sind allesamt für ungültig erklärt worden."
„Erst muss ich mit ihm reden."
„Denken Sie an Ihr Kind", redete die ältere Frau ihr zu. „Sie müssen die Abmeldung unterschreiben. Sonst werden Sie geschlagen. Und dann unterschreiben Sie doch. Man treibt uns aus! Dabei aber legt man Wert auf den richtigen Amtsvorgang."
„Ist es nicht zynisch? Was geschieht mit uns?!"
„Das weiß im Moment niemand. Wie heißen Sie denn?"
„Zahel ... Mein Mann Leo Zahel war Sekretär der deutschen sozialdemokratischen Partei in Brünn. Wir waren keine Nazis oder jemand, der eine Bestrafung verdient."
„Wer von diesen Leuten verdient sie?" Die ältere Frau zeigte mit einer Handbewegung zum überfüllten Raum. „Schauen Sie sich nur die Menschen an. Die meisten altansässig in Brünn. Jetzt wollen uns die Tschechen stellvertretend für die Bestien prügeln, die in den KZs andere Tschechen, Juden und Polen geprügelt hatten." Sie schüttelte den Kopf. „In was für einer Welt leben wir!"
Frau Zahel unterschrieb und stellte sich mit dem Sohn in die Reihen der Ausgewiesenen. Unter der Eskorte bewaffneter Zivilisten wurden sie zur Polizeidirektion von Brünn mehr getrieben als geführt. Dort war der Hauptsammelplatz.

Krankenschwester Margit stand unter vielen Menschen im Alt-Brünner Klostergarten. Gegen neun Uhr abends war sie aus ihrer Wohnung gejagt worden. Ihre zehn Jahre Arbeit in Brünn und sonst wo in Mähren haben nichts genützt. Die Tschechen warfen sie einfach hinaus. Bedrückt beobachtete sie ihre zahlreichen, gedemütigten Leidensgenossen und konnte sich nicht vorstellen, was mit ihr und ihnen weiter geschehen würde. Alles Mögliche hatten sie mit, Decken, gar Federbetten, Kleidung und Lebensmittel in Schachteln, in Koffern, Säcken und Rucksäcken, was man sich gerade schnappen konnte. Oft gab es kaum Zeit zu packen.

Im Klostergarten waren keine Liegen oder Stühle, wo die Leute sich hätten ausruhen können. Sie standen angespannt herum, warteten auf etwas, wie in einer Brotschlange. Es wurde aber kein Brot verteilt. An hygienische Einrichtungen hatte auch niemand gedacht. Das Befinden der Zwangsversammelten kümmerte niemanden, keinen der neuen tschechischen Amtsträger. Kein einziger von ihnen ließ sich blicken. Machtlos entsetzt hörte Margit zu, was die Leute redeten:

„Sollen wir die ganze Nacht wie Pferde im Stehen durchmachen?“

„Seien Sie froh, dass man uns nicht gleich erschießt.“

„Auf diese Weise krepieren wir noch schlimmer!“

„So geht man mit kleinen Kindern und alten Menschen um! Die sollen vom Internationalen Roten Kreuz geschützt werden.“

„Falls dies eine Evakuierungsaktion werden soll“, man wollte es immer noch nicht glauben, „so wird es in eine Katastrophe münden! Es ist alles so schlampig vorbereitet.“

„Schlampig und brutal … Erschütternd ist das!“

„Immer noch tagt der Nationalausschuß im Rathaus. Das hab’ ich selbst gehört. Vielleicht ändert sich noch manches.“

„Was kann sich ändern? Die Kommunisten sind an der Macht! Nach dem Umbruch warfen sie alle anderen raus, obwohl sie selbst auch von niemandem gewählt wurden.“

„Meinen Sie, die anderen wären barmherziger? Das möchte ich bezweifeln.“

„Ein Matula sei der Vorsitzende des Nationalausschusses, der neue Bürgermeister. Ein Altkommunist, sagt man. Seine Frau besitzt einen Selcherladen in der Stadt."
„Die hatten im Krieg sicher keinen Hunger gelitten."
„So wie der Stabskapitän Pokorný auch nicht. Der hätte die Selcher und Fleischer amtlich kontrolliert."
„Wer ist Pokorný?", wunderte sich jemand.
„Der Kommandant der Sicherheitswache. Seine Frau gab sich im Protektorat als eine Deutsche aus. Stellen Sie sich das vor. Jetzt sei derselbe Pokorný der Befehlshaber für diese furchtbare Aktion."

Erst bei Morgengrauen erschienen die Partisanen und Gendarmen im Klosterareal wieder. Die Offiziere schrien in die Menschenmenge: „Gold, Geld, Sparkassenbücher, alles abgeben!"
„Das ist doch der Stabskapitän Holátko!", flüsterte jemand unter vorgehaltener Hand. „Jetzt haben die alle Rang und Titel."
„Ruhe dort!", brüllten die Partisanen. „Alles abgeben!" Mit häufiger Gewaltanwendung wurden Uhren, Ringe, Ohrringe, sämtlicher Schmuck, Wertgegenstände aller Art, einschließlich Sparbücher beschlagnahmt.
„Wird bei jemandem etwas Verstecktes gefunden, so wird er auf der Stelle erschossen!", rief Holátko. Eine junge Mutter reichte ihm zwei Sparbücher: „Verzeihen Sie. Es ist ganz wenig drin. Ich wollte es für die Kinder zum Andenken an ihren gefallenen Vater aufheben." Ihre Hände zitterten, als sie auf den Kinderwagen zeigte, wo zwei Sprösslinge Platz finden mussten. Holátko blätterte die Seiten durch und warf die Bücher der jungen Frau ins Gesicht: „Du niederträchtige Hure, du Schwein, du elendes. Du willst dir einen Narren aus mir machen!", schrie er auf Tschechisch. Die Mutter hob die Sparbücher verängstigt vom Boden auf und entschuldigte sich vor ihrer Nachbarin, als hätte sie tatsächlich etwas Böses getan: „Wir sind arm. Mein Mann hat nicht mehr gehabt. Es sind nur zwanzig Kronen in jedem Buch drin. Das ist dem Beamten wahrscheinlich zu wenig. Ich weiß nicht, was er gesagt hat."

Margit dolmetschte, was die Frau sinngemäß schon verstanden hatte.
„Danke", hauchte die junge Mutter. „Sie kennen sich ja aus."
„Ich beherrsche die Sprache perfekt", bestätigte die Krankenschwester. Und bin noch stolz darauf, dass ich den Schimpf übersetzen kann, dachte sie mit bitterer Ironie.
Die Partisanen suchten alle Gepäckstücke durch. Es schien, jeder von ihnen hatte bereits Koffer voll mit Gold und Silbersachen. Eine alte Dame mit wertvollen Brillianten um den Hals, vielleicht als letzte Versicherung für die verhängnisvolle Reise gedacht, wurde von einem Partisanen vollständig beraubt. Auch den Ehering wollte er mitnehmen. Sie flehte ihn an: „Mein Herr, ich bitte Sie, lassen Sie mir den Ring. Für Sie hat er keinen Wert, aber für mich. Bald sind es fünfundfünfzig Jahre, da mein Mann mir ihn vor dem Altar gab. Mit dem Ring wollte ich begraben werden."
„Du altes Schwein!", erwiderte er, „du sprichst wie ein Buch. Sag's mir auf Tschechisch. Wir sind in der freien Tschechoslowakischen Republik. Bei uns wird tschechisch gesprochen!" Obwohl er sich denken konnte, was sie gemeint hat, zog er ihr vom knöchrigen, faltigen Finger den Ring ab.

Um sechs Uhr früh setzte der Abmarsch zur südlichen Stadtgrenze ein. Nachdem sie die ganze Nacht im Klostergarten oder auf der Straße unter freiem Himmel im Stehen verbracht hatten, waren sehr viele Menschen schon nach wenigen Kilometern total entkräftet. Die Kolonne zog am Zentralfriedhof vorbei. Einige alte Frauen klagten, sie wollten am liebsten hier begraben sein. Andere flehten Gott um Hilfe an. Es war gerade ein Feiertag. Eine hob die Arme zum Himmel auf: „Du lieber Herrgott! So eine Prozession zu Fronleichnam hast Du noch nie gesehen!"

Wie füllt man Massengräber

Viele Kilometer lang wand sich der Lindwurm von menschlichen Gestalten über die südmährische Landstraße.

Brünner Todesmarsch

„Gestern um halb neun ordneten uns die Tschechen an, in dreißig Minuten das Haus zu verlassen. Ich habe zwei alte Frauen bei mir im Hause wohnen“, sagte eine Frau zur Mitwanderin, als hätte sich nichts geändert, „siebzig und fünfundsiebzig Jahre alt. Die lagen schon im Bett. Ich bat die Männer, sie schlafen zu lassen. Dafür wollten sie mich verprügeln. Fünf Minuten vor neun wurden wir alle, auch die zwei Alten, mit Knüppeln auf die Straße getrieben.“
„Und was ist mit den Frauen?“
„Ich hab’ sie aus den Augen verloren! Glauben Sie, sämtliche deutsche Menschen aus Altersheimen, Krankenhäusern, aus den Kinderkliniken, alle wurden rausgeschmissen. Jetzt schleppen sie sich mit uns, bis sie’s nicht mehr schaffen.“

Bewaffnete Zivilisten trieben sie weiter. Viele entkräftete Menschen ließen ihre Koffer auf die Straße ab und zogen sie an Schnüren weiter. Die Gepäckstücke meist aus Pappe, aber auch die besseren aus Leder, zerbrachen eines nach dem anderen. Ein buntes Sammelsurium von brauchbaren und guten Sachen lag zerstreut auf der Landstraße und am Straßenrand. Einige Wachen halfen nach. Sie schlugen die marschierenden Frauen über die Finger, bis sie ihr Gepäck fallen ließen, für die Geier zur Beute. Arbeitsfähigere Männer wurden aus dem Zug herausgeholt. Am Ende der Prozession sollten sie fallengelassene Sachen aufsammeln, zerborstene Koffer aufheben und auf Lastwagen werfen.
Ihr letztes Eigentum, ihre Vorräte, erhielten die Vertriebenen nicht mehr. Die vollbeladenen Autos fuhren fort auf Nimmerwiedersehen.

Wenige Kilometer außerhalb der Stadt sah Walter alte Frauen und Männer im Straßengraben sitzen, gebückt wie ermüdete Vögel. Durch Schläge mit Peitschen und Gewehrkolben versuchten die Wachen sie zu weiterem Marsch zu bewegen. Walter erblickte ein bekanntes Gesicht. „Großmutter!“, rief er auf.
Sie drehte den Kopf ihm zu. „Hilfe!“, murmelte sie kraftlos.

Mit einem Sprung war er bei ihr. „Ich bin's, Oma! Sieh mich an." Sie streckte die Arme nach ihm aus. „Mein Enkelein! Walter! Ich kann nimmer laufen, meine Hüfte und das Knie ... Rette mich!" Zwei Bewacher nahmen ihn in die Zange. „Weitergehen! Weiter!" Mit ihren Waffen schoben sie ihn in die Kolonne zurück.
„Da sitzt meine Großmutter!"
Ein harter Schlag nahm ihm den Atem. „Ich brech' dir auch die Beine, wenn du nicht gleich weitergehst!"
„Ich muss der Oma helfen, ich lass' sie doch nicht allein." Er versuchte zurückzulaufen. „Solche Barbarei!"
„Ich zeig's dir, du deutscher Barbar ... Das bist du!" Nach einem zweiten Schlag spürte Walter süßes Blut über die Lippen rinnen. In seinem unlängst im Krieg schwer verletzten Kopf drehte sich alles wie verrückt. Er wusste nicht, wo unten und wo oben war. Er wurde nach vorn gestoßen, versuchte das Gleichgewicht zu halten.
„Mein Bübchen! Walterl!" Omas Stimme flog ihm nach, immer schwächer. Bald hörte er sie nicht mehr. Sein Herz drohte zu zerspringen. Erinnerungen aus der Kindheit holten ihn ein. Meine Oma! Sie kochte die besten Fruchtknödel der Welt, ging mit mir Erdbeeren pflücken. Und ich lasse sie jetzt allein in Not! Er taumelte.
Jemand nahm ihn an Arm. „Komm, Mann, komm."
„Eine Bestialität ist das!"
„Sag's nicht zu laut. Sonst bleibst auch du auf der Strecke." Es fielen Schüsse. Jemand sagte, man fange an, solche, die nicht mehr laufen wollten oder konnten, zu erschießen. Später sollten die an Erschöpfung Gestorbenen und Getöteten auf den Äckern entlang der Landstraße zwischen Brünn und Nikolsburg in Erdlöchern verscharrt werden. Von der Großmutter erhielt Walter nie mehr ein Lebenszeichen. Namenlos blieb sie im Todesmarsch. Ihre sterblichen Überreste wurden nie aufgefunden oder identifiziert.

Jemand hat kleine Tschechen, vierzehnjährige Jungen, herbeigerufen und hielt sie an, auf die Köpfe hingefallener alter

Männer mit den Füßen zu treten, so lange, bis sie tot waren. Mit Entsetzen beobachtete die Frau, die ihre zwei alten Mieterinnen vermisste, wie die Leichen ausgezogen und ihre Kleider auf mitfahrende tschechische Wagen geworfen wurden. Die Bekleidung sollte unter tschechische Banden verteilt werden.
„Die Strecke, die wir laufen mussten, ist förmlich mit Toten gepflastert", sagte sie über die südmährische Landstraße aus.

Frau Scholz kämpfte sich voran, ihr kleines Mädchen einmal am Arm, einmal auf den Schultern, ein andermal auf dem Rücken tragend. Ihr sechsjähriger Bub musste nebenan marschieren. Sie erlaubte sich kein Selbstmitleid. Nur einmal seufzte sie: „Gestern früh sind wir nach Brünn zurückgekehrt, warum nur!"
„Woher denn?", fragte jemand.
„Wir waren schon in Karlsbad", erklärte sie. „Ich suchte meinen Mann. Er wurde in ein Spital in Kladno krank eingeliefert. Wir mussten weiter, verloren uns aus den Augen. Wo er steckt, keine Ahnung. Ich weiß nicht einmal, ob er noch lebt."
„Sie Arme", nickte eine andere Frau. Zu gleicher Zeit suchte Eugen Scholz seine Familie in Sachsen.

Am Nachmittag ging ein starkes Gewitter nieder. Müde, entkräftete Menschen rutschten auf aufgeweichtem Boden aus. Manche konnten sich nicht mehr auf die Beine stellen. Sie wurden mit Prügeln und Peitschenhieben traktiert. Straßengräben, voll mit Kleidungsstücken, Koffern und Lebensmitteln wurden durch das Gewitter überflutet. Dazwischen saßen erschöpfte Menschen, meistens zum Sterben verurteilt. Wer noch konnte, schleppte sich durchnäßt, hungrig gegen Pohrlitz, der Zwischenstation auf halbem Wege zur österreichischen Grenze.

Schwester Margit kam am Abend in Pohrlitz an, dem Abend des Fronleichnamsfestes. Nach fünfundzwanzig Kilometern Fußmarsch und Schrecken fühlte sie sich verbraucht. In der Finsternis fand sie in einer Autowerkstätte ein Plätzchen zum

Ausruhen. Sie kauerte sich hin. Da hörte sie Hilferufe von Frauen, die irgendwo auf dem Gelände vergewaltigt wurden. Immer wieder. Die Russen waren im Ort. Wer am frühen Morgen noch marschfähig war, wurde mit Peitschenhieben und Misshandlungen auf die Straße getrieben, um zur Grenze weiterzuwandern. An die sechstausend Menschen, so sagte man, wurden krank und völlig unfähig, noch irgendwohin zu laufen. Provisorisch wurden sie in Getreidesilos von Pohrlitz untergebracht. Sie lagen auf blankem Boden. Nicht einmal den Schwerstkranken wurde Stroh fürs Nachtlager besorgt oder zugebilligt. Gleichzeitig suchte man nach Pflegerinnen und Pflegern. Rotkreuzschwester Margit fiel es zu, für die Menschen in Baracke vier zu sorgen. Sie konnte gar nicht ahnen, was ihr in den kommenden Wochen in Pohrlitz bevorstand.

Walter verbrachte die Nacht auf kaltem Betonboden einer Lagerhalle, doch war es fast unmöglich, einzuschlafen. Russische Soldaten mit Taschenlampen platzten herein, suchten sich Frauen und Mädchen aus, und unweit von allen anderen, im Beisein tschechischer Wachposten vergewaltigten sie sie. Die ganze Nacht hörte Walter das Bitten, Schreien und Jammern der Opfer. In einem Alptraum erschien ihm die Großmutter, flehte ihn um Hilfe an. Er konnte nicht erkennen, welche Stimme wem gehörte, den missbrauchten Frauen, oder der Oma. Alles war vermischt, verschwommen, verschmolzen. Er war heilfroh, als das Morgengrauen endlich kam und er sich wieder der Marschkolonne anschließen durfte.
Überraschend standen ein paar Pferdewagen bereit, angeblich für Schwache und nicht mehr Gehfähige. Nur, wohin die fahren sollten, konnte oder wollte niemand sagen. Viele Menschen zögerten, die Wagen zu benutzen, vor Furcht, von ihren Familien und Angehörigen getrennt zu werden. Die Angst zeigte sich stärker als die Verlockung, den Marsch weniger beschwerlich zu gestalten. Weitere fünfundzwanzig Kilometer waren zurückzulegen. Die Bewacher wurden immer brutaler. Von der Kolonne weg und von der Straße ab jagten sie die Bewohner der Orte, die

man durchquerte, auch die Tschechen, die den Vertriebenen Wasser und Brot reichen wollten. Rasch, rasch! Am gleichen Tag sollte man die österreichische Grenze bei Nikolsburg überschreiten.

Bei Muschau erschien ein Pfarrer mit Behältern voll Wasser. Die Bewaffneten sprangen zu ihm und drängten ihn von den Menschen ab.
„Bitte, sehen Sie denn nicht, dass die Leute verdursten? Sie schleppen sich nur so dahin, am Ende ..."
„Verschwinden Sie!" Ein junger Mann spreizte sein Gewehr zwischen den Pfarrer und die Vorbeiziehenden. Eine Frau sprach den Wächter und den Pfarrer zugleich an: „Ich bitte Sie nur für meine zwei Kinder. Nur ein paar Tropfen!"
„Ich sage weg da! Hören Sie schlecht!" Der Bewaffnete drängte den Geistlichen so lange mit aller Kraft fort, bis er den Marschierenden aus den Augen verschwand. Jemand stützte die Frau, die für ihre Kinder Wasser verlangt hatte.
„Es sind Scheusale, Frau Scholz. Denken Sie nicht an sie. Denken Sie an Österreich. Wir kommen schon dahin."
Es kam ihr vor, als hörte sie die freundliche Stimme ihres Mannes, und schleppte sich mit den kleinen Kindern weiter.

Frau Zahel versuchte, ihren Sohn vor dem Anblick der Kranken und Sterbenden zu schützen, doch zu vermeiden war es nicht. Viele Menschen litten an Typhus und Durchfall, waren beschmutzt, hilflos, erweckten einen elenden Eindruck. Sein Leben lang wird der Junge ihn nicht vergessen. Er sprach wenig. Tapfer hielt er die Mutter an der Hand, als wäre er die Stütze für sie, nicht etwa sie für ihn.
„Warum hilft man den Kranken nicht, Mama?"
„Ich weiß es nicht, mein Lieber", wiederholte Mutter immer den gleichen Satz. Sie hütete sich davor, ihn aufzuwühlen, sonst könnte er die Aufmerksamkeit der Wachposten auf sich ziehen. Jemand erzählte, dass Männer am Ende des Zuges Gruben bei der Straße aushoben, und die Toten hineinwarfen.

„Bald ist die Qual vorbei", ermutigte Frau Zahel den Sohn, und konnte es selbst nicht glauben.

Entkräftet nach einem heißen Tag ohne Brot und Wasser, gelangte die Menschenmenge spät abends an die Grenze. Die Dunkelheit verhüllte die Landschaft. Die Vertriebenen kampierten auf den Wiesen und Feldern um das tschechische Zollamt. Bewaffnete Zöllner und Wächter stürzten sich auf das Gepäck der mehrmals Beraubten. Unter Schlägen und Drohungen konfiszierten sie alles, was noch wertvoll erschien. Wieder kamen mit dem Wachpersonal auch die Russen. Wie in der Nacht zuvor wurden Frauen vergewaltigt und gequält.
Am nächsten Morgen waren viele Menschen nicht mehr in der Lage, die Grenze zu überschreiten, obwohl sie in ihrer Reichweite lag. Kraftlos blieben sie auf der Wiese zurück. Einige starben gleich dort, andere in der nahen Umgebung. Auf sechzehn Friedhöfen, immer noch in Südmähren, wurden fünfundachtzig Opfer beerdigt. Sie hatten etwas Glück, wenigstens ihre Namen blieben erhalten. Das Schicksal Unzähliger, die an der Landstraße von Brünn nach Süden anonym verscharrt wurden, bleibt bis heute, bis zum Jahr 2000 ungeklärt.

Eine schwarze Kette nach Wien

Mit dem Anbruch des Tages wurde Walter Saller und seine Leidensgefährten über die Grenze geschickt. Die Wachen blieben auf tschechischem Boden.
„Wo sind wir denn?"
Walter las vom Straßenschild den Ortsnamen, der in die Geschichte des Todesmarsches eingehen sollte: „Drasenhofen."
„Ist das schon Österreich? Steht das fest?"
„Das ist felsenfest."
„Lieber Gott! Wir sind frei!"
„Nach drei Tagen in der Hölle ... Vielleicht war es die Ewigkeit."
Gleich überlegte man: „Was tun wir jetzt?"
„Wer noch kann, geht weiter!", entschied ein älterer Mann.
„Wohin denn?"

„Nach Wien!"
„Das sind doch weitere achtzig Kilometer!"
„Nur weg von der Grenze, so weit weg wie möglich!"
„Und die Schwachen?", fragte Walter. „Viele Menschen schaffen es nicht mehr."
„Die Kranken bleiben vorerst da. Wir werden Hilfe holen. Alle Marschfähigen machen sich auf den Weg!", wiederholte der spontan aufgetauchte Anführer. Man durfte jetzt nicht schlappmachen. Sie waren noch nicht am Ziel. Die unbewachte Kolonne zog freiwillig weiter, von Ort zu Ort.

„**B**ei uns dürft ihr nicht bleiben, leider nein!", hörten die Marschierenden immer wieder von den Bewohnern der österreichischen Dörfer, die sie durchquerten. „Bei uns sind die Lebensmittel knapp. Jawohl, wir geben euch was mit auf den Weg. Aber dann müsst ihr gehen. Nur Schwerkranke nehmen wir auf."
Manche Leute, die nur noch den letzten schwachen Willen besaßen, nicht auf dem tschechischen Boden zu sterben, gaben endgültig auf. Ihr Wunsch hatte sich erfüllt. Ihr Leben war zu Ende.
„Die Kranken brauchen Medikamente!"
„Ich radle nach Wien voraus, und hole sie", bot sich ein Geistlicher in einer Ortschaft an.
„Das tun Sie wirklich, Herr Pfarrer?"
„Hesse ist mein Name. Grüß euch alle Gott."
„Grüß Gott! Und Sie besitzen ein Fahrrad?"
„Leider ein altes und klappriges. Aber ich habe einen guten Helfer." Dr. Hesse zeigte zum Himmel. „Seine Hand hält uns alle. Ihr werdet sehen", versuchte er die Flüchtlinge aufzumuntern. Ohne längeres Erklären schwang er sich auf seinen Drahtesel und verschwand in der Straßenkrümmung. Abends traf die Kolonne ihn in einem der nächsten Dörfer, als er zurückkam, voller Staub, erschöpft, aber zuversichtlich.
„Ich habe mit dem Erzbischof gesprochen", strahlte er. „Kardinal Innitzer wird bei den Behörden Obdach für euch alle sichern."
„Ein Kardinal?"

„Abgesehen von seiner sprichwörtlichen Hilfsbereitschaft ist der Herr Kardinal gebürtiger Sudetendeutscher. Er versteht euer Elend vollkommen."
„Gott sei gelobt!", sagte eine Frau.
„Er war erschüttert, als ich ihm von euch berichtete. Nur nicht aufgeben! Das lässt er euch ausrichten."
„Und die Arzneien? Haben Sie etwas? In jedem einzelnen Dorf sind kranke Menschen zurückgeblieben, es ist eine Katastrophe."
Der Pfarrer zeigte zum Rucksack auf dem Fahrradträger: „Was ich kriegen konnte, hab' ich. Auch andere Menschen sind schon aufgebrochen, um Hilfsgüter zu besorgen. Morgen machen wir die nächste Runde. Und übermorgen ebenso, wenn es sein muss."
„Warum müssen wir so viel leiden?", stöhnte die fromme Frau.
Der Pfarrer wandte sich zu ihr: „Liebe Schwester, in diesen Jahren haben viele Deutsche vielen Menschen aus anderen Völkern und Nationen das Schlimmste angetan, sie gemordet und gequält. Das dürfen wir niemals vergessen."
„Ich war's aber nicht!" rief sie auf.
„Wir waren es bestimmt nicht!" wiederholten die anderen.
„Deswegen bin ich da", erwiderte der Pfarrer. „Wir lassen euch nicht allein."

Jahrzehnte später, mit Schmerz und Trauer, bezeichnete Walter Saller die Strecke, die von der österreichischen Grenze nach Wien verläuft, als Route von Massengräbern. In einem Vortrag bei der Ackermann-Gemeinde, der christlichen Vereinigung der Sudetendeutschen, sagte er im Jahre 1996:
„Viele starben dort unterwegs. Sie sind namentlich erfasst und in Massengräbern beerdigt worden. Es waren ihrer in Drasenhofen einhundertsechsundachtzig. In Steinebrunn sind fünfundfünfzig begraben worden. In Herrenbaumgarten blieben drei Tote. In Poysdorf einhundertzweiundzwanzig. In Wetzelsdorf fünfzehn Tote. In Erdberg zweiundachtzig. In Willfersdorf waren ihrer dreißig. In Mistelbach ließen wir einhundertfünfundsechzig Tote zurück. In Bad Pirawarth sind fünfzehn geblieben. In Wol-

kersdorf siebenundzwanzig. In Stammersdorf sind einhundertundfünf beerdigt worden. In Purkersdorf hundertzweiundachtzig und in Hollabrunn blieben neunundsechzig Tote."

Die Landkarte zeigt die Orte wie schwarze Perlen einer schwarzen Kette zwischen dem südmährischen Nikolsburg und Wien. Nur Mistelbach liegt wenige Kilometer abseits, und Hollabrunn auf der Straße von Znaim nach Wien. Purkersdorf ist westlicher Vorort der österreichischen Hauptstadt.

„In den dreizehn Ortschaften sind insgesamt tausendfünfundfünfzig Vertriebene in Massengräbern beerdigt worden", sagte der dreiundsiebzigjährige Walter Saller, ein Überlebender des Todesmarsches. Wer wird aber je feststellen, wieviele Tote, Erschöpfte, Erschlagene, willkürlich Erschossene die Strecke von Brünn über Raigern und Pohrlitz bis Nikolsburg säumen, bis zum tschechischen Zollamt? Hat jemand versucht, sie nur zu zählen, geschweige denn zu identifizieren? Lediglich bei Pohrlitz hat man einen Teil der Gräber abgedeckt. Das geschah auf Druck von Vertriebenen und einigen Tschechen. Ein Gedenkkreuz wurde dort aufgestellt. Ansonsten leugnen sowohl tschechische Behörden als auch tschechische Politiker, dass von Brünn aus jemals ein Todesmarsch auf den Weg geschickt wurde. Oder sie hüllen sich in Schweigen.

Von Drasenhofen nach Wien ging es noch sehr anstrengend, auch für einen Zweiundzwanzigjährigen. Für Walter war es Erlösung, in Wien endlich wieder ein Dach über dem Kopf zu erhalten, auch wenn es nur ein Schuldach war, das er mit vielen Menschen teilte. Er schlief im Treppenhaus. Eine Decke auf dem Steinboden diente ihm als Nachtlager.

Das Gebäude, wie andere Wiener Schulen auch, war mit Vertriebenen überfüllt, die Stadt zerbombt. Ein Wunder, dass man für die Menschen aus Brünn überhaupt Platz fand. An manchen Tagen lieferte ihnen das Ordinariat Kardinal Innitzers warme Mahlzeiten. Doch war das Sterben nicht zu Ende. Bei Tagesanbruch nahm Walter dreimal Erhängte ab. Am einzigen Ort, wo etwas wie ein Stück Privatsphäre zu finden war, in der Schultoi-

lette, hatten sie ihrem Leben und ihrer Verzweiflung das Ende gesetzt.
„Auch diese Zeit war furchtbar!“, sagte Walter Saller nach einem halben Jahrhundert, im Jahre 1996. „Durch Krankheit, Unterernährung und Selbstmord der alten Menschen gab es viele Tote in den Auffanglagern. Alle unsere Toten wurden in Massengräbern am Wiener Zentralfriedhof begraben. Auch meine Schwiegermutter und mein Schwiegervater wurden dort beerdigt.“ Und Walters Großmutter? Sie ruht in der Erde irgendwo zwischen Brünn und Pohrlitz. Vergessen wurde sie nie.

Von etwa dreißigtausend Deutschen, die Ende Mai 1945 aus Brünn vertrieben wurden, hätten lediglich zwanzigtausend den Todesmarsch überlebt, meint der sudetendeutsche Sozialdemokrat Ernst Paul, der den Krieg in Opposition zu Hitler, dem Diktator, im Exil verbracht hatte. Nach dem Krieg, in berechtigter Angst vor Beneš dem Liquidator, ging Paul nicht mehr in die Heimat zurück.
Die exakte Zahl der Opfer des von den Tschechen organisierten Brünner Todesmarsches fehlt bis heute. Viele Massengräber, die sich in der Tschechischen Republik befinden, wurden nicht einmal untersucht, auch wenn sie am Rande der Friedhöfe oder sonst wo dicht unter der Erdschicht liegen und mehrere Menschen wissen, dass sie sich dort befinden.

Aus dem Zyklus „Genozide“ – Todesmarsch Brünn-Wien

13. Anfang und kein Ende der Stasi

Ehemaliger Polizeispitzel befördert den Henker von Brünn – Anständige Brünner gedenken 1989 ihrer vertriebenen Nachbarn – Ein Dissident braucht Hilfe

Prag, Juni 1945
In einer Sitzung der selbsternannten tschechoslowakischen Regierung wurde am ersten Juni nachträglich das beinahe schon vollendete Massenverbrechen von Brünn abgesegnet. Im Protokoll mischte man Halbwahrheiten und Lügen zusammen, nannte keine genauen Zeitangaben, stellte die Reihenfolge von Initiator und Täter auf den Kopf, und schob die Urheberschaft des Todesmarsches allen - versteht sich tschechischen - Einwohnern von Brünn in die Schuhe. Die Regierung war fein heraus:
Unter Androhung eines Generalstreiks verlangte die Brünner Bevölkerung sofortigen Abschub aller Deutschen aus Brünn. Unter diesem Druck der Öffentlichkeit erteilten die Regierungsorgane ihre Zustimmung zum Abschub von 30.000 Personen nach Österreich.
Am Tage, als in Prag die kommunistischen wie die nicht-kommunistischen Minister die Vertreibung einmütig abgehakt hatten, schauten verstörte Gruppen von halblebendigen und halbtoten Überlebenden in Österreich, wie sie weiterkamen. In Pohrlitz rangen Tausende mit Krankheiten, Elend und tödlicher Schwäche, oder auch das nicht mehr. Zahlreiche Vertriebene, die es über die Grenze nicht rechtzeitig geschafft hatten, wurden durch Mähren und Böhmen hin und her geschoben. Unter wessen Aufsicht? Auch weiterhin von Bedřich Pokorný. Der unglaubliche Todesmarsch war immer noch unterwegs.

Mit Staunen lauschte der selbsternannte Innenminister Nosek dem Kommandanten der Sicherheitswache von Brünn. Er kannte ihn schon flüchtig, den Mann mit den harten Gesichtszügen, tief liegenden Augen und schnellem Mundwerk. An mehreren Prager Geheimsitzungen der Sicherheitsbehörde hatte dieser Pokorný mit der Delegation aus Brünn teilgenommen, als die Vertreibung der Deutschen besprochen und geplant wurde. Geplant!

Er aber hat sie verwirklicht, und wie rasch. An einem Abend! In den darauffolgenden Tagen musste der Kommandant ganze Gruppen der Ausgewiesenen wieder von der Grenze abführen, sie an der Überschreitung nach Österreich hindern. Die Befehle hatten sich geändert, sie änderten sich laufend. Auch das war Taktik. Nosek verstand es, Pokorný offensichtlich auch. Die vertriebenen Deutschen sollten über die mährischen und böhmischen Landkreise verstreut werden, wie es amtlich hieß, zur Zwangsarbeit.

Jetzt war der Kommandant da, um dem Minister einen Zwischenbericht zu erstatten. Es war wohl klar, wer zum Ass des riesigen Unterfangens geworden war, nämlich Bedřich Pokorný. Alle Art Befehle erfüllte er sofort, in vollem Umfang und verlässlich.

„Sagst du, Genosse, ihr habt die dreißigtausend Deutschen mit 'einem' Mal aus der Stadt gekriegt?“ Nosek schüttelte den Kopf.

„So ist es, Genosse Minister“, bekräftigte der Stabskapitän, auch wenn keine genauen Zahlen feststanden. Ebenso wenig hatte er über die Toten und Erschlagenen erzählt, die die Straßen säumten. „Sie sind aus der Stadt fort.“

„Das ist die umfangreichste Säuberungsaktion, die mir bisher bekannt geworden ist“, grübelte der Chef der Polizei und sämtlicher Sicherheitsorgane im Staat. Vor dem Krieg war Nosek ein örtlicher kommunistischer Parteisekretär und Polizeispitzel der Arbeiterstadt Kladno. Seit einem Monat saß er in seinem Ministerialsattel in Prag und wunderte sich über die errungene Macht.

„Eine ausgezeichnete Leistung!“, lobte er. „Ist es eigentlich glatt gegangen?“

„Nun ja, bis auf diejenigen, die im Lazarett Pohrlitz bleiben mussten. Leicht erkrankte, Schwangere, nicht viele“, versuchte Pokorný es zu bagatellisieren.
„In einem Lazarett?“
„Das haben wir im Handumdrehen eingerichtet.“ Auf blankem Betonboden, in leeren Lagerhallen. „Für unsportliche Typen. Die kriegten Blasen an den Füßen. Genosse Minister, wir sind keine Unmenschen. Wer nicht laufen konnte, wurde gefahren.“
„Wieviele Kilometer liefen sie insgesamt?“, prüfte Nosek.
Der Kapitän spürte dünnes Eis unter seinen verlogenen Darstellungen. Blitzschnell schaltete er zur bewährten Gegenfrage:
„Sollte ich die Deutschen in Limousinen befördern?!“
Pokornýs Anekdote brachte Nosek zum Lachen. „Uns haben die Nazis in Viehwagen verfrachtet.“ Selbst verbrachte Nosek den Krieg im Londoner Exil und erlebte nichts davon.
„Mir war von Anfang an klar“, holte Pokorný weit aus, „dass die Aktion generalstabsmäßig organisiert werden muss. Ich bin ...“
„Da hast du Recht“, unterbrach Nosek ihn. „Männer, die etwas organisieren können, werden heute dringend gebraucht.“ In Kladno organisierte Nosek seinerseits nicht nur Arbeiterstreiks, sondern auch solche, die nicht zustande kamen. Dafür kassierte er vom örtlichen Polizeimeister jeweils dreihundert Kronen.
„Nach der Befreiung von Brünn“, schwätzte Pokorný weiter, „als mir das Kommando der Nationalen Sicherheitswache anvertraut wurde, fing ich als alter Nachrichtenoffizier gleich an.“
„Warst du im Nachrichtendienst tätig?“
„Ich bin alter Generalstabsoffizier der tschechoslowakischen Armee“, kam Pokorný endlich zum Wichtigsten. „Absolvent der Offiziersschule von Hranice, Frequentant von Militärkursen der Generäle Gajda, Prchala, Šnejdárek ...“
„Auch mal zweifelhafte Größen“, bemerkte Nosek höhnisch.
„Als Soldaten beherrschten sie eine Menge.“
„Sprich weiter!“
„Nach meinen Aktionen im Widerstand ...“, fing er vorsichtig an.
„Warst du im Widerstand? Was hast du gemacht?“

„Hauptsächlich Wirtschaftssabotage. Als Inspekteur der Landesfinanzdirektion von Brünn konnte ich Partisanen mit Lebensmitteln beliefern.“ Das tat er vor allem für sich.
„Stehen dir Männer zur Verfügung?“
„So viel du nur brauchst, Genosse Minister“, wagte ein Hochstapler dem anderen, mächtigeren ebenfalls zu duzen.
„Wieviele Männer hast du?“
„Es kommt auf die Art der Aufgabe an“, erklärte Pokorný ausschweifend. „Für die Säuberungsaktion von Brünn hatte ich mehrere hundert Mann mit Waffen unter meinem Befehl.“
„Mehrere hundert? Wie hast du sie mobilisiert?“
„Sie haben sich bei mir als dem Chef der Sicherheitswache der Stadt selbst gemeldet und angeboten.“ Diesmal log er weniger.
„Wie lange bist du Parteimitglied? Du bist es doch - oder?“
„Das ist meine Herzensangelegenheit, Genosse Minister.“ Pokornýs Mitgliedschaft war gerade einen Monat alt. „Im Widerstand war es nur unsere kommunistische Zelle, die Sabotagen durchführte. Alle anderen, nichts als Legende.“
„Sicher doch“, stimmte Nosek zu. Beide wussten, dass es der Wahrheit nicht entsprach. Auch im Widerstand war der Kerl wahrscheinlich nicht, fiel dem Minister ein. Der Mann war ein Ass.
„Meinen Parteiausweis konnte ich gleich nach dem Aufstand erhalten. Stets trage ich ihn bei mir. Hier ...“, zog er das rote Büchlein aus der Brusttasche. „Du verstehst schon.“
„So ist es.“ Dem selbsternannten Minister war bestens bekannt, wie manche früheren Kollaborateure jetzt in die Partei eilten und sich gegenseitig die Tätigkeit als Partisanen bestätigten. Er schwieg.
Das war's, dachte Pokorný enttäuscht. Jetzt reicht der Minister mir die Hand und schickt mich zurück in die Wüste, die Brünn heißt. Dort steigerte sich für ihn auch die Gefahr, dass seine Mitarbeit mit dem deutschen Sicherheitsdienst enthüllt würde.

„**M**öchtest du denn nicht mit unseren sowjetischen Genossen etwas enger mitarbeiten?“, fragte Nosek friedlich. Es war

das Angebot, zum sowjetischen Geheimdienst überzuwechseln. „Selbstverständlich möchte ich das.“ Mit jedem Teufel werde ich mitarbeiten. „Die Sowjets sind die Zukunft dieses Landes, nicht wahr, Genosse Minister.“ Das war doch die Rettung!
„In diesem Fall“, entschied Nosek, „gibt es für dich einen Posten. Gleich hier, in meinem Ministerium in Prag.“
„In Prag?“ Ich glaub' ich steh' im Wald ...
„In diesem Haus.“ Der selbsternannte Minister machte zwei drei Schritte zur Seitentür und öffnete sie weit: „Hier ist dein Büro.“
„Mein Büro?“ Ich glaub' mich tritt ein Pferd!
„Ich benötige einen Mann für den geheimen staatlichen Nachrichtendienst, einen zuverlässigen Mann, den Leiter.“ Erst jetzt wandte sich Nosek an den durchtriebenen Offizier mit einer persönlichen Bemerkung: „Ich zweifle nicht daran, dass du das kannst. Mich interessiert nur, ob du es annimmst.“
„Leiter des Nachrichtendienstes hier, so weit mir bekannt, ist General Josef Bartík“, erwiderte Pokorný, immer noch außer Fassung. So hoch hätte er nicht gepokert.
„Den lass' ich sausen“, sagte Nosek gelangweilt, „früher oder später. Das steht fest. Gottwald verlangt eine rasche Auswechslung. Bartík hat bei mir nichts verloren. Er ist nicht unser Mann. Ich sagte dir, ich brauche einen zuverlässigen Kerl. Bist du das?“, stellte er die Überraschungsfrage.
„Jawohl, Genosse Minister, das bin ich!“

„Ganz vertraulich und unter uns“, kehrte Nosek zum ersten Thema zurück, „gab es Tote bei der Säuberungsaktion?“
„Hmmm ... Laut ein paar vorläufigen Meldungen“, versuchte Pokorný Zeit zu gewinnen, „soll ein Mann an Erschöpfung gestorben sein. Aber offiziell hab' ich's noch nicht.“
Nosek betrachtete Pokorný mit einem langen Blick. Sehr gut, es werden wahrscheinlich viele Tote gewesen sein. Das wird Pokornýs wunder Punkt werden. Muss ich mir merken. Mein Nachrichtendienstler darf mir nicht über den Kopf wachsen.
„War nur 'ne Frage.“ Der Innenminister ging zum Vorzimmer. Durch die Tür gab er den Hinweis:

„Mädels! Major Pokorný sitzt ab sofort im Büro neben mir!“
Die Sekretärinnen grüßten höflich. „Guten Tag, Herr Major!“
„Ich bin doch nur ...“, versuchte Kapitän Pokorný seinen neuen Herrn leise zu korrigieren.
„Bald bist du Major! Das ist der niedrigste Dienstgrad, den du auf dem Posten haben kannst.“

Ein Mann, der über Leichen geht, grübelte Nosek, als er zu seinem Parteichef Gottwald fuhr. Er sah schon, wie dieser Pokorný der Partei helfen würde, die kommunistische Machtübernahme einzufädeln. Ein zu allem fähiger Kerl, mit Butter am Kopf, das war die richtige Kombination. Der wird Schritt halten und das Maul auch. Gottwald hat Stalin einen glatten Umsturz in der Tschechoslowakei versprochen. Jetzt macht er seiner Mannschaft Beine. Endlich kann Nosek dem Parteichef und Vizepremier den richtigen Leiter der *Staatssicherheit* präsentieren, Major Bedřich Pokorný, den Kommandanten der Vertreibung der Deutschen aus Brünn. Das werden auch die übrigen Parteien der Nationalfront schlucken, und zwar mit Haut und Haar. Solch einen Patrioten würden sie förmlich in die Arme schließen. Sie würden nicht ahnen, wie sie sich den Strick selbst drehen, die verrückten *Gentlemen aus London*, wie Gottwald sie ironisch titulierte. Sie werden übersehen und unterschätzen, dass ein Bluthund den Posten bekam. Ein Bluthund bleibt immer Bluthund. Ausschließlich uns, den Kommunisten, wird er dienen. Dafür werd' ich sorgen, verzog Nosek die Miene. Nicht ahnend, wieviele Affären er wegen Pokorný auszubügeln haben würde, und dass der Kerl über Jahre hinweg zu einem der blutigsten Bluthunde der *kommunistischen Staatssicherheit* werden wird. Auch Nosek unterschätzte ihn. Im Augenblick freute sich der selbsternannte Minister aber über seine bisherigen Erfolge. Einen wichtigen Schlüsselposten hat er besetzt. Die Wahl der Person war vortrefflich. Die Deutschen von Brünn waren fort. Und niemand mehr würde an sie denken.

Brünn, Dezember 1989
„Erinnert sich noch jemand an die Deutschen von Brünn?“, fragte ich im Alten Rathaus. In einer Passage unter dem Gewölbe hing wie eh und je der grüne Drache, ein Wahrzeichen der Stadt, wie eine Fledermaus, die, anstatt wegzufliegen versteinerte. Viele Seiten der Geschichte waren umgeblättert, viele Machthaber gekommen und gegangen, der Drache schien Bestand zu haben.
„Die Deutschen kann man nicht vergessen“, bemerkte jemand vom Bürgerforum, das im Erdgeschoss des Rathauses seine Räume bezogen hatte. Es war eine von Grund auf neue Welt, meist junge Menschen voller Eifer, die nach dem Sturz der Diktatur alles anders machen wollten, jetzt gleich! Sie druckten Poster, antikommunistische Witze, Texte von Václav Havel, alles, was bis dahin verboten war. Am nahen Platz der Freiheit, dem Kern der mährischen Metropole, mit sämlichen Schaufenstern und Fassadenteilen von Plakaten und Slogans voll überklebt, wurde das Gedruckte für ein paar Kronen an neugierige Passanten verkauft.
„Dies war die Nobelkneipe der kommunistischen Bonzen vom Rathaus“, erklärte eine junge Aktivistin. „Vor ein paar Wochen noch ...“ Es klang wie eine Führung durch längst vergangene Zeiten. „Wir haben die Räume fürs Bürgerforum besetzt. Sämtliche Teppiche, das meiste Zeug mussten wir wegschmeißen.“ Sie rümpfte die Nase. „Es stank alles fürchterlich nach verschüttetem Bier und Tabak. Sie hatten hier auch ein Bordell.“ Das war's. Nur ein Gestank, das nach der besiegten Herrenklasse übrig blieb.
An der Schwelle zu einem kleinen Raum zeigte sie stolz: „Und hier ist unsere Druckerei.“ Da saßen junge Leute vor Bildschirmen, schrieben lange Texte oder korrigierten sie.
„Wenn die Studenten im Januar an die Uni zurückkehren, nehmen sie ihre Computer mit, und wir haben nichts mehr. Deshalb hat Petr euch in München angerufen und um Hilfe gebeten.“
„Das war auch richtig“, bestätigte ich, von ihrem frischen Elan angesteckt. „Unsere Landsleute haben phantastisch reagiert. In einer Woche hatten wir das Geld, die Experten, eine neue Apparatur, alles noch besser als Herr Tabulka es haben wollte.“

Der Mann gehörte zu den bekanntesten antikommunistischen Dissidenten. „Die Computerteile liegen im Auto draußen."
„Ich schicke jemanden hin", meinte die Frau.
„Sehr gut, er kann's mit meinem Sohn hereintragen."
„Ist das Ihr Sohn?", zeigte sie auf meinen Begleiter und streckte zu ihm die Hand: „Ahoj, ich bin Bohunka."
„Ahoj! Ich bin Olda", erwiderte er erfreut. Zum ersten Mal seit er denken konnte, war er wieder in seinem Geburtsland. Es wärmte ihn, als alter Kamerad angenommen zu werden.
„Lebst du auch in München?", duzte sie ihn gleich.
„Nein, in Lissabon."
„In Portugal?"
„Jetzt bin ich wieder da", sagte er beglückt.
„Wie lange warst du fort?" Das Wort Exil vermied sie lieber. Es war zu früh, sich mit bisher verpönten Exulanten abzugeben.
„Nur dreiundzwanzig Jahre", lächelte er übers ganze Gesicht.
„Wie klein warst du …?"
„Als meine Eltern mich nach dem Westen verschleppten, meinst du?" Beide lachten über den alten kommunistischen Politjargon. „Ich war drei."
„Dann herzlich willkommen zu Hause!" Sie drückte ihm noch einmal die Hand.
„Danke", sagte er bewegt und betonte: „Mein Großvater stammte aus Mähren."
„So gehörst du doppelt zu uns!", bekräftigte Bohunka. Sie schickte einen Freund und Olda nach dem Computer und lud mich ein: „Setzen Sie sich zu uns an den großen Tisch. Petr erscheint bald." An einem langen, weiß gedeckten Tisch saßen Frauen und Männer in kleinen Gruppen oder vereinzelt, wie sie gerade kamen oder sich von ihrer Arbeit erholten. Dankbar nahm ich Platz und beobachtete die Menschen ringsum. Sie kamen mir vor wie alte Bekannte, da sie in meiner Muttersprache redeten, und doch waren sie mir auf eine Weise fremd. Ein Vierteljahrhundert war ich nicht mehr in der Heimat. Wie sie fühlten, was sie dachten, darüber konnte ich nur rätseln.

„Erinnert sich noch jemand an die Deutschen von Brünn?“, tastete ich mich durch das Dickicht der Entfremdung. Ein Mann, der mir gegenüber saß und die Tischdecke müde angestarrt hatte, hob die Augen und reagierte auf meine vorsichtige Frage deutlich und direkt:

„An die Deutschen? Meinen Sie den Todesmarsch?“

„Den meine ich“, sagte ich, von der Offenheit überrascht.

„Jeder in Brünn erinnert sich daran“, bekräftigte er.

„Ist das wahr? Sie auch?“

„Ich war zu klein, aber meine Eltern sprachen oft davon“, nickte er. „Es war eine furchtbare Sache. Alle unsere deutschen Nachbarn verschwanden, einfach so, von einem Tag auf den anderen.“ Er schaute mich ernsthaft an: „Meine Mutter weinte manchmal, sie fühlte sich vielleicht mitschuldig, dass sie weg mussten, obwohl sie an keiner Aktion beteiligt war. Auch mein Vater nicht!“

„Denken auch andere Menschen hier wie Sie?“

„Viele tun das.“

„Das klingt wie der Anbruch eines neuen Zeitalters!“ Tschechen, die über Deutsche mit Mitleid sprachen, traf ich selten. Im Exil ging man dem Thema aus dem Weg, obwohl man im deutschen Exil lebte. Es war schizophren.

„Gott gebe uns ein neues Zeitalter!“, seufzte der müde Mann. „Wissen Sie, solche, die anders denken, die haben möglicherweise bei dem Todesmarsch mitgemischt. Aber das werden sie Ihnen nicht erzählen. Die konnten auch in den tschechischen Kerkern und Internierungslagern für Deutsche als Wachen gedient haben, sie geschlagen und erschlagen haben. Die gleichen Typen, das können Sie mir glauben, haben dann steile Karrieren in der Kommunistischen Partei oder bei der Staatssicherheit gemacht oder fortgesetzt. Es gehörte zusammen wie verschmolzen. Mein Vater sprach von mehreren Fällen, wo er es genau wusste.“

„Tatsächlich?“

„Eines der größten Schweine, ein Major Pokorný, wurde nach Prag geholt, hatte es ganz hinauf zum stellvertretenden Innenminister gebracht. Nach dem kommunistischen Putsch 1948 tat er sich als Folterer und Peiniger von vielen tschechischen und slowakischen Menschen hervor. Man sagte, er zog die Fäden im Todesfall von Jan Masaryk. Im Frühjahr 1968, als der Prager Frühling kam, fand man ihn in einem Waldstück bei Brünn erhängt."

„Er hat sich erhängt?"

„Wahrscheinlich hat jemand nachgeholfen. Er wusste zu viel, oder war es auch Rache? Unzähligen Menschen hatte er die Hölle auf Erden gemacht. Er fand dort ein Ende, wo er angefangen hat." Der Mann machte eine kleine Pause und wollte wissen: „Und warum interessieren Sie sich für die Deutschen von Brünn?"

„Es ist so ... Die Vertriebenen, die jetzt in Deutschland leben, möchten mit den Tschechen wieder Kontakt aufnehmen", sagte ich bereits ermutigt. „Viele von ihnen sind den Tschechen nicht mehr böse. Sie wollen ihnen helfen."

„Das ist gut", nickte er. „Viele Tschechen, gar viele Mährer, so fühle ich es, sind auch keine Deutschenfresser, nicht hier in Brünn. Hier war ein Drittel der Bevölkerung - oder was weiß ich wieviel -, doch deutsch. Das waren Nachbarn wie jeder andere."

„Darf ich fragen, wer Sie sind?"

„Ich vertrete die neuen Privatunternehmer im Bürgerforum. Was heißt Unternehmer, wir fangen mit leeren Händen an. Ich bin Ökonom von Beruf, will mich als selbständiger Geschäftsmann versuchen, wenn's geht. Warten Sie ..." Er winkte jemandem zu. „Komm mal her, Toník!" Er schüttelte dem älteren Mann die Hand und sagte: „Hier, Madam möchte gerne etwas von dir hören."

„Kennen wir uns?", fragte der Herr misstrauisch.

„Die Dame aus München fragt mich nach den Deutschen von Brünn aus. Erzähl ihr doch deine Herzensgeschichte."

Er schaute mich freundlicher an: „Sie leben in München? Dann werden Sie meine Freunde nicht kennen. Die wohnen jetzt in Klagenfurt, in Österreich."

„Das macht nichts", erwiderte ich. „Erzählen Sie bitte!"

Gerhards Geschichte

Toník nahm Platz am langen Tisch. „Bei uns in Židenice ..., wissen Sie, wo das ist? Kennen Sie Brünn?"

„Nicht besonders."

„Es ist ein Brünner Vorort", erklärte er und bediente sich vom zarten Weihnachtsgebäck, das auf vielen Tellern zu freier Verfügung lag. Die Frauen des Bürgerforums brachten es von zu Hause mit, vielleicht als Ausgleich, dass sie auch um diese Feiertage so viel zu arbeiten hatten oder als Zeichen dafür, dass das Bürgerforum zu einem erweiterten Familienkreis für sie wurde. Die Männer nahmen es selbstverständlich und dankbar an. Tatsächlich eine neue Welt?

„Also, in Židenice in unserer Straße lebte eine deutsche Familie. Sie hieß Wolf. Ich erinnere mich lebhaft, wie mein Vater mit Herrn Wolf oft lange Debatten führte.

Herr Wolf sprach tschechisch, mein Vater deutsch. Sie saßen an unserem Küchentisch und ich spitzte die Ohren. Als Bub ist man neugierig. Einmal sagte Herr Wolf zu meinem Vater höchst aufgeregt: 'Dies ist der Anfang einer großen Tragödie! Von diesem Narren kann man nichts Gutes erwarten.'Damit meinte er Hitler, der gerade in Österreich einmarschiert war. Wie heute hör' ich es. 'Von diesem Narren kann man nichts Gutes erwarten'.

Bald fiel Hitler auch in unsere Länder ein. Herr Wolf durfte nicht mehr so offen reden. Trotzdem kam er immer wieder zu uns. Meine Eltern empfingen ihn gern, obwohl er ein Deutscher war und sie bereits wussten, was die Nazis in der Welt angerichtet hatten.

Die Wolfs und wir blieben Freunde, wir vertrauten uns. Sie hatten einen erwachsenen Sohn, und eine Tochter. Heute sind's alte Leute, wie ich", sagte Toník traurig.

„Sie sind doch nicht alt!", bemerkte ich.

„Danke", lächelte er. „Gleich nach dem Kriegsende schaffte man Gerhard, so hieß der Sohn, in ein tschechisches Lager. Die Kerker für Deutsche sprossen wie Pilze aus dem Boden. Seine Eltern protestierten, doch der Junge war weg, verhaftet und Schluss. Dabei waren sie eine antifaschistische Familie. Meine Eltern haben es mehrmals amtlich bezeugt. Dann drohte man meinem Vater, er solle lieber den Mund halten, sonst würde auch er verhaftet wegen Kollaboration. Als der Todesmarsch ausbrach, wurden die übrigen Wolfs, Vater, Mutter und Tochter ohne Rücksicht auf ihre demokratische Gesinnung aus ihrer Wohnung vertrieben. Wir hörten nichts mehr von ihnen."

„Und weiter?"

„Ja, das ist die besondere Geschichte." Er fuhr fort: „Irgendwann im Frühjahr 1946 kommt plötzlich ein Brief aus Österreich, an uns adressiert. Der Absender war der junge Gerhard Wolf. Er schilderte, wie er in den tschechischen Internierungslagern dahinvegetieren musste, in Klajdovka, in Pisárky. Zuletzt wurde er nach Österreich abgeschoben. Er gab uns seine Adresse in Klagenfurt an und fragte, ob wir nicht etwas über seine Eltern und Schwester wüssten. Er hätte alles versucht, um sie zu finden, ohne Erfolg. Er wäre unendlich dankbar, wenn wir ihm schrieben. Das wollte Vater sofort tun. Er war betrübt, dass er Gerhard nichts Positives mitteilen konnte. Wir hatten für die Wolfs schon das Schlimmste befürchtet.

Ehe Vater zum Schreiben kam, traf ein anderer Brief ein, diesmal aus München. Meine Mutter ahnte gleich etwas. Nachdem Vater den Brief geöffnet hatte, jubelten sie beide. Es war ein Schreiben von Gerhards Mutter.

Dann folgte doch das Tragische. Die Frau teilte uns mit, dass Herr Wolf den Todesmarsch nicht überlebte. Bei Pohrlitz wurde die Familie auseinander gerissen. Als sie sich wieder fanden, war ihr Mann schwer erkrankt, an Typhus, glaube ich. Sie hielt den Sterbenden in den Armen. Nachher musste sie zusehen, wie die ausgemergelte Leiche in ein Massengrab geworfen wurde. In dem Augenblick wollte auch sie sterben, schrieb sie. Schließlich steckte man Frau Wolf und ihre Tochter in einen Transport von Pohrlitz nach Böhmen. Von dort aus wurden sie ausgesiedelt und gelangten nach Bayern, zuletzt nach München.

Frau Wolf flehte meine Eltern an, ob sie nicht etwas von Gerhard wüssten. Sie träume von ihm jede Nacht, dächte tagtäglich an ihn und glaubte fest, dass er am Leben sei. Doch fehlte ihr je-

de Spur. Meine Eltern seien ihre letzte Hoffnung", erzählte Toník.
„Wirklich eine phantastische Geschichte", sagte ich.
Er fuhr fort: „Mein Vater schrieb gleich an beide Adressen und gab den Wolfs die Anschriften des jeweils anderen Familienteils. Beide meldeten sich wieder. Sie dankten meinen Eltern, als wären sie die Engel vom Himmel."
„Das waren sie ja auch. Sahen Sie sie dann noch?"
„Aber bestimmt! Gerhard kommt immer wieder zu mir. Die Tochter besuchte uns mit ihrem Mann und ihren Kindern. Nur, die Mutter starb bald darauf. Ihr Herz war gebrochen.
Und ich ...", strahlte der Erzähler, „ich fahre jetzt endlich auch zu Gerhard rüber nach Klagenfurt. Während der Diktatur verweigerte man mir die Papiere. Jetzt ist der kommunistische Käfig auf. Wir haben unsere Freiheit doch erlebt!"
„Schreiben Sie davon!", forderte Toníks Freund, der Unternehmer, mich auf. „Die Menschen sollen wissen, wie es zwischen den Tschechen und den Deutschen in Brünn wirklich war!"

Petrs Geschichte

Erst gegen halb eins in der Nacht kam Petr Tabulka, einer der Führenden im Bürgerforum von Brünn, endlich zurück. Er war blass und todmüde.
„So ziehen wir es Tag für Tag oder eher Nacht für Nacht durch", sagte er als Entschuldigung. „Wir mussten nach Kuřim, um einen Gefangenenaufstand zu beruhigen."
„Einen Aufstand von Gefangenen?" Von Überraschungen kam ich nicht los. „Sie saßen doch selbst hinter Gittern. Jetzt fahren Sie wieder in ein Gefängnis? Sie haben Nerven."
„Die Häftlinge haben sich beschwert. Sie konnten sich nicht durchsetzen, also begannen sie einen Streik", versuchte er mir die komplizierte Lage zu erklären.
„Haben sie Hunger gehabt?", fragte ich naiv.
„Nein. Sie beschwerten sich, dass in Kuřim immer noch die alten Wachen dienten, die sie früher, unter den Kommunisten, geschlagen und misshandelt haben. Das wollten sie ändern. Des-

halb riefen sie unser Bürgerforum zu Hilfe. Die Häftlinge sind in Hungerstreik getreten, und das gefällt komischerweise den Wachen wieder nicht.
Also …"
„Der Dissident Tabulka und Co. sollen es schlichten?", ergänzte ich, erstaunt über das Durcheinander.
„Schauen Sie sich nur die Fotos an!", zeigte er auf einige davon. „Sämtliche Essschalen und Matratzen haben sie auf den Gefängnishof hinausgeworfen."
Der Hof sah aus wie eine Müllhalde. Ich betrachtete die Abbildungen, auch die der Innenräume mit Tabulka und der Delegation des Bürgerforums bei einer Gefangenensitzung, so ungewöhnlich das klang.
„Da hängen noch kommunistische Symbole an der Wand", bemerkte ich. „Hammer und Sichel und rote Sterne. Mehr als einen Monat nach der samtenen Revolution! Gibt es so etwas?"
„Das ist es, wogegen die Gefangenen protestieren. Und hauptsächlich gegen den Gefängnisdirektor selbst."
„Er steckt in der alten Polizeiuniform!", erkannte ich auf dem Foto.
Tabulka bestätigte es. „Wir mussten ihm und den Wachen alles langsam erklären, wie kleinen Kindern. Die verabschieden sich ungern von ihrer Macht."

„**P**etr wurde erst zehn Tage nach der Samtenen Revolution aus dem Knast entlassen", sagte Bohunka mit leichter Ironie und froh, dass es vorbei war. Unauffällig gab sie uns zu verstehen, dass sie und Petr befreundet waren.
„Zehn Tage nachher!", staunte ich immer mehr. „Ich las, dass die Tore der Bastille sich stets am ersten Tag öffneten!"
„Meinen Sie. Wir mussten hart kämpfen, damit das Gericht die Wiederaufnahme des Verfahrens überhaupt einleitete", sagte sie.
„Sie sind doch Havels Freund!", bemerkte ich zu Tabulka. „Wieso hat er Sie nicht herausgeholt?"
„Ich bat ihn nicht darum", erwiderte er stolz. „Ich würde es auch nicht tun." Leise sagte er: „Ich bin nur auf Bewährung raus."

„Sagen Sie das nicht!“

„Ich habe Kassetten mit verbotener Underground-Musik, mit Bands, die öffentlich nicht auftreten durften, kopiert und verbreitet. Ich verkaufte sie, das ist wahr. So etwas kostet Material und Arbeit, kann nicht einfach verschenkt werden. Dabei trug ich das Risiko, etwas Verbotenes zu popularisieren. Dafür wurde ich schließlich verhaftet. Trotzdem hielt das Gericht jetzt noch an dem Vorwand des kommunistischen Senats fest, ich hätte illegale Geschäfte zu eigener Bereicherung gemacht. Also war ich kein politischer Häftling“, sagte er bitter.

„Die Kommunisten haben die politischen Gefangenen kriminalisiert. Das war bekannt“, bestätigte ich. „Nur wusste ich nicht, dass es bis heute so weitergeht.“

„Danke für den neuen Computer“, sagte er. „Ich versuche eine unabhängige Druckerei aufzubauen, auch für die spätere Zeit.“

„Das Gerät soll Ihnen Glück bringen, Petr“, sprach ich ihn wie einen alten Freund an. „Nun, ich brauchte auch etwas von Ihnen. Ich möchte mit Havel sprechen. Sie kennen ihn doch persönlich.“

„Ja, aber ich sehe ihn jetzt nimmer,“ erwiderte er und knüpfte an die vorherige Schilderung seiner Lage an. „Wir waren beide im Knast, und im aktiven Kern der Charta 77. Aber jetzt haben sich neue Kameraden um ihn versammelt. Mit dem Prager Bürgerforum liegen wir im Zwist. Die wollen dort das ganze Geld behalten, das als Spenden von vielen Emigrantengruppen aus aller Welt reichlich fließt. Und alles bleibt in Prag.“

„Sind die Verhältnisse so kleinlich?“

„Die sind direkt schädlich! Außer in Prag können die Bürgerforen kaum arbeiten. Manche haben nicht einmal ein Telefon. Deshalb habe ich mich wegen des Computers direkt an Sie in München gewandt“, gab er als Erklärung an. „Aus Prag kriegen wir nichts.“ Sichtlich empört beklagte er: „Seit der Zeit, da Vašek Präsident werden soll, wird er von Gestalten abgeschirmt, die ich im Dissent niemals gesehen habe. Einer wie ich kommt gar nicht

mehr an ihn heran. Warum wollten Sie ihn sprechen?", fragte er.
„Eigentlich wollten die Sudetendeutschen ihn sprechen."
„Wieso das?"
„Die Vertriebenen. Sie verehren ihn, weil er die Wahrheit gesagt hat, ihr Schicksal bedauert. Sie sagen jetzt: 'Havel ist auch unser Präsident!' Das habe ich mit eigenen Ohren gehört."
„Über die Deutschen weiß ich nicht viel", gab er zu. „Ich bin nach dem Krieg geboren. Da waren sie von Brünn schon weg."
„Diese Menschen wollen uns jetzt helfen!", ergänzte ich. „Das möchte ich Havel erzählen. Es ist sehr wichtig."
„Diese Zeit ist nicht gerade günstig", erwiderte Tabulka. „Jeder bestürmt Havel plötzlich, drängt in seine Nähe. Und er genießt es, wird förmlich süchtig nach Ruhm. Alte Freunde hat er vergessen."
„Das wäre aber bedauerlich", sagte ich enttäuscht.
„Ich weiß nicht, woran es liegt", grübelte er. „Ich weiß nur, dass in diesem Lande schon sehr lange etwas ganz penetrant stinkt. Und es stinkt heute noch." Tabulka war ein Rebell, und sein Instinkt täuschte ihn nicht. Von der Vergangenheit jedoch wusste er zu wenig.

14. Das Fegefeuer

Ein General, empört und entsetzt, verrät eine Menge über Beneš – Eine tapfere Frau in Pohrlitz kämpft nicht nur um ihr Leben – Beneš's zynische Show in Lidice

London, Juni 1945

Lev Prchala eilte durch das Zentrum der britischen Metropole und bewunderte, wie so oft, die unverwüstliche Energie der Stadt. Keine Bombenangriffe des Krieges, keine danach verbliebene Zerstörung konnte die Menschen ihres Lebensdrangs berauben. Sie liefen an den vielen Hausruinen ganz nüchtern vorbei, ihren Geschäften nach, mit einer inneren Sicherheit, dass alles wieder besser werden würde. Die Stimme eines Zeitungsschreiers riss ihn aus den Gedanken:

„Frauen und Kinder verhungern in den Straßengräben!"

„Altersschwache von Halbwüchsigen erschlagen!"

„Tschechische Wachen berauben Zivilisten!"

„Die Deutschen aus Mähren verjagt!"

„Fünfzig Kilometer wanderten sie zu Fuß."

„Ein Todesmarsch wie unter den Nazis!"

Meine alte Heimat ...! Prchala drehte sich auf dem Schuhabsatz um und kaufte eine Boulevardzeitung, die er sonst nicht sehr hoch schätzte. Diesmal überflog er den Text und die Bilder gierig mit den Augen und konnte es nicht fassen. Kurz entschlossen stieg er in einen Bus. Bald klingelte er an der Tür seines Freundes.

„Gut, dass du zu Hause bist!", sagte Prchala, als ihm Karel Locher etwas überrascht aufgemacht hat. Sofort führte er den Gast in die Küche, den Ort ihrer häufigen Beratungen. Die Familienwohnung war bescheiden, trotzdem ein Privileg, das viele Men-

schen dieser Tage und noch mehr Fremde und Emigranten vermissten. Die zwei Freunde waren beides. Ein ehemaliger General und ein gewesener Staatsdiener und Jurist aus einem anderen Land. Mit ihren Familien arbeiteten sie hart, um ihre Brötchen zu verdienen.
Prchala breitete die Zeitung aus. „Lies das bitte!" Nach einer Weile fragte er: „Was sagst du dazu?"

„Es ist ein Boulevardblatt", zögerte Locher.
„Die Autorin ist britisch, sie schreibt aber von Wien aus. So wie sie es schildert, scheint es leider glaubwürdig. Mein Gefühl ist, der verdammte Beneš hat es tatsächlich fertiggebracht, einen Genozid zu starten." Obwohl er in Zivil steckte, konnte seine aufrechte Körperhaltung, die Bestimmtheit seines Urteils, den General nicht verleugnen, der weitreichende Verantwortung und Entscheidungsgewalt gewohnt gewesen war.
Der Gastgeber stellte zwei Tassen auf den Tisch. „Echter Bohnenkaffee. Extra für dich aufgehoben", sagte er. „Meinst du?"
„Das war doch seine Idée fixe!", sagte Prchala und streichelte seinen kleinen Schnurrbart, als wollte er ihn noch ordentlicher aussehen lassen. „Alle Deutschen raus! Die ganze Kriegszeit trichterte es Beneš den alliierten Politikern ein: 'Wir siedeln sie menschlich aus!' Einmal fragte ich ihn: 'Wie wollen Sie drei Millionen Bürger aus ihren Wohnungen und Häusern menschlich hinauswerfen?' Er durchbohrte mich mit einem langen Blick. Dann erwiderte er höhnisch, es sei Regierungssache, nicht die seine. Ich verhielte mich wie ein politischer General, das solle nicht sein. Ich dürfe mich nicht einmischen. Gott, wenn das alles wahr ist!"
„Was tun wir jetzt?", fragte Locher und nippte vom Kaffee.
„Wir müssen unseren Nationalausschuss zusammenrufen!" Auch Prchala genoss den Kaffee, den er nach Jahren in England immer noch dem Tee bevorzugte. „Schau, was mir jemand geschickt hat." Er holte ein Stück Papier hervor. „Ein Auszug aus Beneš's Rede in Poprad, bei einer Militärparade Ende April. Der Trottel spricht vom Aufbau neuer Divisionen, gerade als der

Frieden an die Tür geklopft hat!“ Mit deutlichen Betonungen las er vor:
„Es ist notwendig, dass wir zu Kriegsende neue Militäreinheiten für unsere weiteren Aufgaben haben! Ich rechne damit, dass wir wenigstens zehn bis zwölf Divisionen haben müssen! Unsere erste Aufgabe wird es sein, den Staat vom Faschismus und Nazismus zu säubern, von Deutschen und Ungarn.“
Prchala schaute vom Text auf: „Das heißt, er will eine Viertelmillion Soldaten haben. Etwa so viel sind zwölf Divisionen.“ Fachlich kannte er sich bestens aus. „Und wozu braucht er sie? Um sie gegen eigene Bürger einzusetzten? Das widerspricht allen Regeln der Militärkunst. Eine Armee muss das Land nach außen verteidigen, darf nicht ihre bewaffnete Kraft nach innen wenden! Den Missbrauch für die Innenpolitik nennt man schlicht und einfach einen Militärputsch.“ Prchala war immer noch General der tschechoslowakischen Armee. Theoretisch wie rechtlich einwandfrei.
„Da hast du völlig Recht.“
„Das ist noch nicht alles.“ Er zitierte weiter aus der Rede Beneš’s:
„Wir müssen unsere Republik von Deutschen und Magyaren befreien. Vergessen wir nicht, wenn wir es nicht sofort tun, wird es später keine solche Gelegenheit mehr geben. Nötig ist, dies ohne Gnade, mit allen Konsequenzen durchzuführen!“
„Und das sagt er bei dem wunderbaren Anblick der Hohen Tatra, die er sieben Jahre nicht gesehen hat“, bemerkte Locher aufgeregt. „Poprad liegt dicht am Fuß unserer schönsten Gebirgsketten.“ Er litt an Heimweh, aber zögerte, wieder in die Heimat zu fahren. „Der verdammte Kerl sieht die majestätische Natur und denkt an Mord!“
„Genau das tut er. Was soll da heißen, ’Gelegenheit’ haben? Entweder ist etwas rechtens oder man darf es nicht tun, auch wenn eine Gelegenheit da ist“, argumentierte Prchala.
„Gelegenheit macht Diebe“, sagte Locher.
„Exakt“, nickte sein Freund. „Durch Beneš werden sehr viele Tschechen zu Dieben gemacht.“

„Wir kennen ihn doch", erinnerte sich Locher. „Als ich vor Jahrzehnten Beneš's Parlamentssekretär war, sagte er einmal im Auto zu mir : 'Herr Locher, Sie kennen doch den Kramář und den Rašín gut.' Einer war damals Premier, der andere Finanzminister. 'Ich brauche es, dass sie sich zerstreiten!', sagte er zu mir. Stell dir das vor, zwei führende politische Persönlichkeiten - und ich sollte Beneš bei einer Intrige gegen sie behilflich sein! 'Herr Minister', erwiderte ich empört, er war damals Außenminister, 'Sie vergessen, mit wem Sie sprechen!' Als Jurist musste ich ihm eine Absage erteilen, auch wenn ich ihm unterstellt war ... Er fuhr weiter zum Czernin-Palais, ich in mein Büro. Bevor ich in meiner Kanzlei zurück war, hatte schon jemand von der Burg telefoniert, ich sei gefeuert!"

„Eine schöne Geschichte", sagte Prchala. „Wenn ich bedenke, Karel Kramář hat schon 1919 nach den ersten Kommunalwahlen als Premier abgedankt, obwohl er es hätte nicht tun müssen! Er war verbittert, dass seine Nationalen Demokraten nur acht Prozent Stimmen erhielten. Trotzdem hätte er bleiben können, es waren ja keine Parlamentswahlen. Er war ein Grandseigneur."

„Und Alois Rašín", sagte Locher, „neben Dr. Jaroslav Preis war er doch der Architekt der harten Währung der Ersten Republik. Er wurde im Januar 1923 auf offener Straße durch einen Attentäter angeschossen und starb einen Monat später."

„Wer weiß, wie es tatsächlich war", schüttelte Prchala den Kopf. „Auf jeden Fall war Beneš die beiden los. Ich hielt ihn immer für äußerst gefährlich. Unsere lieben Exilminister habe ich mehrmals vor Beneš gewarnt", betonte er. „Sie meinten, dass ich das sage, weil er mich nicht in seine Mogelregierung berufen hat."

„Dir konnte Beneš nicht verzeihen, dass du die tschechischen und slowakischen Offiziere und Soldaten, die nach März 1939 geflüchtet waren, in Polen zum Kampf gegen Hitler organisiert hast."

„Wir haben auch gekämpft", sagte der General und streckte die Beine weit unter den Tisch,

„Während er...", lächelte Locher höhnisch, „als abgedankter Präsident in Chicago Vorträge hielt und über sein unglückliches

Land diplomatische Korrespondenz führte. Ein Feigling vergisst dem Tapferen seine Tapferkeit nie."
„Auch unser Kampf war für die Katz", überlegte Prchala. „Ende September 1939 brach Polen zusammen, und wir zogen weiter."
„Du hättest der Chef des Generalstabs werden sollen", sagte Locher mit Nachdruck. „Vieles hätte anders verlaufen können. Doch das hat dir Beneš vermasselt."
„Die Ernennungsurkunde war schon vom Alten Herrn unterschrieben", erinnerte sich Prchala. Er meinte den alten, kränklichen Präsidenten Thomas Masaryk. „Ich verzichtete lieber. In solch einer feindlichen Atmosphäre konnte ich nicht arbeiten."
„Beneš's Parteipresse hat täglich gegen dich gehetzt. Ich weiß es wie heute, dich als Faschisten bezeichnet. Eine echte Schmutzkampagne war das."
„Es ist heute wie damals", bestätigte der General. „Ich habe mich öffentlich gegen Beneš's Verbrüderungsspiele mit den Bolschewisten gestellt. Als Außenminister buhlte er um die Sowjets von Anfang an. Dafür wurde ich der Einmischung in die Politik bezichtigt. Doch auch als Soldat", sagte Prchala überzeugt, „muss man zu seiner Meinung stehen. Ein General trägt ebenso Verantwortung wie ein Politiker dafür, wo sein Land hinstrebt."
„In Karpato-Russland warst du zuletzt Landesbefehlshaber. Beneš konnte dich nicht ganz übergehen."
„Das konnte er wohl nicht", bekräftigte der Mann, der im alten Österreich zum kaiserlichen und königlichen Offizier ausgebildet worden war und in der Ersten Republik zum General aufstieg. „Er hat jetzt Angst vor mir. Dem Münchener Diktat gab er nach. Er kapitulierte verfassungswidrig, das wussten wir Generäle. Einmütig waren wir im Herbst 1938 für den Kampf gegen Hitler. Nur Beneš lehnte ab."
„Gewiss. Der Feigling war er", wiederholte Locher.
„Meines Erachtens ist es kein Zufall", ergänzte Prchala, „dass heute in Prag kein einziger von den damaligen Generälen im Hauptstab der Armee sitzt. Die Sowjets sind zwar auch daran schuld, aber nur zum Teil. Der Drahzieher bleibt Beneš." Er schaute dem Freund fest in die Augen und sagte betont: „Wir

hätten Beneš für seine Kapitulation vor München jetzt, nach Kriegsende, wegen Hochverrats vor Gericht gestellt. Und er weiß das."

„Die Blamage ist", überlegte Locher betrübt, „dass unsere Armee niemals für unser Land gekämpft hat."
„Es war eine gut geführte Armee. Und sie war bereit."
„Das ganze Volk war es!"
„Ein Trauerspiel ist das", sagte der General angewidert. „Beneš betreibt in Prag seinen ersehnten Genozid völlig unbehindert und wir sitzen machtlos in London. Als sie nach Moskau flogen, meinten die Exilminister, ich wäre eifersüchtig auf sie. Beneš hat doch für sie, aber in erster Linie für sich selbst, glänzende Karrieren gesichert. Unzählige Intrigen nahmen sie dafür in Kauf. Es bleibt ihnen nun nichts anderes übrig, als ihm auf ewig treu zu dienen."
„Jetzt sind sie seine Komplizen!", rief Locher. „Ich hab' schon mehrmals davon geschrieben."
„Schlimmer noch", korrigierte Lev Prchala. „Jetzt sind sie Komplizen eines Massenverbrechens." Er wagte eine düstere Prophezeiung, was er nur selten tat: „Es wird Generationen dauern, bevor unser Volk begreift, wer was in diesen Jahren verursacht hat und was wirklich geschah. Alles wird vernebelt und verdreht werden. Hauptsächlich, weil so viele mitgemischt haben." Er schob die leere Kaffeetasse zur Seite und las noch einmal den erschütternden Zeitungsbericht aus Wien.

Pohrlitz, Juni 1945

Margit lag auf einem Haufen von Sägespänen in einem leeren Getreidesilo. Sonst war niemand da. Die Rotkreuzschwester kam bis zu der einsamen Stelle angetaumelt. Sie wollte dort ihre letzten Stunden verbringen, sich für immer verabschieden. Das war ihr fester Entschluß. Wie Furien verfolgten sie die Szenen, denen sie in der Nacht ausgesetzt war. Es kam ihr schier unglaublich vor. In der Baracke, wo sie ihren Dienst tat, hatten sich alle bereits zum Schlafen gelegt. Da betrat ein Russe den Raum,

schritt wie Herr über Leben und Tod durch die Reihen von Menschen, die am Boden ruhten. Vor einem Mädchen blieb er stehen. „Dich will ich ... Komm!", befahl er mit rauer Stimme.
Eine Frau nebenan schoss hoch. „Niemals! Sie ist erst ein Kind!" Sie versuchte das Mädchen zu sich zu ziehen. Er stieß sie mit dem Stiefel weg und machte sich an das junge, erschrockene Opfer.
„Haben Sie Erbarmen!", rief die Mutter. „Sie ist elf Jahre alt!"
Margit fühlte sich verantwortlich, sie eilte zu dem Soldaten. „Lassen Sie bitte das Kind. Praschu!", sagte sie in gebrochenem Russisch. „Elf Jahre! Keine Frau!" Sie zeigte auf des Soldaten Brust. „Sie ... Schwester zu Haus? Bitte bitte nicht! Große Sünde." Sie bekreuzigte sich tief, wie sie es in Filmen bei den Orthodoxen gesehen hatte.
Der Soldat schaute sie erstaunt an. Dass ihm jemand widersprach, ist ihm noch nie passiert. Unschlüssig biss er sich auf die Lippen. Er ließ von dem Mädchen ab und ging fort.
Ein tschechischer Partisan forderte von der Tür:
„Sofort hier antreten!" Jetzt war Margit gemeint. Sie folgte dem Befehl. Bei ihm angelangt, wurde sie dem Russen übergeben. „Sie gehört dir."
Der gedemütigte Soldat fasste sie fest am Arm, schleppte sie aus der Baracke, über einige Straßen, übers Geleise ..., das registrierte Margit voller Angst. Ich hätte schweigen sollen. Er wird mich erschießen! Wie hätte ich bei so etwas nur schweigen können, dachte sie entsetzt. Das Erschießen hätt' ich mir aber erspart. Sie erkannte eine Zuckerfabrik. Er schleppte sie hinein. Vier Russen, einer nach dem anderen, warfen sich auf sie, drangen in ihren Körper ein. Sie spürte quälenden, brennenden Schmerz. Zuletzt kam der Wüstling, der die ganze Zeit geschrien hatte: „Sie ist erst elf! Ein zartes Gefäß! Passt gut auf! Nur nicht zerbrechen!" Die anderen johlten und lachten, stockbetrunken.
Mit zerrissenen Kleidern und blutverschmiert wurde Margit auf die Straße geworfen. Erniedrigt und bespuckt lag sie jetzt im Silo und wartete, bis sie wieder etwas Kraft bekäme, um ihrem Leben ein Ende zu setzen. In diesem fürchterlichen Fegefeuer von

Pohrlitz würde sie nicht mehr weitermachen ..., in einer schaurigen Krankenbaracke nie mehr dienen. In der Mitte stand ein offener Mörteltrog. Die Schattengestalten von Menschen mussten dort vor aller Augen ihre Notdurft verrichten. In einem bestialischen Gestank arbeiten, die Totengräber unfreiwillig beobachten. Von sechs Uhr morgens bis sieben Uhr abends trugen sie Leichen an der Baracke vorbei. Kaum dreißig Schritte weiter warfen sie sie in seichte Gruben. Margits Leidensgenossen hatten die Toten gezählt und meinten, es waren fünfzig bis siebzig pro Tag.

Zehn Tage - oder mehr schon? - steckten die Zurückgebliebenen des Todesmarsches von Brünn in diesem verdammten Pohrlitz. Es schien wie eine Ewigkeit. Nicht einmal das Fegefeuer soll ewig dauern, dachte sie trotzig. Ich mache Schluss ... Gott vergib mir!

Sie vernahm ein Geräusch. Zwei Gestalten stahlen sich ins Silo herein. Bei anbrechender Morgendämmerung sah Margit ihre Silhouetten. Sind es vielleicht wieder Soldaten!? Sie wagte nicht zu atmen. Allmählich erkannte sie einen alten Mann und eine alte Frau. Sie kamen näher, aber die Vergewaltigte auf den Sägespänen bemerkten sie nicht. Sie beschäftigten sich mit etwas, Margit konnte nicht sehen, was es war.

Von einem Balken baumelten sie auf einmal, erhängt. Sie wollte aufschreien, aber die Stimme versagte. Sie lag regungslos da.

„Wo sind die zwei?“, erklang es von draußen laut. Partisanen brachen herein.

„Na bitte“, sagte einer, „zwei deutsche Schweine weniger.“ Dem toten Mann zog er Sachen aus den Taschen. „Geld, Armbänder, Ausweise“, zählte er sachlich auf.

„Das requirieren wir!“, entschied der andere. „Da ist ein Stück Karton. Schreib drauf: Unbekannt, ohne Dokumente. Wir binden es ihnen ans Handgelenk.“ Die Ausweise samt Wertsachen ließ er in seine Manteltasche fallen. „Die Totengräber erledigen den Rest.“

Die Partisanen waren weg, ohne nach anderen Personen gesucht zu haben.

Unbekannt, ohne Dokumente. Wie furchtbar, dachte Margit. Genau das wird auch mit mir geschehen, nachdem ich mir das Leben genommen haben werde. Meinen Ausweis hab' ich in der Tat nicht dabei! Die Totengräber werden meinen namenlosen Körper in die Grube werfen, eine geschändete Unbekannte ohne Dokumente ... Sie dachte an das immer breiter werdende Feld der Massengräber rund ums Lager.

Jemand hat vorausgesagt, die Gräber würden später mit Erde bedeckt, die örtlichen Bauern Getreide darüber sähen und ernten, eine Asphaltstraße würde über die toten Körper führen und Autos rollen. Jetzt erschien ihr die Horrorvision absolut realistisch.

Ich werde dort nicht liegen!

Mühsam stand Margit von den weichen, kratzigen Sägespänen auf und bewegte sich tastend zur Tür. Sie trat in den fahlen Morgen, ins Fegefeuer von Pohrlitz.

Lidice, 10. Juni 1945

Zum dritten Mal jährte sich die Tragödie von Lidice. Zum ersten Mal konnte man die Trauerfeier in dem Land, gar an dem Ort veranstalten, wo sie geschah. Dies buchstäblich unter freiem Himmel, wo das Dorf früher stand und jetzt nur spärliches Gras wuchs.

Es gab sogar echte Opfer, an denen das Verbrechen verübt wurde, die Frauen von Lidice. Sie waren wieder da. Die musste man in den Mittelpunkt der Feierlichkeit setzen. Gleich in den ersten Reihen, nahe an den ausländischen Botschaftern und Konsulen, da waren die Ehrenplätze. Die Filmkameras hatten die Frauen gut im Blick. Später würden sie in Kinos bei der Wochenschau der ganzen Nation vorgeführt. Im Radio übertrug man die Trauerfeier zeitgleich.

Jeder wusste schon, wie damals alles verlief, oder glaubte es zu wissen. Am zehnten Juni 1942 hatten die Nazis als Vergeltung für das Attentat auf Reichsprotektor Reinhard Heydrich Lidice dem Erdboden gleichgemacht. Ein unscheinbares Dorf in Mittelböhmen, mit kleinen Bauernhäusern, einigen größeren Gehöften

und vielleicht auch mit Bergleuten, die im nahen Kladno arbeiten sollten. Nur, das mit den Bergleuten war eher eine spätere kommunistische Legende. Die Nazis - wer genau? - hätten herausgefunden, dass jemand in Lidice Verbindung zu den Attentätern pflegte. Das wurde jedoch nie bestätigt, manche sagten, es stimmte ganz und gar nicht. Nur die Brutalität des Geschehens blieb unumstritten. Ein SS-Kommando umzingelte und überfiel das Dorf. Alle Frauen und ihre Kinder wurden sofort voneinander getrennt und auf Lastwagen fortgebracht. Nachdem die Frauen und Kinder aus dem Dorf waren, wurden alle Männer von Lidice an einer Rückwand des Gutes der Familie Horák mit Schusswaffen exekutiert. Alle Häuser sowie die Kirche wurden zerschossen, in Brand gesetzt und anschließend plattgewalzt. Ein Dorf war nicht mehr da.
Die schreckliche Nachricht über ihre Männer erfuhren die überlebenden Frauen erst nach ihrer Befreiung. Als sie aus den Konzentrationslagern wanderten, nach Hause, das es nicht mehr gab, hatten es Leute ihnen so erzählt. Seit drei Jahren waren sie Witwen. Geahnt hätten sie es schon, doch erst jetzt war jede Hoffnung erloschen. Sie haben auch ihre erwachsenen Söhne und Brüder, ihre Väter verloren. Aber wo waren die Kinder? Im Augenblick wusste niemand, wo sie steckten. *Viel später hat sich gezeigt, dass die meisten Kinder umgekommen waren. Einige wenige wurden zwangsadoptiert, von ihnen kehrten nicht einmal zehn nach Lidice zu ihren Müttern zurück.*

„Ich mache das gesamte deutsche Volk für den Nazismus und alle seine Verbrechen verantwortlich!“, klagte Edvard Beneš am zehnten Juni 1945 an dem Ort an, wo einst Lidice stand.
„Und wir dürfen nicht vergessen, dass die Hauptgestalter, die Mitarbeiter und Vollzieher dieses Verbrechens die böhmischen Deutschen waren!“ Beide Behauptungen waren falsch und hatten mit den fürchterlichen Ereignissen und Tatsachen nichts zu tun. In den ersten Reihen der Trauergäste saßen die Frauen von Lidice, schwarzgekleidet, tief gebückt unter der Last der Schicksals-

schläge, die sie erst jetzt mit voller Wucht getroffen hatten. Sie weinten fast ununterbrochen. Weiße Taschentücher in ihren Fingern flatterten von den Schößen zu den tränenden Augen und wieder zu den Knien. Die weißen Tücher waren wie aufgescheuchte Tauben die einzigen hellen Tupfer im Meer der Verzweiflung.

„**K**arl Herman Frank ist verhaftet", sprach Beneš über das Schicksal des letzten Reichsministers für das Hitler-Protektorat Böhmen und Mähren, als könnte das den tiefen Schmerz der Frauen lindern. „Frank gab bereits sein Zeugnis über Lidice ab, gestand seine Schuld, er wird an unsere Regierung ausgeliefert werden und es trifft ihn, was er verdient hat!", versicherte er dem ganzen Volk. Allerdings waren für die Zerstörung von Lidice vielleicht andere mehr verantwortlich als Frank, in erster Linie sein Stellvertreter H. Böhme, der von Hitler persönlich die telefonische Zustimmung für die Zerstörung von Lidice erhalten haben soll. Zur Zeit des Verbrechens war K. H. Frank gar nicht in Böhmen, sondern zu Heydrichs Begräbnis in Berlin. Er kam erst, nachdem die Morde und die Verschleppungen bereits durchgeführt waren und Lidice in Flammen stand. Nur, das weltbekannte Verbrechen brauchte einen weltbekannten Täter. Beneš liebte keine Einzelheiten.
„Daluege, der Mörder tschechischer Menschen nach der Exekution von Lidice, Neurath und Frick, ehemalige Protektoren in Böhmen, die das Morden von Tschechen begonnen und fortgesetzt haben, und viele, viele andere, werden in die Hände unserer Gerechtigkeit ausgeliefert werden!", versprach der abgedankte Präsident. Er stand unter Druck. Seine Glaubwürdigkeit und Autorität musste er bei der tschechischen Öffentlichkeit erst richtig durchsetzen, das Volk für seine Pläne gewinnen. Herzzerreißende Veranstaltungen wie Lidice waren dafür am besten geeignet. Die Anwesenden schworen Rache für Rache! Er malte ein düsteres Bild der deutschen Apokalypse:
„Sämtliche deutschen Städte sind zerstört! Die Bahnen zerrüttet, das Wirtschaftsleben vernichtet. Politisch existiert Deutschland

nicht mehr, für eine lange Zeit von den Alliierten besetzt. Und das ist erst der Anfang eines fürchterlichen Schicksals, das das Werk Hitlers und aller seiner Kumpane erwartet!"
Nur die Frauen von Lidice, die eigentlichen Opfer der Tragödie, wunderten sich, warum der Herr Präsident über tausende Dinge redet, die mit ihrem Dorf gar nichts gemein hatten. Warum er Namen erwähnt, die ihnen nichts sagten, eine Zukunft zeichnet, die für sie, ohne ihre Kinder und ohne ihre Männer, tot war. Sie hätten Worte des Beileids erwartet, einige Zeichen menschlicher Wärme, die sie so sehr gebraucht hätten. Aber er quasselt und quasselt über die furchtbaren Deutschen, über die Politik, die sie doch nicht verstanden, und die ihnen gerade jetzt, da sie das Ausmaß ihres Leids erfahren haben, absolut gleichgültig war.

Umso weniger erwähnte Beneš bei der Trauerfeier von Lidice, was zehn Tage vorher den Deutschen von Brünn widerfahren war. Er sagte nicht, was in Pohrlitz fortgesetzt wurde. Ein tausendfaches Verbrechen, im Namen der Tschechen, durch tschechische Gangster verübt ... an unbeteiligten Menschen wie es vor drei Jahren die Bewohner von Lidice waren.
Auch kein anderer Mensch sprach von den aus Brünn gejagten Deutschen. Einerseits funktionierte die Nachrichtensperre im Inland fast lückenlos, andererseits wären die Motive und der historische Kontext ganz anders, tricherte man den Tschechen unermüdlich ein.
Man solle tunlichst vermeiden, Blut und Tränen der Sudetendeutschen, der Brünner Deutschen, der Deutschen überhaupt mit dem Blut und der Tränen der Tschechen oder mit dem Blut und der Tränen der Kosovaren zu vergleichen!
Solch ein Vergleich hinke sehr stark, sagte im Jahre 1999 ein tschechischer Kardinal.

Auf dem Kreuzberg bei Drasenhofen, der ersten Zuflucht der Menschen aus Brünn auf österreichischem Boden in Juni 1945, versammelten sich im Juni 1999 vertriebene Südmährer. Der österreichische Verteidigungsminister Werner Fasslabend erinner-

te daran, dass nach dem Eintritt des Friedens 1945 eine gigantische Vertreibungswelle von Millionen Deutschen eingesetzt hatte. Heute - vor allem vor dem Hintergrund der Ereignisse im Kosovo - habe man eingesehen, dass Vertreibungen nicht toleriert werden können. Er forderte die Tschechische Republik auf, die rechtswidrigen Beneš-Dekrete, die zur Vertreibung der deutschen Bevölkerung geführt hatten, zu annullieren. Sowohl die heutige als auch die nachfolgenden Generationen hätten den Auftrag, darüber zu wachen, dass Volksgruppen- und Minderheitenrechte in einer neuen europäischen Ordnung immer gewahrt werden ...
Wenn Edvard Beneš das hören würde, müsste er sich im Grab umdrehen.

15. Die versunkene Stadt

Danubius sagt, was er über Lidice denkt – Selbsternannter Minister berichtet dem abgedankten Präsidenten – Vertreibung aus Rokitnitz – Totenbeschau in Brüx

Bayern, 1980er Jahre

„Lidice war eine brutale Bluttat, die nach dem Attentat auf Heydrich mit Sicherheit zu erwarten war!“, stellte Danubius fest. „Das Attentat selbst war ein Import aus London.“

„So klar hab' ich's noch nie betrachtet“, gab ich zu.

„Nun, wer waren die Attentäter?“, prüfte er meine Kenntnisse.

„Es waren mehrere, wie man sich erzählt, Gabčík, Kubiš, ich kenne nicht alle Namen.“

„Lebten sie in Prag? Gehörten sie zum heimischen Widerstand?“

„Existierte der Widerstand überhaupt?“, fragte ich zögernd. Es wurden unterschiedliche Angaben gemacht, widersprüchliche Geschichten niedergeschrieben und gegenseitig sich ausschließende Tatsachen behauptet. Unter den Kommunisten, wie im Exil, konnten nur Bruchteile kaum beglaubigter Dokumente veröffentlicht werden. Viele Ereignisse eines halben Jahrhunderts lagen im Dunkeln. Falls jemand darüber geforscht hat, dann gehörte Danubius dazu.

Wir saßen unter Bäumen in einem schönen Biergarten und erfreuten uns des sonnigen Wetters und des erfrischenden Schattens, den die grünen Baumkronen uns spendeten. Der Garten befand sich in einer bayerischen Stadt, die nach 1946 durch vertriebene Sudetendeutsche aufgebaut wurde. Sie bildeten immer noch fast die Hälfte der Bevölkerung. Danubius lebte dort und fühlte sich unter ihnen wohl.

„Doch, der heimische Widerstand existierte!“, bekräftigte er.

„Die Leute versuchten vor allem Informationen zu sammeln, sich gegenseitig zu helfen. Man organisierte aber keine Attentate. Jeder wusste, was folgen würde." Danubius trank sein Bier und erzählte weiter: „Man gab die Nachrichten weiter, hielt Funkkontakt mit Beneš. Das war schon etwas, aber auch alles. Die Idee eines Attentats kam aus London. Sag' mir, wie gelangten die Attentäter ins Protektorat?"

„Per Flugzeug und Fallschirm, soweit ich weiß."

„Richtig. Hat man die tschechische Bevölkerung vorher gefragt?"

„Das wäre unmöglich gewesen, so etwas."

„Was hätten denn die Menschen im Lande geantwortet?"

„Die hatten Angst", erinnerte ich mich. „Wir alle lebten in Angst."

„Mit Recht. Es gab einen Meinungsaustausch zwischen London und Prag. Jemand vom heimischen Widerstand protestierte. Stell dir das nur vor! Ein Attentat auf den höchsten Vertreter des deutschen Reiches im Lande! In Prag war der Reichsprotektor die oberste Machtperson. Nicht die Protektoratsregierung, umso weniger der Marionettenpräsident, der arme Hácha! Mit Recht befürchtete man, ein Attentat auf Heydrich würde eine Terrorwelle gegen die Bevölkerung auslösen. Doch die Alliierten warfen Beneš vor, die Tschechen im Protektorat würden zu bereitwillig der deutschen Kriegsführung zuarbeiten. Beneš mit seiner Exilregierung fühlte sich durch den Vorwurf zurückgesetzt."

„Er hat also den Terror in Kauf genommen?"

Danubius ließ die Frage stehen.

„Weißt du, wie viele Menschen das unnütze Attentat mit ihrem Leben bezahlen mussten?"

„Eigentlich nicht."

„Man schätzt, fünftausend Menschen, einige der besten des Landes. Als Erstes starben die Führer des Widerstands, der dadurch praktisch zerschlagen wurde", erklärte er die politischen Verflechtungen. „Nach dem Attentat am siebenundzwanzigsten Mai und nach Heydrichs Tod am dritten Juni wurden tagtäglich im

Rundfunk Listen mit den Namen der Exekutierten verlesen und öffentlich in den Straßen ausgehängt. 'Wegen Billigung des Attentats auf den Reichsprotektor', hieß es immer. Es war zugleich massiver Psychoterror gegen die ganze Bevölkerung. Alle zitterten, wer als Nächster drankäme, und ob er es selber sein würde."
„Und du meinst ..."
„Ich behaupte, dass es Beneš bekannt war, was folgen würde. Eigentlich trägt er, als Oberbefehlshaber der Streitkräfte, was er stets für sich beanspruchte, die Hauptschuld an Lidice und an den fünftausend unschuldig Hingerichteten."
„Ist es nicht zu viel gesagt?", zweifelte ich noch.
„Hast du einen besseren Vorschlag?",fragte er ironisch.
„Uns wurde das Heydrich-Attentat immer als eine Heldentat dargestellt", sagte ich unschlüssig. „Die Fallschirmjäger sind doch Helden gewesen, mindestens das sollte man anerkennen!"
„Zweifellos", bestätigte er. „Die wurden gleichermaßen geopfert. Sie hatten nur sehr geringe Chancen, nach der Tat zu entkommen. Meiner Meinung nach war derjenige, der sie ins Protektorat geschickt hat, ein kaltblütiger Verbrecher. Über die Leichen der Attentäter und der Tausenden von Terroropfern erwuchsen Nachkriegskarrieren vieler Politiker."
Er rief nach dem Wirt. „Aal, noch ein Bier!" Den Spitznamen bekam der aus Winterberg im Böhmerwald Stammende, da er im Inn am Rande der Stadt gerne nach Aalen angelte.
Der Wirt brachte ein Glas mit hoher weißer Schaumkappe und sagte auf Tschechisch: „Prosím, bitte, Jano."
„Danke dir!", erwiderte Danubius und entwickelte seine Theorie weiter: „Die Halunken im Exil lassen den Reichsprotektor töten. Sie brauchten den Hass, der daraus entstehen würde. Weißt du, warum? Um nach dem Kriegsende die Vertreibung der Deutschen durchzuziehen. Ohne den Volkshass wäre die Austreibung undurchführbar gewesen!"

„Seit wann plante man die Vertreibung?", fragte ich den Kenner.
„In den tschechischen Schädeln bohrte die Idee schon lange",

sagte Jan Mlynarik, ein Slowake, der unter dem Kryptonym Danubius bekannt wurde. „Doch seit dem Münchener Abkommen und der Abtrennung des Sudetenlands 1938 wurde es zum wichtigsten Plan Beneš's überhaupt. Er war von der Idee besessen. Er wollte sich an den Deutschen rächen.
Bereits im Januar 1942, also sechs Monate vor dem Attentat auf Heydrich, erzählte Beneš dem sudetendeutschen Sozialdemokraten und Antifaschisten Wenzel Jaksch, der ebenso in London im Exil lebte, dass ein 'Transfer' vorbereitet werde.
Fast das gesamte tschechische Exil überlegte fieberhaft, wie sich der deutschen Minderheit zu entledigen. Solch eine Frechheit! Als Minderheit bezeichneten sie ein Volk, das in der Ersten Republik zahlreicher war als die Slowaken", betonte Danubius, der selbst ein Slowake war. „Beneš brauchte Argumente, um die Alliierten für die Vertreibung zu gewinnen. Der Terror nach dem Attentat und vor allem die Zerstörung von Lidice, lieferten ihm die besten Argumente, die er sich wünschen konnte."
„Bedeutet das, die Tragödie von Lidice war von vorneherein einkalkuliert?", wollte ich es immer noch nicht glauben.
„Sagen wir so: Es war voraussehbar. Der Terror passte in Beneš's Strategie genau, so furchtbar es klingt. Die Nazi-Verbrecher hatten Beneš Lidice frei Haus geliefert. Verbrecher halfen Verbrechern."
„Damit wäre das Geschichtsbild, das uns seit Kindesalter beigebracht wurde", sagte ich, „auf den Kopf gestellt."
„Das unglückliche Dorf wurde in der ganzen gegen Hitler kämpfenden Welt sofort bekannt. Das hat Beneš mit seiner Propaganda erreicht. Darauf konnten er und seine Clique bauen."
„Ich kann es nicht fassen."
„Kein normaler Mensch kann das! Aber ich sage es dir mit absoluter Sicherheit", betonte Danubius.„Ich bin Historiker. Ich wühle in der blutigen Geschichte seit Jahrzehnten und mir dreht sich der Magen um. Oft meine ich, ich halte es nicht mehr aus."
„Ist es schlimm, auch für dich als Forscher?"
„Überlege mal. Ich studiere Dokumente darüber, wie ein kolos-

sales Verbrechen vorbereitet wurde", sagte er empört, „und die ganze Zeit habe ich im Hinterkopf, wie das Verbrechen im Anschluss tatsächlich verübt wurde!"
„Was meinst du?"
„Ich meine die Austreibung der deutschen Bevölkerung aus der Tschechoslowakei. Die Tragödie und das Leid von Lidice war ein Vorspiel, nur mit einem umgekehrten Vorzeichen. Der Drahtzieher im Hintergrund - merk dir das bitte! - war Edvard Beneš. Ohne ihn hätte weder das eine, noch das andere passieren müssen oder können - wie du willst."

Prag/Hradschin, Juni 1945

An der Einfahrt zur Burg präsentierten Wachen das Gewehr. Je öfter er das Zeremoniell zu eigenen Ehren erlebte, schöpfte Ludvík Svoboda mehr Selbstvertrauen. Schon deshalb fuhr er gern zum wöchentlichen Rapport, den er abliefern musste, persönlich, mit Glanz und Gloria. Nur einer stand höher als er. Nur einer ...? Er verdrängte den Gedanken an den anderen, viel mächtigeren Mann, der tausende Kilometer weit weg herrschte, und den er wesentlich mehr fürchten musste. Jawohl, es gab auch noch andere. Die standen zwar nicht höher als er, doch kontrollierten sie ihn, ohne dass er etwas dagegen ausrichten konnte, die sowjetischen Geheimdienstler und Schnüffler, die sich in der ganzen Armee wie Ratten eingenistet haben.
Das war der Preis für seinen Aufstieg, grübelte er. Nachdem er sich nach der Niederlage Polens 1939 von General Prchala getrennt hatte - der General ging in den Westen, er dagegen nach Osten - war Svoboda aus der Bedeutungslosigkeit eines Offiziers mittleren Ranges kometenhaft emporgestiegen. Es hatte sich gelohnt!
In den Jahren des sowjetischen Exils wurde er zum Befehlshaber des allmählich aufgebauten tschechoslowakischen Armeekorps im Osten, vom Major zum General, jetzt in der Heimat vom General zum Minister erhoben. Es war eine Schlüsselposition, die er eingenommen hatte, unzweifelhaft. Wird sich weiter ausbauen lassen.

Er konnte damals noch nicht ahnen, dass er nach mehr als zwei Jahrzehnten als Staatspräsident in die Geschichte eingehen würde, nur um bald darauf, nach dem Scheitern des Prager Frühlings, den schlimmsten Reinfall seines Lebens in Moskau zu erleben und in einen Zustand geistiger Umnachtung zu fallen.

„Herr Minister für Nationale Verteidigung, General Ludvik Svoboda", meldete ihn der Sekretär genau dem Protokoll nach. Laut Verfassung hatte der Präsident der Republik das Amt des Oberbefehlshabers der Streitkräfte inne, war Svobodas höchster Vorgestzter. Ein ausgemachtes Spiel der Selbsternannten. Beneš thronte in Gold und Purpur in einem breiten Barocksessel. Psychologisch richtig spürte er, als Staatsoberhaupt mehr geschätzt zu werden, wenn er sich der historischen Kulisse des Hradschins bediente. Die Burg war voll von musealem Kram, und Beneš gebrauchte ihn ausgiebig. In einem zivilen Maßanzug wirkte er trotzdem zeitgemäß und elegant.

„Guten Morgen, Herr Staatspräsident!" Svoboda berührte die Generalsmütze. Er nahm sie ab und steckte sie unter den Arm.

Beneš zeigte zu einem anderen purpurnen und goldenen Stuhl.

„Setzen Sie sich, Kollege. Wie geht's Ihnen?" Mit verstecktem Neid betrachtete er die hohe Gestalt - die er selbst schmerzlich vermisste - und die frische Energie des mehr als zehn Jahre jüngeren Helden vom Dukla-Paß. Selbst fühlte er sich nicht auf der Höhe.

„Danke. Keine besonderen Vorkommnisse."

„Sehr gut." Svobodas Wortkargheit nahm Beneš als Zeichen eines ihm gebührenden Respekts entgegen. „Kommen wir zu unseren militärischen Angelegenheiten." Beneš fand es teils amüsant, teils als Genugtuung, einen Krieg im Frieden zu führen. Vor allem war das Risiko gleich null. „Was bringen Sie mir heute?"

Der selbsternannte Minister verfügte über ein schwaches Gedächtnis und so gut wie keine rhetorischen Gaben. Falls aufgeregt oder unsicher, neigte er zum Stottern, das wusste er. Vorsorglich breitete er Akten um sich, und las langsam vor:

„Nach Absprache mit sowjetischen Armeekommandanten pas-

sieren unsere Deutschen die Staatsgrenze zu den Sowjetzonen Österreichs und Deutschlands. - Mehrere tausend täglich sind's", ergänzte er schnell.
„Ausgezeichnet. Irgendwelche Probleme?"
„Damit werden wir fertig."
„Auf welche Weise?"
„Von den Soldaten wird Härte erwartet, Herr Präsident."
„Richtig. Allerdings müssen wir menschlich bleiben!", rügte Beneš. Als Chef behielt er sich das Recht, öfters etwas zu rügen. Das stärkte die Autorität. „Sie verstehen, Kollege. Der ausländischen Presse dürfen wir keine Angriffsflächen bieten ..." Er schwieg eine Weile. Plötzlich fügte er mit errötetem Kopf heiser hinzu:
„Wie in Brünn unlängst!"
„Selbstverständlich, Herr Präsident."
Wieder ausgeglichen, verlangte er Auskunft: „Wie werden die Kampfeinheiten bei dem *Transfer* der Deutschen eingesetzt?" Er benutzte das international unschädliche Wort '*Transfer*, da es doch menschlich klang.
Die Übersicht hatte Svoboda zum Glück dabei: „Der Militärkommandantur Alex unter General Novák wurden zwei Operationsgebiete unterstellt: Eins in Hradec Králové (Königgrätz) mit General Janáček an der Spitze, das andere in Kladno mit General Fišera. Unter den beiden Kommandozentralen arbeiten Standortkommandanturen, die die Mobilisierung durchführen."
„Nennen wir es *Musterung der Wehrpflichtigen*, korrigierte der Oberbefehlshaber mit sanfter Stimme. „Wir wollen doch keine *Mobilisierung* nach dem Kriegsende machen."
„Aber für die Evakuierung der Deutschen brauche ich Soldaten!"
Beneš nickte geduldig. „Es geht lediglich um die Wortwahl", erklärte er. „Der Abschub der Deutschen ist eine empfindliche Sache", benutze er den härteren, internen Begriff. „Die Absegnung der Westalliierten haben wir noch nicht. Daher sind die korrekten Bezeichnungen lebenswichtig!" Er schaute seinen Minister an und wartete, bis ihm die Sache in den Kopf gegangen war.

Svoboda überlegte, welcher von seinen zwei Chefs der größere Schurke war. Ob Stalin, der ihn durch seine Geheimdienste und Major Reicins Agenten mitten in der tschechoslowakischen Armee auf Schritt und Tritt bespitzeln ließ, oder Beneš, der ihn in die Welt der politischen Intrige einführte. Die verzwickte Lage erschien Svoboda dadurch erleichtert, dass die beiden Chefs dasselbe wollten: Die Deutschen raus!

Rokitnitz, Mai/Juni 1945

Motorisierte Truppen der Roten Armee hatten sich mit Geschützen und Panzern über den Kamm des Adlergebirges ergossen, um gegen Prag zu eilen. Kaum einen Monat später wurden die deutschen Bewohner von Rokitnitz am Fuß der Gebirge aus ihrer Heimat verjagt.

Bei der Ankunft der Russen standen die Menschen ratlos vor ihren Häusern. Die tschechischen Partisanen hielten bereits die Straßen besetzt und entwaffneten deutsche Soldaten. Eine Flucht war nicht mehr möglich. Bald wurden fast alle deutschen Männer von Rokitnitz verhaftet, in ein Gefängnis oder in die Kaserne geschleppt, geschlagen, viele gemartert, bis sie starben. Der weit bekannte Stadtarzt Dr. Rudolf Wanitschke wurde in der Kaserne zu Tode geprügelt.

Bestialisch ermordet wurden Baumeister Hermann, der Leiter der Städtischen Sparkasse Franz Gregor, Wilhelm Pischel, der Uhrmacher Alois Kubitschke, der Pächter vom Schwarzen Adler Gottwald, zwei Angestellte des Arbeitsamtes Spanel und Leichter, Oberlehrer Jörka aus Groß-Stiebnitz, Lehrer Spanel aus Ober-Riebnei, Heinrich Letzel aus Himmlisch Riebnei. Nach der Schwerarbeit im Bergbau unter Tage sind Forstverwalter Scherz und der Schwiegersohn vom alten Kotisa, Herr Černoch, gestorben.

Dem Stadtpfarrer wurde der Gottesdienst verboten, die Kirche wurde versiegelt. Der Pfarrer selbst wurde ins Staatsgefängnis nach Königgrätz eingeliefert.

Am Morgen des fünften Juni gingen Menschen, die noch zurückgeblieben waren, ahnungslos ihren Geschäften nach. Da drangen

tschechische Partisanen in ihre Häuser. Die Einwohner mussten alles verlassen, was sie besaßen. Mit nur wenigen Habseligkeiten, angetrieben von Flüchen und Brüllen der Partisanen, schleppten sich auch Alte und Kranke auf den Sammelplatz. Dort wurden sie schärfster Kontrolle unterzogen. Was noch einigen Wert hatte, selbst kleine Andenken, geringe Barschaft, Kinder- oder Bettwäsche wurden geraubt.
Gegen drei Uhr nachmittags bewegte sich ein Elendszug der deutschen Bewohner von Rokitnitz über den Ringplatz, begleitet von höhnischen Zurufen der Tschechen. Einige hatten mit Fotoapparaten den Abgang der Altbewohner festgehalten.

Bei Herrenfeld und Batzdorf wurden die Verjagten durch schwerbewaffnete tschechische Partisanen über die Grenzbrücke getrieben und ihrem Schicksal überlassen. Am zweiten Tag erreichten sie die schlesische Stadt Habelschwerdt. Einige Mitarbeiter des Roten Kreuzes teilten sie in Baracken ein. Leider war Habelschwerdt sowie das ganze Glatzer Land, bereits von den Polen besetzt und es herrschten dort dieselben Zustände wie in den letzten Wochen in der Heimat. Erst im März 1946 wurden die Vertriebenen aus Rokitnitz mit den Schlesiern gemeinsam aus Polen nach Deutschland ausgesiedelt.
Direktor Pischel bezieht sich auf die Verwaltungsaufteilung des gerade beendeten Dritten Reichs, wenn er schreibt: „Rokitnitz war die erste Stadt im Sudetengau, aus der die Bevölkerung vertrieben wurde.“ Direktor Pischel war Bruder des kurz zuvor von den Tschechen ermordeten Wilhelm Pischel.

Prag/Hradschin, Juni 1945

Die Deutschen raus! Das wollte Stalin wie Beneš, nur jeder mit einer unterschiedlichen Motivation. Das verstand Svoboda mit ungewöhnlicher Klarheit.
„Unsere sowjetischen Freunde“, fuhr er vorsichtig fort, „haben eine Empfehlung ausgesprochen.“ Sie hatten sie ihm als Forderung, gar als Gegenforderung für die offene Grenze vorgelegt. Allmählich lernte auch Svoboda die richtigen Worte zu wählen.

„Die sowjetische Führung meint, wir sollten Teile der evakuierten Gebiete für Verteidigungszwecke aussparen."
Beneš hob die Augenbrauen. Es war keine Überraschung, dass die Sowjets für ihr Entgegenkommen beim Abschub der Deutschen etwas verlangten. Nur erwartete er es nicht so rasch. Mit unbeteiligter Stimme sagte er:
„Das bedeutet also, wenn ich es recht verstehe, das Territorium militärisch auszubauen." Als würde er es überhaupt überlegen dürfen, sagte er: „Normalerweise muss das Parlament darüber befinden."
„Wir haben aber keines!", platzte Svoboda mit der wohl bekannten Tatsache heraus. Wem sagte er das?
„Normalerweise, meine ich", betonte Beneš. Gleich schob er die Verantwortung von sich: „Kollege, arbeiten Sie einen entsprechenden Vorschlag aus, nur für mich, versteht sich. Hätten Sie eine Idee, wie das ausgeführt werden kann?"
„Auf den evakuierten Gebieten können militärische Sperräume sofort, ohne Zeugen errichtet werden. Im Prinzip ist es einfach."
„Nennen wir sie Forstreviere", fand Beneš wieder das passende Wort. Alles muss er allein ins Lot bringen! „Jawohl, Forstreviere des Heeres, das klingt nach Bewirtschaftung, nicht nach Militärbasen", bekräftigte er. „Dagegen kann niemand einen Mucks sagen", verfiel er in vertrauliche Umgangssprache. „Was die Armee damit macht, das geht kein Schwein etwas an. Das sowieso."
„Ich darf der sowjetischen Seite Ihre Zustimmung ausrichten?", fragte Svoboda höflich. Der Mann hat angebissen! Er ist schwach wie abgestandenes Bier. Stalin wird er zum Spott, dachte der General böswillig vergnügt, da er selbst in gleicher Lage war.
Beneš verlor nicht die Fassung. „Die deutschen Gebiete sind überbevölkert gewesen", befand er plötzlich. „Für die tschechische Öffentlichkeit als auch für das neugierige Ausland wird das eine plausible Erklärung sein. Unter uns gesagt, wir Tschechen könnten den Raum niemals total wieder besiedeln." Das zu behaupten wagte bisher kein Mensch. „Das Heer muss helfen, die verlassenen Gebiete aufzuforsten", baute er die Tarnung fleißig auf. „Die Sowjets denken weit voraus. Oder haben Sie den Ein-

druck", prüfte er, „sie würden etwas Bestimmtes vorbereiten?"
„Das würden sie uns kaum mitteilen, Herr Präsident", erwiderte der selbsternannte Verteidigungsminister ein wenig bissig. Der Beneš war naiver als erlaubt.
„Nun, jedenfalls geht es um unser Hoheitsgebiet", versuchte Beneš das Gesicht zu wahren. „Ich muss Sie darauf hinweisen, Kollege, dass auch Sie selbst nur Ihrem Land und mir persönlich verantwortlich sind! Ich möchte von Ihnen hören, was Sie hinter der Forderung vermuten!", versah er es mit dem richtigen Namen.
„Es geht lediglich um eine Empfehlung", wich Svoboda aus. Auch wenn Beneš sich als Oberbefehlshaber aufspielt, in meinen Kopf wird er nicht hineinschauen.
„Sie sind doch kein Kommunist, nicht wahr!", stellte Beneš die Frage, die ihn fast unaufhörlich beschäftigte. Er begriff nicht, wie gerade diese Tatsache praktisch ohne Bedeutung war.
„Ich war niemals Mitglied der Kommunistischen Partei", betonte der General zu Recht. „Ich bin Soldat, Herr Präsident, und als Soldat diene ich meinem Volk." Das allerdings war gelogen.
„Sagen Sie mir also, was Sie von der Sache halten."
„Was ich vermute ist, dass die sowjetische Führung uns eine Grenzsicherung empfiehlt, die sich in ihrem Bereich bestens bewährt hat." Ich werde dem Dummkopf doch nicht weismachen, dass unsere westliche Grenze die sowjetische Einflußsphäre zur Festung machen soll. Merkt er es nicht von selbst als großer Ober-befehls-haber!?
Ist das der Anfang eines Eisernen Vorhangs?, fiel Beneš Churchills Warnung ein, aber er verwarf sie sofort. „Das klingt vernünftig", nickte er.

„**Z**ur Sache: Wer ist also im Grenzland bei dem Abschub der Deutschen aktiv?", drängte Beneš.
„Erstens die Truppen des Regiments Revolutionsgarde Eins 'Albatros' mit Oberstleutnant Bořík. Sie arbeiten mit den Gruppen 'Železo' (Eisen), 'Toledo' und 'Vpřed' (Vorwärts) zusammen." Das waren Banden, welche die Gegend terrorisierten. Theore-

tisch waren sie der Armee untergeordnet. Wenigstens war man im Bilde, wo ungefähr sie deutsche Häuser plünderten und Menschen töteten.
„Auf der Trasse Louny-Most-Duchcov-Teplice (Laun-Brüx-Dux-Teplitz)“, präzisierte Svoboda, „operiert die Kolonne ’Železo’ mit Oberleutnant Noha. Der zweite Teil der Formation, die Toledo unter Kommandant Káš, bewegt sich zwischen Lovosice, Ústí (Lobositz, Aussig) und Teplice. Die Gruppen ’Železo’ und ’Toledo’ nehmen Eisenbahnlinien in Besitz und führen Pazifikations-Aktionen in Nordwestböhmen durch.“ Die Angaben waren neblig genug, auch wenn sie klangen, als wäre alles genau eingeteilt.
Kurz schaute Svoboda auf, um zu sehen, wie der Chef auf den Begriff ’Pazifikations-Aktion’ reagieren würde. Hinter dem Fremdwort, das Friedensstiftung bedeutete, verbarg sich immer eine Menge Blut. Beneš schien voll einverstanden zu sein.

Brüx, Mai/Juni 1945

Seit Ende Mai herrschte über die Stadt der Ausnahmezustand. In vierundzwanzig Punkten erließ der Garnisonskommandant, was die Deutschen zu tun und zu lassen haben, zu welchen Stunden sie nur einkaufen dürfen. Ihre Radioempfänger, Fotoapparate, selbst Musikinstrumente und vieles mehr mussten sie abgeben. Durch die Sperrstunden wurden die deutschen Bewohner in ihren Wohnungen praktisch eingeschlossen. Eine Verbindung mit der Außenwelt bestand nicht mehr. Aus Prag kam die Rote Garde an. Partisanen und angebliche Barrikadenkämpfer errichteten am Ersten Platz ihr Rotes Haus.
Junge tschechische Burschen in SA-Uniformen mit bunten Mützen und Bändern, mit Gewehr und Peitsche bewaffnet, stolzierten auf dem Platz hin und her. Sie hielten deutsche Passanten an, schlugen ihnen die Hüte vom Kopf, traktierten sie mit Ohrfeigen und Fußtritten, peitschten sie mit einer neunschwänzigen Nagaika. Öfters verschleppten sie einige Menschen ins Rote Haus und misshandelten sie. Dies folgte den schrecklichen Wochen voller Plünderungen und Vergewaltigungen durch russische Sol-

daten. Viele deutsche Frauen suchten ein Versteck auf den Dachböden der Häuser, wo sie wie Vögel in den Dachbalken sitzend ganze Nächte verbrachten.
In den Außenbezirken von Brüx hielten sich Tausende befreite Ostarbeiter auf. Bis vor kurzem hatten sie im Hydrierwerk Maltheuren (Záluží u Mostu) einem chemischen Kombinat, für Reich und Endsieg geschuftet. Nun wiederum waren andere Unschuldige dran.
„Im Grenzgebiet werden wir Ordnung schaffen", brüsteten sich die tollwütigen Rotgardisten.

Prag/Hradschin, Juni 1945

„Für den amerikanisch besetzten Landesteil haben wir die Kommandantur in Tábor errichtet", erklärte Svoboda. Nicht zufällig lag Tábor außerhalb des amerikanischen Besatzungsgebiets. Typisch war, dass die Kommandantur, die unter dem sowjetischen Patronat stand, Überfallkommandos in den amerikanischen Teil beorderte oder ähnlichen Initiativen vorab zustimmte. Damit schien die Ordnung gewährleistet zu sein. „Ihr unterstellt sind die Revolutionsgarden NIVA (Aue) und Šumava (Böhmerwald) Zwei."
NIVA war die Bande, die kürzlich Vollmau verwüstet hat. Nach getaner Arbeit hat sie sich wie in Luft aufgelöst. Sie kehrte in den Hinterhalt zurück.
Höchst zufrieden hörte Beneš ihm zu.
„In Schlesien beteiligt sich an der Aussiedlung und der Abwehr gegen die Deutschen", als wäre eine Abwehr gegen Unbewaffnete nötig, „die Erste eigenständige tschechoslowakische Panzerbrigade. Die Vierte Brigade des Armeekorps aus der Sowjetunion operiert im Raum Jihlava-Havlíčkův-Brod (Iglau-Deutschbrod) -Třebíč."
„Werden denn nicht die Truppen des Armeekorps als Svoboda-Soldaten bezeichnet?", fragte Beneš wohlwollend.
Der selbsternannte Minister fühlte sich geschmeichelt.
„So sagt man."
„Wohl verdient", bekräftigte Beneš. Ihm war klar, gelegentlich

musste er auch Lob spenden dem Mann, der - im Gegensatz zu ihm selbst - den ganzen harten Feldzug der siegreichen Ostfront mitgemacht hat. „Sind da nicht in dem Armeekorps zu achtzig Prozent ethnische Tschechen aus Wolhynien und anderen sowjetischen Gebieten, also Nicht-Tschechoslowaken, engagiert?", wollte er sich bestätigen lassen. Öffentlich sprach man darüber nicht, das hätte den Mythos von kämpfenden Tschechoslowaken wesentlich angekratzt. Svoboda stand für sie ein. „Sie haben sich bestens integriert und bewährt", als Kanonenfutter am Dukla-Paß hatte er auf der Zungenspitze, doch sagte er es lieber nicht.
„Das ist erfreulich", bemerkte Beneš, ohne an die Zukunft der überlebenden Soldaten zu denken. Man plante, sie würden in den entleerten deutschen Gebieten für sich und ihre Familien neue, zivile Existenzen gründen. Würden sie das? „Gehen wir weiter."
„Wir sind gerade dabei, eine Reorganisation der Armee durchzuführen." Verteidigungsminister Svoboda erörterte eifrig:
„Bald wird bei der Evakuierung der Deutschen der Erste Heeresbereich unter General Klapálek eingesetzt werden mit den Korpskommandanturen in Litoměřice und Hradec Králové (Leitmeritz und Königgrätz). Klapálek hat die Kommandeure bereits beauftragt, im Streifen von Česká Lípa (Böhmisch Leipa) bis Králiky die Kommunikationen und Grenzübergänge für den Transfer zu sichern. Im Raum Böhmisch Leipa, Warnsdorf und Děčín (Tetschen) ist das Achtundzwanzigste Infanterieregiment unter der Führung von Oberstleutnant Voves tätig. Endlich müssen wir das Chaos im Grenzgebiet unter Kontrolle kriegen. Die verrückten Roten Garden gehören aufgelöst, das verlangen schon viele Militärs!"
„Alle diese Tatsachen und Bewegungen", erinnerte ihn Beneš, „werden wohl strengstens geheim behandelt!"
„Natürlich, Herr Präsident. Militärische Geheimnisse sind niemandem zugänglich außer Ihnen und den führenden Personen des Generalstabs. Keine Öffentlichkeit, keine Presse."
„Daran müssen wir festhalten."

Brüx, 2. Juni 1945

Die Rotgardisten schrien, läuteten und rüttelten an den Haus- und Wohnungstüren von Brüx. Sie zerrten deutsche Männer und Frauen zum Ersten Platz. Seit dem frühen Morgen hatten sie drei Marschblöcke Gefangener in Achterreihen zusammengestellt. Aus den umliegenden Häusern wurden ständig neue Menschen hinausgetrieben.

Eine Gruppe von russischen Offizieren überquerte den Platz. Bei dem Anblick der Menschenmenge blieben sie stehen.

„Wer ist hier verantwortlich?", fragte ein Offizier einen Gardisten.

„Herr Feldwebel drüben."

„Bringen Sie ihn zu uns."

Der Unteroffizier salutierte höflich und holte den Mann.

„Wer hat den Zirkus angeordnet?", fragte der Russe ihn streng.

„Herr Garnisonskommandant befahl - eine Pazifkationsaktion!", erwiderte der Feldwebel.

„Wen will er hier denn pazifizieren?", fragte der Offizier ironisch.

„Ich verstehe nicht ..."

„Kann vielleicht jemand besser pazifiziert sein als diese Deutschen, nachdem auch der Ausnahmezustand über sie verhängt wurde?!"

„Also, Herr Oberleutnant meinte ..."

„Lassen Sie alle Arbeiter der Stalin-Werke augenblicklich frei!", ordnete der Russe an. So hieß neuerdings das Hydrierwerk Maltheuren, das bis unlängst den Namen Hermann Görings trug. Die Kriegsbeute hat den Patron gewechselt. „Die Arbeiter unterliegen nicht den Kompetenzen des Gospodin Garnisonskommandanten. Die Arbeiter sind uns unterstellt! Für den Betrieb zuständig sind wir. Das Treibstoffwerk ist sowjetisches Eigentum. Bestellen Sie Ihrem Gospodin Kommandanten, er darf die tschechische Wirtschaft ruinieren wie er will, nicht die unsrige."

„Aber, ich kann nicht ..."

„Sie lassen unsere Arbeiter laufen, und zwar unverzüglich, sonst stelle ich Sie vor ein sowjetisches Kriegsgericht. Wegen Sabotage."

Der Feldwebel sah ein, dass das eine schlechte Alternative wäre. Dem eigenen Vorgesetzten wird er die Szene lebhaft schildern, ihn auf die Befreier verweisen. Er rief die Gardisten zu sich: „Alle Mitarbeiter der Stalin-Werke herausholen und vor mir antreten lassen!"
Die Russen warteten. Ihr Anführer ließ es sich nicht nehmen, dem Tschechen seine Meinung zu sagen:
„Den Bergbaukonzern habt Ihr geschluckt, das Stahlwerk und das Elektrizitätswerk, die Brauerei. Überall habt ihr eure lieben Nationalverwalter. Was wollt ihr mehr? Den Generaldirektor des Bergbaukonzerns Nathow und Direktor Matuschka habt ihr in die Kaserne eingesperrt. Die hätten doch fliehen können, taten es aber nicht. Wahrscheinlich hatten sie saubere Hände gehabt. Aber nein, ihr müsst sie erschießen!"
„Wieso …?"
„Wieso ich es weiß?", erwiderte der Russe empört. „Ich weiß es sehr wohl." Er sah sich die angetretene Gruppe an:
„Seid ihr vollzählig?", fragte er die Männer.
„Herr Offizier, es fehlen noch zwei", meldete ein Deutscher.
„Wo stehen sie denn?"
„In den Reihen sechs und zwölf."
„Holen Sie sie!", verlangte der Russe vom Feldwebel. Zu den Arbeitern: „Vermisst ihr irgendwelche Sachen?"
„Jawohl, Herr Offizier."
„Herr Feldwebel, ich fordere Sie auf, den Männern sofort alles zurückzugeben, was Ihre Leute ihnen abgenommen haben!"
„Wird erledigt." Den Gardisten schrie der Unteroffizier zu: „Jungs, gebt den Kerlen ihren Krimskrams zurück! Reißt euch nichts unter den Nagel! Unsere russischen Freunde sind sauer!"

Ein tschechischer Zivilist trat zu ihm: „Herr Feldwebel, wir sollen noch einen Arzt aus der Kolonne herausnehmen."
„Was denn wieder?", fragte der schon ziemlich verwirrt.
„Den Hilfspolizeiarzt Grimm. Da steht er. Er wurde der Kriminalpolizei zugeteilt, da er sich in Brüx gut auskennt. Ohne ihn hätten wir es schon schwer."

„Was ... schwer?"
„Er erledigt das Totenbeschauen."
„Habt ihr vielleicht - so viele Tote?"
„Lauter Selbstmorde, Herr Feldwebel. Tagtäglich. Kein tschechischer Arzt will es tun, das garantiere ich Ihnen."
„Sie kennen den Mann?"
„Ich kenne ihn persönlich. Er ist in Ordnung."
„Wie heißt er doch wieder?"
„Doktor Carl Grimm."
„Und wer sind Sie?"
„Ich bin vom Národní výbor, Stadtverwaltung." Der Mann zeigte einen Ausweis.
Der Unteroffizier nickte und rief: „Carl Grimm kommt raus!"
Ein Mann mit einer Essschale in der Hand und einer Schlafdecke unter dem Arm trat hervor.
„Sind Sie Arzt?"
„Jawohl. Ich bin für Deutsche zuständig."
Der Feldwebel musterte ihn eine Weile. Dann, offensichtlich bemüht, weiteren Forderungen zuvorzukommen, gab er noch einen Befehl:
„Alle Ärzte gehen frei zum Dienst!"
Er drehte sich zu den Russen, salutierte zum Abschied und schritt rasch fort. Das Mitglied der tschechischen Stadtverwaltung sagte zu den Offizieren: „Haben Sie Dank für Ihr Einschreiten zugunsten der Arbeiter! Wir von der Stadtverwaltung haben mit dieser wahnwitzigen Aktion nichts zu tun. Das macht die Armee."
„Die Aktion bringt doch nichts", sagte der Russe kritisch. Der Tscheche stimmte zu. „Wir wären die Rotgardisten am liebsten los, Taugenichtse, rohe Kerle, Stibitzer. Bisher haben wir alles darauf gesetzt, wenigstens die Svoboda-Truppen von Brüx fernzuhalten."
„Wollt ihr tatsächlich alle diese qualifizierten Leute aussiedeln?", fragte der Offizier ungläubig mit einem Blick zum überfüllten Platz. „Da sind Ingenieure und Handwerker, Geschäftsleute ..."
„So ist es vorgesehen", sagte der Tscheche unsicher.

„Das kommt euch teuer zu stehen. Das treibt sooo ein Loch in eure Wirtschaft!" Er grüßte den Tschechen und ging mit der russischen und der deutschen Begleitung fort.

Nachdenklich kehrte Dr. Grimms Fürsprecher ins Büro zurück. Er überlegte, an einem drohenden Wirtschaftsverlust, von dem der Russe sprach, dürfte etwas dran sein. Bisher hatte er erstaunlich viel Zerstörung beobachtet. Man nannte es Umbau, aber mit Bauen hatte es nichts gemeinsam. Wie könnte man nur diese schöne Stadt Brüx auch für die Tschechen, die neuen Siedler, unbeschädigt erhalten? Bei der nächsten Sitzung der Stadtverwaltung muss man ernsthaft darüber reden …
Im Vorzimmer der eigenen Kanzlei blieb er wie angewurzelt stehen. Ein Fremder in einem schmutzigen Arbeitsanzug hatte gerade ein Klappmesser aus der Hosentasche geholt und war dabei, aus einem hübschen, samtenen dunkelgrünen Sofabezug ein großes quadratisches Stück Stoff herauszuschneiden. Dann steckte er das Messer zurück und fing an, mit dem Samtstück seine mit Öl beschmutzten Hände seelenruhig abzureiben. Dem Beamten verschlug es vorerst die Sprache. Dann fragte er laut und scharf: „Was tun Sie denn da!"
„Ach, hallo. Ich hab' auf Sie gewartet", erklärte der Besucher.
„Ich meine, mit dem Möbelstück. Es steht für die Gäste da." Selbst hatte er das Sofa aus einer leeren Wohnung gerettet und es in sein Vorzimmer bringen lassen.
„Ach das. Ist doch von den Deutschen … Scheißmöbel."
„Tut es Ihnen nicht leid, so etwas Gutes kaputt zu machen?!"
„Die haben uns mehr kaputt gemacht!"
„Das ist barbarisch, was Sie getan haben."
Der Mann schob den verölten Samt in die Tasche. Plötzlich fragte er: „Sind Sie nicht letztlich auch ein Kollaborateur?"
„Verschwinden Sie!", rief Grimms Retter. Nachdem der Fremde es getan hatte, schaute er sich das willkürlich vernichtete stilvolle Sofa an. Aus dem Sitz ragte das weiße Futter. Es war nicht mehr zu reparieren. Entsetzt wiederholte er für sich: „Es wird sooo ein Loch in eure Wirtschaft treiben." Ja, das ist schon eingetreten.

Prag/Hradschin, Juni 1945

„Wie ich sehe, es tut sich einiges", lobte Beneš mit energischer Stimme eines Heeresführers seinen Verteidigungsminister. „Die Reorganisation der Armee ist sehr wichtig. Die Zeit drängt!"

„Selbstverständlich, Herr Präsident." Svoboda beobachtete den Chef mit Überdruss. Als alternder Mann betreibt Beneš Kriegsspiele, die er 1938 gegen Hitler, als es so nötig war, nicht gewagt hat. Auch in einem anderen Sinne betrügt Beneš die Bevölkerung ganz schamlos, überlegte Svoboda. Öfters predigt er über den tschechischen Volkszorn, der angeblich die Deutschen austreibt. In Wahrheit hetzt er eine ganze Armee gegen sie. Wo war Beneš, als es tatsächlich zu kämpfen hieß? Jetzt, da alle Gefahren vorbei sind, verlangt er förmlich Hauptstabspläne gegen die Entwaffneten, gegen die Zivilisten und Kriegsgefangenen, gegen die Alten und Kinder. Sie alle sind für den Abschub bestimmt. Durchführen jedoch müssen es Svobodas patriotische junge Soldaten, oder die verspäteten sogenannten Partisanen, ehedem regelrechte Banditen, sämtlich unter des Ministers Befehl. Wie soll er für sie bürgen? Eine unsoldatische Aufgabe ist das, eine miese und dreckige für einen, der noch einen Rest Ehre im Leibe hat!

Viel hatte Svoboda nicht mehr davon. Als Berufssoldat war er gewöhnt zu gehorchen. Als selbsternannter Verteidigungsminister war er dazu da, Befehle, welche auch immer, von seinen Oberbefehlshabern, welchen auch immer, an untergeordnete Kommandanten weiterzuleiten. Das tat er widerspruchslos. Das war sein Rezept für den Aufstieg. Beneš verabschiedete den Minister mit Genugtuung. Heute war er wieder einmal fest überzeugt, der höchste und einzige Herr der Armee zu sein. Damit kontrollierte er wohl alles im Lande.

Brüx, 2. Juni 1945

Zu Hause wurde Dr. Grimm wie ein vom Tode Auferstandener begrüßt. Seine Frau, das Töchterchen, die Schwiegermutter, alle jubelten vor Freude.

„Vor Stunden schon wollte mich ein tschechischer Bekannter herausholen“, erzählte er. „Der zweite Versuch hat geklappt.“
„Ich war verzweifelt“, klagte seine Frau, „als heute früh der tschechische Polizist erschien, sogar mit den Partisanen und den Bergarbeitern!“
„Zwei davon habe ich erkannt“, sagte Grimm. „Sie kommen von der Umgebung. Und Rotný Havran ist ein einfacher Dorfgendarm.“
„Wie der dich angeschrien hat!“
„Er wollte mich nur vor den anderen schützen.“
„Das hab’ ich nicht gemerkt. Die schlugen auf dich mit Fäusten ein und mit einer Peitsche.“
„Nicht der Havran.“
„Ich hatte eine entsetzliche Angst um dich. Wie fühlst du dich?“
„Es geht - fabelhaft. Ich bin doch wieder bei euch!“
Jemand klopfte an der Tür. Alle erstarrten.
„Herr Doktor!“, einer von der tschechischer Kripo trat ein. „Sie werden bei der Totenbeschau gebraucht.“

Der Schutzmann begleitete Dr. Grimm in die Kirchengasse. In der Küche, auf dem Fußboden nebeneinander hingestreckt, lag die ganze Familie. Die Mutter, die Tochter, das Söhnchen. Eine gemeinsame Decke verhüllte ihre Körper und Beine. Auf der Decke zusammengeringelt lag ihr toter Dackel. Die Tochter hatte ein Kreuz und ein Bild ihres Liebsten auf der Brust. Die letzte Diagnose: in rührender Übereinstimmung hatten sie sich mit Gas vergiftet. Nach der Ausstellung der Totenscheine ging Dr. Grimm durch die still gewordenen Straßen. Plötzlich fühlte er sich vollkommen erschöpft. Alle die Körperstellen begannen zu schmerzen, die morgens durch Fausthiebe und Fußtritte der Rotgardisten getroffen wurden. Im Gespräch mit seiner Frau hatte er es verschwiegen.
Psychisch war er tief erschüttert. Eine Selbstmordepidemie breitete sich aus, hervorgerufen durch die Vereinsamung , durch die Sperrstunden, da man nicht mehr ausgehen durfte, mit keinem Freund oder Nachbar über sein Leid sprechen konnte. Als Arzt

verstand er das. Depressionen trieben die Menschen in den Tod. Es war kein Monat seit dem Waffenstillstand vergangen, und er hat bereits an die einhundertfünfzig Freitote beschaut. Am schlimmsten erschien es ihm, zwei alte Freunde auf diese Weise zu verlieren. Den Peil fand er in einem Haus an der Josefpromenade, mit aufgeschnittenen Schlagadern und aufgehängt. Bei Peil hatte Grimm alle seine Bücher gekauft. Welchen Sinn wird es jetzt noch haben, Bücher zu lesen?
Und in der Goethestraße lag in seiner Wohnung Koupa mit der Freundin, beide gasvergiftet. Über Jahre hinweg hatte er mit Koupa am Schlossberg im Luftbad geturnt und gebadet. Die sonnigen Erinnerungen waren wie weggewischt.
Der Arzt holte tief Atem. Denk' an deine Familie, Mann. Danke Gott, dass du freigekommen bist! Den tschechischen Kripomann hatte Grimm vorhin gefragt, wo die übrigen deutschen Gefangenen hingebracht wurden.
„Ins Lager, wohin sonst", erwiderte der Mann.
„Sie meinen - zur Aussiedlung!"
„Zur Zwangsarbeit. In Brüx und in Maltheuren stehen die Lager nach den Ostarbeitern leer. Die werden jetzt mit Deutschen gefüllt."
„Meinen Sie nicht von einem geordneten Zuhause aus würden die Leute effektiver arbeiten?", protestierte Grimm leise.
„Man sagt, die Wohnungen würden gebraucht", erklärte der Polizist. „Ich war hier in der Kriegszeit nicht. Aber einige Tschechen, die hier unter dem Reich lebten, wurden aus ihren Häusern auch nicht hinausgeworfen. Sie durften weiter wohnen bleiben, wo sie waren." Mit einem kurzen Gedanken an die gerade gesehenen Toten fügte er unschlüssig hinzu: „Ich weiß auch nicht, ob es rechtens geschieht ..."

Brüx, 1995

Mit meinem Mann fuhren wir durch Brüx. Genauer gesagt, an dem vorbei, was von Brüx übrig geblieben ist. Es war keine Stadt mehr, nur noch ein Name. Man schrieb das Jahr 1995.
„Eine Plattenbausiedlung", bemerkte er enttäuscht.

„Das dürfte eigentlich stimmen," sagte ich. „Vom alten Brüx sei überhaupt nichts mehr erhalten."
Unendlich traurig führte die Landstraße an einer gelblich kahlen Landschaft vorbei. Als Folge jahrelangen Abbaus von Braunkohle ohne Erneuerungsmaßnahmen lag alles brach, rau und ungepflegt.
„Schau doch - eine Kirche!" Sie stand unweit der Straße, am Rande der gelbbraunen Wüste. Angeblich war sie von ihrem alten Standort, verwaist und allein, auf Schienen zur Seite verschoben worden. Sie sollte den Betrieb nicht stören. Zu vernichten wagte man sie auch nicht. „Kannst du es glauben, vor fünfzig Jahren lebte und blühte hier eine Stadt mit dreißigtausend Einwohnern."
„Wo denn?", fragte er.
Es gab kein Anzeichen vom früheren Leben mehr. Die Häuser, die Plätze und Straßen, alles unwiederbringlich verschwunden.
„Als ich über die Hunderte von Selbstmorden las", sagte ich, „die Dr. Carl Grimm im Sommer und Herbst 1945 beschauen musste, kam mir eine törichte Idee in den Sinn. Die Stadt hielt es einfach nicht mehr aus. Einen Totentanz, nannte er es. Meinem Gefühl nach ist es kein Zufall, wenn das alte Brüx in die Erde versank."
„Es geschah doch wegen dem Tagebau."
„So oder so, es ist weg."
„Irgendwann in den achtziger Jahren", erinnerte sich mein Mann, „wurde die Altstadt von Brüx doch an westliche Filmgesellschaften als Schießplatz vermietet. In einem bekannten Kriegsfilm über Arnheim oder über Remagen stürtzt der Stadtkern vor laufenden Kameras unter der Alliierten-Kanonade. In Wahrheit war es Brüx."
„Weshalb denn?"
„Das tschechische Staatsunternehmen plante, weitere Braunkohlelager von oben aufzuschließen und die Stadt stand im Wege. Sie war verkommen, halb leer, die Deutschen fort, die Tschechen wohnten lieber in den Plattenbauten. Eine Vermietung an Filmproduzenten war nicht nur billiger als die Häuser mit Maschinen

niederzureißen. Sie brachte auch noch Geld! Ganze Häuserzeilen wurden bei den Dreharbeiten nach und nach in Schutt und Asche gelegt."

„Das wusste ich gar nicht", sagte ich entsetzt. „Ich sah diese Filme. Hat man damit nicht unfreiwillig ein Dokument über die letzten Tage von Brüx gedreht? Wie ungeheuerlich!"

Beseitigung deutscher Grabsteine auf den Friedhöfen des Sudetenlandes

16. Die Fünfte Kolonne

Niemand will die Menschen aus Brüx und Gablonz haben – Der Eifer eines Staatssekretärs – Nachricht für Václav Havel findet keinen Adressaten

Brüx und Sachsen, Juni 1945

Carl Grimm beobachtete eine Kolonne, die aus der aufgelassenen Glasfabrik Poros herauskam, jetzt ein Internierungslager für Deutsche. In der Mitte des Zuges auf Leiterwagen standen kleine Kinder und sehr alte Frauen. Neben den Wagen schritten auf beiden Seiten Frauen, wahrscheinlich die Mütter der Kinder, und junge Mädchen zu Fuß. Die Kolonne bewegte sich durch die Prager Straße. Tschechische Soldaten begleiteten die gefährliche Gruppe mit Bajonetten, aufgepflanzt auf den Gewehren.

„Die Armen! Die konnten nicht mehr zur Arbeit eingesetzt werden“, hörte Grimm andere Passanten sagen. „Viele Frauen hat der Meierhof Sarras zur Feldarbeit angefordert“, sagte jemand. „Die kamen zu Hunderten aus den Lagern frei!“

„Na ja, der Hof steht unter deutscher Verwaltung. Immer noch, sagt man. Aber wie lange.“

„Wo bringt man die Frauen hin?“, versuchte Grimm zu erfahren.

„Guten Tag, Herr Doktor! Die sollen angeblich nach Sachsen.“

„Und ihre Männer? Oder Väter? Wann finden sie sie wieder?“

„Darauf achten doch die Tschechen nicht.“

Von Brüx marschierte die Kolonne über Kopitz, Obergeorgental und Mariental, dann übers Erzgebirge nach Gebirgsneudorf. Eine schöne Wanderung von vielleicht zwanzig Kilometern, nur waren die Wanderinnen erschöpft, ausgehungert, aus ihren Häusern hinausgeworfen und bangten ums nackte Überleben, das eigene und das der Kleinkinder. Machtlos hörten sie

dem Klagen der Großmütter auf den Leiterwagen zu. In der sächsischen Grenzstation sollten die russischen Besatzungstruppen sie übernehmen. Die Vertriebenen hofften, in Sachsen wenigstens unter die örtlichen Deutschen zu gelangen. Allerdings zeigten sich die Russen wenig geneigt, die Tore weit für Elendszüge aus Böhmen zu öffnen. Aus Mitleid ließen sie sie herein, doch nur einige Kilometer und nur vorübergehend.
Wochenlang kampierten die Frauen von Brüx mit ihren Kindern und Omas auf den Straßen Deutschneudorfs. Durch Bettelei hielten sie sich am Leben, aus sächsischen Häusern unterstützt, wo man selbst Not und Mangel hatte.

In der Garnison von Brüx erschien ein russischer Offizier. „Ich will den Kommandanten sprechen!“ Bald stand er vor dem Mann, den er in den letzten Tagen zigmal verflucht hatte.
„Der Frauentransport geht zurück!“, erklärte er auf Russisch. „Schicken Sie Ihre Wachen nach Deutschneudorf. Holen Sie sich das Pack!“
Bevor der tschechische Kommandant etwas einwenden konnte, fuhr er fort:
„Wir brauchen keine Bettlerinnen, um die wir uns kümmern müssen. Löffelt eure Suppe gefälligst selber aus!“
Der Tscheche widersprach: „Wir haben bereits Meldungen ans Ministerium in Prag abgeschickt. Die Personen sind ausgesiedelt. Für uns existieren sie nicht mehr.“ Erklärend fügte der Brüxer Kommandant hinzu: „Für unsere Statistiken sind es Abgeschobene. Sie haben die Grenze überschritten. Endgültig.“
„Herr Oberstleutnant“, der empörte Russe holte tief Atem, „lecken Sie mich … mit Ihren Statistiken! Machen Sie neue. Sie wissen, wie man's tut“, ergänzte er bissig. „Morgen früh erwarte ich eure Wachmannschaft in Deutschneudorf.“ Er schickte sich zum Weggehen an und warnte: „Sonst erhalten Ihre Vorgesetzten von mir einen Bericht, der Ihnen den Hals bricht. Tun Sie, was ich Ihnen rate, solange es unter uns bleibt!“ Mit schnellem Schritt verließ er den tschechischen Kollegen. In den nächsten Tagen sah die Stadt Brüx, wie tschechische Soldaten die

deutschen Frauen und Kinder unverrichteter Dinge zurückführten.

Prag, 13. Juni 1945

Der selbsternannte Staatssekretär im Auswärtigen Amt, der slowakische Kommunist Vladimir Clementis, sprach im Prager Rundfunk. Er war es, der das erste Beneš-Dekret 'auch für Jan Masaryk' unterschrieben hatte, den Sohn des ersten Präsidenten, der als selbsternannter Außenminister in San Francisco bei der Gründung der UNO weilte. Auch mehrere folgende Dekrete sollte Clementis mit Wissen seines Chefs an seiner Stelle unterzeichnen.

Gerade zu der Zeit, als die Brüxerinnen in den Häusern von Deutschneudorf um Wasser und Brot bettelten, erzählte Clementis am dreizehnten Juni den tschechischen und slowakischen Hörern über die *staatlich unzuverlässigen Deutschen, bei denen mit keiner Strafverfolgung zu rechnen sei* - das war die Formel für Unschuldige - die *bereits über die Grenze gebracht* würden. Clementis lobte die volle Unterstützung durch die Sowjetunion. Auch die westlichen Verbündeten, so sagte er, würden hoffentlich der Tschechoslowakei in der Sache bald helfen.

„Wir sind entschlossen“, beendete Clementis die Ansprache, „uns von dem angeschlagenen Weg durch gar nichts abbringen zu lassen. Die deutsche fünfte Kolonne muss aus der Tschechoslowakei fort!“

Die fünfte Kolonne saß inzwischen weinend und hungernd unter freiem Himmel in den sächsischen Dorfstraßen. Doch die Einzelheiten kümmerten Clementis wenig. Auch der selbsternannte Verteidigungsminister Svoboda hielt sich in seinen Berichten nicht mit Details auf. Von Svobodas Zahlen und Meldungen gingen die Statements der selbsternannten Regierung hervor, und daraus schöpfte das Auswärtige Amt. Clementis war klar, was die tschechischen, teils auch die slowakischen Einwohner zu hören wünschten. Die guten Nachrichten würde er doch nicht den Nationalen Sozialisten, so hießen sie wirklich, allein überlassen! Gerade jetzt mussten die Kommunisten unter Beweis stellen, dass der Abschub der Deutschen, die durch Beneš geforderte

Entgermanisierung, vor allem ein kommunistisches Anliegen war, ihr historisches Verdienst.
Die Nationalen Sozialisten hatten ihre Aufgabe erfüllt. Sie haben die Tschechen zu einer feindlichen Psychose gegen alles Deutsche aufgepeitscht. Es herrschte eine regelrechte Vertreibungspsychose, konnte man wohl sagen, als würde gerade diese Art Rache den Tschechen helfen, den Staat wieder auf die Beine zu stellen. Doch für Aktionen, die noch bevorstanden, war die aufgereizte Stimmung nützlich und hilfreich, meinte nicht nur Clementis. Den Volkszorn müssen die Kommunisten von jetzt an sorgfältig pflegen. Das taten sie dann auch. Über vierzig Jahre lang.

Prag, Dezember 1989
„Zu Herrn Havel kann ich Sie nicht mehr vorlassen!", hörte ich. Von der Schwelle zum Vorraum sah ich einen hüpfenden Mann, der Wache hielt. Die Arme hat er weit ausgebreitet. Fast flüsternd, ehrerbietig fügte er hinzu: „Ab Morgen ist er der Herr Staatspräsident!"
In der Stimme des langhaarigen Behüters klang ungläubige Verwunderung darüber, dass sein bisheriger Kumpel, der Dissident Havel, plötzlich, von heute auf morgen, zum ersten Mann im Staat werden sollte. Der Schützling hielt sich im Hinterzimmer auf und es gab keinen Zutritt zu ihm.
„An der Pforte sagte man mir, wir dürften mit ihm reden", protestierte ich, nachdem mein Sohn Olda und ich bis zum Vorzimmer geleitet wurden. „Unten haben wir ewig gewartet und plötzlich war Herr Havel fort!" Auch für mich war er immer noch nur ein Dissident, den man nach Belieben treffen konnte.
Unten in den Klubräumen auf der Straße des 28. Oktober hatte der angehende Präsident hinter einer einfachen Tür, ohne besonderen Schutz und von Freunden umgeben, angeblich seine Antrittsrede für morgen vorbereitet. Jedesmal wenn man die Tür öffnete, erblickte ich ihn im Profil, wie er in Jeans und Pullover an einem Holztisch saß und sich mit jemandem besprach.
Plötzlich rief Olda: „Gerade ist er durch!" Es stimmte.
Havel war weg und wir flitzten ihm hinterher.

„Tut mir leid", bekräftigte der Behüter, der inzwischen langsamer hüpfte. „Jetzt können Sie ihn nicht mehr sprechen." Es klang wie eine Klausur, die vor einem Gelübde auferlegt wurde.
„Ich komme aus München", versuchte ich zu erklären. „Und habe eine wichtige Botschaft zu überbringen." Allmählich begann auch ich zu begreifen, dass es keine Chance mehr gab, das designierte Staatsoberhaupt persönlich zu sehen. „Was sollte ich tun? Ich muss mit jemandem reden!"
Der Beschützer beruhigte sich, da er sah, dass ich die Lage verstand. Ja, ich fing an, seine Rolle zu respektieren. Ich war ihm nicht böse. An seiner Stelle hätte ich mich auch nicht vorgelassen. Eine Unbekannte mit einer mündlichen Botschaft, ohne Papier und ohne eine offizielle Empfehlung, möchte dem Spitzenreiter der Zeitgeschichte begegnen. Das konnte jeder sagen. Allmählich kam ich mir selbst verdächtig vor.
„Was würden Sie mir raten?", versuchte ich es mit Diplomatie.
„Sie haben eine wichtige Botschaft für Vašek?" Er konnte es nicht lassen, ihn vertraulich zu nennen. Auch für den Siegerkreis hatten sich die Ereignisse überstürzt. Ich schätzte, dass er John Bok war, einer aus dem inneren Kreis um Václav Havel.
Ich setzte auf Überzeugungsarbeit: „Es geht um eine sehr dringende und wichtige Angelegenheit. Helfen Sie mir bitte. Die Nachricht muss ich jemandem weitergeben!"
„Sie können mit Herrn Fišerák sprechen", sagte eine Stimme hinter mir. Es war eine der Mitarbeiterinnen, die im Haus an vielen Tischen und elektronischen Geräten beschäftigt waren. Es blieb unklar, in welcher Funktion wer tätig war. Im Stöckel-Haus, dem Špalíček am Fuß des Wenzelsplatzes, siedelte das Koordinationszentrum des Bürgerforums. Vorübergehend war es das leitende Kollektivorgan eines Landes im Umbruch.
„Er ist ein persönlicher Sekretär von Vašek", ergänzte John Bok.
„Ich danke Ihnen herzlich."

Den Namen Fišerák habe ich bisher noch nie gehört. Er ist kein Dissident gewesen, oder doch? Nach den Jahren der Emigration musste ich meine Landsleute erst langsam wieder kennen lernen.

„Herr Sekretär“, fing ich nach gegenseitiger Begrüßung an, „die Sudetendeutschen aus München möchten Herrn Havel etwas wissen lassen.“
„Sind Sie Deutsche?“, fragte er.
„Ich bin gebürtige Tschechin.“
„Wie kommen Sie dazu ...?“
„Eine Botschaft zu überbringen? Ich wurde darum gebeten.“
„Von wem?“
„Von Freunden in der Landsmannschaft.“
Er schaute mich prüfend an und schwieg. Von einer sprichwörtlichen slawischen Herzlichkeit zeigte er mir wenig. Obwohl er meine Sprache sprach, wirkte er auf mich kühl. Er sah gut aus und trotz einer Glatze nicht alt. Doch sein Gesichtsausdruck blieb unbewegt.
„Könnten Sie sich bitte ein paar Notizen machen?“, bat ich ihn. Schließlich waren die Worte nicht für ihn bestimmt, sondern für den, dem er angeblich diente.
Er nahm ein kleines Heftchen zur Hand und ließ mich reden, während er fleißig schrieb.
„Die Sudetendeutschen wollen den Tschechen bei einer Wiederherstellung der Demokratie tätig helfen.“ Es klang abgedroschen und phrasenhaft. Wie konnte ich es anders sagen, zumal in einer frostigen Atmosphäre? „Die Landsmannschaft und der Sudetendeutsche Rat haben ihre Leute dazu aufgerufen, die Tschechen zu unterstützen, wo sie nur können. Das wurde bereits vor sechs Wochen mit zwei Presseerklärungen bekannt gegeben.“
„Davon wissen wir nichts“, bemerkte der Schreibende.
„Deswegen sage ich es Ihnen. Die Erklärungen wurden von den Medien abgeblockt.“
„Wieso das?“
„Ich weiß nicht, wieso. Ich habe die Texte selbst übersetzt und in München der tschechischen Redaktion im Exilradio vorgelegt.“
„Ich habe nichts derartiges gehört“, bekräftigte er.
„Das konnten Sie auch nicht. Wie gesagt, die Erklärungen sind niemals gesendet worden.“
„Warum nicht?“

„Wahrscheinlich passten sie jemandem nicht in den Kram“, bemerkte ich ungeduldig. „Das verstehen Sie doch.“
„Ach ja. Was wollen also die Sudetendeutschen von uns?“
„Sie bieten etwas an“, korrigierte ich und zwang mich zu mehr Umsicht. „Die Führung der Landsmannschaft bittet Herrn Havel, einen Gesandten zu empfangen, den sie gerne zu ihm schicken würden. Am zwölften Jänner kommt in München ein Gremium zusammen, das ein Aktionsprogramm für die nächsten zwei Jahre erstellen soll. Man möchte die sudetendeutsche Tätigkeit mit der tschechischen Seite koordinieren.“
„Was will man denn so gerne koordinieren?“, fragte Fišerák misstrauisch, ohne von den Notizen aufzuschauen.
„Eben davon würde der Gesandte mit Herrn Havel gerne reden.“
Er kritzelte schnell weiter. „Schwer vorstellbar, was da zu koordinieren wäre. Die Sudetendeutschen haben uns schon oft genug verraten.“
Ich überhörte das Wort *’verraten’* und erzählte weiter: „Die meisten Tschechen wissen gar nicht, dass die Sudetendeutschen vor vierzig Jahren schon jeglicher Rache und Vergeltung abgeschworen haben.“
Er machte eine abweisende Geste.
„Es geschah mit der Charta der Vertriebenen“, fuhr ich fort, „und mit dem Wiesbadener Abkommen, beides vom August 1950. Ihr tschechischer Gesprächspartner war damals General Lev Prchala.“
„Wer ist Prchala?“, fragte er.
„In den dreißiger Jahren um ein Haar der Chef des tschechoslowakischen Generalstabs.“
„Was meinen Sie mit ’um ein Haar’?“
„Er war schon amtlich ernannt worden. Wegen einer Hetzkampagne gegen ihn verzichtete er. Zuletzt war er Landesbefehlshaber von Karpato-Russland.“
„Ach, dort.“
„Es war eines der höchsten Posten in der Armee.“ Ich wunderte mich, wie wenig er wusste oder vorgab zu wissen.
„Wo ist er jetzt?“

„Auf einem Münchener Friedhof."
„Also tot. Ein Emigrant ..."
„Das war ich auch."
„Na ja, erzählen Sie weiter", sagte er, „falls Sie möchten."
„Danke. Also, das kommunistische Regime", versuchte ich von Adam anzufangen, „und die Nationalisten haben die erwähnten versöhnlichen sudetendeutschen Erklärungen vierzig Jahre lang vor den Tschechen fern und geheim gehalten. Ich meine, wenn man sich die verarmten Vertriebenen in dem verarmten Nachkriegs-Deutschland vorstellt", war ich bemüht, seiner Vorstellungskraft auf die Sprünge zu helfen, „die geschundenen Menschen, wie sie auf ihren Kundgebungen unter den Kriegsruinen jeglicher Gewalt einmütig abschworen, nachdem ihnen selbst so viel Leid und Gewalt angetan wurde. Das ist doch eine Leistung, die unsererseits gewürdigt werden muss. Was meinen Sie?"
„Es ist mir nicht bekannt, dass wir bei den Sudetendeutschen noch etwas würdigen sollten", murrte Fišerák.
„Bitte, haben Sie sich das Wiesbadener Abkommen notiert? Das ist wichtig. Die Deutschen sind ganz anders geworden, als ..."
„Als damals, da sie uns die Republik zerschlagen haben?", fragte er.
„Es war Hitler und seine Nazis, die das taten."
„Wegen der Sudetendeutschen!", bestand er auf seiner Sicht der Dinge. „Die haben doch den Adolf stürmisch begrüßt, als er bei uns einmarschierte." Er betonte es, als wäre es nicht vor fünfzig Jahren, sondern gestern geschehen.
„Heute sind sie andere Menschen", wiederholte ich besänftigend, obwohl ich innerlich schon kochte. „Es sind auch schon andere Generationen als vor einem halben Jahrhundert."
„Wer soll's denn glauben?!"
„Eben deshalb ist es wichtig, über das Geschehene von Mensch zu Mensch zu sprechen", sagte ich.
Fišerák klappte das Notizbuch zu und schüttelte den Kopf: „Ich kann Ihnen versichern, bis zu den Wahlen werden wir uns mit den Sudetendeutschen bestimmt nicht beschäftigen!"

„Die Wahlen finden erst in sechs Monaten statt," staunte ich.
„Das ist die Entscheidung. Wir haben jetzt andere Sorgen."

„Der wird Havel gar nichts ausrichten", sagte Olda, als wir die Treppe hinunterstiegen. Er hat dem Gespräch gelauscht, ohne sich einzumischen.
„Wie du doch Recht hast!"
„Ich habe ihn die ganze Zeit beobachtet", ergänzte er.
„Das hoffte ich. Und dein Eindruck?"
„Der Mann ist gar kein Sekretär von Havel."
„Was ist er dann?"
„Er wurde uns nur so zugespielt", meinte er nachdenklich.
„Damit wir nicht weiter stören?"
„Zur Beruhigung. Als Schnuller oder so", sagte Olda.
„Ich frage mich nur", überlegte ich, „was für eine Position der Mann wirklich bekleidet, wenn er entscheiden darf, dass sie bis zu den Wahlen über die Sudetendeutschen nicht reden wollten?"
„Er blufft."
„Denkst du?"
„Ein bewährtes Mittel, jemanden abzuschütteln", sagte er mit der Listigkeit eines Schülers oder Studenten.
„Jedenfalls hörte ich seinen Namen heute zum ersten Mal. Zum antikommunistischem Widerstand oder zu den Regimekritikern wie Havel hat ein Fišerák, soweit mir bekannt, nicht gezählt."
„Ja, mit wem hast du eigentlich gesprochen?", zweifelte Olda.
„Mit einem aus der Kollektivführung", sagte ich. „Aber wer steckt hinter ihm? Havels Ansichten vertritt er nicht. Ist es Havel gleichgültig, wer zu seinen Vertrauenspersonen gehört?"
„Vielleicht entscheidet Havel gar nicht darüber", meinte Olda.
„Dann hätte das Volk noch weniger Chancen, als gedacht", sagte ich. „Die Sudetendeutschen auch …"

Wir standen mitten am festlich beleuchteten Wenzelsplatz. Die Menschen um uns lachten und redeten freudig und erleichtert.
„Wie findest du deine Heimat?", fragte ich den Sohn, selbst von

der fröhlichen Atmosphäre erfasst. „Mehr als zwanzig Jahre waren wir fort …“

Er strahlte über das ganze Gesicht. „Fabelhaft!“

„Das find’ ich auch, trotz solchen Arschlöchern wie Fišerák.“

„In Brünn gab es bessere Typen“, erinnerte Olda sich.

„Prag, wie man sieht, bedeutet Machtkampf“, überlegte ich sachlich. „Revolutionen gehen vom Zentrum aus, von denen, die es verstehen, sich als das Zentrum durchzusetzen. Hier wird die Zukunft gebacken. Das Volk hat niemals viel zu melden.“

„Dann mischen wir uns unter das Volk!“, forderte er.

„Ich gehe heim, um Opa zu sehen. Hast du deinen Schlüssel?“

„Den hab ich.“ Er gab mir einen kleinen Kuss. „See you later, alligator!“

Wir waren wieder in unserer Geburtsstadt, auch Olda hat in Prag das Licht der Welt erblickt, bevor wir geflohen sind. Zumindest als Besucher waren wir da, in der alten Wohnung, bei unserem Vater und Großvater in der Heimat. Beglückt ging ich durch die Straßen, die mir so lange verwehrt waren und meine Gedanken waren bei den Menschen, denen die Heimat weggenommen, zerstört, zerrissen und entwertet wurde.

Riesengebirge/Gablonz, Juni 1945

„Wie lange werden die Kerle uns hin und her schleppen? Seit wann stecken wir denn hier?“ Es war bitterkalt in der Nacht, obwohl es Mitte Juni war. Reif bedeckte die Gebirgslandschaft in der Höhe von über eintausend Metern.

„Den dritten Tag sitzen wir fest und die dritte Nacht.“

„Es kommt mir viel länger vor. Haben die Polen noch nichts entschieden?“

„Niemand weiß etwas.“

„Wie war es bei dir? Musstest du auch innerhalb von Minuten aus der Wohnung?“

„Ich konnte gerade eine Decke für mich schnappen.“

„Viele haben nicht einmal das.“

„Die Mütter mit Kindern tun mir leid.“

„Ein dreiwöchiges Baby soll auch unter uns sein.“

„Und ein paar Achtzigjährige."
„Wie viele Menschen hat man hinausgejagt?"
„Gegen achthundertfünfzig, alle aus der Josef-Pfeiffer-Straße und der gleichnamigen Siedlung."
„Warum gerade das?"
„Die Tschechen wollen die besseren Häuser und Wohnungen für sich besetzen."
„Dafür hetzt man uns ins Gebirge?"
„Das wäre Grund genug."
„Man behauptet immer, dass solche, die parteipolitisch nicht tätig waren, nichts zu befürchten hätten."
„Du hast es erlebt. Niemand prüft, wer was gewesen ist."
„Als wir in der Nacht aus Gablonz mit den Autos weggebracht wurden, hoffte ich, wir kämen nach Deutschland."
„Oder zur standrechtlichen Erschießung ...! Als wir in Harrachsdorf aussteigen durften, war ich erleichtert."
„Ja, aber was nun? Jetzt stecken wir mitten im Riesengebirge. Keiner will uns haben. Die Tschechen nicht und die Polen umso weniger, so scheint's."
„Die Polen sind noch anständig gewesen, haben das Deutsche Rote Kreuz geholt, damit wir etwas zu essen kriegten."
„Man sagt, die Rotkreuzler sammelten die Löffelspenden unten in Schreiberhau von Haus zu Haus."
„Daheim hätten wir alles gehabt! Arbeit und das Essen auch."
„Was soll aus uns werden?"
„Schlafen wir eine Weile", sagte Anton Nitsche zu seinem Nachbarn. Sie bedeckten sich so weit es ging mit der gemeinsamen Wolldecke. Eine andere Decke hatten sie einer Frau mit Kindern überlassen, die unter dem kalten Himmel mit übernachten mussten.

„Wir dürfen zurück!", schrie jemand im Morgengrauen. „Nach Gablonz wieder?"
„Nach Harrachsdorf!"
Langsam schlängelte sich die Menschenmenge ins Jakobstal und weiter zum schönen Harrachsdorf. Die Schönheit nahmen sie aber nicht wahr. Was kommt nun?

Am folgenden Morgen wurde der erschöpfte Haufen von Harrachsdorf zum zweiten Mal hinausgetrieben. Diesmal gegen das Grüntal. Am Nachmittag wurden die Menschen entlang einer Eisenbahnstrecke über den alten Pascherweg geführt, dann durch einen Eisenbahntunnel über die Grenze geschickt. Die tschechischen Wachen kehrten zurück, ohne sich weiter um die Vertriebenen zu kümmern.
Die polnischen Grenzsoldaten entdeckten die heimatlosen Deutschen sehr bald. Ein Beamter fragte:
„Seid ihr nicht die, die von Schreiberhau abgewiesen wurden?"
„Jawohl, wir sind es!"
„Das ist also die Höhe. Man versucht es wieder. Was denken sich die Tschechen? Sollen wir vielleicht ihre Deutschen übernehmen? Ihr müsst alle zurück!"
„Lassen Sie uns bitte etwas ausruhen. Wir haben alte Leute und Kleinkinder dabei. Viele sind schon am Ende ihrer Kräfte."
„Also - eine Nacht dürft ihr im Hoffnungstal bleiben", entschied der polnische Grenzbeamte. „Aber nicht länger."
„Ein Hoffnungstal! Ist es Verheißung oder Spott?„
Der Grenzkommandant befahl einem Offizier: „Du gehst in die Tschechei und holst ihre Wachen zur Übernahme der Deutschen. Das sind mir Aussiedlungsmethoden! Das habe ich noch nie erlebt."

Nach einer nochmaligen Übernachtung im Freien, durchnässt nach einem schwerem Wolkenbruch, wurde der Leidenszug über die Grenze zurückgeführt. Von den polnischen Wachen übernahmen die Tschechen die Entkräfteten und leiteten sie im Fußmarsch durch das Grüntal. Bei Nacht und Nebel wurden sie mit der Bahn dorthin gebracht, wo sie aufgebrochen waren, nach Gablonz.
„Kommen wir denn wieder in unsere Wohnungen?"
Keineswegs. Die Menschen, die eine Woche lang unter den schwersten Bedingungen unterwegs waren, landeten im Internierungslager von Reinowitz. Anton Nitsche erschien in seinem alten Betrieb.

„Wo warst du denn? Was ist passiert?"
„Meine Wohnung ist ausgeraubt!", klagte er.
„Sei froh, dass du lebst und ein Dach über dem Kopf hast!"
„Ich darf in die Wohnung nicht rein! Leider besitze ich gar nichts, um die Tschechen zu bestechen. Ich bin schlecht dran."
Die zurückgekehrten Industriearbeiter wurden wieder in den Gablonzer Betrieben, auch in den weltberühmten Glasfabriken, eingesetzt. Als Personen jedoch, die kürzlich noch gewisse, wenn auch beschränkte Möglichkeiten besaßen, auch hier zu wohnen, waren sie abgeschrieben. Sie wurden zu besitzlosen Lagerinsassen von Reinowitz.

17. Ein Geburtstagsgeschenk

Leni muss über die Grenze – Ein junger Polizist prüft sein Gewissen – Beneš wird unterrichtet vom Leid deutscher Kinder, tut aber gar nichts

Böhmisch Leipa, 14. Juni 1945

Ich bin wütend! Genau zu meinem zehnten Geburtstag, wo ich mich so himmlisch fühlte - es war ja die erste Geburtstagsfeier in Frieden und Freiheit, so jubelte ich - spielte sich ohne mein Zutun nicht allzu weit von Prag, in der nördlichen Stadt Böhmisch Leipa bei einem gleichaltrigen deutschen Mädchen ein schlimmes Drama ab, ein wahrer Alptraum. Wie das Mädchen hieß? Nennen wir sie Leni.

Kurz nach zweiundzwanzig Uhr, also nach der offiziellen Sperrstunde für die deutsche Bevölkerung, klebte man einen Befehl des Militärkommandanten von Böhmisch Leipa, des Oberstleutnant Voves, an die Hauswände, an alle Straßenecken und an die Gartenzäune. Weil da die Sperrstunde galt, konnten viele den Befehl nicht einmal lesen.
Leni war glücklich über den warmen, hellen Abend, einen der längsten des Jahres, über die auch ich mich immer so sehr freue. Sie wollte gerade schlafen gehen, als ein Lautsprecherwagen in die Straße einfuhr, in der sie mit Mutter und zwei Geschwistern wohnte. Lenis Brüderchen, vier Monate alt, schlummerte bereits im Kinderbett. Die Zehnjährige und ihr sechsjähriger Bruder waren noch auf. Das erinnert mich, dass auch ich zu der Zeit ein siebenjähriges Schwesterchen und einen vierjährigen süßen Bruder hatte. Und ich kann mich des Gefühls nicht erwehren, dass das, was Leni zustoßen sollte, hätte mich ebenso treffen können. Erst seit ein paar Wochen gehörte ich zum Siegervolk. Leni zu

den Besiegten, während es kurz vorher gerade umgekehrt aussah. Weder Leni noch ich konnten unsere Lage beeinflussen. Das gehört zur Unlogik unserer beiden Schicksale. Keine von uns hatte eine Ahnung von der Existenz der anderen.
„Leise, Kinder!“, ermahnte Lenis Mutter sie und ihren kleinen Bruder. „Da wird etwas bekanntgegeben.“
„Ich wiederhole!“, dröhnte es aus dem Lautsprecher. „Alle Einwohner deutscher Volkszugehörigkeit in den Stadtgemeinden Böhmisch-Leipa, Alt-Leipa und Niemes, ohne Unterschied des Alters oder Geschlechts, verlassen am fünfzehnten Juni 1945 um fünf Uhr früh ihre Wohnungen.“
„Barmherziger Gott!“, flüsterte Mutter ganz sachte, um nichts zu überhören. „Morgen schon und so früh!?“
„... und marschieren über die Kreuz- und Bräuhausgasse zum Sammelplatz beim Bräuhaus in České Lípě“, beugte der Sprecher den Stadtnamen plötzlich auf Tschechisch. Nach der Aufzählung von Ausnahmen, unter die Lenis Familie nicht fiel, hieß es: „Jeder Einzelperson, auf die die Ausweisung sich bezieht, wird gestattet, Folgendes mitzunehmen: Lebensmittel für sieben Tage, die allernotwendigsten Sachen persönlichen Bedarfs in der Menge, die sie selbst tragen kann.“
„Selbst tragen!“, stöhnte Mutter. „Was können meine drei Kinder denn selber tragen!“
„Die Schlüssel!“, donnerte der nächste Teil des Befehls, „beim Abgang sind alle Haus- und Wohnzimmereingänge sowie die Eingänge der Hofgebäude, beziehungsweise der Werk- und Betriebsstätten zu verschließen. Die Schlüssel von den Gebäuden sowie von einzelnen Räumen sind mit einer Schnur zusammenzubinden und mit der genauen Anschrift der Wohnstelle auf einem starken Papier zu versehen, das an den Schlüsseln mittels Schnur zu befestigen ist.“
„Sie nehmen's genau,“, erschrak Mutter. „Wie beim Militär!“
Das war noch nicht alles: „Vor dem Verlassen der Wohnräume und der Gebäude muss jede Eingangstür verschlossen und mit einem Streifen Papier so verklebt werden, dass die beiden Türflügel verbunden und das Schlüsselloch verdeckt wird. Nach der

Übernahme der Schlüssel werden alle Gebäude von den Militär- und Gendarmerieorganen sofort durchsucht werden. Die Personen, die unberechtigt oder absichtlich die Gebäude nicht verlassen haben, erwartet eine strenge Bestrafung."
„Ihr werdet viele Tote bestrafen!", machte Mutter eine düstere Voraussage. Leni verstand es nicht ganz.
„Böhmisch Leipa, den vierzehnten Juni 1945. Eigenhändig unterzeichnet: Podplukovnik Voves. Ich wiederhole: Alle Einwohner." Der Lautsprecherwagen bewegte sich langsam fort, um die Schreckensmeldung zu weiteren Betroffenen zu tragen.
„Ich laufe erst mal zur Tante. Leni, du passt auf die Kinder auf! Sie sollen schlafen. Aber du, du musst mir beim Packen helfen. Wie schaffen wir das nur?", sagte Mutter. „Steck bitte den Rudi" - vielleicht hieß der Sechsjährige so - „gleich ins Bett! Zum letzten Mal kann er sich hier ausruhen."
Doch bevor sie aufbrach, stand die Tante an der Tür: „Wir machen's, wie besprochen", sagte sie. „Wir werden's meistern!", bekräftigte sie mit unbewegter Miene, unter der sich mehr Unsicherheit verbarg, als sie zugeben wollte.

Morgens kurz nach fünf versammelten sich tausende deutscher Menschen am städtischen Bräuhaus. Leni beobachtete die Leute mit ihren Handwagen, Kinderwagen und sonstigen Vehikeln. Wer keines hatte, musste seinen Kram leider allein tragen. Stundenlang zogen sich die Kontrollen und Leibesvisitationen hin, welche die Tschechen durchführten. Trotz der Müdigkeit nach der durchgemachten, überkurzen Nacht beobachtete Leni alles genau. Endlich brach der Zug auf und bewegte sich unter Bewachung der berittenen tschechischen Polizei aus der Stadt hinaus. Das Teuflische war, so empfand Leni es, dass die Vertriebenen keine befestigte Straße benutzen durften, die aus Böhmisch Leipa nordwärts direkt zur Grenze führte. Wahrscheinlich sollten sie von anderen Bewohnern oder Reisenden nicht gesehen werden. Sie mussten auf weichen Feld- und Waldwegen weiter. Im sandigen Boden, der für die Gegend typisch ist und üblicherweise angenehm, blieben jetzt viele Handwagen stecken. Die

Räder fielen ab, die Achsen brachen. Kinder, und was man noch schleppen konnte, wurden aus den Wagen genommen und getragen. Alle übrigen Dinge blieben, wo sie gestrandet waren, und zeichneten chaotisch die Strecke, die der Menschenzug zurückgelegt hat.

Am Nachmittag rief jemand: „Wir sind wieder bei Böhmisch Leipa! Man hat uns im Kreis geführt!"
„Was für eine Schikane ... Bei dem heißen Tag!", seufzte jemand mit gedämpfter Stimme.
„Wahrscheinlich kennen die Wachen selbst den Weg nicht", bemerkte jemand spöttisch. „Viele sind ja frisch Zugezogene".
„Das kommt daher, dass man uns über Waldwege schleppt."
„Mama", fragte Leni, „wo liegt denn die Grenze?„
„Da drüben in den Bergen", erwiderte Mutter.
„Erst am Horizont, so weit weg. Ich bin so erschöpft!"
„Ja, mein Herz, das sind wir alle." Mutter versuchte, ihr Mut zuzusprechen: „Du bist sehr tapfer. Ich bin sicher, du wirst es bewältigen. Komm, ich helf' dir!"

Wenn es bergauf ging, musste Mutter den Weg dreimal hin und her gehen. Zuerst mit ihrem vollbepackten Kindersportwagen und Rudi an der Seite, dann ließ sie Rudi bei seinem Wagen ausruhen, kehrte im Laufschritt zurück und half der Tante mit dem Handwagen. Schließlich schob sie mit Leni den Kinderwagen hinauf, worin das Wertvollste lag, was sie hatten, das Baby. Dicht vor Leni ging eine ältere Frau. Sie schob einen randvollen Kinderwagen vor sich her. Auf dem Rücken trug sie einen schweren Rucksack. Plötzlich strauchelte sie auf dem unebenen Boden und fiel hin. Ein Tscheche war sofort bei ihr. „Alles liegen lassen!", brüllte er.
„Ach, bitte!"
„Du kannst bitten, wie du willst!" Er schnitt die Riemen ihres Rucksacks durch. „So geht's wohl leichter!", lachte er. Die Frau stand auf und bückte sich, um die Handtasche aufzuheben. Eine Peitsche sauste auf sie nieder. Zuletzt musste sie den Wagen, den

Rucksack, die Handtasche, alles zurücklassen. Sie weinte. Eine andere Frau stützte sie: „Kommen Sie, kommen Sie schnell." Nach einer Weile redete sie ihr zu: „Seien Sie froh, dass er nicht auch Sie dort liegen ließ. Die Sachen sind ersetzbar."
„Ich habe überhaupt nichts mehr!", stöhnte die Beraubte.
„Sie haben Ihr Leben - und mehrere Kleider am Körper!", meinte die Frau noch stolz.
„Was man am Körper hat, das braucht man nicht zu tragen", wiederholten die anderen eine gültige Faustregel verschmitzt .
„Ja, ja, es bleibt einem vielleicht erhalten", nickte jemand.
„Vielleicht!", warnte eine.
Leni begriff, dass die mehrfache Bekleidung, die sie anhatte, kein Hirngespinst ihrer Mutter oder Tante war. Die meisten mühten sich damit ab, auch wenn es bei der glühenden Hitze lästig war. Wir sind wie Zwiebeln- dachte sie beschämt und fühlte sich mies.

„Seht, die Lausche!" sagte jemand. Es klang wie von weit her.
Die Lausche. „Wie spät ist es?", fragte Leni ganz matt. Es war schon lange tiefe Nacht.
„Bald drei Uhr morgens ..."
Sind wir denn zweiundzwanzig Stunden auf den Beinen? Leni hätte niemals gedacht, so etwas auszuhalten. Die letzte Strecke war eine Schotterstraße. Endlos, endlos. Es ging zur Grenze hinauf. Lenis Familie befand sich unter den Nachzüglern. Sie und Rudi waren jetzt total erschöpft. Sie mussten im Laufen eingeschlafen oder wohl ohnmächtig geworden sein. Mutter schleppte sie zum Straßenrand und setzte sich mit den Kindern ins Gras. Plötzlich blickte sie in einen Gewehrlauf, der auf sie gerichtet war.
„Ich erschieße euch, falls ihr nicht sofort weitergeht!", drohte der Bewaffnete vom Pferd hinunter.
„Nur zu!", rief Mutter verzweifelt, bereits am Ende ihrer Kräfte. „Erschießen Sie uns doch!" Sie schaute den Mann herausfordernd an und drückte die Kinder an sich. Der junge Mann senkte die Waffe, wandte sich ab und ritt weg.

Allmählich kam Leni wieder zu sich. Am Nachthimmel sah sie Leuchtfeuer und hörte Kanonendonner. Das war aber nicht real. Mitte Juni gab es keine Kämpfe mehr in der Gegend und nirgends in Europa. Was war das? Eine Sinnestäuschung? Wenn *ich*, damals gleich zehnjährig wie Leni, mir diese ihre Schilderung überlege, dann erinnert sie mich an eine Erfahrung, die wenige Wochen zurücklag. Während der fünf Tage des Prager Aufstands hatte ich, so wunderlich es klingt, keinen Bissen Nahrung zu mir genommen und spürte dabei auch keinen Hunger. Der Grund meines Verhaltens war der Vater, der irgendwo in Prag zwischen Leben und Tod steckte. Meine Mutter und wir Kinder waren auf dem Lande und wussten gar nichts von ihm. Kämpfte er? Wurde er gefangen genommen? Lag er bereits an einer unbekannten Stelle tot? Ich weinte nicht, zitterte nicht. Ich spürte sogar keine besondere Angst und machte auch sonst keine Umstände, redete nicht. Lediglich essen konnte ich nicht. Das waren *mein* Kanonendonner und Leuchtfeuer auf dem Nachthimmel.

Vor der Grenze wollten die Tschechen den Vertriebenen aus Böhmisch Leipa noch alle übrigen Habseligkeiten wegnehmen. Dagegen griffen die Russen ein und verhinderten es. „Den Russen hatten wir es zu verdanken, dass wir mit unserem bisschen Hab und Gut über die Grenze kamen", bezeugte später das Mädchen, das heute Frau Heller heißt, und in der schönen bayerischen Stadt Passau an einem malerischen Zusammenfluss von Inn und Donau lebt.

Der Antreiber auf hohem Ross war erleichtert, als er die Rücken der Vertriebenen sah, wie sie von den Russen weggeführt wurden. Mein Gott, dachte er. Beinahe hätt' ich die Frau mit den Kindern erschossen. Was für ein Mensch bin ich? Tut man so was als Mensch? Wie bin ich dazu gekommen, sie überhaupt zu bedrohen? Das wollt' ich doch gar nicht. Von mir aus würd' ich doch niemals gegen sichtlich Unbewaffnete und Schwache etwas tun. Solch ein Heldentum kann ich gar nicht leiden. Warum hab' ich's getan? Wo liegt der Grund?

Beschämt betastete er das Gewehr und die Uniform, die er trug. Macht das den Unterschied? In seiner Jackentasche raschelte ein Stück Papier. Jetzt erinnerte er sich. Das Flugblatt wurde morgens an alle Männer des Kommandos verteilt. Sie mussten den Text vor dem Einsatz mit lauter Stimme vorlesen, als würden sie ein perverses Gebet sprechen. Die Zeilen prägten sich ihm ein, weil sie ihn so empört haben:

Der Deutsche bleibt unser unversöhnlicher Feind! Hör nicht auf, die Deutschen zu hassen! Verhalte dich zu den Deutschen als Sieger! Sei hart zu den Deutschen! Auch die deutschen Frauen und die Hitlerjugend tragen Schuld an den Verbrechen der Deutschen! Sei unnachgiebig auch zu ihnen!

Der Kommandant sagte, dies wären die Zehn Gebote, ja wörtlich so, wie in der Bibel, die Zehn Gebote für den tschechoslowakischen Soldaten im Grenzgebiet. Für sie als Polizisten würden die Gebote gleichermaßen gelten, ermahnte er.

Warum trichtert man uns das ein, fragte sich der junge Mann. Diese Hassanweisungen empfand er als unmenschlich. Er holte den Zettel aus der Jackentasche hervor und schaute sich ihn gründlich an. Die gotteslästerlichen Zehn Gebote wurden als Befehl vom Kommandanten des Ersten Armeebereichs ausgegeben. Das Datum war zehn Tage alt - der fünfte Juni 1945.

Verflucht. Die Worte des Hasses waren es, die ihn vergessen ließen, dass er ein anständiger Mensch war. Er hat seine Waffe gegen ein kleines Mädchen, einen kleinen Buben und eine erschöpfte Frau gerichtet, die noch dazu wahrscheinlich ein Baby im Kinderwagen hütete.

Was hat sie gesagt? 'Erschießen Sie uns doch! Nur zu!'

Ihr Gesicht hatte Verzweiflung gezeichnet, ihre Augen hatten Tränen gefüllt. Dies und der herausfordernde Aufruf hatten ihn wachgerüttelt: Diese Kinder waren doch keine Hitlerjugend. Es war eine ganz normale Familie. Vielleicht hatten sie bis gestern um die Ecke von *unserer* Familie gewohnt. Was tue ich hier überhaupt?

Daraufhin hatte er die Waffe gesenkt. Von jenem Moment an hätte ihn auch kein direkter Befehl dazu bewogen, gegen diese Leu-

te das Gewehr zu richten. Ein klarer, selbständiger Entschluss ließ ihn das Pferd umdrehen, um schnellstmöglich wegzureiten. In seiner Verwirrung hatte er kein Wort der Entschuldigung über die Lippen gebracht. Was werden die Frau und das Mädchen von mir denken? Ihr Leben lang werden sie mich nicht mehr vergessen. In ihrem Gedächtnis bleibe ich für immer das Ungeheuer, das die Waffe gegen sie gerichtet hat. Und ich hätte gemeint, niemand würde mich dazu bringen, irgendetwas Scheußliches zu tun. War es überhaupt recht, diese Menschen aus ihrem Zuhause fortzujagen? Ist es richtig? Mit einem Schlag wusste er, dass es keine Stelle gab, wo er seine Zweifel anmelden konnte. Auch wenn andere es tun ... Ich werde mich in Acht nehmen!
Er sah den Hasszettel immer noch in seiner Hand stecken, zerknüllte ihn und warf ihn weit von sich.
„Was wirfst du um dich herum?", fragte einer, der hinter ihm ritt.
„Nur etwas Dreckiges."
„Es erschien sowie der Befehl, den wir erhielten."
„Kann dir egal sein."
Der andere Polizist holte ihn ein. „Morgen erwartet uns wieder eine Säuberungsaktion."
„Mich nicht."
„Wieso nicht?", wunderte der andere sich. „Der Dienst wird gut bezahlt. Mit Aufstiegsmöglichkeit ..."
„Ich geh' lieber zur Schule."
„Hast 'ne Zusage?"
„... oder zum Handwerk zurück."
„Ziemlich plötzlich, meinst du nicht?"
„Diese Schweinerei mach' ich nimmer mit."
„Dann hüt' dich nur vor dem Kommandanten!", warnte der Polizist. „Der kann dich schön in die Ecke treiben."
„Weißt du was, der Chef, der kann mich am Arsch lecken!", sagte der Bekehrte. „Der einzige Mensch, zu dem ich noch Vertrauen habe, das ist der Herr Präsident Beneš, aber der hat von diesen Dingen wahrscheinlich keine Ahnung. Stets verlangt er Anständigkeit. Und niemand hört auf ihn."

Sezimovo Ústí/Südböhmen, Juni 1945
„Dies ist unser zweites Zuhause für meine Frau und mich", sagte Beneš mitten auf seinem Wochenendsitz. Es klang sehr gefühlsbetont. „Wie oft haben wir uns nach dieser Villa, nach dem Garten gesehnt, die ganze Exilzeit über!" Seinem Begleiter zugewandt fügte er hinzu: „Unseren Gästen gefällt's ja auch."
„Es ist liebenswert", nickte der Mann an seiner Seite. Als Leibarzt des Präsidenten wusste er, was dem Patienten leiblich fehlte, doch in seiner Psyche kannte er sich weniger aus. Vor dem Krieg hatte der Arzt Präsident Masaryk gedient sowie anderen tschechischen Prominenten, also auch Beneš, nachdem er zum Staatspräsidenten geworden war. Der Krieg hat sie dann getrennt. Jetzt stand ein anderer Mann vor ihm, so schien es, als der, den er früher kannte. Der Arzt stellte schwere Diskrepanzen in Beneš's Handlungen fest. Diese seine neue Häuslichkeit, seine Residenzen, ja wahre Luxusheime in Sezimovo Ústí, auf dem Hradschin, sowie im Staatsschloss Lány hinderten Beneš offensichtlich nicht daran, andere Menschen um ihr *einziges* Heim zu bringen! Der Arzt hörte und sah fast täglich die Verzweiflung der Ausgewiesenen und der Internierten. War Beneš sich der inhumanen, katastrophalen Folgen seiner Politik nicht bewusst? Vielleicht.
„Die rauschenden Bäume, wie habe ich sie vermisst!", sagte er, als hätte er in der lieblichen englischen Landschaft bei Aston Abbots keine Bäume gehabt. „Auch unser Hund ist voll begeistert. Schauen Sie nur, wie er hüpft und tobt, ein treuer Freund. Hunde sind verlässlichere Freunde als Menschen."
„Manche sagen so." Der Arzt beobachtete seinen Patienten.
„Und was meinen Sie?", prüfte Beneš die Einstellung seines Vertrauten im spielerischen Ton.
„Wenn es Ihnen guttut, Herr Präsident, dann sollen Sie Ihren Hund richtig verwöhnen!", riet der Arzt. „Ihr Gesundheitszustand schreit nach Entspannung. Sie dürfen Ihre Kräfte nicht mehr überbelasten. Das ist Ihnen bekannt."
„Sie reden wie mein Schutzengel", bemerkte Beneš und ging unbeschwert weiter. „Aber heute scheinen Sie mir belastet zu sein.

Was haben Sie auf dem Herzen?", fragte er großzügiger denn je.
Der Arzt schwieg eine Weile.
„Herr Präsident, ich weiß nicht, wo ich anfangen soll."
„Ganz einfach", ermutigte ihn Beneš. „In medias res."
Kurz entschlossen sagte der Mediziner: „Ein Freund hat sich an mich gewandt."
„Aaaha."
Nachdrücklich fügte der Arzt hinzu: „Er bat mich um eine Fürsprache bei Ihnen."
„Schießen Sie los!", forderte Beneš ihn gut gelaunt auf.
„Der Mann heißt Přemysl Pitter", trat er nun in *medias res.*
„Ein Arzt wie Sie?"
„Ein Theologe."
„Was braucht er?"
„Nichts für sich selbst, Herr Präsident", versicherte der Arzt. „Er kümmert sich um verlassene Kinder. Vor allem aus den Konzentrationslagern."
„Sehr lobenswert", stimmte Beneš zu.
„In seinen Erholungsheimen - er verwaltet nun mehrere, auch in einigen Schlössern, die ihm dafür zugeteilt wurden, - kümmert er sich um *alle* Kinder, die Hilfe brauchen. Er macht keinen Unterschied, ob es tschechische oder jüdische oder deutsche Sprösslinge sind."
Im Gehen drehte Beneš den Kopf zu seinem Begleiter. Er spitzte die Lippen, als würde ihm etwas zu sauer schmecken.
„Herr Präsident!" Der Arzt spürte, dies war eine seltene Gelegenheit, dem Präsidenten die Realität vor die Augen zu führen. „Herr Pitter brachte mich in eine Schule in Prag, in eine ausgebombte, wo in einigen Schulklassen und im Keller vielleicht eintausend Frauen und Kinder am Verhungern sind."
„Sie meinen nicht etwa - deutsche - Frauen und Kinder!", unterbrach ihn Beneš.
„Die meine ich, Herr Präsident."
„Was ist damit?", fragte Beneš, als ginge es um Sachen.
„Diese Menschen", betonte der Arzt die Bezeichnung, „haben nicht einmal Stroh zum Hinlegen. Die Kinder leiden an Ge-

schwüren, sind nur mehr Haut und Knochen. Nicht einmal für die Säuglinge gibt es Milch. Ich sprach mit einem deutschen Kollegen, der dort, so gut er konnte, in einer schmutzigen Schürze zu helfen versuchte."

„ ... einem Kollegen?! Würden Sie auch Mengele so nennen?"

„Der Mann", korrigierte sich der Arzt, um Beneš nicht vorzeitig zu verärgern, „er sagte mir, es gäbe eine ministerielle Anordnung, den Deutschen die gleichen Rationen zu gewähren, wie sie den Juden unter den Nazis zuteil wurden. Ich konnte es nicht glauben."

„Was will der Theologe Pitter, oder wie er heißt, von mir?"

„Er bittet flehentlich darum, dass die deutschen Kinder, wenigstens die Säuglinge, Milch bekämen. Sonst ...

„Was?"

„Sonst sterben sie alle weg!"

Beneš blieb stehen. Sie waren an einer Sitzgruppe vor der Villa angelangt. Er befahl beinah: „Nehmen Sie Platz." Selbst setzte er sich auf einen Polsteraufsatz in einem weißen Gartensessel. Er kreuzte die Beine und wippte leicht hin und her. „Eigentlich wollte ich heute keine Sorgen aufkommen lassen."

„Verzeihen Sie mir bitte!" Der Arzt war voller Traurigkeit. „Viele tschechische Menschen sind fest davon überzeugt, Herr Präsident, Sie persönlich wüßten gar nicht, wie manche unserer Leute in diesen Tagen brutal geworden sind, wie grausam sie gegen die Deutschen vorgehen, auch gegen solche, die korrekt und unbeteiligt waren. Dagegen mahnen Sie ja oft, wie wir die Menschlichkeit um jeden Preis bewahren sollen. Viele Tschechen setzen viel Vertrauen in Sie, in Ihre Stimme. Nur deshalb habe ich mir erlaubt ..."

Beneš schwieg. „Auf keinen Fall", sagte er plötzlich, „dürfen Sie vor meiner Frau darüber reden! Da kommt sie ja."

„Selbstverständlich nicht, Herr Präsident.„

Sie näherte sich mit einem Lächeln. „Haben Sie Geheimnisse vor mir? Das hoffe ich nicht!." Sie setzte sich zu ihnen.

„Ich sagte gerade zu meinem Schutzengel, dass ich in diesem Staat leider nicht alles regeln kann", knüpfte Beneš gewandt an.

„Bestellen Sie dem Herrn Pfarrer von mir“, überlegte er kurz, „dass es auch für mich, in meiner Position unmöglich ist, an den Bestimmungen des Innenministeriums irgendetwas zu ändern. Es ist schlimm. Alle Ministerien befinden sich in den Händen der Kommunisten!“
„Ja, das beklage ich auch“, bekräftigte seine Frau Hana.

„**M**orgen“, erinnerte sich Beneš, „werden wir in Tábor erwartet. Ich muss an meiner Ansprache noch feilen“, versuchte er sich eilig zu verabschieden.
„Nicht mehr notwendig“, fiel die Frau ihm ins Wort. „Der Text ist wunderbar.“ Sie wusste nicht, warum er fort wollte.
„Meinst du?“, fragte er, teils geschmeichelt, teils verstört, dass sie in seine Arbeit geschaut hat.
„Verzeih mir ... Es lag auf dem Tisch. Normalerweise“, wandte sie sich zum Arzt, „bekomme ich seine Schriftstücke gar nicht zu Gesicht. Doch hier in dieser Villa ist alles eher intim.“
„Was findest du so wunderbar daran?“, wollte Beneš wissen.
Der Butler brachte eine Tischdecke und ein Kaffeeservice durch den Terrasseneingang und richtete es für eine Bewirtung her.
Sie lehnte sich im Gartenstuhl bequem zurück und sagte: „Vor allem diese These über die Ent-ger-mani-sierung unseres Landes. Ist das nicht faszinierend?“, bemerkte sie zum Arzt.
„Das ist der wichtigste Grundsatz“, nickte Beneš, „der den Tschechen eingeprägt werden muss.“ Er taute allmählich auf und war bereit, mit seiner Frau zu plaudern. Der Besucher verfolgte das diskutierende Ehepaar und stellte erschüttert fest, wie eine lebenslange Symbiose von Sturheit, das war er, und Dummheit, das war sie, zu Fehlorientierungen führen kann. Bei dem Mann, überlegte der Diagnostiker, ist die Verwechslung von Negativ und Positiv die typische Begleiterscheinung seiner progressiven Arteriosklerose. Psychiatrisch betrachtet, kam es bei ihm zum Umkippen der Logik. Dem kann die Frau mangels eigener Intelligenz nichts entgegensetzen. Durch ihre oberflächliche Zustimmung zementiert sie seinen Irrweg! Dieser Mann, dachte der Arzt, verwechselt einen positiven Wiederaufbau des Landes nach dem

Kriege mit dem negativen Verlust von Geistes- und Arbeitskräften. Und dazu wird es infolge der Austreibung einer Minorität, wie er sie nannte, auf jeden Fall kommen. Entgermanisieren ...! Wie will dieser Beneš ein Mitteleuropa, mit zehnmal so viel Germanen als Slawen, eigentlich ent-ger-mani-sieren? Der Arzt wusste in seinem Herzen, die Ethnien sind relativ unzerstörbar. Er selbst hatte einen deutschen Namen. Und was soll's? Das tschechische Volk hat den Krieg überstanden sowie das deutsche Volk diese Nachkriegswirren überleben wird. Entgermanisieren! Und diese Gans von Frau strahlt und nickt ihm begeistert zu. Merkt sie denn nicht, wie verwirrt und krank er ist, dachte der Leibarzt mit dem sachlichen Blick eines Mediziners.

„Eine Erdbeertorte!", jubelte sie laut und fast kindisch. „Wo haben wir die her?", fragte sie den Bediensteten.
„Die Nachbarn haben die Erdbeeren gebracht", erklärte der Butler zurückhaltend höflich. „Als Willkommensgruß für Sie, gnädige Frau, und für den Herrn Präsidenten. Die Köchin machte gleich eine Torte daraus."
„Sind die tschechischen Menschen nicht herzlich süß?", stellte sie eine überschwengliche Frage. „Sie haben mir so gefehlt!" Die Dreiergesellschaft genoß den Kaffee mit Erdbeerkuchen.

Kurz vor dem Abschied bohrte der Arzt noch einmal: „Was darf ich Herrn Pitter über die deutschen Säuglinge weitergeben?"
Er dachte, vielleicht ist nach der kleinen Mahlzeit eine bessere Stimmung da. In der Tradition der tschechischen Prominenz, überlegte er, die ihre Gesundheitsprobleme ihm anvertraut hat - auch namhafte Schriftsteller gehörten dazu - lag es doch gar nicht, unmenschlich zu reagieren. Im Gegenteil, die gefühlvollsten Menschen des Volkes waren oft unter seiner Klientel, die vernünftigsten ... Er schätzte sie hoch und war stolz darauf, zuweilen auch ihr Berater zu sein.
„Reden wir von deutschen Kindern?", fragte die Frau erstaunt.
„Ein Theologe wollte etwas wissen!", schnaubte Beneš.

„Ach ... der Vatikan!“, meinte sie verächtlich. „Sind denn die Kleriker wieder auf dem Plan?“
„Er ist evangelisch, gnädige Frau“, korrigierte der Leibarzt mit gezwungener Geduld. „In den Erholungsheimen von Herrn Pitter habe ich viele Kinder untersucht, die die Konzentrationslager und andere Greuel des Krieges oder der Nachkriegszeit überlebt haben. Er und seine Leute pflegen die armen Geschöpfe wieder gesund.„
Der Arzt konnte nicht voraussehen, dass dem tschechischen Theologen eines Tages die Juden ihre Dankbarkeit für den Einsatz zugunsten der jüdischen, deutschen und tschechischen Kinder erweisen würden und im Jerusalemer Holocaust-Mahnmal Yad Vashem, in der Allee der Gerechten, für Přemysl Pitter ein eigenes Denkmal errichten würden.
„Nun“, schloss Beneš die Unterredung barsch und ähnlich abschätzig, wie seine unwissende Frau vorhin, „sagen Sie ihm, der Präsident ist nicht für Milch zuständig.“
„Für Milch?“, wunderte sich Hana wieder.
„Die Verantwortung trägt Nosek allein“, betonte ihr Mann, „der kommunistische Innenminister, nicht ich. Auf Wiedersehen.“
Dem Leibarzt war wie nach einer eiskalten Dusche. Erschüttert verließ er die kleine Residenz. Hätte er es selber nicht erlebt, er würde es nicht glauben wollen. Der Präsident weiß ganz sicher, was geschieht. Spätestens ab jetzt tut er das. Kein Wort des Mitgefühls war über seine Lippen gekommen. Er schreitet gegen die Brutalität nicht ein. Gott wird ihn strafen, erschrak der Arzt. Und uns mit ihm.

18. Die Festung

Furchtbarer Ort für Deutsche aus Prag - Ein Arzt wird verarztet - Freundin aus dem Ghetto Ich kann an keine Gefangenen mehr denken, es gibt jedoch einen, der um Hilfe ruft

Theresienstadt, Mai/Juni 1945

Der Kommandant führte eine russische Kommission durch sein Lager, einen Ort, der mit der widersinnigsten Geschichte der Welt prahlen konnte. Unter der Naziherrschaft war die zackig im Erdboden aufgebaute Kleine Festung grausamer Kerker für politische Häftlinge gewesen. Sie lag ein wenig abseits des eigentlichen Theresienstadt, zu dem sie gehörte. Die karge altösterreichische Garnisonsstadt selbst hatte Hitler zu einem Sammel-Ghetto, einer Durchgangsstation vor dem Tode, für die europäischen Juden umgewandelt. Nun saß die Sowjetarmee im vormaligen Ghetto, das jetzt wieder eine Stadt für die Soldaten war. In die steinerne, eiserne Umklammerung der nahen Kleinen Festung warfen jetzt die Tschechen gefangene oder vertriebene Deutsche.

Der tschechische Kommandant führte die Russen durch kahle, offene Höfe. Vom Vierten Hof gab es Zutritt zu vielen Einzelzellen, aber auch zu einigen kalten, unwirtlichen Großräumen. Er trat in eine Riesenzelle voraus. Dort wurden zweihundert Internierte festgehalten. „Hier ist alles SS und Gestapo." Die Auskunft sollte die russischen Inspekteure von unbequemen Fragen abhalten, so dass sie zügig weiter gingen.

„Halt! Holen Sie mir die Jungs von drüben her!", sagte ein Kommissionsmitglied. „Wie alt sind die eigentlich?"

Über einen Dolmetscher sagten die Buben aus: „Zwölf, dreizehn, vierzehn Jahre."

„Die konnten doch unmöglich bei der SS gewesen sein?“, zweifelte der russische Besucher.
Alois Průša, so hieß der Kommandant, zögerte keine Minute: „Es sind Söhne von SS- und Gestapo-Leuten. Der da allein“, zeigte er wahllos in die Gruppe, „hat elf Tschechen erschlagen!“ Die Behauptung wurde nicht ins Deutsche übersetzt. Die Jungen schauten verschreckt um sich.
„Ungewöhnlich“, schüttelte der Offizier den Kopf.
„Ganz gemeingefährliche Typen sind das“, warnte der Festungskommandant. „Daher gilt bei uns die Regel, dass ab zwölf Jahren jeder als Erwachsener behandelt wird. So sind die Anweisungen“, sagte er mit einem breiten Lächeln im feisten Gesicht.
Die Kommission zeigte etwas Verwunderung, doch gab sie sich mit der Erklärung zufrieden. So war es manchmal im Krieg. Offensichtlich sind keine Vorschriften gebrochen worden. In der nächsten Riesenzelle erblickten die Inspekteure einen blutigen Knüppel auf dem Tisch. An die angetretenen Insassen richtete ein Offizier die Frage:
„Wird hier vielleicht jemand geschlagen?“
„Nein!“, schrien mehrere hundert Gefangene wie aus einem Mund. Sollten sie sich nach dem Abgang der Kommission zu Tode quälen lassen?
Währenddessen hatte sich Průša zu seinen Aufsehern gedreht und zischte ein Losungswort: *Eskorte!* Sie verstanden sofort. Sobald die Kommission aus der inspizierten Zelle herauskam, umgaben die Wachposten sie in freundschaftlicher, lauter Unterhaltung. Anschaulich erzählten sie, welche Grausamkeiten die Deutschen hier an den früheren Häftlingen verübten, als wären die dort gerade Festgehaltenen die Täter gewesen. So war es natürlich nicht. Die ehemaligen deutschen Naziwachen waren entweder geflohen oder tot oder wurden von den Alliierten woanders festgehalten.
„Ich selbst war hier eingekerkert,“ ergänzte Průša die Schilderung. Er war beleibt, keine Spuren von Misshandlungen waren ihm anzusehen. Die Kommission zögerte. Schließlich zeigte sie sich ein klein wenig beeindruckt.

„Hunger macht aufgedunsen", fügte der Kommandant schlau hinzu. In einigen Fällen war dem so. Höfliches Nicken der Inspekteure gab ihm Recht. Im Eiltempo ließ sich die Offiziersgruppe durch die übrigen widerlichen Räume und Höfe der Festung begleiten. Die Zellen mit weiblichen Insassen waren ihr glücklicherweise ganz entgangen. Die grausame Gegenwart schien durch das Geschwätz der Aufseher ausgewogen und gerechtfertigt zu sein. Erleichtert darüber, endlich aus den übel riechenden Räumlichkeiten herauszugelangen, verabschiedeten sich die Inspekteure.
„Es wird schon stimmen", sagte einer, als sie draußen standen. „Selbst hörte ich im Auslandsradio Prag, dass in der Kleinen Festung von Theresienstadt heute nur noch SS, Gestapo und zu langen Strafen Verurteilte gehalten werden."
Nur, wie konnte man innerhalb von wenigen Wochen nach dem Kriegsende so vielen Straftätern den Prozess machen, fiel dem Leiter der Kommission ein. Doch in ungewöhnlichen Zeiten waren die Prozesse kurz. Er runzelte die Stirn und verscheuchte alle Zweifel. Die haben mit uns auch immer kurzen Prozess gemacht.

Die Hälfte der Insassen der Kleinen Festung waren Frauen. Unter ihnen befanden sich Rotkreuzschwestern der Prager Kliniken, aber auch Alte, bis Neunzigjährige. Wahllos aufgegriffene Jugendliche waren ebenso dabei und Kinder. Es gab auch Säuglinge, die von ihren Müttern getrennt irgendwo aufgefunden wurden. Die andere Hälfte bildeten hauptsächlich Prager deutsche Männer. Sie wurden aus ihren Wohnungen oder von der Straße abgeführt. Hinzu kamen verletzte, auch frisch amputierte Soldaten, die willkürlich um ihren international gesicherten Anspruch auf ärztliche Behandlung gebracht wurden. Sogar Blinde aus einem Krankenhaus von Aussig wurden in die Kleine Festung verschleppt.
Gleich welchen Geschlechts oder Alters, unter den Gefangenen gab es keinen einzigen rechtmäßig Verurteilten. Laufend wurden Untersuchungsgefangene, gegen die nichts Besonderes vorlag,

vom nahen Kreisgericht Leitmeritz in diese Hölle geschickt, weil das dortige Gefängnis einfach überfüllt war.

In einer Hofecke neben dem Festungseingang verbrannte man fast täglich Dokumente, die den Inhaftierten abgenommen worden waren. Auf dem Scheiterhaufen endeten Ausweise, Wertpapiere, Andenken, Fotografien.
„Den Personalausweis wird hier keiner mehr brauchen. Cha, cha", erklärte Průša höhnisch. Die Identität der Häftlinge wurde systematisch ausradiert. Auf ihr Leben kam es nicht mehr an.

„Wir kriegen eine dicke Ladung", kündigte Průša seinem Aufsehertrupp an. „Sechshundert Mann aus Prag. Wir wollen ihnen einen netten Empfang bereiten. Hat jemand Vorschläge?"
„Wir hissen sämtliche Rote-Kreuz-Fahnen, die wir haben."
„Und alle Knüppel, die wir haben!"
„Etwas Besseres", meinte der Kommandant nachdenklich, „reißen wir doch im Eingangstunnel einen Graben quer ein, dort, wo es stockdunkel ist. Keiner sieht was, jeder fällt hin."
„Meinen Sie das im Ernst, Chef?"
„Wer am Boden liegt, kriegt auf den Kopf, was das Zeug hält", entwickelte der Chef seine kriminellen Vorstellungen weiter.
„Also - das find' ich phantastisch."
„Unübertroffen!"
„Keiner kann doch dafür, wenn ein paar Pflastersteine fehlen. Cha, cha!", erörterte Průša seine Vision.
Ein unbeleuchteter Tunnel führte durch den Außenwall der Festung abwärts, fünfzehn bis zwanzig Meter lang zum geräumigen Vierten Hof. Kurz vor dem Ausgang, wo man durchs Außenlicht bereits geblendet wird, rissen sie die Pflastersteine heraus.
Im Laufschritt getriebene Männer stürzten in die Falle, die meisten kopfüber. Auf die Ersten traten die Nächsten und fielen über sie hin. Bald war der Haufen meterhoch. An beiden Seiten des Gangs standen zu allem fähige Rotgardisten. Mit voller Wucht schlugen sie in die sich windenden Menschenleiber mit

ihren langen, eisenbeschlagenen Knüppeln ein. Wer nicht mehr aufstehen konnte, der wurde fertiggemacht. So nannten sie das Totschlagen. Ohne Schläge und Verletzungen erreichte den Hof niemand. Sie mussten sich in Reihen aufstellen und Průša zählte sie ab, indem er sie erneut mit einem Eisenknüppel über die Schädel schlug. Gleich beim Empfang ließen siebzig Männer ihr Leben. Die übrigen trieb man in eine Großzelle. Auf dreistöckigen Holzpritschen gab es Platz für zweihundert Häftlinge, jetzt waren es mehr als doppelt so viel. Eng aneinander gepresst, konnten sie nachts nur auf der Seite liegen. Tagsüber mussten sie stehen, einer dicht an den anderen gedrängt. Zu sitzen oder zu liegen war tagsüber streng verboten.

Ein teilweise Gelähmter lag auf dem eiskalten Betonboden einer Einzelzelle. Sie war an den Festungswall angebaut und steckte voller Kälte, auch wenn es draußen heiß war. Der Mann zitterte, da er fror und wahnsinnige Schmerzen spürte. Lass mich sterben, oh Gott, lass mich sterben! Erlöse mich von diesen Qualen. Im Geiste erlebte er immer neu die Schläge, mit denen er nach seiner Ankunft, ohne jeglichen Grund, überschüttet wurde. Auf seine Wirbelsäule und Gelenke zielten sie, auf die Zähne und den Mund. Ich werde wahnsinnig, sterbe vor Durst. Doch, auch wenn er etwas zu trinken gehabt hätte, die Lippen waren zerschlagen und er konnte sie nicht bewegen. Ob da mehr als ein blutiger Klumpen geblieben ist? Er hörte, wie die Türe geöffnet wurde: „Er krepiert schon!“ Die Türe schlug zu.
Später wieder: „Gleich wird er verrecken!“ Die Tür ging zu.
Warum verstehe ich die Sprache? Warum bleiben mir diese höhnischen Worte nicht erspart? Warum sprach ich Tschechisch gleich gut wie Deutsch, überlegte er fieberhaft. Während der Kriegszeit hatt' ich doch täglich auch viele Tschechen, Slowaken, andere Slawen in meiner Ordination gehabt. Mit ihnen wurde tschechisch gesprochen. Niemals hätt' ich geglaubt, mir könnte nach dem Kriegsende etwas Böses geschehen. Vor zwei, drei Tagen war ich noch ein gesunder Mensch.
Ein Arzt betrat die Zelle: „Steh auf!“ Das Wrack am Boden rühr-

te sich nicht. Der Arzt riss es am Haar hoch und warf es wieder zurück. Das war also die erste ärztliche Behandlung von einem tschechischen Kollegen, dachte der Gefangene. In der dritten Nacht wurde ein deutscher Soldat zu ihm eingesperrt. Er sah den Machtlosen am Boden liegen, neben ihm eine Schale Kaffee. Der Soldat nahm das Getränk und flößte es dem Verletzten langsam durch einen Mundwinkel ein.
„Sie müssen sich arbeitsfähig melden!", forderte sein Mithäftling am nächsten Tag eine fast unmögliche Anstrengung von ihm. „Sonst gehen Sie hier elend zugrunde!"
Hoffentlich wird man mich im Freien erschlagen, fiel dem Arzt blitzschnell ein. Ich werde rascher sterben können. „Melden Sie mich an", flüsterte er mühsam. Nach einer Stunde kam der Häftling wieder:
„Sie haben Glück! Sie werden als Arzt eingesetzt!" Er hob den Schwerverletzten und stellte ihn auf. Nach mehrfachen Versuchen taumelte der Zusammengeschlagene endlich aus der Zelle hinaus. Die Normalität hatte ihn wieder. Wie allen anderen wurde ihm mit einer Haarschneidemaschine eine Bahn von der Stirn bis zum Nacken geschnitten, ein Zeichen der Gefangenschaft. Er bekam eine andere Hose, ein Hemd, eine Jacke und ein Paar Schuhe. Der Dienst fing an.
Das wäre wohl zuviel gesagt. Ohne fremde Hilfe konnte er sich nicht einmal auf einen Stuhl setzen, noch weniger aufstehen. Mit der linken Hand hielt er sich den Kopf aufrecht. Die Nackenmuskulatur war zerschlagen und der Kopf fiel immer wieder auf die Brust. Als Folge der Schläge, die er auf die Ohren erhielt, hörte er schlecht. Mit dem linken Auge sah er nur zentral einen Schein. Trotz alledem atmete er und war irgendwie da. In der ärztlichen Ambulanz bekam er erstmals einen Verband. Von den anderen unterstützt, konnte er zum ersten Mal genügend trinken. Eine Ärztin, die ihn von einer Prager deutschen Klinik kannte, schickte ihm einen Strohsack. Das war großartig, denn andere Internierte, wie bis dahin auch er, mussten auf kahlen Brettern oder auf dem blanken Boden liegen. Auf dem Strohsack fiel er in einen todähnlichen Schlaf.

„Arbeitet er schon?“, rief ein Aufseher in die Ambulanz hinein.
„Jawohl, er hat angefangen, hat sich nur kurz hingelegt.“
Dr. Benna trat zu dem neuen Kollegen: „Sie haben schwere Herzstörungen,“, sagte er leise. „Sie kriegen die Kombetin-Traubenzuckerinjektionen. Die werden Sie am Leben erhalten.“
„Wo haben Sie die Spritzen her?“, wunderte sich der Misshandelte.
„Hab' ich mir selbst verschafft. Im ehemaligen Ghetto in Theresienstadt liegen Medikamente in Bergen herum. Sagen Sie, ist auch Ihre Frau verhaftet worden?“
„Ich weiß nicht! Das Letzte, was ich sah, waren bewaffnete Männer, wie sie ihr unsere Lederkoffer entrissen“, sagte er schwer. Der Mund schmerzte, aber die Gelegenheit, sein Martyrium einem anderen zu erzählen, kam ihm gelegen. „Sie packten die Koffer voll mit unserer Wäsche, den Kleidern, Schuhen, Uhren, Geld und schleppten alles weg. Meine Frau lief zum Dachboden, um ein verstecktes Säckchen mit den Wertsachen zu holen. Wahrscheinlich hoffte sie, mich dadurch retten zu können. Sie zitterte vor Entsetzen. Direkt vor ihren Augen hatten sie mich mit einem eisernen Schürhaken geprügelt. Dann stießen sie mich die Treppe hinunter. Mit einem Auto brachten sie mich nach Theresienstadt. Über meine Frau aber weiß ich gar nichts mehr.“
„Hatten Sie eine Funktion bekleidet?“, fragte Dr. Benna nach.
„Ich war lediglich stellvertretender Kreisführer des Deutschen Roten Kreuzes. Ein Kreisführer durfte ich nicht werden. Das konnte nur ein Parteimitglied sein, und ich war politisch niemals tätig.“
„Mir ging's nicht viel besser als Ihnen“, sagte Benna zum Trost. „Ich wurde verhaftet, nach Pankratz gebracht und am vierundzwanzigsten Mai mit weiteren sechshundert Mann nach Theresienstadt geschickt. Sehen Sie die eiternden Wunden da am Kopf? Die hab' ich von den Knüppelschlägen.“
Der Neue wagte ihn zu fragen: „Hier in der Ambulanz ist es besser zu ertragen?“
„Sie werden's selbst erleben, lieber Kollege Siegel.“

Das Krankenrevier bestand aus fünf Einzelzellen, die bis zu fünfen belegt wurden. Teils liegend, teils in Hockstellung oder sitzend mussten die Kranken dort den Tag verbringen. Eduard Fritsch war dort zum Aufräumen bestellt. Dabei beobachtete er Dinge, die ihm Schrecken einjagten. Oft wurde ein Patient entkleidet und von diensthabenden Mithäftlingen auf eine Bahre gelegt. Ein Arzt gab dem Mann eine Injektion, und durch ein offensichtlich schnell wirkendes Gift starb der Mensch innerhalb einer Minute.
Es wurde gemunkelt, die Beseitigung von Kranken durch Gift hätte die Kommandantur der Festung angeordnet. Fritsch sah viele seine Prager Bekannten diesen letzten Weg gehen. Oft musste er auch Zellen sauber machen, wo vorher Menschen erschlagen wurden. Zentimeterhoch lag geronnenes Blut. Darin abgeschlagene Ohren, ausgeschlagene Zähne, Hautteile mit Haaren vom Kopf, Gebisse. Der Gestank war unerträglich. Er konnte es nicht fassen.
Ich gebe zu, grübelte Eduard Fritsch erschüttert, für viele ist die Giftinjektion eine echte Erlösung. Dennoch ... Es waren auch Menschen darunter, die leicht hätten ausgeheilt werden können.

„Doktor Siegel, Sie haben eine besondere Aufgabe zu erfüllen", sagte der Aufseher. „Sie werden heute einige Insassen der Zelle Fünfzig mit einer Injektion töten."
„Ich? Es tut mir leid", erwiderte der Arzt und versuchte seine Aufregung zu verbergen. Nein durfte er nicht sagen, sonst hätte der Kerl ihn totgeschlagen. Was sollte er ihm auftischen? „Schauen Sie sich doch meine rechte Hand an. Die ist total zerschlagen. Mit der kann ich keine Injektionen ausführen."
Zwei Tage später wurde der Befehl wiederholt.
„Es ist doch schade, die Alten weiter zu füttern!", schmuste der Rotgardist, als ginge es um eine vernünftige Entscheidung. „Der Aufwand steht in keinem Verhältnis zu dem, was sie noch leisten würden." Er war jung und gedachte wahrscheinlich, niemals alt zu werden. Vielleicht würde er es auch nicht.
„Meine zerschlagene Hand ...", fing der Arzt erneut an.

„Die interessiert mich nicht mehr!“, erwiderte der Wachmann. „Die Tötung werden Sie ausführen.“
„Jawohl“. Was mach’ ich nun?
Sobald der Aufseher fort war, ging Siegel zu dem Schrank mit Medikamenten. Dort lagen die Ampullen, die für die Giftspritzen bestimmt waren. Wenn ich sie verschwinden lasse? Das wäre die Idee. Niemand außer ihm befand sich im Raum.
Ohne es richtig zu erwägen, griff er mit der verletzten Hand in den Schrank, nahm die Ampullen und schob sie in die Jackentasche. Wohin damit? Es gab kein Zurück mehr. In die eigene Zelle! Das war der einzige Freiraum, sofern er nicht durchsucht wurde. Unter den Strohsack! Und wenn sie sie finden? Dann bin ich erledigt.
Wieder in der Ambulanz, traf er den Aufseher.
„Gut, dass ich Sie noch sprechen kann. Schauen Sie sich das mal an.“ Er öffnete den Schrank, aus dem er vorhin die Sachen herausgeholt hatte. „Uns fehlen die Ampullen!“
Etwas überrascht sagte der Mann: „Die werden wir besorgen.“
In zwei, drei Tagen ist jede Weigerung vergebens, dachte Siegel.
Eine Ärztin eilte vorbei. „Wir haben Flecktyphus im Lager!“, rief sie aufgeregt.
Der Wachmann hielt inne: „Ist das denn ansteckend?“
„Daran können wir alle eingehen!“, bekräftigte sie.
„Was muss man tun?“, fragte er plötzlich erschrocken.
„Sofort dem Hygienischen Institut in Prag melden!“, verlangte sie.

Der Vorstand des Prager Instituts kam persönlich in die Kleine Festung. Sofort überprüfte er die Internierten. Sechzehn von ihnen waren bereits erkrankt.
„Sie müssen isoliert werden!“, ordnete er an, „möglichst außerhalb dieses Hofes!“
„Wie wär’s im Kinosaal vorne im Park?“, schlug jemand vor.
„Möglich“, sagte Dr. Patočka. „Nur muss es schnell gehen.“
„Das tun wir gleich.“ Auf einmal waren die Wachen voller Eifer.
„Wer übernimmt die Station?“, fragte der Chef des Instituts nachdrücklich weiter. „Als Arzt, meine ich.“

Dr. Siegel hob langsam die zerschlagene Hand.
„Wollen Sie das wirklich tun? Sie kennen das Risiko." Patočka sprach nachdenklich, wie unter Kollegen. Dadurch wäre ich aus dem Vierten Hof weg, dachte Siegel. Abends wird der Hof immer abgesperrt. Niemand könnte dann von mir verlangen, die tödlichen Einspritzungen durchzuführen. Die Tötungen geschahen stets in der Nacht.
„Ich bin bereit", sagte er. Gott sei gedankt für diese Gelegenheit!
„Als Flecktyphusarzt hätten Sie die Pflicht, die Station zu führen, sämtliche Zellen regelmäßig zu kontrollieren. Sie selbst aber werden der Infektion voll ausgesetzt", warnte Patočka.
„Jawohl, ich bin bereit", bekräftigte der Misshandelte.

München, Herbst 1990

Ich schaltete meinen Computer ab und stimmte mein Radio auf Popmusik ein. Klassische Musik konnte ich nicht mehr hören. Zur Entspannung klang sie zu ernsthaft. Seit Monaten übersetzte ich deutsche Zeugenaussagen über das Jahr 1945 ins Tschechische. So viel Leid, so viel Unrecht, diesmal im Namen meines Volkes verübt! Wie sollte ich es verkraften? Mein Kopf war voller Lager und ihrer Greuel. Ich musste gegen Depressionen ankämpfen.
Über Doktor Siegel dachte ich trotzdem weiter nach. Seine Entschlossenheit, auch in schwierigster Lage andere Menschen nicht zu töten, hat mich tief beeindruckt. Wäre *ich* denn fähig, unter ähnlich drastischen Umständen so edel zu handeln? Genug für heute.
Meine Wohnung war ruhig und friedlich. Langsam bereitete ich das Abendbrot vor, eigentlich eher das Abendgemüse. Am Tisch knipste ich das Radio aus und ließ den Fernseher anlaufen. Zu meinem Verdruß sendete man gerade irgendeine düstere Reportage, kahle Wände mit abbröckelndem Putz, lange wüste Gänge, einige graue Gestalten. Offensichtlich wieder ein Gefängnis. Schnell schaltete ich um und suchte ein heiteres Programm.
Das Telefon klingelte.
„Hallo, hier ist Paul. Schaust du dir die TeleFünf an?"

„Das hab' ich gerade ausgemacht", sagte ich matt.
„Das musst du aber sehen! Da läuft was über Leopoldov, das Gefängnis. Wo liegt es eigentlich?"
„Irgendwo in der Slowakei", sagte ich unwillig. „Ach, Paul, ich hab' von Gefängnisgeschichten gerade jetzt die Nase voll."
„Aber hör mal. Dort sitzt noch ein politischer Häftling!"
„Wie bitte?"
„Ein junger Slowake, ein sympathischer. Der erzählte, er sei zu zwanzig Jahren verurteilt worden wegen Republikflucht."
„ ... und sitzt immer noch?", fragte ich ungläubig. „Wir haben doch November 1990, ein Jahr nach der Wende! Stimmt das?„
„Er steckt immer noch drin", sagte Paul. „Wir müssen etwas tun!"
„Ich kann es nicht glauben", sagte ich und schaltete ungern zu den traurigen Bildern zurück. „Es ist aus." Nur die Untertitel liefen zu Ende des Films über den Schirm. „Es war tatsächlich Leopoldov."
„Unser Bürgerforum muss sich seiner annehmen!", drängte Paul. „Dafür sind wir da! Ich selbst war im Loch, ich weiß, wie es ist."
„Wenn es tatsächlich stimmt," sagte ich noch zögernd, „dann müssen wir was unternehmen."
„Ich ruf' morgen bei der TV-Redaktion an", bot er an.
„Das wäre gut."
„Vielleicht bekomme ich eine Kopie des Films."
„Hast du ein Video?"
„Helmut hat eins." Das war Pauls deutscher Freund. „Wir haben es uns gemeinsam angeschaut, leider nicht aufgenommen. Helmut ist genauso aufgeregt wie ich."
„Dann grüß' Helmut von mir ganz herzlich. Sagst du mir morgen, was du erfahren hast?"
„Das tu' ich. Also, entschuldige die Störung. Gute Nacht."
„Gute Nacht, Pauli. Danke für den Anruf."
Wer ist der junge Mann, der in Leopoldov einsitzt - überlegte ich automatisch weiter -, nur weil er aus der wunderbaren kommunistischen Republik flüchten wollte? Was steckt dahinter? Wer ist gegen ihn? Wurde er absichtlich hinter Gittern vergessen?

Hatte er etwas Schlimmes verbrochen? Hat er einen persönlichen Feind unter den heutigen Mächtigen? Ja, die neuen Machthaber ...
Wer ist der vergessene politische Häftling? Was ist eigentlich los in der alten Heimat Ende 1990? Es gab Enttäuschungen genug, ein Jahr nach der Wende! Lager, Gefängnisse und Lager ... Über fünfzig Jahre lang. Erst die nazistischen, dann die tschechisch nationalistischen, anschließend die kommunistischen. Und was jetzt - etwa die postkommunistischen? Zum Teufel damit!

Theresienstadt, 1950er Jahre
Meine Gedanken verirrten sich wieder nach Theresienstadt. Irgendwann Ende der fünfziger Jahre besuchte ich, nicht die Festung, nur die Stadt allein. Sie liegt vielleicht einen Kilometer von der Festung entfernt am anderen Ufer der Eger, als wollte sie mit dem Kerker nichts gemeinsam haben. Es war das größte Ghetto Europas gewesen, und ich wollte es sehen - aus Pietät. Eine Freundin erzählte mir, wie sie dort unter zehntausenden anderen leben musste und danach einen Transport ins Arbeitslager überlebte.
Die Stadt wirkte auf mich wie ein lieblos erhaltener Friedhof. Ein Schachbrett von leeren Straßen, vielleicht auch leeren Wohnungen. In nur wenigen Häusern vermutete ich Bewohner.
Die altösterreichischen mehrstöckigen Fassaden zeichneten sich durch Nullarchitektur aus, wie nach dem Lineal gebaut, kein bisschen Ornament, kein Mauervorsprung, kein Giebel, keine Fensterumrahmung, nichts, nichts, nichts. Eine Garnisonsstadt. Ich hatte das Gefühl, hier wurde auch das Denken, jede Vorstellungskraft total ausradiert. Direkt am Putz der Hausblöcke waren meterhohe Zahlen aufgepinselt, römische, arabische. Wer hat sie dort gezeichnet? Die Österreicher? Die Naziaufseher der Judenstadt? Die Russen? Statt Straßennamen nur blanke Zahlen. Es war unmenschlich. Auch die Soldaten, die hier ehedem lebten, oder die Gefangenen waren nur Zahlen. Oder irrte ich mich?
„Führer schenkt Juden eine Stadt." So hieß ein Propagandafilm.

An die vierzigtausend jüdische Menschen presste man jeweils hinein, wo vielleicht zehntausend Platz gehabt hätten. Hunger und Platzmangel begleiteten den Schein einer mehr oder weniger zivilen Existenz. Immer neue Transporte schickte man in das kahle Ghetto und bald wieder hinaus in noch schlimmere Arbeits- und Vernichtungslager.

Maries Geschichte

Der Mechanismus der Weiterverschickung aus der noch gemäßigten Gefahr des Ghettos in die ungebändigte Brutalität der Konzentrationslager war grausam ausgedacht. Die Judenältesten selbst mussten die Menschen, die meistens zu Todeskandidaten wurden, auf Listen setzen und sie den Schergen ausliefern. So schaffte man vorübergehend Raum für weitere zigtausende jüdische Kurzeinwohner aus allen Ecken des besetzten Europas.

Marie Veselá, meine Freundin aus Budweis, gehörte mit ihrer Familie, die ich nicht mehr kannte, eine Zeitlang zu den unfreiwilligen Ghettobewohnern. Sie erzählte mir, wie ihre jüngere Schwester sie vor dem Abtransport stets zu retten versuchte. Die Schwester war die Geliebte eines der Ghettoältesten. Wiederholt gelang es ihr, den Mann zu überreden, Marie von der Liste zu streichen. Zuletzt wusste er keinen Ausweg mehr. Marie wurde als Arbeitskraft ins KZ Ravensbrück verfrachtet.

Erst nach dem Kriegsende erfuhr Marie, wie ihre Schwester mit dem Geliebten Schluss gemacht hatte. Verzweifelt beschuldigte sie ihn, Marie in den Tod geschickt zu haben, obwohl sie sich über seine Machtlosigkeit im Klaren war, über den perversen Zwang, dem er unterstand. Eines Tages musste der Mann selber fort. Er wurde in Auschwitz ermordet. Von Maries Familie retteten sich einzig die beiden jungen Frauen.

In den fünfziger Jahren lebte Marie, verheiratet, mit zwei hübschen, lebhaften Kindern im südböhmischen Budweis. Ihre Schwester war nach Israel ausgewandert. Sie hatte hebräisch gelernt und wurde Schauspielerin, glaube ich, in einem Theater von Tel Aviv. Einmal besuchte Marie sie in Israel. Sie kam sehr traurig zurück mit einer Gewissheit, die ich erst später begriff. Sie ahnte richtig, für den Rest ihrer Tage von ihrer lieben Schwester wieder getrennt leben zu müssen.

Gesichter von Theresienstadt

Jawohl, überlegte ich, es war schon immer ein Gefühlsfriedhof, dieses Theresienstadt, keine übliche menschliche Gemeinschaft. Es war abwechselnd stets nur eine Soldaten- oder Gefangenenstadt. Nach dem Zweiten Weltkrieg wurde es erneut zur Garnisonsstadt, diesmal für die Rote Armee.

In den fünfziger Jahren, als ich den Ort besuchte, hatte er vielleicht auf ihre nächsten Opfer gewartet. Ich wusste es nicht. Fast fluchtartig verließ ich das einstige Ghetto.

Wie der Fluß Eger sollte auch jeder Mensch einen großen Bogen um Theresienstadt machen, meinte ich. Man müsste die furchtbaren Häuser und die schnurgeraden Straßen entweder dem Erdboden gleichmachen oder sie mit Blumen und Bäumen wie ein Denkmal schmücken.

Das Letztere ist tatsächlich geschehen. Im Frühling 1998 fuhren wir, mein Mann, mein Vater und ich, durch ein blühendes Theresienstadt. Ich war sehr erfreut darüber. Wahrscheinlich zum ersten Mal schienen normale Menschen dort ein Zuhause gefunden zu haben. Außerhalb der Stadt, gleich vor der Kleinen Festung und eigentlich an einer falschen Stelle, war ein Ehrenmal für die jüdischen Opfer des Ghettos aufgebaut. Die deutschen Nachkriegsopfer des tschechischen Gestapismus in der Kleinen Festung wollten aber die meisten Tschechen immer noch nicht zur Kenntnis nehmen.

München, Herbst 1990

„Hier ist wieder Paul! Also, hör zu! Ich hab den Namen des eingesperrten Mannes!"

„Jetzt, warte!", sagte ich ins Telefon. „Meinst du den des Häftlings von Leopoldov?" Auch das war eine alte Festung mit einem Erdwall herum. Werde ich die Dinge nie los?

„Eben. Er heißt Starčik oder so ähnlich. In der TeleFünf kann niemand tschechisch. Umso weniger slowakisch. Sie radebrechen den Familiennamen. Das spielt aber keine Rolle. So etwa heißt er. Seinen Vornamen Adrian, den wissen sie mit Sicherheit."

„Wie alt ist er, sagst du?"

„Sie meinen neunundzwanzig. Seit sieben Jahren sitzt er ein. Stell' dir das vor! Seine besten Jugendjahre im Eimer!" Er drückte es noch anders aus. „Ich selber war ein Jahr im Knast und werde es den Kommunisten niemals verzeihen. Für ein paar verbotene Lieder saß ich in einem kühlen, feuchten Keller. Und er brummt seit sieben Jahren, wahrscheinlich für einen Dreck!" Auch das sagte er anders.

„Erschütternd! Wieso noch heute?"

„Ich hab' mit dem Fernsehredakteur geredet. Wir treffen uns am Nachmittag. Er wird mir eine Kopie des Berichts überlassen. War ganz froh, dass wir uns rührten. Er sagte, der Mann mache einen guten Eindruck. Es wäre prima, wenn wir uns seiner annehmen."

„Okay", sagte ich. „Du bist Klasse, Pauli."

„Na klar", meinte er. „Wir haben doch unser Bürgerforum in München nicht dafür eingerichtet, um die Kerle drüben mit Computern vollzustopfen. Wieso kümmert sich dort kein Schwein um ihn? In erster Linie sind wir Menschenrechtler. Das werden wir den neuen Machthabern noch zeigen!"

„Richtig. Auch wir haben einmal Republikflucht begangen, wie es der Adrian in Leopoldov tun wollte, nur mit dem Unterschied, dass uns die Flucht gelang."

„Mich", berichtigte Paul, „haben die Kommunisten mit einem Fußtritt hinausgeworfen. Ich wollte nicht fort."

„Trotzdem", sagte ich langsam, „wenn ich's mir überlege, heute noch ein politischer Häftling? Die sollten doch alle längst entlassen worden sein."

„Dachtest du. Jedenfalls", setzte Paul hinzu, „für meine Person bin ich fest entschlossen. Falls der Mann in Leopoldov ein ehrlicher Mensch ist, dann kriegen wir ihn raus."

„Das tun wir", erwiderte ich mit gleicher Sicherheit. Weder Paul noch ich wussten in dem Augenblick, wie wir das schaffen könnten. Aber auch ich hatte eine Wut im Bauch wegen der ganzen

Lügen und Greuel, über die ich in den letzten Monaten und Jahren so viel zu lesen, zu hören und nachzudenken hatte.
„Weißt du, du hast mich einmal gefragt, warum ich mich so viel mit den Sudetendeutschen beschäftige“, fuhr ich fort. „Das kann ich dir jetzt sagen. Seit der Zeit, als ich im Böhmerwald gelebt habe, und das ist sehr lange her, ist ihre Vertreibung für mich eine Sache von Unmenschlichkeit und von verletzten Menschenrechten geworden. Das ist es.“
„So hab' ich's nie gesehen“, bemerkte er. „Jetzt leuchtet es mir ein.“
„Das freut mich aber!“, sagte ich dankbar. „Auch von unseren tschechischen Exulanten haben es viele noch gar nicht kapiert.“
„Entweder gelten die Menschenrechte für alle oder für keinen. Das Böse hat immer das gleiche Gesicht“, bekräftigte er.
„Siehst du.“
„Den Jungen in Leopoldov, den kriegen wir raus“, wiederholte Paul. „Was meinst du? Was tun wir als Erstes?“
„Schicken wir ihm vielleicht ein Weihnachtspaket“, schlug ich vor. „Als einen Versuch, um herauszukriegen, wer er ist?“
„Das ist gut! Möglicherweise schreibt er dann. So können wir mit ihm in Kontakt treten.“ Paul kicherte ein wenig vergnügt. „Der wird sich wundern, was er als neuer Tele-Star bewirkt hat.“

Prag, Juni 1945

Prokop Drtina wachte schweißgebadet auf. Was hatte er im Traum gesehen? Wieder die alten, erschreckenden Bilder! Er befand sich in Nordböhmen. Als Beamter der Prager Finanzbehörde musste er nach Reichenberg, Aussig und Komotau - also nach Liberec, Ústí und Chomutov - reisen. Was hörte er? Ringsherum wurde Deutsch, nur Deutsch gesprochen. War er noch in der Tschechoslowakei? Das hatte er in den zwanziger Jahren wirklich erlebt und war total aus dem Häuschen. Was sollen wir tun, um uns als Tschechen vor dem Meer der Germanen zu retten? Gleich besann er sich, dass es nur sein alter Alptraum war. Nein, so ist es heute nicht mehr. Er hatte zwanzig Jahre alte Bilder gesehen und geträumt. Seine Frau schlief ruhig neben ihm. Wir sind nicht mehr in London. Unsere Weltwanderung ist vorbei. Wir sind wieder in Prag, in einem tschechischen Prag. Und wir *säubern* unsere Republik, so wie wir es bereits nach 1918 hätten tun müssen. Drtinas Verstand war von vielen historischen Romanen vernebelt, nach unfreiwilligem Vorbild eines Don Quijote, dessen Verstand von zu vielen Ritterromanen verwirrt war. Hauptsächlich die mehrteiligen Wälzer von Alois Jirásek waren für Drtina der Weisheit höchster Gipfel, zumal sich er als Leser herausgepickt hat, was ihm gefiel. Vor allem die Heldengestalten zu Ross, die für den Ruhm der Tschechen fochten, die haben es ihm angetan. Das waren seine Heroen und bewunderten Wegweiser. An die hielt er sich während der Exilzeit, und jetzt in der Heimat nicht weniger.

„*Ich muss Dr. Beneš das Retributionsdekret ans Herz legen*", fiel ihm ein. Es soll so bald wie möglich raus. Retribution heißt Vergeltung. Alle deutschen Täter, alle tschechoslowakischen Kollaborateure mit dem Naziregime, alle müssen ihre strengste Strafe erhalten! Für Reichenberg und Komotau, für Aussig und Brüx, die uns Hitler einmal geraubt hat. Nun haben wir sie wieder. Die Städte dürfen *niemals* mehr germanisch werden! Wir treiben sie alle aus! Das tun wir!

Der tief ergebene politische Mitarbeiter des abgedankten Präsidenten drehte sich im Bett um und fiel in den Schlaf eines Gerechten. So empfand er sich, obwohl die Retribution Vergeltung bedeuten sollte.

19. Bodenlos

Konfiskation als Selbstbedienung - Ein Premier wird enteignet - Chef der Kommunisten spricht Lob aus – Mährer ohne Grund und Boden - Premier hinter Gittern

Prag/Hradschin, Juni 1945

Die Bemerkung Drtinas, man müsse das Retributionsdekret bald herausbringen, nahm Beneš mit Missfallen auf. Er konnte es absolut nicht leiden, wenn Beamte ihm in die Politik hineinredeten. Und Drtina war nur ein Beamter, wenn auch in hoher Stellung.

"Es gibt zwei wichtige Papiere“, korrigierte Beneš den vorläufigen Leiter seiner Kanzlei. Jawohl, vorläufigen, fiel ihm ein, das darf nicht vergessen werden. Es gibt noch einen anderen Kandidaten. Mal sehen!

„Ich wollte nicht vorgreifen“, zog Drtina die Bemerkung zurück.

„Das zweite Papier ist möglicherweise noch wichtiger, als das, welches Sie im Bereich der Strafjustiz anmahnen.“

„Sie meinen?“

„Ich meine die Bodenkonfiskation. Unsere Erzkommunisten, namentlich Gottwald und Ďuriš, drängen mich schon seit Tagen. Die Nationalverwaltung des feindlichen Eigentums sei nicht genug - und sie haben Recht.“ Beneš schaute sich den vorläufigen Leiter seiner Kanzlei über die Brillenränder an:

„Ich muss für alle Partner in der Nationalfront etwas tun. Das verlangt die Koalitionspolitik“, belehrte er. „Die Sozialdemokraten haben mit den Kommunisten zusammen eine brauchbare Vorlage vorbereitet, sie nennen sie Bodenreform. Für mich aber heißt es Konfiskation des deutschen und ungarischen Grundbe-

sitzes, und den der Verräter der Republik." Mit einem schlauen Lächeln fügte Beneš hinzu: „Auf diese Weise kommen wir auf den gemeinsamen Nenner, die Linken, die Rechten und ich."
„Großartig!", schmeichelte Drtina. „Herr Präsident, Sie sind von Haus aus doch auch Jurist. Das merkt man."
„Ich bin vor allem Politiker, Kollege", wich er aus. „Mit Politik setzt man weit mehr Sachen in Bewegung, als mit der Juristerei. Als Politiker kann man seine Vision besser verwirklichen. Na ...", er holte eine Schriftenmappe hervor und reichte sie seinem Mitarbeiter. „Schauen Sie sich doch den Text an, wenn Sie wollen. Vertraulich, versteht sich. Sie können mir dann Ihre Anmerkungen mitteilen wie damals in London", spielte er auf die Exilzeit an, als Drtina seine Rundfunkreden aus politischer Sicht zu begutachten hatte. Den militärischen Teil dagegen vertraute Beneš stets dem Chef seines militärischen Nachrichtendienstes, František Moravec an. Doch, das war alles vorbei.
„Ich fühle mich geehrt."
„Setzen Sie sich. Das Ding darf diesen Raum nicht verlassen."
Drtina bedankte sich und nahm Platz in einem Prunksessel.

Er konzentrierte sich auf die ersten Paragraphen des Dekrets Numero Zwölf: „... wird konfisziert ... sofort - ohne Entschädigung ... Es betrifft physische Personen, als auch Aktiengesellschaften und Körperschaften ...", las er halb laut. „Oj, es geht ja gar nicht nur um den Boden, - sämtliches landwirtschaftliches Eigentum einschließlich Waldboden, die dazugehörigen Gebäude und Einrichtungen, landwirtschaftliche Verarbeitungsindustrie und bewegliche Einrichtung, lebendes und nicht lebendes Inventar ... Sehr radikal!", bemerkte er.
„Richtig, es ist radikal."
„Mit einem Federstrich so viele Werte", sagte Drtina mit Bewunderung. Über die betroffenen Menschen dachte er nicht nach. „Wird es auch zu bewältigen sein?", fragte er höflich.
„Die tschechischen Landlosen, die Deputatarbeiter und die Kleinbauern werden uns die Hände küssen." erwiderte der abgedankte Präsident. „Da bin ich mir sicher."

Sie werden den Kommunisten die Hände küssen, kam es Drtina in den Sinn. Er wagte nicht, es laut zu sagen. Eine Unterhaltung von Mann zu Mann kam bei Beneš selten zustande, und er wollte die Gunst des Augenblicks nicht aufs Spiel setzen.

„Lesen Sie nur weiter."

Er versuchte, rasch zu überlegen. „Hier", sagte er, „muss ich etwas hinterfragen, wenn Sie erlauben ..."

„Ich wollte Ihre Meinung hören."

„Die Bewerber um das konfiszierte Eigentum wählen sich eine örtliche Bauernkommission, die den Zuteilungsplan ausarbeiten wird. Mich stört das Wörtchen 'sich'. Heißt es, die Bewerber sollen eigentlich unter sich über die Zuteilungen entscheiden ?"

„Die muss erst die Bezirksbauernkommission bewilligen."

„Nur, die Bezirkskommission wird aus den Vertretern der örtlichen Kommissionen gebildet. So steht es wenigstens hier. Verzeihen Sie, Herr Präsident, es sind immer die gleichen Leute. Das kann leicht außer Kontrolle geraten", versuchte Drtina seinen Standpunkt zu erläutern. „Die Bewerber entscheiden selbst über die eigene Bewerbung. Das wäre juristisch bedenklich. Ebenso befinden sie über die Höhe der finanziellen Einlösung, wie man schreibt".

„Im folgenden Paragraph gibt es Richtlinien."

„Ziemlich neblige fürchte ich."

„Es wird auch kostenlose Zuteilungen geben."

„Herr Staatspräsident", sagte Drtina und legte das Dokument beiseite, „mir kommt es vor ... Mit diesem Entwurf versuchen die Kommunisten glatt eine Selbstbedienung einzuführen. Das könnte meiner Meinung nach gefährlich werden." Ich halte hier und jetzt ein hochbrisantes Dokument in der Hand. Da muss ich den Präsidenten vor einem Kardinalfehler bewahren. „Eigentlich müsste das Parlament über so wichtige Dinge diskutieren und erst dann entscheiden. Es gibt aber keines. Man läuft Gefahr, unumkehrbare Tatsachen zu schaffen", ereiferte er sich.

„Interessant." Beneš presste die Lippen zusammen. „Geben Sie mal her!" Er steckte den von vornherein abgestimmten Entwurf in die Schublade zurück. „Wie ich sage, ich bin Politiker. Wenn

ich Deutsche kaputtmachen will, und - ich verheimliche es gar nicht -“, zitierte er die eigene beliebte Redewendung, „das will ich, dann muss ich den Kommunisten Zugeständnisse machen. Meine Unterschrift unter das landwirtschaftliche Konfiskationsdekret habe ich schon zugesagt. Ich kann nicht zurückweichen.“
„Ich verstehe. Verzeihen Sie mir bitte.“
„Übrigens,“ Beneš war bemüht, Argumente zu liefern, „Ďuriš hat bereits Erfolge gemeldet. Nachdem Rudolf Beran verhaftet wurde, fuhr der Landwirtschaftsminister persönlich in sein Dorf und hat das beschlagnahmte Gut mit großem Erfolg unter die dortigen Kleinbauern verteilt.“
„Der ehemalige Premier Beran ist doch ein Tscheche!“
„Ein Kollaborateur und ein Verräter!“, keifte Beneš. „Auf solche bezieht sich die Bodenkonfiskation gleichermaßen. Jahrzehnte lang war er Vorsitzender der verbotenen Agrarpartei. Er muss sich vor Gericht verantworten.“
„Die Partei war aber legal, als er den Vorsitz innehatte.“
„Juristischer Kleinkram, sehen Sie das denn nicht?“
„Immerhin war sie in der Ersten Republik die stärkste tschechische Partei“, erinnerte Drtina, „eine Regierungspartei.“
„Alles vorbei“, beendete Beneš die Überlegung.
„Ich fürchte nur, seine Parteifreunde könnten aufmucken.“
„Die haben auch kollaboriert.“ Mit gebührender Ironie setzte Beneš noch einen drauf: „Jetzt suchen sie soo große Radiergummis, um auszuradieren, was sie nach dem Münchner Diktat gesagt oder geschrieben haben. Beran selbst wurde zum Premier, wollte schnell Karriere machen.“
„Allerdings, sechs Monate später, zwei Wochen nach dem Hitler-Einmarsch, trat er zurück. Wie ich höre, war er dann durch die Gestapo verhaftet, beraubt, verfolgt ... Vielleicht sollten wir den Begriff der Kollaboration noch überdenken, präziser definieren.“
„Über Berans Kollaboration oder Nicht-Kollaboration wird das Nationalgericht befinden“, entschied Beneš. Er konnte sich eine Belehrung nicht verkneifen: „Kollege, ein nicht ganz präzise definierter Begriff kann im Kampf mit dem politischem Gegner, gar

dem politischen Feind von Nutzen sein.“ Er beendete das Gespräch. „Wie gesagt, die Verteilung von Berans Vermögen vor Ort war ein großer Erfolg.“

Miloňovice/Südböhmen, Juni 1945

Eine Regierungslimousine fuhr in den Gutshof. Mehrere Männer stiegen aus. Zu einem überraschten Arbeiter, der in der Nähe herumlungerte, sagte einer der Ankömmlinge: „Holen Sie mir den Ortsvorsteher!“ Statt einer Vorstellung fügte er hinzu: „Herr Minister Ďuriš wartet auf ihn.“

Er befahl noch, der Vorsitzende des Nationalausschusses solle das Grundbuch mitnehmen. „Richten Sie ihm aus, er muss alle Dorfbewohner zusammenrufen und herholen!“

Die Begleiter forderte der selbsternannte Minister auf:

„Sehen wir uns ein wenig um!“ Allen voraus, ging er mit langen Schritten durch das gepflegte Anwesen, als würde es ihm gehören. Von dem Augenblick an war es auch so.

Den versammelten Einwohnern erklärte der Minister: „Das gesamte Vermögen des Gefangenen Beran Rudolf sowie das seiner Ehefrau, wird hier und heute an die Kleinbauern verteilt.“

„Mit welchem Recht?“, fragte eine hagere Frau scharf.

„Für uns alle, Genossin, gilt das Recht der Revolution.“

„Ich bin keine Genossin“, widersprach sie.

„Herr Premier Beran“, betonte ein anderer Bewohner den Amtstitel des Betroffenen, „ist bisher noch vor keinem Gericht gehört, umso weniger verurteilt worden!“

„Er ist ein ehrlicher Mann“, meldete sich die hochgewachsene, dünne Bäuerin. „Er hat sich für uns hier stets eingesetzt, nicht wahr!“

„Seien Sie still!“, ermahnte einer. „Ein paar Hektar mehr zu besitzen kann niemandem schaden.“

„Richtig!“, bestätigte Ďuriš. „Ihr habt’s durch eure Schinderei verdient. Unsere Kommunistische Partei kümmert sich um eure Bedürfnisse und Nöte. Hört mal alle her! Wer seine Anmeldung

als Parteimitglied unterschrieben hat, der kann gleich zu mir kommen und seinen Anteil holen."
„Berans Vermögen so zu verteilen ist Raub!", rief die Frau.
„Muss ich es wirklich unterschreiben?", fragte ein Bauer den freigebigen selbsternannten Regierungsmann.
„Es ist ganz unverbindlich", machte ein Begleiter den Rückzug. „Keine Bedingung für die Bodenzuteilung."
„Ein Stück Feld für ein Parteibuch zu kriegen? Schämt ihr euch denn nicht?". Die aufgeregte Frau wandte sich zu dem Mann, der sich beschenken lassen wollte. „Gerade für dich hat Herr Premier fällige Zinsen bei der Sparkasse bezahlt. Hast es doch selber erzählt. Sonst wärst du dein Bauernhaus losgeworden. Weißt du's nicht mehr?"
„Er hat genug", erwiderte der. „Wenn was angeboten wird, soll man die Hand offen halten. Sonst nehmen's die anderen."
„Wie willst du's zurückgeben?", versuchte die Gerechte dem Nachbarn ins Gewissen zu reden. „Herr Beran hat nichts verbrochen."
„Er muss voll rehabilitiert werden!", bestätigte der erstere Mann. „Von der Gestapo wurde er interniert und beraubt. Er sollte einen Orden erhalten, keine Strafe. Er ist ein Held."
„Er ist ein Verräter, müsst ihr wissen", erklärte der selbsternannte Minister geduldig wie vor kleinen Kindern.
„Das stimmt keineswegs." Sein Widersacher holte zur Klarstellung der Lage aus: „Im Januar 1938 - daran erinnere ich mich wie heute - rief Herr Beran die Tschechen als auch die Minderheiten zur Eintracht beim Aufbau des Staates auf. Seine Agrarpartei genoss viel Sympathie bei der ländlichen Bevölkerung. Es ist ein Unrecht, die Agrarier zu verbieten, gar zu verfolgen."
„Er hat die Republik in die Hände Hitlers übergeben."
„Hatte er eine andere Wahl?", fragte die Frau bitter.
„Er ist ein Hochverräter", bestand Ďuriš auf seiner Behauptung.
„Er dankte sofort ab", fuhr der Mann fort. „Und davor hat er rechtzeitig das gesamte Archiv des Regierungspräsidiums aus Prag nach Pracejovice verfrachtet. Die Deutschen kamen gar nicht dran. Wissen Sie, wie viele Menschen er vor den Nazis be-

wahrt hat? Während der Okkupation lag alles bei dem Bauer Míšek vergraben. Das ist keine Erfindung. Das wissen hier mehrere Menschen, nicht nur ich. Stellen Sie sich das vor, wie viele Beamte und Angestellte vom Präsidium und von den Ministerien er gerettet hat."

Über die Schulter befahl Ďuriš einem Begleiter: „Überprüfe den Míšek, oder wie er heißt. Das Archiv will ich haben."

Zu den Einwohnern sagte er: „Beran bleibt in Haft. Sein Gut existiert nicht mehr."

Der Ortsvorsitzende erklärte einem Bauer sachlich: „Du kannst acht Hektar Ackerland oder zwölf Hektar Agrarland kriegen, oder deinen bisherigen Besitz bis zu dem Ausmaß ergänzen."

„Nur so viel?", wunderte sich der Bewohner.

„Also bei vielköpfigen Familien kann die Zuteilung auf zehn Hektar Ackerland oder dreizehn Hektar Agrarland steigen. So schreibt es das neue Dekret vor."

Der Mann, der gegen Berans Enteignung protestiert hat, wollte nicht so rasch aufgeben. Er führte noch ein Argument an: „Siehst du, bei dem Feldmaß hast du keine Chance, Maschinen anzuschaffen. Du wirst nur noch mehr schuften müssen. Aber du begreifst nichts."

„Die Kommunisten machen einen Landproletarier aus dir", warnte die Frau. „Das ist alles."

„Aber kriegen tue ich's umsonst."

„Dafür wirst du den Kommunisten noch den Arsch küssen müssen", spottete der Mann.

„Ein Vorzugsrecht auf die Bodenzuteilung", kündigte der Ortsvorsteher unbewegt an, „haben alle Soldaten und Partisanen sowie politische Häftlinge und Widerstandskämpfer."

„Also, Herr Premier Beran an erster Stelle", sagte der Rebell mit lauter Stimme.

Ďuriš sprach seine Begleitung leise an: „Stell mir den Namen dieses Schreihalses fest. Und der Frau auch." Die Einwohner, die sich zögernd in eine Reihe stellten, um aus dem konfiszierten Gut ein paar Landfetzen zu ergattern, fragte er: „Seid ihr zufrieden?"

„Vielen herzlichen Dank, Herr Minister!", rief einer laut.

„Es gehört alles euch! Und ihr …", er schaute sich den Stapel von Parteianmeldungen an, „ihr gehört jetzt zu uns."
Das war der Erfolg vor Ort.

Zentralkomitee der Kommunistischen Partei in Prag, Juni 1945

„Dir will ich ein Lob aussprechen", redete der selbsternannte Vizepremier Klement Gottwald seinen selbsternannten Genossen Innenminister Václav Nosek unter vier Augen an. Sie saßen in Gottwalds neuem Büro in der Mitte der Stadt. Endlich war es den Kommunisten gelungen, aus den verrauchten Gaststätten und Vorstadthallen einer Proletarierpartei als regierende Klasse in die glänzenden Paläste der Mächtigen und der Reichen zu gelangen. Die Paläste kassierten sie gleich nach der Befreiung und Noseks Polizei trug großes Verdienst daran.
„Ein Lob? Wofür denn?", fragte Nosek als wüßte er nicht, worum es ging.
„Wie du den Beran unschädlich gemacht hast", erwiderte sein Chef. „Eingesperrt und Schluss! Ďuriš konnte seinen Besitz schon gleich konfiszieren." Gottwald zählte Gefahren auf, die durch den doppelten Eingriff überwunden waren: „Mit seiner Agrarpartei hätte Beran die flächendeckende Bodenkonfiskation der Deutschen und der Ungarn, der Kollaborateure und Verräter niemals abgehakt. Dem wäre klar gewesen, dass wir dabei nicht stehen bleiben. Der hätte uns kalte Füße machen können. Das schafft er jetzt nicht mehr. Es ist dein Verdienst."
„Die politische Opposition sind wir los", stimmte Nosek eifrig zu. Gottwalds Lob schmeichelte ihm.
„Auch Beneš ist sie los", bemerkte der Chef trocken.
„Dafür machte Beneš keinen Mucks um Berans Verhaftung", nickte Nosek. „Und keiner von seiner Riege."
Noch vor Beneš's Ankunft in Prag erledigte der selbsternannte kommunistische Innenminister die schmutzige Arbeit. Dem früheren Polizeispitzel von Kladno war klar, was von ihm erwartet wurde. Er handelte schnell. Drei Tage nach der Landung der selbsternannten Regierung auf dem Militärflughafen Kbely er-

teilte Nosek den Befehl, den ehemaligen Premier Rudolf Beran zu verhaften. Für alle Fälle.
Jetzt schmuste er: „In der Ersten Republik haben die Agrarier Wahlergebnisse gehabt, von denen die Nationalen Sozialisten nur träumen konnten. Nun glaubt Beneš, die Stimmen der Agrarier würden seiner Partei zugute kommen. Er irrt sich. Die schlucken wir."
Gottwald stimmte hocherfreut zu. Der Machtkampf ist richtig angelaufen. Er war nicht nur ein Ringer, er sah auch so aus. Mit der breiten, hohen Stirn und streng zurückgekämmtem Haar wirkte er wie ein Stier, der mit dem Kopf durch die Wand brechen kann. Es war zwar nicht buchstäblich so, doch das Image war hilfreich. Welche Schwächen er hatte, wussten nur einige Genossen um ihn herum. Die verhängnisvollste Schwäche war sein Alkoholproblem, das brachte er aus den verrauchten Gaststätten und unendlichen Parteiversammlungen der vergangenen Jahre mit hinauf. Es machte ihn zuweilen nachgiebig und schlapp. Oft war er froh, sich auf andere verlassen zu können.
„Der Prozess gegen Beran muss zügig vorangetrieben werden", mahnte er.
„Ich werde mit der Untersuchung höchstwahrscheinlich den Pokorný beauftragen,", legte ihm Nosek einen längst beschlossenen Vorschlag vor.
„Welchen denn", prüfte Gottwald.
„Den Genossen Major Bedřich Pokorný", führte Nosek die beiden neuen Bezeichnungen seiner Vertrauensperson an. „Er hat die Brünner Deutschen rausgeschmissen. Ist nicht zimperlich."
„Ach den. Sehr richtig."
„Ich will ihn zum Chef meines Nachrichtendienstes im Innenministerium ernennen. Das hab' ich dir schon gemeldet. Ich meine, solch einen kann man bei Beran mit Erfolg einsetzen."
„Man sollte Beran nicht schlagen", warnte Gottwald. „Es muss sauber vorgegangen werden. Die Öffentlichkeit, vor allem die ausländische Presse, könnte sich daran stoßen. Das können wir nicht gebrauchen."

„Nun ja, ein paar Hiebe kann man nicht vermeiden. Du weißt, wie die Leute jetzt sind."
Gottwald schlug auf den Tisch: „Davon will ich nichts wissen."
„Bleibt ja auch hinter den Gefängnismauern", beschwichtigte Nosek ihn und sagte ernsthaft: „Seine Belastungszeugen, die müssen wir schon härter anpacken. Die sollen das Beweismaterial liefern. Oder?"
„Kommt darauf an, um wen es geht. Die kleinen Männeken ... das hängt von dir ab", gab Gottwald Nosek freie Hand.

Landwirtschaftsministerium in Prag, Juni 1945
Legationsrat Čech sah eine hagere Gestalt in einem langen Lodenmantel im Türrahmen seiner Kanzlei und wusste sofort, wer da kam. „Sie hab' ich schon tausendmal erwartet!", rief er fröhlich. „Treten Sie nur näher, Herr Lieb!"
Die alten Bekannten begrüßten sich, ein Tscheche mit einem Deutschen, sehr herzlich, beiderseits glücklich, dass sie die Kriegszeit überstanden hatten.
„Wie geht's, Herr Lieb?", fragte Čech, und gleich hätte er es zurückgenommen. Wie konnte es dem Mann unter den allgemein bekannten Umständen gehen? Wie erwartet, war sein Freund Lieb ein frisch konfiszierter Gutsbesitzer und konnte dies nicht verstehen. Deswegen kam er zu Čech auf das Landwirtschaftsministerium.
„Enteignung bei mir, auf welcher Grundlage?", fragte er empört. „Meinen Hof habe ich nicht einmal in den schlimmsten Zeiten verlassen. Alle meine Vorfahren blieben dem Land stets treu!"
Aus Nordmähren war er mit dem Zug nach Prag gefahren, um sich Klarheit zu verschaffen, eine Unterstützung zu suchen.
„Es tut mir sehr leid, was mit Ihnen geschieht," sagte der Legationsrat bitter. „Nur, ich weiß selber nicht, wie lange ich noch auf diesem Stuhl sitzen werde. Ich bin machtlos."
„Sie sind doch ein Tscheche. Was hätten Sie zu befürchten?"
„Trotz meines Namens", erwiderte Čech mit leichter Selbstironie, „bin ich kein Chauvinist. Das ist das Problem."
„Da haben Sie Recht", gab Lieb heftig zu. „Von unseren alten

Zeiten sind Sie mir als ein kosmopolitisch denkender Mensch in Erinnerung geblieben. Daher wollte ich auch mit Ihnen sprechen."

„Kosmopolitisch heißt heute verräterisch", bemerkte der Legationsrat. „Ich sage Ihnen eines, mein lieber Freund. In meinen Kreisen hat man sich die Befreiung ganz anders vorgestellt."

„Was ist da so schief gelaufen?", schüttelte Lieb den Kopf.

„Hören Sie gut zu!" Der Ministerialbeamte hielt inne, da ihm eine Idee kam. „Ich muss sowieso zu Tisch. Kommen Sie mit. Da können wir besser reden." Er schritt zum Schrank und nahm eine andere Jacke heraus.

„Höchstens auf einen Kaffee", weigerte sich Lieb.

Čech wechselte die Jacke und lächelte ihn an. „Haben Sie keine Angst. Ich besitze noch Geld, Sie wahrscheinlich nicht mehr. Wenn es einmal umgekehrt ist, laden Sie mich ein."

Er führte den Besucher zu einer kleinen Gaststätte. „Da kocht man wieder annehmbar. Es wird Ihnen schmecken."

An einem sauberen, ruhigen Tisch in der Lokalecke fühlte sich der Beamte unbeobachtet. Nach einer Bestellung für beide, beim ersten Bier, das vor ihnen stand, war er bereit weiterzureden.

„Hören Sie mir gut zu. Von dem Posten, den ich immer noch bekleide, sehe ich mehr als die fanatisierten Menschen bei den Massenkundgebungen!" Er trank mit Genuss, trocknete den Mund mit einer Serviette ab und eröffnete dem Gast mit leiser Stimme: „Wir gleiten in eine Tyrannei hinein. Allmählich zwar, aber ziemlich sicher. Entweder wird es eine Doppeldiktatur geben, wo das Nationalistische sich von dem Kommunistischen nicht unterscheiden wird. Zum Teil leben wir bereits in dem Sumpf."

Vertraulich neigte er sich zu Lieb: „Keinen der neuen Machthaber dürfen Sie kritisieren, nicht mal andeutungsweise, sonst laufen Sie Gefahr, als beschuldigter Kollaborateur oder Verräter hinter Gittern zu landen. Also schweigt man sich aus."

„Oder", erörterte er mit Nachdruck seine These über die doppelte Tyrannei: „Eines von den beiden Übeln siegt und das andere unterliegt. Falls unsere Ultranationalisten voll an die Macht

kommen, dann wehe den weltoffenen Kosmopoliten wie Sie uns bezeichnen!"
„Meinen Sie den Präsidenten Beneš und die Gruppe um ihn?"
Der Legationsrat nickte mit ernster Miene. Seine Augenbrauen hoben sich. „Er ist illegitim im Amt. Schauen Sie, im Herbst 1938 dankte er doch ab. Er verließ das Land. Jetzt ist er wieder da. Aber niemand hat ihn wiedergewählt. Er ist der Bösewicht im Hintergrund."
„ ... und die andere Möglichkeit?", fragte Lieb.
„Die ist noch düsterer", seufzte Čech. „Von dem wäre dann kein Ende abzusehen."
„Die Kommunisten ...?
„Schauen Sie sich nur unser Landwirtschaftsministerium an! Wer steht an der Spitze? Ein verbissener slowakischer Kommunist. Ohne Gerichtsbeschluss konfisziert Ďuriš Großgrundbesitz, wo es ihm beliebt. Neulich hat er den ehemaligen Premier Beran persönlich enteignet, den Vorsitzenden unserer Agrarpartei."
„Warum denn das?", konnte sich Lieb nur wundern.
Die Bedienung brachte wohlduftendes Essen und stellte es vor die Gäste. „Guten Appetit, Herr Legationsrat. Auch Ihnen guten Appetit, mein Herr."
„Mmm, Sie kochen wieder wie vor dem Krieg", pries Čech.
„Mein Mann bemüht sich sehr", sagte die Serviererin. „Er kocht ja selbst. Wir freuen uns immer, wenn Sie kommen."
„Also, machen wir kurzen Prozess damit."

Nach dem Mittagessen, das der Besucher mit Dank und Genuss zu sich nahm, bestellte der Beamte für beide Kaffee. Ein junger Mann und eine junge Frau gingen vorbei und grüßten: „Guten Tag, Herr Legationsrat!"
„Ah, meine Freunde! Wenn Sie erlauben", sagte Čech zu Lieb, „würd' ich sie Ihnen gern vorstellen. Darf ich? Karel und Alena. Nehmen Sie nur Platz bei uns", forderte er das Paar auf.
„Sie sind auch Adepten unseres Gewerbes", erklärte er seinem Besucher. „Studenten an der landwirtschaftlichen Hochschule. Die können Ihnen auch was erzählen. Nicht wahr?"

„Eine Menge“, stimmten sie mit kritischem Unterton zu.
„Von meinem alten Freund können auch Sie vieles erfahren“, sagte Čech zu den beiden. „Seine einzige Sünde ist es, ein Deutscher zu sein.“
„Ich spreche gut Tschechisch“, versicherte Lieb.
„Und wir Deutsch“, lächelte Karel. „Kommen Sie vom Lande?“
„Kreis Freiwaldau. Wissen Sie, wo das liegt? Mähren ...?“
„Aber sicher, eine wunderschöne Gegend“, meinte Alena.
„Der Herr ist gerade enteignet worden“, sagte der Beamte.
„Haben Sie ein Gut?“
„Sogar ein sehr fortschrittliches und gepflegtes“, sagte Čech.
„Gehabt!“, korrigierte Lieb traurig. „Ich nannte es *Betrieb*.“
„Richtig. So redet ein Fachmann.“
„Ich bin kein Reichsdeutscher“, erklärte Lieb. „Unser Hof ist im Familienbesitz seit vielen Generationen. So blieb es auch in der Ersten Republik nach 1919. Die Vermögensabgabe wurde an den tschechischen Staat ordentlich abgeführt. Und ich ...“, er trank seinen Kaffee und erinnerte sich: „Ich habe es nach meinem bestem Können und Gewissen weiterbewirtschaftet, was immer sich abgespielt hat. Während der Krise 1938 hab’ ich den Hof nicht verlassen, genauso wenig im Krieg. Erst jetzt. Man warf mich und meine Frau einfach hinaus!“ Er schluckte plötzliche Tränen. „Verzeihen Sie bitte.“
„Seit wann, sagen Sie, ist Ihre Familie in Freiwaldau ansässig?“, fragte der Ministerialbeamte.
„Meine Vorfahren waren seit 1522 im Landkreis zu Hause, als Vögte, Bauern, Landwirte ... Denn Freiwaldau, auf tschechisch Jeseník, war Siedlungsland des Bistums Breslau, müssen Sie wissen. Eine Urkunde von 1284 besagt, der Umkreis war von Deutschen besiedelt ’soweit eines Menschen Gedenken reichte’. Unter bischöflicher Landesverwaltung war mein Hof in der Familie. Auch unter der nachfolgenden österreichischen Landeshoheit. *Wir sind keine frischen Zuwanderer*“, bekräftigte er mit Stolz.
„Das ist mir bekannt“, bestätigte der Legationsrat.
„Was ich Ihnen noch nicht erzählen konnte“, wandte sich Lieb zu ihm. „Im Herbst 1938, höchst bedauerlich das Ganze ... Mein

Bruder hat tschechische Beamte des Dorfes mit seinem Wagen in die nächste reichsdeutsche Kreisstadt bringen müssen. Er hat sie aber zuerst mit Essen und Rauchwaren versorgt. Dank der Aussagen meines Bruders bei den deutschen Behörden wurden sie alle unbehelligt in ihre Heimat entlassen." Er fügte hinzu: „Ich konnte selber einen Tschechen zurückholen, der schon ins Reich ausgeliefert werden sollte. Glauben Sie mir, wir haben keine Feinde unter den Tschechen gehabt.
Die tschechischen Finanz- und Gendarmeriebeamten, die jetzt seit Juni zurückgekehrt sind, bestätigen mir es oft. Sie wollen das damalige freundliche und tapfere Verhalten meiner Familie nicht vergessen, sagen sie. Warum dann die Enteignung?", fragte Lieb verzweifelt.
„Beneš verkauft uns an die Kommunisten. Und an die Russen", sagte Karel. „Das merkt doch jeder."
„ ... und wir Deutschen sind die erste Beute", ergänzte Lieb.
„Manche Tschechen auch", meinte Alena und fügte hinzu: „Viele von uns halten Beneš für einen Verräter am eigenen Volk."
„Seit der Besetzung des Sudetenlandes durch die Russen werde ich verfolgt", klagte der Mährer. „Mit einem Federstrich wurde mir mein Betrieb enteignet, ein Nationalverwalter aus Ostrau eingesetzt. Als wär' ich ein Ignorant, ein Nichtstuer. Solch eine Erniedrigung. Meine Familie ist als Bettler von Haus und Hof vertrieben!" Er nickte. „Ja, heute bin ich ein Bettler. Es gehen Gerüchte um, man wolle mich verhaften. Wahrscheinlich mit dem Ziel, dass ich verschwinde. Aber das tue ich grundsätzlich nicht."
„Ein Ignorant ist jemand anderer", sagte Karel. „Man hört, Beneš sei schon lange senil, völlig sklerotisch. Unter den Studenten erzählt man sich, er hätte in London mehrere Schlaganfälle gehabt. Solch ein Mann gehört nicht an die Spitze eines Staates."
„Wie eine Klette hält er sich an der Macht", bemerkte Alena.
„Statt aufzubauen und zu stabilisieren, zerstört er. Von der Wirtschaft versteht er nicht das Geringste", sagte Karel.
„Von der Juristerei auch nicht", ergänzte Alena. „Von einem Rechtsstaat hat er keinen blassen Schimmer. Er liquidiert alles.

Er ist nichts als ein Demagoge."
„Durch die Enteignung der deutschen Bauern legt er die Landwirtschaft weitgehend lahm", klagte Karel.
„Er sagt es auch. Lieber sollen dort Disteln wachsen", erinnerte sie sich an seine geflügelte Redewendung.
„Dann soll er sie auch fressen", meinte Karel.
Lieb schickte sich zum Abschied an. „Mein Zug fährt bald ab. Ich danke Ihnen für alles, mein guter Freund."
„Ich konnte nichts für Sie tun", sagte Čech mit Bedauern.
„Ein gutes Wort ist viel wert. Es hat mich gefreut, meine Dame und mein Herr. Ich wusste nicht, dass auch unter den Tschechen Widerstände gegen die neue Un-Ordnung existierten. Das Gespräch mit Ihnen war lehrreich."
„Es bedrückt mich, mein Freund, dass ich Ihnen auf keine Weise helfen kann", betonte der Legationsrat noch einmal und stand auf. „Sie können höchstens Berufung einlegen, aber ..."
„Und warten. Das tat ich schon. Es sieht nach nichts aus."
„Leider, leider. Eigentlich regieren die Kommunisten schon."
Mit traurigen Augen verfolgte Čech die Gestalt seines Freundes im langen Lodenmantel, wie er mit energischen Schritten der bitteren Zukunft entgegeneilte.

Zentralkomitee der Kommunisten in Prag, Juni 1945
Zur Besprechung der selbsternannten Machthaber traf auch Julius Ďuriš ein. Er setzte sich zu Nosek und Gottwald.
„Mit einem Federstrich gehört uns alles", lachte Ďuriš und patschte mit der Hand auf den Tisch. „Ein Großgut nach dem anderen. Stellt euch erst die riesigen Wälder im Grenzgebiet vor!"
„Darüber beraten wir gerade mit Nosek", sagte Gottwald. „Wir haben es für das Präsidentendekret einwandfrei formuliert. In den Bezirken mit überwiegender Mehrzahl deutscher Einwohner, solange es nicht genug Bewerber tschechischer oder anderer slawischer Nationalität gibt, bleibt der Grund und Boden in der Verwaltung des Nationalen Bodenfonds."
„Dieses Dekret ist der beste Coup bislang!", jubelte Ďuriš. „Ich

befürchtete schon, Beneš würde durchblicken", bemerkte er mit einem Rest von Unsicherheit.
„Er ist nur von seinem Hass besessen", stellte Nosek fest. „Es genügt, ihm die Deutschen als Köder vorzuwerfen und gleich beißt er an. Das sollten wir uns merken."
„Auf unsere Bauern müssen wir aber Acht geben", erinnerte Ďuriš. „Bei Berans Enteignung haben ein paar von ihnen gemotzt, sogar eine Frau. Angeblich ist sie Witwe und führt ihren Hof allein."
„Um unsere Frauen sollten wir uns mehr kümmern", sagte Nosek nachdenklich.
„Wie meinst du das?", fuhr Gottwald hoch. „Keine Zeit ...!"
Nosek lachte. „Ich meine nicht die Ehefrauen."
Der hat gut lachen. Seine Frau ist hübsch und hochgewachsen, eine Kinderärztin, sagt man. Gottwalds Marta dagegen dicklich und dümmlich, eine Zielscheibe von Anekdoten, das ist ein offenes Geheimnis. Vielleicht trinkt er auch ihretwegen. Wegen des guten Rufs verbot ihm die Partei, sich von Marta zu trennen.
Er räusperte sich. „Sicherlich. Die Frauenarbeit haben wir in unseren Gremien bisher vernachlässigt."
„Was die Frauen denken und wollen, das tun ihre Männer", bekräftigte Nosek. „Politisch ist es wichtig, wie Ďuriš sagt." Er hatte es zwar nicht gesagt, aber stimmte entschieden zu. Gottwald überlegte schnell. „Wir müssen Kopecký darauf ansprechen. Wozu ist er Informationsminister? Als Schwätzer von Dienst soll er sie informieren", versuchte er es mit einem Witz. „Der wird schon mit den Frauen fertig."

„**N**un mal ernst", setzte er die Besprechung fort. „Das letzte Dekret ist ein wichtiger Schritt dahin, wo Genosse Stalin uns sehen will. Mit dem Grund und Boden der deutschen Gebiete haben wir die Sozialisierung von gut einem Drittel der Republik durchgebracht."
„Der arme Eda frohlockt, wie er die Deutschen über den Tisch gezogen hat", spöttelte Ďuriš über Edvard Beneš. „Vor lauter Rachsucht merkt er gar nicht, was wir eigentlich tun."

Gottwald blieb ernsthaft gestimmt.
„Mir tun die Deutschen ein wenig leid", sagte er. Hinter der verschlossenen Tür sprach er manchmal anders als für die Massen, wie er die Öffentlichkeit bezeichnete. „Wenn ich daran denke, in der Ersten Republik saßen wir mit den deutschen Genossen im gleichen Zentralkomitee, kämpften gemeinsam gegen die Kapitalisten. Unsere Revolution konnte auch anders aufgerollt werden."
„Dafür hätten wir keine Mehrheit in der Regierung gekriegt", erinnerte ihn Nosek.
„Auch die sudetendeutschen Sozialdemokraten waren keine Nazis", bestand Gottwald auf seiner Darstellung. „Nimm doch den Wenzel Jaksch. Wie er in der BBC nach der Zerstörung von Lidice gesprochen hat. Dafür müsste sich keiner von unseren Politikern schämen."
„Ich hab' dir den Text geschickt", erinnerte sich Nosek und versuchte zu zitieren: „Ich kenne die Arbeiter der Škoda-Werke, ich kenne die tschechischen Bergarbeiter. Ich kenne die einfachen Menschen dieser tüchtigen, die Stirn bietenden Nation. Das tschechische Volk wird wieder frei sein, und es wird alle richten, die sich an seiner Verfolgung beteiligt haben."
„Was ist aus Jaksch geworden?", unterbrach ihn Gottwald.
„So weit mir bekannt, sitzt er noch in London. Er wusste, was Beneš geplant hat. Just nach dieser seiner Trauerrede über Lidice ließ Beneš ihm den Zugang zur BBC sperren."
„Eda ist halt unberechenbar", sagte Ďuriš.

„Für uns, Genossen, bleibt Beneš nützlich", entschied Gottwald. „Wenn wir unsere Revolution nicht mit den Deutschen zusammen durchführen konnten, dann halt gegen sie. Die Bodenkonfiskation ist ein Meilenstein auf unserem Weg."
„Die beste Sache ist, dass es ohne großen Regierungsbahnhof gelang. Ehrlich gesagt", gab Ďuriš zu, „ich habe Schiss gehabt, man würde in der Regierung zuviel diskutieren. Die Patres von der Volkspartei, die slowakischen Demokraten ..."
„Es war schlau, nur die Ressortminister unterzeichnen zu las-

sen“, sagte Nosek zu den Kollegen, „ Ďuriš und ich, der Deutschenfresser Stránský für die Justiz, Majer für die Ernährung. Als disziplinierter Parteigenosse unterschreibt Majer alles, was sein Chef und sozialdemokratischer Premier Fierlinger abgehakt hat. Und Fierlinger, das wissen wir, der steht auf unserer Seite.“
„Was wir besprechen, Genossen“, warnte Gottwald, „bleibt unter uns. Denkt daran!“
„Zweifellos.“
„Ich versichere euch, die Zeit der Machtübernahme naht. Nach außen hin, vorübergehend, bleibt zu dem Staatspräsidenten loyal. Sagt, was er sagt, tut, was er fordert. Er ist die Symbolfigur für die nationale Befreiung. So sehen ihn viele Menschen. Daher kommt sein Einfluß und seine Macht. Das Vertrauenspotential wollen wir nutzen. Denkt daran: Unser Ziel können wir nur mit seiner Unterstützung erreichen. Er darf uns nicht gefährden, muss ahnungslos bleiben, dafür wollen wir sorgen“, bekräftigte Gottwald.

Prag/Hradschin, Juni 1945

Ahnungslos war er nicht. Auf wen aber kann ich mich verlassen, überlegte Edvard fieberhaft. Er spürte das Damoklesschwert über seinem Kopf. Ist denn Gottwald seriös genug, um mich nicht zu betrügen?, fragte er sich immer und immer wieder.
Er unterschätzte den Umstand, dass in einer totalitären Partei persönliche Eigenschaften keine wesentliche Rolle spielten. Auch wenn jemand seriös wäre, würde er nach dem Befehl von Parteigremien, von Stalin persönlich, handeln, nicht nach dem eigenen Gewissen. Nun wollen wir das Retributionsdekret schleunigst auf den Tisch legen, entschied sich Beneš. Die Kommunisten müssen merken, dass ich Zähne habe. Er rief Drtina zu sich: „Kollege, machen Sie bitte mit Herrn Minister Stránský einen Termin aus. Er hat ja den Entwurf für die Retribution verfasst.“
Der abgedankte Präsident schaute den vorläufigen Leiter seiner Kanzlei verschmitzt an: „Jawohl. Sie dürfen sich freuen. Die Volksgerichte kommen jetzt an die Reihe.“
Volksgerichte, Nationalgerichte, Standgerichte …

Der Terror, der bereits herrschte, sollte ein quasi legales Dach erhalten.

Berans Geschichte

Am vierzehnten Mai wurde der einstige Regierungschef Rudolf Beran durch die Gendarmen der Bezirkskommandantur Strakonitz in Gewahrsam genommen. Vier Tage verbrachte das Haupt der ehemals stärksten tschechischen Agrarpartei im Gefängnis des Bezirksgerichts. Dann wurde er nach Prag-Pankrác eskortiert. Auf dem Rücken spürte er brennende, blutende Schrammen nach vielen Schlägen, die ihm ein Wachmann verpasste. Wieso schlägt und beschimpft man mich, wieso bedroht man mich und überhäuft mich mit Grobheiten?

„Das tut man mit allen, Herr Premier“, sagte sein Zellengenosse.

„Sie haben recht“, stöhnte Beran. „Nur, warum?“

„Es macht den Rotgardisten Spaß.“

„Noch schlimmer, wenn sie andere Menschen aus den Zellen schleppen und sie just vor unseren Türen mit Knüppeln und Gummischläuchen dreschen. Das erschüttert mich.“

„Ich sag’ Ihnen“, fuhr der ehemalige Premier fort, „das Wehklagen und das Heulen, das Geschrei und Weinen der Unbekannten, das zerrt an meinen Nerven. Plötzlich spüre ich meine Jahre.“

„Man will uns mürbe machen“, meinte der andere Mann, der ebenso nicht mehr jung war.

„Tausende von Gefangenen hat diese neue Regierung gemacht und eingesperrt“, klagte Rudolf Beran, „ohne jede Anklage und ohne Grund. Das ist ungeheuerlich! Das hätt’ ich niemals für möglich gehalten.“

„Mir macht der Hunger zu schaffen“, gab sein Zellengenosse zu. „Der höhlt einen aus. Auch das ist Absicht. Solcher Mangel an Lebensmitteln herrschte nicht einmal im Krieg.“

Sie schwiegen, jeder über die eigenen Probleme. Beran brach die drückende Stille: „Warum sind Sie hier?“

„Die Frage habe ich bei meiner Verhaftung mehrmals gestellt.“

„Und die Antwort?“

„Das erfahren Sie beim Verhör, wiederholte man nur."
„Erfuhren Sie es?"
„Bis zu diesem Moment gab es kein Verhör."
„Es ist wie unter der Gestapo", sagte der Premier. „Zuerst wollte ich es nicht wahrhaben."
„Ich erinnere mich", nickte der andere Mann. „Die Protektoratspresse hat über Sie berichtet. Erzählen Sie, falls es Ihnen nichts ausmacht! Ich möchte die richtige Geschichte aus Ihrem Mund kennen lernen."
„Ganze sechs Monate war ich Ministerpräsident der Nach-Münchener Tschechoslowakei." Beran holte tief Luft. „Nach dem Einmarsch der deutschen Wehrmacht im März 1939 und dem Wegfall der Slowakei reichte ich meine Resignation ein."
„Jawohl, das ist bekannt."
„Ich wollte und konnte mit den Nazis keine gemeinsame Sache machen." Er setzte sich, obwohl es streng untersagt war. Die Wunden nahmen ihm viel Kraft. „Trotzdem werde ich heute der Kollaboration beschuldigt."
„Was taten Sie dann wirklich?"
„Sie werden sich wundern. Mit dem Chef der Sozialdemokratie Antonín Hampl sprachen wir uns ab. Wir Agrarier mit den Linken! Er war ein fairer Mann. Sein und mein Sekretariat organisierten den Widerstand. Bald wurden wir beide verhaftet. Der arme Hampl starb im Moabit-Kerker in Berlin. Ich wurde von den Nazis zu zehn Jahren Haft verurteilt, zum Verlust von Eigentum und zu einer Geldstrafe von einer Million Kronen. Meine Frau und die ganze Familie legten die Summe zusammen. Sie borgten sich das Geld, wo sie konnten, um mir zu helfen. Dann kam ich raus, wurde aber in meinem Geburtsort Pracejovice auch weiterhin interniert. Ein Hausarrest."
„Das gab es auch?"
„Selbstverständlich war es viel erträglicher als im Gefängnis. Doch die Gestapo erschien regelmäßig zur Kontrolle." Leicht amüsiert erinnerte er sich: „Einmal die Woche, jeweils am Mittwoch Nachmittag, durfte ich nach Strakonitz fahren, zum Friseur und um etwas einzukaufen. Sonst durfte ich das Dorf nicht

verlassen. Mein Gutsbesitz in Miloňovice hat die Gestapo beschlagnahmt, ebenso alles Bargeld, die Wertpapiere und das bewegliche Eigentum. Sie brachten alles fort. So haben wir die Okkupation überlebt."

„Jetzt, nach dem Umsturz, bekamen Sie es zurück?"

„Nichts davon hab' ich mehr gesehen", sagte Beran und erzählte weiter: „Am sechsten Mai 1945 wurde Strakonitz und das umliegende Gebiet durch die Amerikaner befreit. Mein Gut fiel unter eine Nationalverwaltung des Ortsnationalkomitees. Neulich hörte ich, dass der Landwirtschaftsminister Ďuriš es zum zweiten Mal konfisziert hat und persönlich unter die Ortsbewohner verteilt."

„Ist das die Möglichkeit?!", staunte der Mithäftling. „Sind denn die Tschechen nicht besser als wir Deutsche?"

„Der Minister ist ein slowakischer Kommunist." Beran schaute sich den anderen Mann überrascht an: „Sie sind ein Deutscher?" Er nickte. „Anscheinend schmeißt man uns Ausgestoßene alle in einen Sack", sagte er, durch den Umstand amüsiert.

„Ihr Tschechisch ist perfekt."

„Ich bin ein Prager", erwiderte der Mann.

„In jedem Volk gibt es Verfolgte, wie man sieht. Und Schweine", ergänzte Beran.

„So wie es die Nazis waren", fügte der Deutsche hinzu.

„Was sind Sie vom Beruf?"

„Ich bin Arzt. Zuletzt habe ich wegen der Evakuierung verwundeter Soldaten und deutscher Zivilisten mit dem Tschechischen Nationalrat und dem Internationalen Roten Kreuz viel zu tun gehabt."

„Oh Gott, wenn mein Rücken nicht so brennen würde", Beran richtete sich mühsam auf. „Und Sie sind nicht rechtzeitig geflohen?"

„Ich wählte die Pflicht, dachte, ich konnte die kranken, hilflosen Kameraden nicht allein lassen. Heute würd' ich genauso handeln."

„Ich war vor den Nazis auch nicht geflüchtet", nickte Beran. Stolz sagte er: „Ein Bauer verlässt seinen Boden nicht."

„Sehen Sie. Ein Arzt verlässt seine Patienten auch nicht."
Mit Verständnis und Sympathie stimmte Beran zu und beklagte sich: „Man zitiert jetzt in den Zeitungen, was ich wann gesagt oder geschrieben habe, leitet meine Schuld daraus ab."
„Sie konnten ja nicht offen reden", sagte der Arzt.
„Da haben Sie Recht. Von Berlin aus verfolgte Hitler jedes Wort der Nach-München-Regierung. Er verlangte von uns, dass wir antijüdische Gesetze beschlossen. Das taten wir nicht. Er wollte, dass wir unser Bündnis mit Britannien und Frankreich kündigten. Das taten wir auch nicht. Obwohl uns die Verbündeten faktisch in seine Hände ausgeliefert hatten, klammerten wir uns an sie wie an das letzte Lichtlein in einem sehr dunklen Tunnel. Doch nach außen hin mussten wir uns den Maulkorb aufsetzen."
„Das meinte ich doch."
„Jetzt soll ich mich vor meinen eigenen Leuten rechtfertigen", sagte der ehemalige Premier in tiefster Enttäuschung. „Aber wie? Meine Entlastungszeugen werden blockiert. Mir wird nicht einmal das Anrecht auf eine faire Verteidigung zugesprochen, so wie Ihnen offensichtlich auch nicht. Ganze acht Tage war ich ein freier Mann", seufzte er. „Darf ich fragen, wie Sie heißen? Meinen Namen kennen Sie ja."
Der deutsche Zellengenosse erwiderte: „Ich bin Doktor Hans Wagner."

20. Vergeltung

Gerettete und vernichtete Leben – Ein jüdischer Redakteur kehrt nach Prag zurück – Entsetzt über ein Beneš-Dekret – Die Realität in Schwarzbach ist noch schlimmer

Typhusstation Theresienstadt, Juni 1945

Am ersten Tag bekam der Typhusarzt der Kleinen Festung gleich sechzehn Männer unter seine Obhut, konnte aber sehr wenig für sie tun. Am siebten Juni, dem zweiten Tag, kamen noch fünfzehn hinzu. Alle hatten vierzig Grad Fieber, hörten sehr schlecht, waren unruhig und völlig benommen. Dr. Siegel war verzweifelt. Selber am ganzen Körper zerschlagen, schaffte er es noch nicht, allein vom Sessel aufzustehen. Er hatte zwei Schwestern zur Hand, doch frische Wäsche war keine vorhanden. Zu allem Unglück waren die Kranken mit Durchfall behaftet, und es wimmelte von Flöhen und Wanzen.

„Herr Doktor, die Männer verlassen dauernd ihr Lager, reagieren auf keinen Anruf. Der ganze Raum und der Abort sind mit dünnem Stuhl verschmiert." So waren auch die Strohsäcke und die Patienten selbst. „Was sollen wir tun?", fragte eine der Schwestern.

„Die Flöhe und die Fliegen kommen von der Leichenhalle drüben. Man soll die Toten wegschaffen, statt sie dort tagelang nackt liegen lassen", klagte die andere.

„Herr Doktor, die Kranken taumeln zu den Wasserklosetts und trinken aus Abortschüsseln. Man schämt sich, es nur zu sagen."

„Was sollen die Ärmsten sonst tun?", erwiderte der Arzt. „Wir haben keinen Tropfen für sie zum Trinken."

„Kommen Sie jetzt", forderte eine Schwester den schwer verwundeten Arzt auf: „Ich wasche und lege Sie zum Schlafen hin."

„Danke“, sagte er abends. Und „Danke“, sagte er morgens, als sie ihn wieder aufhob. Hoffentlich stecke ich mich mit dem Fleckfieber bald an, dachte er, und werde erlöst.

Am dritten Tag wurden dem Typhusarzt plötzlich fünf Schwestern zugeteilt. Man erwartete eine Inspektion aus Prag. Daher gab es auch reichlich Wäsche und genügend Kaffee für die Kranken, ebenso das amerikanische Päparat D.D.T. gegen die Insektenplage. Alle Strohsäcke, die Kranken, das Personal, die ganze Infektionsabteilung wurden eingestäubt.
Es sah dort wie in einer Mühle aus. Der Erfolg war verblüffend. In einer, höchstens zwei Stunden waren die Scharen von Flöhen restlos vernichtet. Der Fußboden wurde schwarz mit krepierten Fliegen. In zwei Tagen begannen auch die Wanzen auszutrocknen und alle Läuse wurden ebenso vernichtet. Es herrschte Sauberkeit, ein erster Lichtblick in der allgemeinen Hoffnungslosigkeit.
Die Fleckfieberabteilung wurde rasch zu einer kleinen Musterstation, die mit den übrigen Unterkünften der Kleinen Festung unvergleichbar war. Die Behandlung der Betroffenen stand in krassem Widerspruch zu dem, wie man mit den übrigen Internierten von Theresienstadt umging. Der Segensbringer war der Chef des Hygienischen Instituts in Prag, Professor Patočka. Sein fachliches Interesse und seine häufigen Inspektionen haben den Kranken sehr geholfen.

Andere Insassen der Festung waren wirklich arm dran. Mit sechs- bis achthundert Kalorien pro Tag mussten sie auskommen. Dass ein Großteil von ihnen nicht den Hungertod starb, dafür gab es verborgene Gründe. Bei dem vielfach herrschenden Durcheinander, bemerkte Dr. Siegel, bot sich immer wieder Gelegenheit zu kleineren und größeren Diebstählen. Im Übrigen arbeiteten viele Insassen bei tschechischen Bauern. Die zeigten sich sehr oft menschlich und gaben ihnen genug zu essen. Ähnlich erging es den Arbeitskommandos, die bei den Russen innerhalb der Garnisonsstadt eingesetzt waren. Dort erhielten die Gefangenen reichlich Verpflegung, so dass sie sogar den

Kameraden im Lager Nahrungsmittel mitbringen konnten. Auch in anderen Dingen verhielten sich die Russen anständiger als die tschechischen Wachen. Die russischen Offiziere schritten oft dagegen ein, wenn Deutsche zu stark geprügelt wurden. Ein russischer Arzt verband morgens regelmäßig die zerschlagenen Köpfe derjenigen, die bei ihnen zu Arbeit waren. Am Abend nahm er die Verbände wieder ab. Andernfalls hätten die Tschechen in der Festung den Rückkehrenden die Verbände vom Kopf geschlagen. Die Russen waren es auch, die vielen Internierten zur Flucht verhalfen. Sie nahmen sie einfach im Auto mit über die Grenze.

„Ich gab damals vielen Mädchen den Rat, wenn sie wegen wiederholter Vergewaltigungen verzweifelt zu mir kamen", gab später Dr. E Siegel sein Zeugnis ab, „sich doch lieber an einen Russen zu halten und mit ihm abzuhauen. Ich weiß, dass in vielen Fällen dieser Rat Erfolg hatte."

Ein neuer Typhuskranker wurde vom Gefängnishof zur Infektionsabteilung getragen. Als die Gruppe aus dem dunklen Durchgang vom Hof herauskam, wurde sie vom Verwalter Tomeš gestellt: „Was für ein Schwein hast du auf der Bahre?" Das war eine amtliche Kontrollfrage.

„Einen Fleckfieberkranken, Herr Verwalter", entgegnete der Arzt höflich.

„Wozu die Umstände mit dem Schwein!", schrie der Machthaber. „Schlagt doch die Bestien gleich tot! Warum füttert man sie hier überhaupt? Das ganze Lager soll krepieren!" Er brüllte und hielt eine Ansprache an seine Gendarmen, sie sollten jeden gleich liquidieren.

„Herr Doktor Patočka hat angeordnet, die Kranken zu pflegen", sagte Siegel, „sonst stecken sich bald alle an, die Häftlinge wie die Wachen auch." Das Argument hat gewirkt. Tomeš gab den Weg frei.

Der Verwalter Tomeš, der Kommandant Průša sowie die meisten Wachen eigneten sich alles an, was sich noch im Besitz der Internierten befand, Wertgegenstände, Kleider, Geld. Die

Tochter des Kommandanten Sonja Průšová hütete ein kleines Köfferchen voll mit Brillanten, Gold, Damenuhren und Schmuck. Alles stammte von den Internierten, die aus Prag eingeliefert worden waren. Sonja war kaum zwanzig Jahre alt. Man erzählte sich, dass sie geholfen habe, mehr als zwei Dutzend Leute totzuprügeln. Jedesmal, wenn sie aufgeregt und mit leuchtenden Augen zum Vierten Hof lief, wusste man, jetzt würden wieder Menschen gepeinigt, ihr Blut würde in Strömen fließen. Ein Hofhauptmann, ein gewisser Alfred Kling aus Polen, betrachtete das Totschlagen von der wissenschaftlichen Seite. Er könne so prügeln, erklärte er, dass der Betroffene entweder sofort oder in zwei Stunden oder zwei Tagen, selbst erst nach acht Tagen sterben würde, oder auch in vierzehn Tagen wieder gesund werde. „Fünfzig Schläge - zwei Stunden", entschied er nach einem durchgeführten Prügeln und ließ sein Opfer hilflos am Boden liegen. Nach zwei Stunden starb der Mann tatsächlich. Es war eine Vergeltung dafür, dass der Gefangene zum dritten Mal Brot gestohlen hatte. Die Kommandanten zeigten sich förmlich stolz darauf, dass die Insassen nach zwei bis drei Monaten so elend und heruntergekommen aussahen wie früher die Häftlinge in den nazistischen Konzentrationslagern.
„Wir haben euch in zwei Monaten so fertig gemacht", brüsteten sie sich, „wofür die Gestapo fünf Jahre gebraucht hat."

Unter den Internierten befanden sich auch frisch Amputierte, Burschen im Alter von sechzehn bis achtzehn Jahren, angebliche SS-Leute. Sie saßen am blanken Betonboden aneinander gepreßt und konnten es nicht vermeiden, sich mit ihren Bein- und Armstümpfen gegenseitig zu stoßen. Ihre Verbände, mit Eiter durchtränkt, stanken entsetzlich und wimmelten von Fliegenmaden. Bei einigen fielen die Verbände ab. Es war oft eine bloße eiternde Wunde oder ein Knochenstumpf zu sehen. Die schwer leidenden jungen Männer baten Dr. Siegel flehentlich, verbunden zu werden. Dem Arzt jedoch wurde strengst untersagt, einen Verband anzulegen oder ein Wort mit ihnen zu wechseln. Bei der Visite, die keine war, hielt ein Wachmann ihn am

Arm und erklärte, wenn Siegel nur ein Wörtchen mit den Amputierten spreche, bleibe er gleich bei ihnen. Nie erfuhr der Arzt, wer sie wirklich waren, und nie im Leben konnte er die verhärmten, von Qualen und Verzweiflung gekennzeichneten Gesichter vergessen. Der Festungskommandant Průša und seine Helfer führten die Amputierten ihren Bekannten freudig vor, den Kommissionen, die aus Prag kamen, zeigten sie sie nicht. Nach einigen Wochen sah Dr. Siegel die Ärmsten noch einmal - als Leichen mit Spuren von Hieben und Blutergüssen auf ihren Stümpfen. Ob sie zu Tode geprügelt oder nach Patent Theresienstadt erwürgt wurden oder eine gnädige Spritze erhielten, entzog sich seiner Kenntnis.

Nicht wegen der unzähligen Morde, die sie auf dem Gewissen hatten, sondern weil sie Gold und Wertsachen unterschlagen hatten, wurden der Lagerkommandant Alois Průša, der Verwalter Tomeš und noch andere auf einmal verhaftet und im Kreisgericht Leitmeritz eingesperrt. Mit seinen Freunden versuchte Dr. Siegel abzuschätzen, wie groß das gestohlene Vermögen war. Nach einer Rundfrage und vorsichtiger Schätzung veranschlagte man das Geraubte auf ungefähr fünfhundert Millionen tschechische Kronen. Die Gefangenen glaubten, dass an den tschechischen Staat nicht mehr als fünf Prozent der konfiszierten Werte abgeführt wurden. Ende Juni, Anfang Juli wurde ein neuer Kommandant der Kleinen Festung bestimmt, ein gewisser Stabskapitän Kálal. Er war sicher kein Freund der Deutschen, doch war er korrekt, ein wirklicher Offizier, was in einem derartigen Lager sehr viel heißen will. Als ehrlicher Mann stand er dort auf einem einsamen Posten, meint Dr. Siegel. Sämtliche Untergebenen bildeten einen Block gegen ihn.

Im Mai 1945 wurden zweiundsiebzig Soldaten der Wehrmacht, keineswegs SS, nach Theresienstadt eingeliefert. Im September waren nur noch vierunddreißig von ihnen am Leben. Das bedeutete eine Sterblichkeitsziffer von über fünfzig Prozent. Insgesamt starben im Mai und Juni über zweihundert Männer,

soweit überhaupt gebucht wurde, und sechs Frauen, führt Dr. Siegel an. Es gab ungefähr die gleiche Anzahl von Männern und Frauen im Lager. Doch hauptsächlich Männer wurden Misshandlungen und Prügel ausgesetzt. Die Sterblichkeit an Flecktyphus blieb gering. Es war dem ärztlichen Einsatz zu verdanken sowie Medikamenten, die in Theresienstadt gefunden wurden, und relativ guter Unterbringung. Bei vierundsiebzig Erkrankungen gab es nur elf Tote. Von ihnen starb die Hälfte an Aufliegen, diagnostizierte der Arzt; denn vor ihrer Aufnahme in der Typhusstation wurden die Leute so zerschlagen, dass ihnen handgroße Gewebsfetzen von Gesäß und Rücken fielen.
Eine Epidemie von Dysenterie, Ruhr, konnte mit Bakteriophag vom Laboratorium des Professors Patočkas weitgehend bekämpft werden, obwohl es für die Erkrankten keine Diät gab. Auch der Amtsarzt Dr. Schramm und einige wenige Angestellte des Lagers zeigten sich anständig, als Personen, die noch etwas für die Menschlichkeit übrig hatten. Doch hauptsächlich dem Stabskapitän Kálal und neben ihm Prof. Dr. Patočka ist es zu verdanken, dass nicht sämtliche Lagerinsassen restlos vernichtet wurden, meinte Dr. Siegel.
„Ich will nur noch eines dazu bemerken“, schloß er seinen Horrorbericht ab. „Theresienstadt steht nicht allein. Ich habe mit Insassen aus anderen Lagern und Gefängnissen gesprochen. Das System ist überall das gleiche. Es wird vom Innenministerium geregelt und angeordnet, wenn auch nach tschechischer Art niemand daran Schuld haben will, sondern immer nur der andere schuldig ist.“

London, Juni 1945

„Jungs, überlegt es euch gut!“, warnte Hubert Ripka, der Exil-Propagandachef, die Sprecher und Kommentatoren des tschechischen Programms der BBC vor ihrer letzten Sendung. Der Krieg war vorbei. Vom Heimatboden konnten die Politiker ihre Mitbürger viel nachhaltiger verwirren, als aus London. Das Exilradio war in Auflösung, die Darsteller gingen auseinander. „Ihr wollt den Hörern in der Heimat, wie ich erfahre, mit der letzten

Relation enthüllen, wer sich hinter den Pseudonymen, die ihr getragen habt, tatsächlich versteckt. Keine schlechte Idee. Die Frage ist nur, ist sie auch vernünftig?"

„Verdienen wir es nicht, namentlich bekannt zu werden? Unsere Stimmen sind allen wohl vertraut", sagte einer. Ungefähr fünfzehn Leute brannten darauf, den Hörern für ihre Treue zu danken und sich vor dem endgültigem Abschied mit ihrem echten Namen vorzustellen. Vielleicht aus Eitelkeit.

„Tut das, wenn ihr darauf besteht", fuhr der Exil-Propagandachef im Exil-Außenministerium - beides gab es wirklich! - warnend fort und erklärte seine Gründe dagegen: „Ihr kennt mich und wisst, ich bin kein Antisemit. Das aber kann man von vielen Menschen in der Heimat nicht behaupten. Trotz alledem, was die Juden unter den Nazis erleiden mussten!"

Mit einem versöhnlichen Lächeln schaute er das Team an.

„Was sollen wir hin- und herreden? Ihr seid fast alle jüdische Jungs. So war die erste und stärkste Exulantenwelle. Ihr habt echte semitische Namen. Hronek heißt Langstein, Firt ist Fürth und Tigrid heißt Schönfeld. Ich befürchte, bei den Hörern würde es keinen positiven Eindruck hinterlassen. Sie wissen noch nicht all das, was wir wissen, nämlich dass die Juden Europas nur zwei Möglichkeiten hatten, entweder zu fliehen oder zu sterben." Noch einmal mahnte er: „Überlegt es euch gut!" Schließlich befolgten die Sprecher Ripkas guten Rat und legten ihre bürgerlichen Familiennamen zum alten Eisen.

Müllers Geschichte

Ein Jude namens Müller wurde Anfang Juni 1945 in die Kleine Festung bei Theresienstadt eingeliefert. Er hatte fünf Jahre in nazistischen Konzentrationslagern überlebt. Gebürtig aus der Slowakei, war er ein Held in seiner Art. Oft sagte er:

„Zum Arbeiten werden sie mich nicht zwingen!" Seine Weigerung endete stets mit ausgedehnter Ohrfeigen- und Prügelszene zur Erheiterung der Besatzungsmannschaft.

Die tschechische Geheimpolizei fragte Dr. Siegel über Müller aus. Auch ein Jude aus Deutschland, der das Ghetto von Theresienstadt noch nicht verlassen hatte, interessierte sich für Müller. Siegel schilderte ihm Müllers Leiden in den KZs und bat ihn, sich für seine Entlassung einzusetzen, da er bestimmt kein Nazi und auch kein Deutscher war. Trotzdem saß Müller weiter. Nach einiger Zeit traf der Arzt den slowakischen Juden wieder und erkannte ihn kaum mehr, so verfallen und elend sah er aus. Die deutschen KZs hatte er in guter Gesundheit nach fünf Jahren verlassen. In Theresienstadt, infolge von viel Prügel und wenig Essen, starb er nach fünf Monaten.

Der Prager Arzt Dr. E. Siegel verbrachte acht furchtbare, brutale und blutige Monate in der Kleinen Festung. Sein undatierter Bericht ab Februar 1946 oder aus einer späteren Zeit bekräftigt:

„Auch andere Juden, beziehungsweise Halbjuden, die in Theresienstadt interniert worden waren, und so viel ich weiß, auch heute noch dort sitzen, will ich namentlich anführen: Es waren dies Schück, Glässner, Spieker, Herbert, Geitler und andere."

Die provokante Frage lautet: Wieso waren unter tschechischer Herrschaft, fast ein Jahr nach dem Kriegsende, in Theresienstadt erneut jüdische Menschen interniert?

London Frühjahr 1945

Einer der jüdischen Jungs vom aufgelösten tschechischen Exilradio flog Mitte Juni nach Hause. Hoch über der Erde, in der britischen Dakota, dachte er über die letzte Zeit in London nach, über die Warnung Ripkas, nicht alles von der eigenen Identität zu enthüllen. Obwohl ihm seine Predigt über den Antisemitismus etwas absurd vorkam, entschloss er sich, lieber das Kryptonym Pavel Tigrid zu behalten. Ihm kamen auch andere Gespräche in den Sinn, die er in den letzten Wochen und Monaten mit seinen Kollegen führte. Es gab kein Ende von Aufregung, Debattieren und Staunen. Gleich Anfang April erhielten sie das künftige Regierungsprogramm zur Einsicht, das die Chefs der künftigen tschechoslowakischen Parteien ganz privat unter sich in Moskau vorab ausgehandelt hatten. Vor allem die jungen Mitarbeiter der Redaktion waren entsetzt.

„Ist das nicht klar? Außenpolitisch wird die Tschechoslowakei total unter der Vormundschaft Moskaus stehen!"
„Und innenpolitisch in den Händen der nicht gewählten 'Revolutions'-Nationalausschüsse, wie sie sich nennen!"
„ ... genauer gesagt, der Kommunisten. Die haben die Schlüsselpositionen in der Regierung besetzt, einschließlich der Polizei und der Armee."
„In diesen Wirrwarr wollt ihr also zurückkehren?", fragte Karel Brušák, der später zum Leiter der tschechischen Abteilung der Auslands-BBC werden sollte. Er selbst hatte keine Lust zur Heimkehr und prophezeite:
„In drei Jahren seid ihr wieder in London als Emigranten. Diesmal vor dem Kommunismus. Freilich nur, wenn man euch vorher nicht eingesperrt oder abgekragelt hat."
Mit seinen achtundzwanzig Jahren wollte Tigrid versuchen, als Publizist in der Heimat Fuß zu fassen. Er hatte nicht voraussehen können, was das Schicksal ihm bereiten würde, die meiste Zeit seines Lebens als Exulant und erfolgreicher Publizist zu verbringen, doch immer wieder schwankend. In den neunziger Jahren, weit über siebzig, würde er in Prag Minister für Kultur werden. Was alles sollte bis dahin seinem Land und ihm persönlich widerfahren!

Prag, Juli 1945

Zwei, drei Wochen nach seiner Ankunft in Prag hielt er ein Papier in der Hand, das er bereits aus London kannte. Diesmal war es schon von sämtlichen Mitgliedern der selbsternannten Regierung unterzeichnet. Auch von den Slowaken, die in London meinten, das *Retributionsdekret* könne zum juristischen Deckmantel für jede Art Denunziantentum werden. Es würde das Prinzip der Kollektivschuld, also das Gegenteil von Gerechtigkeit einführen. Im konsularischen Exilstaatsrat hatten die Slowaken noch dagegen gestimmt.
Tigrid kannte die Entstehungsgeschichte des Vergeltungsdekrets. Nach Aufforderung Beneš's wurde es von JUDr. Jaroslav Stránský ausgearbeitet. Im Exil sowie jetzt im echten Staat, war

Stránský Justizminister, auf Tschechisch Minister für Gerechtigkeit. Ist er nicht eher zum Minister für Ungerechtigkeit geworden?
Einen ersten Entwurf legte Stránský seinem Auftraggeber im Sommer 1943 vor. Die Mitglieder des Exilstaatsrats, ungewählt und machtlos, von Beneš einzeln ernannt und manipuliert, verhandelten über die Vorlage bis Juni 1944 länger als vermutet, in immerhin zwölf stürmischen Sitzungen. Für die Kommunisten, die damals schon mit im Staatsrat saßen - erinnerte sich Tigrid - war der ethisch wie juristisch zweifelhafte Entwurf nicht radikal genug.
„Das Dekret muss Angst und Schrecken einjagen!", donnerte Nosek. „Alle, die sich in den Dienst der Nazis begaben, müssen vor die außerordentlichen Gerichte gestellt werden." So ereiferte sich der jetzige selbsternannte Innenminister. „Das wichtigste Wort muss den Richtern aus dem Volk eingeräumt werden."
Die ebenfalls von Beneš handverlesenen Mitglieder der Exilregierung nahmen das Dekret am sechsten Oktober 1944 mit nur zwei Gegenstimmen an, nämlich denen von Dr. Ladislav Feierabend und dem Slowaken Ján Lichner. Beneš unterschrieb das Papier, bevor er im März 1945 von London aus nach Moskau abflog, als würde er einen Punkt hinter das Leben eines demokratischen Landes setzen.

„Über Notstandsgesetze und standrechtliche Gesetze wie diese sollte ein demokratisch gewähltes Parlament entscheiden", sagte Tigrid empört zu seinem Prager Freund, der ihm das Amtsblatt mitgebracht hatte. „In England käme so etwas nicht durch."
„Ein Parlament haben wir noch gar nicht", wunderte sich der Kollege über den Einwand.
„Genau!", erwiderte Tigrid. „Das bedeutet, dass nur zwanzig bis dreißig Kerle ohne Mandat über die Schweinerei entschieden haben, im Exil und jetzt in Prag! Hier haben sie's den Bürgern fertig gebacken präsentiert und mit ihren Handzeichen geschmückt, als wäre es rechtens. Das ist es aber nicht."

„Hmm ... Ich dachte, es wäre was gegen Nazis. Näher hab' ich's mir noch nicht angesehen", gab der Freund zu.
„Du kannst einen Paragraphen nach dem anderen nehmen", sagte Tigrid und erinnerte sich an die hitzigen Debatten in London. „Es stimmt hinten und vorne nicht."
„Bist du Jurist?"
„Dafür brauchst du nur gesunden Menschenverstand. Nun ja", gab Tigrid zu, „ich habe eine Weile Jura studiert, aber das ist unwesentlich. Schau mal her!" Er breitete die Ausgabe der Sammlung der Gesetze und Anordnungen vom neunten Juli 1945 auf dem Tisch aus:
„Es ist alles sehr vage und steht auf wackeligen Beinen. Paragraph eins beruft sich auf ein Gesetz vom Jahre 1923 zum Schutz der Republik. Im Paragraph zwei werden nazistische, ungarische oder Protektorats-Organisationen genannt - da war die Republik nicht mehr existent -, 'oder hier ungenannte Organisationen ähnlicher Beschaffenheit' - wer soll entscheiden, welche? -, in denen bloße Mitgliedschaft mit schwerem Kerker von fünf bis zwanzig Jahren bis lebenslänglich bestraft werde. Ich kann doch keine Zugehörigkeit zu irgendeiner Organisation wie ein verübtes Verbrechen bestrafen."
„Moment mal", sagte der Freund. „Da geht es aber um die SS. Die mordeten in den KZs wie an der Front."
„Die SS konnte aber durch kein Gesetz von 1923 erfasst worden sein. Damals gab es kein Hitlerreich." Tigrid versuchte die Kompliziertheit der Sache zu erörtern. „Auch in die SS, hypothetisch genommen, dürfte der eine oder andere unversehens, durch Unerfahrenheit oder durch Zwang geraten sein. In manchen nazistisch besetzten Ländern wurden deutsche Volkszugehörige zur Waffen-SS rekrutiert, ohne eine Ahnung zu haben, was das war. Oder nehmen wir mal an, ein Siebzehnjähriger - von solchen gab es viele - wurde in den letzten Monaten des Krieges zur Waffen-SS berufen. Der hatte nicht mal Zeit dafür, in irgendwelche Verbrechen hineingezogen zu werden." Ruhiger sagte er: „Versteh' mich bitte richtig! Ich bin für die Bestrafung von Mördern. Doch, was ich sagen will ist, dass mit diesem Dekret die Prä-

sumtion der Unschuld eigentlich annulliert und ausgeschaltet wird. Das ist gefährlich.„
„Ich bitte dich, für wen?“
„Für uns alle. Die Vermutung der Unschuld ist das Alpha und Omega der Demokratie. Das hab’ ich in England gelernt. Wenn es einmal missachtet wird, kann es immer missachtet werden. Dann betrifft es auch mich - und dich.“
„Das doch sicher nicht.“
„Wart’ nur ab. Schau dir den Paragraphen zwanzig an! Dort steht, dass Beihilfe gleich hoch bestraft wird wie das Verbrechen selbst. Nur Terrorregime führen so etwas zur Einschüchterung der Bürger ein.“
„So weit sind wir noch nicht“, sagte der Freund in patriotischer Erregung.
„Meinst du? Dann hör zu! Paragraph drei: Unterstützung des nazistischen Regimes in Medien, Film oder Theater erbringt zehn Jahre, kann sogar Todesstrafe bewirken. Wer soll das Strafmaß bestimmen, nach welchen Kriterien? Das ist doch ein Gummiparagraph, der gegen unbeliebte Personen angewandt werden kann. Die sind wehrlos.“
„Gibt es da keine Verteidiger?“
„Theoretisch ja. Nur, was bewirken sie, wenn nach dem Paragraphen sechundzwanzig das Verfahren ohne Unterbrechung geführt werden muss und höchstens drei Tage dauern darf? Es soll weder durch Feststellung von Ansprüchen der Opfer, noch durch Ermittlung von Mitschuldigen aufgehalten werden. Also ein Galopp-Verfahren. Und wenn falsche Aussagen gemacht wurden? Gegen das Urteil der Außerordentlichen Volksgerichte gibt es keine Rechtsmittel, keine Abhilfe. Sieh dir den Paragraphen einunddreißig an. Ein Gnadengesuch hat keine aufschiebende Wirkung. Die Todesstrafe muss binnen zwei Stunden nach der Urteilsverkündung vollstreckt werden.“
„Um Gottes Willen!“
„Es handelt sich tatsächlich um Willkür, glaub’ mir.“ Tigrid fand immer mehr, was zu beanstanden war:
„In den Paragraphen fünf bis sieben, Verbrechen gegen Perso-

nen, wie im Paragraphen acht, Verbrechen gegen das Eigentum, da werden urplötzlich Strafgesetze aus den Jahren 1852 und 1878 aus der Zeit Österreich-Ungarns ausgegraben. Solltest du dich fragen, wieso und ob die Tschechoslowakei keine eigenen Gesetze besaß, dann findest du eine bescheidene, kleingedruckte Antwort im Paragraphen zweiunddreißig. Ja, es gab ein Gesetz Nummer einundneunzig von 1934 über die Auferlegung der Todesstrafe und über lebenslängliche Bestrafungen. Doch für Verbrechen, die nach diesem unseren Dekret von 1945 strafbar sind, gelten die Bestimmungen von 1852 und 1878 und nicht diejenigen von 1934 ."

„Warum denn das?"

„Sie waren zu mild, zu gerecht und zu demokratisch." Tigrid schüttelte den Kopf. „Wo gibt es dann die hochgerühmte Kontinuität mit der Ersten Republik? Wenn es passt, beruft man sich auf sie. Wenn es nicht passt, wird sie gestrichen. Es ist ein Skandal!"

„Du wirst es nicht leicht haben, hier deine Brötchen zu verdienen", bemerkte der Freund prophetisch. Durch seinen Ton wurde Tigrid arg an die Voraussagungen Brušáks in London erinnert.

„Hast du noch mehr von deinen Hiobsbotschaften?"

„Lies den Text doch selber! Du wirst mehr entdecken. Nimm den Paragraphen vierzehn. Mit dem Urteil muss das Gericht zugleich die Konfiskation eines Teils oder des ganzen Vermögens aussprechen und entscheiden, dass der Verurteilte einen Teil oder die ganze Freiheitsstrafe in besonderen Kommandos für Zwangsarbeit zu verbüßen hat."

„Was meinst du bedeutet das wieder?"

„Es wird Sklavenarbeit für viele Deutsche bedeuten, aber auch für manchen Tschechen und Slowaken. Hast du's nicht gemerkt? Hier anschließend", zeigte Tigrid auf die nächste Seite der Sammlung der Gesetze, „wird ein besonderes 'Nationalgericht' für führende Personen geschaffen, die sich nicht ins Exil gerettet hatten. Da werden leitende Funktionäre der Liga gegen den Bolschewismus, gar der Gewerkschaften, des Verbands für Land- und Forstwirtschaft, aber auch alle Protektoratsminister, ja der Protektoratspräsident selbst zur Rechenschaft gezogen."

„Der wohl nicht mehr", widersprach der Freund.
„Wie meinst du das?", fragte diesmal Tigrid.
„In der Zeit zwischen der Unterzeichnung des Dekrets und seiner Veröffentlichung, als hätte er es gewusst, ist Dr. Emil Hácha gestorben. Er starb am siebenundzwanzigsten Juni im Gefängnis."
„Das war zu erwarten", meinte Tigrid. „Man erzählt sich, dass er schwer krank war und geistig verwirrt."
„Das war er seit Jahren", sagte der Kollege, „seit der Terrorwelle nach dem Attentat auf Heydrich, und vor allem nach Lidice bewegte er sich wie im Nebel. Das war bekannt. Obwohl er nichts dafür konnte, war er plötzlich weg. Total meschugge."
„Er tat mir leid", nickte Tigrid.
„Vielleicht tut es dir leid, überhaupt zurückgekehrt zu sein", sagte der Kollege. „Einiges hierzulande ist schlimm ..."
Tigrid streckte sich und seine jugendliche Energie meldete sich zu Wort: „Nun, es tut mir nicht leid, wieder da zu sein; denn hierzulande gibt es wirklich schöne Weiber."

Lediglich ein Jahr lang sollte das Retributionsdekret 'Verbrechen gegen den Staat' ahnden. Trotzdem erklärte es Dr. Prokop Drtina, inzwischen zum Justizminister gewordener Bürokrat, erst im Jahre 1947 für abgeschlossen und legte es zu den Akten.
Die Kommunisten holten das Dekret jedoch nach ihrem Putsch von 1948 wieder aus der Vergessenheit und führten es mit wiederholter Zustimmung Beneš's wieder ein. Einer der Ersten, der danach zu langjähriger Haft verurteilt wurde, hieß Prokop Drtina.

Ein Ende der Geschichte? Keineswegs. Im Februar 1995 erklärte der Präsident der Tschechischen Republik Václav Havel im Prager Carolinum sämtliche Beneš-Dekrete zum untrennbaren Bestandteil der tschechischen Rechtsordnung. Das bedeutet, dass das Retributionsdekret bis heute, 2000, gültig ist und rein theoretisch nach seinen Bestimmungen geurteilt werden dürfte.

Es gibt somit kein automatisches Pardon und keine Wiedergutmachung für die seinerzeit Verurteilten.
Wie der damals blutjunge Pavel Tigrid gesagt hatte:
„Schau dir doch den Paragraphen siebzehn an! Verbrechen, die nach diesem Dekret strafbar sind sowie der Strafvollzug, verjähren nicht.“ Ein Staatsterror ohne Ende?
Muss man sich dann wundern, wenn der Patriotismus bis heute bei den Tschechen tief im Knochenmark sitzt? Unter anderem ist es eine zur Schau getragene Angst-Vaterlandsliebe, mit der ganze Generationen versuchten, sich gegen die Vergeltungsdekrete zu schützen.

Die Geschichte von Schwarzbach 1945
Die scheinbar ordentlichen Paragraphen des Retributionsdekrets konnte man ohnehin in den Korb werfen. Es wurde angeordnet, bei den Kreisgerichten Retributionssenate zu errichten, einen Berufsrichter und vier Volksrichter sollte der Staatspräsident ernennen, und so weiter und so fort. Doch in einem Dorf Namens Tušt', zu Deutsch Schwarzbach, nahe der Weiherstadt Třeboň, hat sich gleich Ende Mai 1945 ein Volksgericht sehr einfach zusammengetan: Es bestand aus zwei Personen, dem Lehrer V. Maxa und einem gewissen Říha. Als selbsternannter Vorsitzender des Volksgerichts verurteilte Maxa vierzehn deutsche Mitbürger von Tušt' zum Tode. Die Exekution besorgte Říha. Wahrscheinlich war keine ungeteilte Zustimmung der Öffentlichkeit zu erwarten. Also erzählte Říha den Dorfbewohnern, man würde in der Nacht außerhalb des Dorfes Pferde abschießen. Die Verurteilten wurden aus dem Dorf gebracht. Bei einer Müllhalde ermordete Říha sie per Genickschuss .

Knapp fünfzig Jahre später setzten die in Österreich lebenden Vertriebenen aus Tušt' durch, dass die Getöteten aus dem Massengrab gehoben und ordentlich bestattet wurden. Danubius, der bei der Trauerfeier anwesend war, fragte mich nachher in Prag mit Bitterkeit:
„Weißt du, dass hier auf der Vinohradská ein Mörder frei lebt?“

Auf meine Verwunderung hin erklärte er:
„Er heißt Říha. Er hat in Tušť vierzehn Deutsche erschossen."
„Wie weißt du das? Ist es sicher?"
„Das steht felsenfest. Er wurde kürzlich vor ein tschechisches Gericht gestellt. Es ist erwiesen worden, dass er es getan hat."
„Und?"
„Das Gericht sprach ihn frei."
„Wieso das?„
„Die Urteilsbegründung lautete, dass Mord nach dreißig Jahren verjährt."
Traurig fügte Danubius hinzu: „Glaubst du mir nicht? Nach dem Morden war Říha bei der Stasi tätig." Mit beißender Ironie schlug der Historiker vor: „Du kannst ihn besuchen und ein Interview mit ihm machen. Willst du nicht wissen, wie ein Mörder aussieht?"

21. Eine Reise nach Wien

Die Armee vertreibt Menschen – Miroslav könnte im Haus einer vertriebenen Familie wohnen, will aber nicht – Marschall Konjew belehrt in Wien einen Prager über Stalins Deportationen – Debakel in London

Brüx, Juli 1945

Die Soldaten auf den Ladeflächen der Lastwagen waren noch schläfrig und zitterten vor Kälte. Es war früh am Morgen. Die lärmenden Vehikel fuhren durch eine Stadt, die im Boden versinken sollte. Beiläufig beobachteten die jungen Männer die grauen und menschenleeren Straßen. Hinter den geschlossenen Fenstern der Häuser konnten sie Einwohner vermuten, die noch in tiefsten Träumen lagen, oder auch nicht. Einige Häuserblocks, die sie passierten, standen schon leer. Es war die Aufgabe der Armee in diesen Wochen, Menschen aus ihren Wohnungen zu jagen. Welches Viertel wird es heute sein? Das wussten die Soldaten im voraus nicht, es war eine Sache der Kommandanten. Die unerfahrenen Rekruten gingen solche Details gar nichts an. Einzelne von ihnen, die mit Begeisterung in die erneuerte tschechoslowakische Armee eingetreten waren, fühlten sich enttäuscht und verwirrt. Gegen wen werden sie heute das Gewehr richten müssen, damit er oder sie ihr Zuhause schleunigst verlässt?

Eine junge deutsche Frau führte Miroslav durch die kleine Familienwohnung. Er war auch noch jung, jünger als sie. Kürzlich war er aus Dachau bei München zurückgekehrt. Dort war er bei einem Zwangsarbeitseinsatz. Mit tausenden anderen ausländischen Zwangsarbeitern musste er während der letzten Kriegsmonate Schutt beseitigen, der von den vielen zerbombten Häusern übrig blieb, dabei höllisch aufpassen, um nicht von den

Ruinen oder bei einem neuen Luftangriff selber zugeschüttet zu werden. Das Zeug wurde am Rande von München auf immer höher werdende Halden gekippt, die Jahrzehnte später ein romantisches Olympiagelände abgeben würden. Zu der Zeit sollte Miroslav wieder nach München kommen - als Exulant und kürzlich noch Gefangener der Kommunisten. Das ahnte er aber nicht.

Im Frühjahr 1945 war er zunächst zurück in der Heimat. Er ging durch die Zweizimmerwohnung und schaute sich alles genau an. Es war sorgfältig gepflegt, als wollte die kleine Familie für ewig hier leben. Die Frau öffnete einen Schrank vor ihm und sagte:

„Da haben Sie die Bettbezüge, hier die Handtücher, ich hab' die Wäsche gestern gemacht.“ Ihre Stimme brach. Sie schaute sich nach den Kindern um. Sie saßen am blitzsauberen Küchenboden und spielten. „Ich dachte, die Kleinen würden's beim Baden brauchen. Dazu kommt's wohl nicht mehr.“

Miroslav versuchte, sie zu trösten: „Sie werden bestimmt ...“

„Morgen kommen wir ins Evakuierungslager“, sagte sie.

„Es tut mir leid“, schluckte er und hielt das amtliche Formular über die Wohnungszuteilung fest in der Hand. „Man hat's mir beim Národní výbor, also bei der Stadtverwaltung, gegeben. Ich hatte keine Ahnung ...“

„Sie sind doch auch nicht schuld daran“, winkte sie ab. Sie war blaß, wahrscheinlich schlief sie schlecht oder gar nicht, meinte Miroslav. „Wenn Sie morgen abends kommen“, sagte sie, „sind wir schon fort.“

Einige Armeelaster hielten am Anfang der Straße an und die Soldaten sprangen hinunter. Zwei oder drei Lastwagen fuhren zum anderen Ende der Straße. Dort werden sie in Stellung gehen, so dass keine Menschenseele mehr hineinkommt und ohne Bewilligung keine heraus. Mehrere Straßenzüge wurden zugleich ähnlich abgesperrt. Die Bewaffneten waren in der Durchführung der Evakuierung schon eingeübt. Zwei- bis dreimal die Woche wurden sie eingesetzt. Die deutschen Bewohner, Nachkommen von Generationen, die hier die Heimat gehabt, von

Hausarbeit, Handwerk und Industrie gelebt hatten, würden in einer halben Stunde alles verlassen müssen, die Möbel, ihre Kleider, sämtliche Einrichtungsgegenstände ihrer Wohnungen, die Ausstattung der Praxen und Werkstätten. Bis auf dreißig Kilogramm Gepäck würden sie alles und für immer zurücklassen. Schwer bewaffnete Soldaten trieben sie rasch, rasch, damit sie sich nicht nostalgisch umsahen, aus den Häusern hinaus. In Gruppen eskortierten sie sie in die Saazer Straße. Dort befand sich ein aufgelassenes Lager der Flak-Artillerie, früher das Areal der Firma Negerdörfel. Da waren Holzbaracken mit leeren Holzpritschen, ohne Strohsäcke oder Decken. Auch zahlenmäßig waren die Pritschen zu wenig. Also würden viele am Fußboden schlafen. Und in den nächsten Tagen erfolgt die Selektion. Arbeitsfähige Männer und alleinstehende Frauen werden in die Arbeitslager der Stadt Brüx eingeteilt. Die Arbeitsunfähigen, ohne Rücksicht auf andere Familienangehörige, die Alten, die Invaliden und Pensionisten, die Mütter mit Kindern werden über die Grenze nach Sachsen geschickt, falls die Russen sie aufnehmen. Doch alle werden im Evakuierungslager erst ihr Gepäck von den Wachsoldaten öffnen und kontrollieren lassen müssen. Manch gute Sache oder auch Geld werden sie für immer los werden. Hunger werden sie auch haben, die Lagerküche wird sie nicht verwöhnen, darauf soll man sich mal einstellen. Ab jetzt werden sie allesamt Entrechtete sein. In der Siegerwelt konnten sie keine Fürsprache erwarten.

Nach Arbeitsschluss kam Miroslav wieder in die Wohnung. Die junge Frau mit den Kindern war tatsächlich fort. Trotzdem begegnete er ihnen überall, sah die Frau durch die Zimmer huschen, wie sie ihm gestern alles gezeigt hatte. Und er war fast sicher, wenn er sich umdrehte, würden am Küchenboden die Kinder sitzen. Verdammt, das wollte ich wirklich nicht! Schnell aß er sein Wurstbrot, das er im Geschäft gekauft hatte, und trank eine Flasche Bier. Noch eines würde nicht schaden, fiel ihm ein. Vielleicht wird sie - er dachte an die Frau, als wäre sie die Gastgeberin - ein Bier in der Speisekammer haben.

Er suchte nach einer richtigen Tür, kannte sich in der Diele noch nicht aus. Als er sie gefunden, geöffnet, den Lichtschalter angeknipst hatte, zeigten sich da Regale mit aufgestellten Sachen, Tüten mit Mehl und Kaffeeersatz, selbst eingemachte Konfitüre, am Boden ein Glas mit eingelegten Eiern. Ähnlich hat auch Miroslavs Mutter alles geordnet.
Nur mit den Augen, eben als Gast, suchte er nach Getränken. Einige Flaschen Obstsirup, aber kein Bier. Das hätte ich mir denken können. Enttäuscht kehrte er in die Küche zurück.
Sie hat gar nicht an ihn gedacht. Gott, wie geht es ihr jetzt? Ich werde die drei nicht los, wie es scheint. Und in dieser Geisterwohnung soll ich schlafen?! Er hatte keine Wahl. In Brüx war er fremd, kannte nicht einmal die Straßen gut, die Nachbarn auch nicht, falls es noch welche gab. Es wirkte alles leer auf ihn. Morgen muss er ganz früh zur Fabrik. Gut, dass er eine Arbeitsstelle bekam!
Scheu und leise betrat er das Schlafzimmer mit überzogenem Doppelbett. Nein, da kann ich doch nicht rein! Dort liegt sie ... Er fand eine Wolldecke, kehrte in die Küche zurück und verkroch sich auf ein Sofa an der Wand. Der Schlaf wollte nicht kommen. Warum bin ich nicht in Pilsen geblieben? Ich darf doch meinen Eltern nicht auf der Tasche liegen. Hier hab' ich wenigstens meine Arbeit. Doch ist es eine miese Lage. Zum Teufel mit der Evakuierung.

Brief an die Großmächte, 3. Juli 1945

„Jede Verzögerung dieser Lösung müsste die tschechische und slowakische Bevölkerung stark beunruhigen", bestürmte Vladimir Clementis, Staatsekretär im Außenministerium, die Großmächte, welche die Kontrolle über Deutschland ausübten. Er hat den richtigen Augenblick gewählt. Die mächtigsten Herren der Welt - Damen gab es unter ihnen keine - waren allmählich am Kofferpacken, um nach Potsdam zu fahren.
Von einer Überführung der Bevölkerung schrieb er, von der *„zwei bis zweieinhalb Millionen Deutsche betroffen"* sein würden. *„Die tschechoslowakische Regierung bereitet einen Plan und*

eine angemessene Organisation der Überführung vor“, beruhigte er die Adressaten. Gab es bisher keine Organisation? Oder gab es keine Überführung, keinen ‘Transfer’, keine Vertreibung, wenn erst ein Plan vorbereitet werden sollte?
Der Präsident und die Regierung der Tschechoslowakei handelten „*als Vermittler eines elementaren und einstimmigen Wunsches des tschechischen und slowakischen Volkes*“. Ohne die Überführung „*einer großen Mehrheit der Deutschen und Ungarn*“ könne kein „*Wiederaufbau und keine Konsolidierung des Staates*“, schon gar „*keine Stabilität in Mitteleuropa gesichert werden.*“
Der Präsident der Tschechoslowakei und die tschechoslowakische Regierung, ja Clementis persönlich wäre „*sehr dankbar*“, wenn „*diese Frage bei der nächsten Konferenz der Drei erörtert und entschieden*“ würde.
Den flehentlichen Antrag, auf der Potsdamer Konferenz die Vertreibung zu beschließen, richtete das Außenministerium im Čzernín-Palais über die Prager Botschaften an die amerikanische, die britische und die sowjetische Regierung. Es fehlten noch zwei Wochen zur Eröffnung der Konferenz. Der Antrag wurde nicht zu spät und nicht zu früh abgegeben, sondern gerade so, dass alles einen ordentlichen Lauf nehmen konnte.
Die Bittschrift werden die Tschechen in den kommenden Jahrzehnten völlig vergessen. Auch die Klügeren unter ihnen werden behaupten, dass die Vertreibung durchgeführt wurde, weil die Großmächte in Potsdam den ’Tranfser’ der Deutschen den Tschechen angeordnet hätten. Doch war die Reihenfolge umgekehrt.

Unterwegs, Ende Juli 1945

General Boček war froh, einmal aus dem täglichem Trott herauszukommen. Für eine ganze Weile wird er telefonisch nicht erreichbar sein. Er kann auf dem Hintersitz seiner Limousine dösen, während der Chauffeur die Verantwortung übernimmt. Eine Sommerlandschaft fliegt vorbei, man kann sie entweder betrachten oder auch nicht.
Die Reise des Generalstabschefs von Prag nach Wien war streng geheim, wie manches andere im glücklichen, befreiten Staat. Die

selbsternannte tschechoslowakische Regierung schickte Bohumil Boček zu einem alten Bekannten, seinem früheren und im gewissen Sinne auch gegenwärtigen Kommandeur Konjew. Genüsslich streckte sich der General im Auto aus und schaute sich die Städte und Dörfer, die Felder und die Wiesen an, die malerischen Waldstücke, von denen er viele Jahre nur geträumt hatte. Es war sein Land, das er im Exil, vor allem in England schmerzlich vemisste. Dort fühlte er sich von den einfachen Menschen, von den Bauern, die irgendeinen Dialekt droschen, peinlich abgeschnitten. Später, an der russischen Front, verstand er die Bevölkerung schon eher. Jetzt lebt er wieder mitten in der eigenen Sprache und spürt festen Boden unter den Füßen. Auch wenn ihm die Aufgaben der immer weiter wachsenden Armee immer weniger passend erschienen. Als Generalstabschef wäre er herzlich einverstanden, besiegte und gefangene Soldaten zu überwachen, so wie es in den internationalen Pakten geschrieben steht und wie er es an der Militärakademie gelernt hat. Jetzt und hier aber herrschte das reinste Chaos. Einen Unterschied zwischen Soldaten und Zivilisten wollte niemand mehr respektieren. Nur schweren Herzens konnte er sich mit den Aktionen abfinden, die seine bewaffneten Einheiten gegen deutsche Alteinwohner durchführen mussten. Gab's denn im Krieg nicht Gewalt genug? Davon hat er sich psychisch und nervlich noch gar nicht erholt, wird es wahrscheinlich nie schaffen. Was blieb ihm in seiner Lage übrig?
Als Chef des Generalstabs musste er Befehle nicht nur nach unten weiterleiten, sondern selbst welche befolgen. Die wurden ihm vom Verteidigungsminister erteilt, und Svoboda war dem politischen Oberbefehlshaber des Heeres, wie sich der besessene alte Beneš stets und stolz bezeichnete, direkt hörig. Laut sagen durfte Boček solche Ketzereien nicht. Aber denken, wenigstens das tat er. Bohumil Boček schätzte es auch nicht, wenn Generäle wie der kaltgestellte Exil-Verteidigungsminister Sergej Ingr allzu viel Eifer zeigten und mit irren Rufen der Hussitenkrieger dem Volk die Köpfe verdrehten: 'Schlagt sie, tötet sie, lasst niemanden am Leben!' Plötzlich waren sie alle blutrünstig.

Der hätte vor Dukla kämpfen müssen, der Ingr, und sehen, wie das tatsächlich funktionierte. Wie die zerstörerische Kraft des gegenseitigen Schlachtens die Seelen und Gemüter der Soldaten und Offiziere, aller Angehörigen des tschechoslowakischen Armeekorps, zermürbte! Boček wurde damals zum Kommandanten der Dritten Brigade ernannt und machte mit ihr unverhältnismäßig blutige, schwere und verlustvolle Gefechte durch. Tag für Tag, Woche für Woche, fast zwei Monate lang. So war die sowjetische Kampfführung, der brutale Gefechtsstil Konjews. Und just zu ihm fährt er jetzt wieder, als könnte er es ohne ihn nicht aushalten.

Wien, Ende Juli 1945

Die Stadt war stark zerbombt, man könnte darüber jammern, so viel Schönheit zerstört und in Asche gelegt! Trotzdem hat die siegreiche Generalität ein paar unbeschädigte, einmal schmucke kaiserliche Bauten gefunden und nahm sie für sich ein. Die alte Monarchie sprach die Revoluzzer innerlich an, wie man sah. Der ruhmreiche Marschall Iwan Stepanowitsch Konjew, Befehlshaber des Ersten Ukrainischen Front - Sowjets sagten nicht *die*, sondern der Front - saß mit Boček als Gleicher mit Gleichem an einem Tisch. Wer hätte das gedacht? Wenige Monate zuvor hat Boček weit, weit unter ihm gedient. Damals schickte Ludvik Svoboda von seinem Kommandoposten hoch in den Bergen vor dem Dukla-Pass tschechische und slowakische Jungs, auch höhere Chargen, über sein Feldtelefon erbarmungslos in den Tod. Svoboda machte alles, was Konjew befahl, ganz automatisch. Boček hätte auch an der Dukla enden können wie abertausende! Oder er hätte Pech haben können wie der arme General Vedral-Sázavský. Just bei seiner ersten Überquerung der slowakischen Grenze fuhr der Mann auf eine deutsche Mine, und weg war er. Sein Begräbnis hat den Soldatenfriedhof von Dukla eröffnet. Welch eine Ehre! Bei der Erinnerung atmete Boček laut auf. Nun sitze ich dir gegenüber, berühmter Marschall, bin quicklebendig und bin zum Generalstabschef in Prag geworden. Während du, Konjew, einen noch höheren Posten erwischt hast als sowje-

tischer Repräsentant im Alliierten Kontrollrat für Österreich. Die Zeiten ändern sich, aber für manche immer ähnlich - fiel ihm ironisch ein.
„Genosse Stalin“, erklärte der Marschall ihm in aller Breite und berief sich gleich auf Stalin, um den eigenen Worten gehörig Gewicht zu verleihen, „ist mit dem tschechoslowakischen Vorgehen völlig einverstanden. Die Deportationen von Deutschen müssen zügig durchgeführt werden.“
„Wir bitten, Genosse Marschall, um etwas mehr Unterstützung seitens der sowjetischen Streitkräfte. Laut meiner Regierung muss der Transfer mit allen Mitteln beschleunigt werden.“
„Mit allen Mitteln ...!“
„Jawohl, das ist die Bitte, die ich hiermit überbringe.“
„Wie stellt sich Ihre Regierung die Mittel vor?“, fragte der Marschall spitz.
„Erlauben Sie mir bitte Zahlen zu nennen. Wir wollen zwei bis zweieinhalb Millionen Angehörige der deutschen Minderheit aus der Tschechoslowakei abschieben. Herr Staatspräsident meint, die Leute sind nach dem Münchner Diktat zu Reichsbürgern geworden. Also muss das Reich sie aufnehmen und für sie sorgen.“
„Das Reich ist aber futsch!“, sagte Konjew beißend. „Pufff!“
„Der Herrscher des Reichs sind Sie“, schmeichelte ihm der Tscheche, obwohl ihm nicht danach zumute war. Ohne Ergebnis nach Prag zurückzukehren konnte er sich doch nicht leisten.
„Jawohl, die Herrscher sind wir“, präzisierte der Marschall.
„Nach den Berichten unserer Militärkommandanten“, zitierte Boček, „sind bisher über vierhunderttausend Deutsche über die Grenze transferiert worden. Allerdings sind viele Reichsdeutsche und Angehörige der Wehrmacht darunter. Tatsächlich bilden die Alteinwohner höchstens ein Viertel der Abgeschobenen. Im Monat Juli sind fünftausend Personen täglich abtransportiert worden. Das ist zu wenig. Es geht zu langsam. So kommen wir nicht weiter.“
„Nun ja, wenn man Millionen auszusiedeln gedenkt“, überlegte der Marschall schwerfällig. Er zündete sich eine Zigarre an.
„Meine Regierung kalkuliert, dass der Abschub in fünf bis sieben

Monaten abgeschlossen werden könnte, wenn man mit Ihrer, der sowjetischen Besatzungsmacht die Aufnahme besser koordinieren könnte."
„Was stellen Sie sich vor?"
„Also, wenn es gelingt, von den ausgewiesenen Räumen Nordböhmens, namentlich Tetschen, Teplitz, Dux, Brüx, Komotau und Kaaden - Děčín, Teplice, Duchcov, Most, Chomutov, Kadaň - täglich je zwei Eisenbahntransporte mit jeweils zweitausend Deutschen abzufertigen, dann wären es vierundzwanzigtausend pro Tag. Da hätten wir einen guten Anfang."
„Das hieße zweihundertvierzigtausend in zehn Tagen, eine Million in vierzig Tagen", rechnete der Marschall wie beim Poker. „Das klingt realistisch. In hundert Tagen ..."
„Na ja. Addieren und malnehmen könnt ihr", sagte er trocken.
„Sobald Nordböhmen gesäubert ist, kommt das übrige Böhmen, Mähren und Schlesien dran", ergänzte Boček.
Konjew wich aus: „Ihr wisst doch, die Alliierten-Konferenz läuft gerade erst an."

„Verehrter Marschall, Sie sind das sowjetische Mitglied des Alliierten-Kontrollrats", erinnerte Boček Konjew an seine Bedeutung.
„Ich allein bin nur ein kleiner Feldkommandant", erwiderte der mit Untertreibung. „Die Entscheidung muss in Potsdam fallen, mein lieber General."
„Wir setzen darauf, dass Genosse Stalin unsere Forderungen unterstützt", wiederholte Boček die Beschwörungsformel.
Der Marschall lachte. „Für den Genossen Stalin sind Deportationen widerspenstiger Völker kein Neuland." Er streckte sich und erzählte: „Wir sind schon immer in der Lage gewesen, zigtausende Personen über Nacht loszuwerden. Die aufmüpfigen Bauern aus der Leningrader Oblast, die sich der Kollektivierung widersetzen wollten, mussten bereits 1929/30 im fernen Norden verschwinden. Während des Vaterländischen Krieges sind die Wolgadeutschen flugs in Kasachstan gelandet. Im vorigen Jahr folgten, ob es ihnen gefiel oder nicht, die Krimtataren, die

Tschetschenen und die Inguschen, zuletzt die Balten. Die wurden eines Abends ohne Vorwarnung in Viehwaggons gepackt, und am anderen Morgen war keine Spur mehr von ihnen zu finden. Insgesamt hunderttausende, vielleicht Millionen. Wie erwähnt, kein Neuland."

„Eine enorme Leistung", stimmte Boček anerkennend zu.

„Genosse Stalin zieht es wissenschaftlich durch", erörterte der Marschall die Problematik und zog an seiner Zigarre. „Er war doch Volkskommissar für die Nationalitäten. Allmählich ist er zu einem bedeutenden ethnographischen Forscher, unter anderem auch Sprachforscher geworden. Kennen Sie seine Schriften? Nein? Sollten Sie lesen, Sie und Ihre Regierung. Unter mehreren Elementen, die eine Nation, ein Volk ausmachen, hat Genosse Stalin das geschlossene Siedlungsgebiet erkannt. Zerschlägt man die Siedlung und wird das Volk zerstreut, so wird auch seine Identität zerstört. Der Lehrsatz hat sich bewährt", betonte er hoch befriedigt. „Die Sowjetunion hat heute keine Nationalitätenprobleme mehr. Diejenigen, die folgten, wurden hochgepäppelt und gepflegt. Welche nicht folgten", er schlug mit der Handfläche auf den Tisch, „die hat man zerschlagen."

„Das klingt militärisch präzise."

„Ist es auch."

„Unser Staatspräsident Herr Doktor Edvard Beneš ist ein Bewunderer von Jossif Wissarionowitsch. Er hält den Genossen, den großen Stalin für seinen persönlichen Freund."

„Richtig."

„Darf ich also, verehrter Marschall, meiner Regierung in Prag über die sowjetische und Ihre persönliche Unterstützung des Transfers berichten?"

„Aber das dürfen Sie bestimmt, General", lachte Konjew und öffnete eine bei der Hand stehende Flasche Wodka. „Jetzt trinken wir darauf."

„Ich möchte nur noch in Erinnerung bringen", sagte Boček hastig, „dass in diesen Wochen einige sowjetische Offiziere in Sachsen, soweit mir bekannt, die Aufnahme von Abgeschobenen verweigert haben."

„Ich werde den Offizieren ans Herz legen, dass es nicht mehr vorkommen soll. Übrigens, in den sowjetischen Zonen Österreichs wie Deutschlands, steht es den Deportierten völlig frei, was sie weiter unternehmen wollen. Wenn sie meinen, in die britische oder die amerikanische Zone zu entweichen - nichts dagegen. Die Sorge um das Gesindel tragen dann die anderen."
Der Marschall lachte und kippte sich den Wodka ein. „Trinken Sie doch, General!"

Auf dem Rückweg war es dem Generalstabschef ein wenig mulmig und peinlich zumute. Was hatte er erzielt? Er brachte doch keine verbindliche Zusage mit. Einfach nur: Schickt sie rein, wir werden schon sehen. Zwar besser als nichts, aber für die Regierung in Prag wird er die Botschaft sorgfältig verpacken müssen, damit es zweifelsfrei erscheint, dass seine Mission nach Wien ein voller Erfolg war. Eigentlich haben sie beide, der Marschall und auch er, nur mit Zahlen gepokert. Dabei geht es um viele Deutsche, und sie sind ja auch Menschen. Was geschieht mit ihnen dort, wo sie ankommen? Er dachte an die vertraulichen Meldungen, die er laufend erhielt, über viele Grausamkeiten und Morde, wie sie während des Abschubs offensichtlich vorfielen. Gerade das wollte er durch eine ordentliche Vereinbarung in Wien abfedern. Schließlich würde man es der Armee zur Last legen, wenn jemand, ein verrückter Politiker oder ein ausgeflippter Journalist, durch Indiskretionen das alles erfährt.
Bei dem Präsidenten konnte er auf keinen Rückhalt hoffen. Beneš quasselt nur über Humanität und Moral, aber im Grunde lässt ihn alles kalt. Auch dem großen Stalin, der es wissenschaftlich angeht, ist das Schicksal der Deportierten absolut gleichgültig. Und seinem Marschall nicht weniger, wie er sich gerade überzeugen konnte. Viele unserer Menschen sind ähnlicher Meinung und das ist bedrohlich. Schlagt sie, tötet sie! Die meisten Tschechen haben im Krieg praktisch nichts erlebt, überlegte der General, mussten nicht an die Front ziehen ... Jetzt toben sie sich aus. Nur, was wird aus einem rücksichtslosen Volk? Er

schaute aus dem Autofenster, und die heimatliche Landschaft war nicht mehr so schön wie vorhin.

Brüx, Juli 1945

Normalerweise werden Menschen wegen drohender Lebensgefahr oder vor Naturkatastrophen evakuiert. In Brüx wurden sie aus der Sicherheit ihrer vier Wände ins Nichts gebracht. Miroslav beobachtete, wie das, was man Evakuierung nannte, praktiziert wurde.

„Wo kommen die Leute hin?", fragte er einen Arbeitskollegen tastend und vorsichtig.

„Ja, wer weiß", erwiderte der Arbeiter. „Hauptsache, es läuft jetzt glatt. Immer am Vortag erhalten sie den Evakuierungsbescheid."

„Am Vortag erst?"

„Sonst würde Panik ausbrechen", erklärte er geduldig. „Die Panik muss man auf jeden Fall vermeiden. Und das tut man auch. Es wird jetzt wirklich gut organisiert."

„Und die Leute dürfen gar nichts mitnehmen?", informierte sich Miroslav, obwohl er es doch aus eigener Anschauung wusste.

„Meinst du die Deutschen? Die können froh sein, wenn wir ihnen die dicken Koffer mit ihren hundert Sachen bewilligen. Die haben uns in den Konzentrationslagern gar nichts gelassen."

„Warst du im KZ?", fragte Miroslav.

„Ich nicht ... Aber ..."

„Man erzählt sich, unter den Evakuierten sei einer gewesen, der saß im Rollstuhl, der Möbelfabrikant Kohlef. Nach einem Schlaganfall und achtzigjährig", prüfte Miroslav die Gesinnung des anderen.

„Siehst du, ein Fabrikant. Die Gerechtigkeit hat gesiegt. Ich sag' dir was, ich bin stolz auf unsere Armee. Die Jungs tun sehr ordentlich gerade das, wovon wir den ganzen Krieg über geträumt haben. Die Deutschen raus! Verstehst du - es gehört alles uns. Die tschechischen Bergfamilien kriegen vier oder sechs Zimmer, direkt Herrschaftswohnungen, wo sich früher die Deutschen breit gemacht haben. Und du, hast du schon 'ne Wohnung zugeteilt bekommen? Du hast ein Anrecht darauf."

„Ja, nur …"
„Was nur?"
„Ich ziehe wieder aus."
„Wieso das?"
„Ich kann es dort nicht aushalten."
„Wann ziehst du aus?", fragte der Arbeiter schnell.
„Sobald ich im Ledigenheim einen Platz kriege", sagte Miroslav. „Ich hab' eben den Antrag gestellt."
„Also, lass mich wissen, wenn es so weit ist," bekräftigte der Erfahrene. Kopfschüttelnd wandte er sich seiner Werkbank zu. „Du hast sie nicht alle, Mann! Er kann es dort nicht aushalten. Ein Bekannter von mir sucht was", fügte er als Ausrede hinzu. „Heute muss man schnell handeln."

London, Juli 1945

Der junge Diplomat saß über mehreren dicht beschriebenen Schriftseiten, die er gerade von seinen Vorgesetzten bekommen hatte, und grübelte, wie er die empfindliche Aufgabe anpacken sollte. Prag hat eine diplomatische Note an die Briten geschickt und jetzt soll er wie ein Handelsvertreter im Außendienst dafür werben, was drin stand.
Wieso kommt der Kraftmensch Clementis - so sehr er den Vizeminister schätzte - nicht persönlich und versucht nicht selbst, den gewissenhaften Engländern seine Gründe darzulegen, ihnen weiszumachen, warum man ihnen noch größere Probleme in ihrer Zone Deutschlands schaffen will, als sie ohnehin schon haben? Die Tschechoslowaken spinnen und die britischen Soldaten und Offiziere sollen es ausbaden? Das klappt nicht so einfach.
Letzlich fand er einige Anhaltspunkte, die als Argumente herhalten dürften, nahm seinen Schirm und seine Melone und brach auf.
Im Vorzimmer meldete er der Sekretärin: „Ich fahre zu Mr. Laski."
„Wie üblich", sagte sie mit einem Lächeln.
„Es wird kein Honiglecken sein", bemerkte er skeptisch.
„Bitte?", fragte sie.

„Das war nur ein Selbstgespräch. Wann ich zurück bin, weiß ich nicht - und Sie wissen es auch nicht, falls jemand mich sucht."
„Dann wünsch' ich noch einen schönen Tag."
„Es wird regnen", erwiderte er trocken und verließ die Botschaft.

Mr. Laski war nicht wirklich alt, etwas über fünfzig, dafür aber kränkelte er und amtierte zu Hause. Seine Wohnung war voller Bücher, die bis zur Decke gestapelt waren. Er thronte in einem Sessel mittendrin. Auf einer Schreibplatte notierte er sich alles, was mit anderen Personen besprochen wurde.
„Ich freue mich über jeden Ihrer Besuche, Mr. Fischl", sagte er herzlich. „Sie müssen sich nicht entschuldigen. Sie nicht." Er lächelte und zeigte auf einen Stuhl gegenüber: „Nehmen Sie bitte Platz."
„Mein Anliegen ist nicht einfach."
„Erzählen Sie. Was soll ich Mr. Attlee wieder ins Ohr flüstern?"
„Gerade erhielt ich aus Prag die Kopie einer diplomatischen Note, die Herrn Prime Minister bereits vorliegen dürfte. Die tschechoslowakische Regierung bittet die Regierung Seiner Majestät um die Ermöglichung des Abschubs unserer Deutschen in die britische Besatzungszone."
„Sind die Deutschen denn nicht bereits fort?"
„Die Wehrmacht jawohl, Mr. Laski. Wir meinen die deutsche Minderheit in der Tschechoslowakei."
„Was ist mir ihr?", spielte er den Unwissenden.
„Wir ersuchen die Alliierten, in ihre Besatzungszonen Deutschlands und Österreichs zwei bis zweieinhalb Millionen Deutsche von uns hereinzulassen."
„Was für Leute sind das?"
„Es sind Sudetendeutsche. Sie haben unseren Staat verraten, das Münchener Diktat verursacht und herbeigeführt. Mr. Attlee sind alle Einzelheiten bekannt."
„Das Münchener Abkommen ist, so scheint mir, erledigt. Nicht wahr? Ihr habt doch eure Gebiete zurückerhalten. Darauf bestand Mr. Beneš und die Regierung Seiner Majestät kam ihm ent-

gegen, auch andere Alliierte, glaube ich. Der Status quo ist wieder hergestellt, wie die Juristen so sagen, also kann man die Sache als erledigt betrachten."
„Meine Regierung besteht auf dem Transfer der Bewohner aus unseren Grenzgebieten ."
„Sie meinen doch nicht der Zivilbewohner?"
„Die meinen wir."
„Sie meinen doch nicht den Transfer von altansässigen Leuten, von Familien von Alt und Jung, von Männern, Frauen und Kindern? Solche Leute haben doch kein Abkommen verursacht!"
Harold Laski richtete sich im Sessel auf und maß seinen Besucher mit einem strengen Blick. „Mr. Fischl, Sie sind nicht nur ein Diplomat, Sie sind auch ein Poet. Sie haben doch genug Vorstellungskraft, um sich auszumalen, was solche Maßnahmen, wie Sie sie verlangen, für eine Masse von Menschen bedeuten würde?"
Fischl räusperte sich und sagte steif: „Es sind die Instruktionen, die ich aus Prag erhielt."
„Reden Sie also", sagte Laski und lehnte sich zurück.

„**M**eine Regierung bittet Mr. Attlee, bei der Konferenz der Drei in Potsdam unsere Forderung des Transfers zu unterstützen. Sie, Mr. Laski, als den Chef der Labour Party, bitte ich, es Herrn Prime Minister zu empfehlen."
„Ich bedauere sehr, aber da muss ich absagen."
„Die Deutschen stiften Unruhe in unserem Land, wie man mir schreibt, verüben Sabotage, Gewaltakte ..."
„Ich besitze entgegengesetzte Informationen", sagte der kranke Mann leise. „Es werden Gewalttaten an deutschen Bewohnern durch Tschechen verübt. Ich muss leider feststellen, dass die Tschechen damit viel Sympathie verspielen, die ihnen unsererseits bisher entgegengebracht wurde. Was meinen Sie dazu?"
„Ich gestehe, ich kenne die Begebenheiten aus eigener Erfahrung nicht", sagte Fischl, obwohl er in etwa wusste, was geschah. „Ich lebe in London, nicht dort."
„Aha. Und was sagt Ihr Gewissen eines Poeten dazu, dass unschuldige Menschen aus ihren Häusern und Wohnungen gejagt

wurden und auch weiterhin gejagt werden sollen? Erzählen Sie mir bitte nicht, dass solch eine Vorstellung Sie nicht erschüttert. Gerade als Jude, nachdem Ihr Volk so viel Unrecht erlitten hat, müssten Sie doch eine Antenne dafür haben. Oder haben Sie sie nicht?"

„Das ist wohl eine vollkommen andere Geschichte", sagte der Besucher mit Empörung.

„Meinen Sie wirklich? Mr. Fischl, als Topdiplomat und sehr fähiger Diplomat eines demokratischen Staates – Sie sind doch Erster Sekretär der Botschaft, wenn ich mich nicht irre -, tragen Sie auch Mitverantwortung dafür, was Ihre Regierung so unternimmt und treibt."

„Soweit ich unterrichtet bin", versuchte der Gesandte die Lage zu retten, „plant man den Transfer menschlich und anständig durchzuführen, mit Entschädigungen für die Betroffenen."

„Für welche von ihnen? Werden vielleicht Gerichtsverfahren anberaumt? Ich weiß von keinem." Mr. Laski schüttelte den Kopf und erzählte, was ihn als Bürger und Politiker aufgeregt hat: „Aber ich weiß von unzähligen Menschen, die wie Bettler im Westen ankommen, da sie mit einem Rucksack oder mit leeren Händen aus ihren Häusern und Höfen hinausgeworfen wurden. Diese Menschen berichten - sie erzählen nicht, sondern berichten sachlich! - über die Erschlagenen und Erschossenen, die an den Straßenrändern liegen gelassen, nicht einmal christlich begraben wurden."

„Das kann ich nicht bestätigen."

„Aber ich. Sie sagen, Sie leben dort nicht. Nun, diejenigen, die dort leben oder kürzlich noch gelebt haben, die haben's gesehen und ihre Berichte sind so stichhaltig, dass ich ihnen Glauben schenken muss."

„Mr. Laski, meine Regierung ..."

„**M**eine Regierung ...!", wiederholte er sarkastisch. „Ihre Regierung, lieber Mr. Fischl, schickt Ihren eigenen Vorgesetzten, den Außenminister Mr. Jan Masaryk, nach San Francisco. Dort beteiligt er sich im Namen seines Landes an der Verfassung

einer neuen Charta der Vereinigten Nationen. Ein würdiges Leben für alle Menschen auf dieser Erde soll die Charta garantieren. Und was tut dieselbe Regierung zu Hause? Sie entfesselt Terror und bringt Entwürdigung über völlig unschuldige Menschen!"
Laski holte tief Atem, es fiel ihm noch etwas ein: „Ihrem Staatspräsidenten Dr. Edvard Beneš ist doch das internationale Recht bestens bekannt! Bei dem alten Völkerbund in Genf zwischen den Weltkriegen ging er doch ein und aus, leitete dieses und jenes Gremium. Dr. Beneš weiß exakt, was Minderheitenrechte sind, die er jetzt mit Füßen tritt. Ihm sind Begriffe wie 'Menschenrechte' oder 'Humanität' so geläufig wie Ihnen, verzeihen Sie, Ihr Rasierwasser oder Frühstückskaffee. Auf der diplomatischen Bühne handelt er mit Worten wie 'Anstand' und 'Menschlichkeit', doch in der Tat zerquetscht er sie mit der eigenen Hand, die alle diese 'Dekrete' unterschreibt und erlässt."
Der kränkliche Gastgeber konnte es nicht fassen: „Hat Dr. Beneš denn alle seine Ideale weggeworfen? Was meinen Sie? Hat er alle Verpflichtungen vergessen, die ein Staat gegen seine Bürger einhalten muss?"
„Man vertritt die Auffassung", wandte der Erste Sekretär der tschechoslowakischen Botschaft ein, „dass die Sudetendeutschen keine Staatsbürger mehr sind. Sie haben das Land verraten."
„Es gab kein Referendum, das es beweisen würde", sagte Laski. „Und selbst wenn ... Die Tschechoslowakei wünschte die nach dem Münchener Abkommen abgetrennten Gebiete zurück. Sie hat sie erhalten. Sie übernimmt also volle Verantwortung auch für die altansässigen Bewohner derselben Gebiete. Das ist juristisch eindeutig. Das Land ja - die Menschen nein, das stößt bei mir auf kein Verständnis. Gerade als Sozialist muss ich solcher Einstellung energisch widersprechen."
„Im November vorigen Jahres bereits hat Dr. Hubert Ripka im Namen der Exilregierung die Bitte um Bewilligung des Transfers an die Regierung Seiner Majestät gerichtet", versuchte der Tscheche es noch einmal in amtlicher Sprache.
„Und das Foreign Office ließ es unbeantwortet liegen. Ich ken-

ne den Wisch", sagte Mr. Laski mit Verachtung. „Denken Sie bitte nicht, die britische Öffentlichkeit würde eine Umsiedlung oder Aussiedlung - egal, wie Sie es bezeichnen - von so vielen Menschen einfach hinnehmen. Deshalb hat man diesen Krieg nicht geführt."
„Trotzdem bitte ich Sie", konnte der Besucher es nicht lassen, „Herrn Prime Minister Attlee zu empfehlen ..."
„Es tut mir außerordentlich leid, Mr. Fischl. Bei allen immer noch verbliebenen Sympathien für die Tschechoslowakei kann ich Ihrer Bitte nicht entsprechen."
„Ist das die offizielle Antwort für meine Regierung?"
„Was Mr. Attlee tut, kann ich ihm nicht vorschreiben. Doch, meine Antwort für Sie hier und heute bleibt negativ." Harold Laski schaute seinen Besucher ernsthaft und konzentriert an, als wollte er ihn von einer wichtigen Wahrheit überzeugen. „Ich weiß alles über die deutschen Bestialitäten der gerade vergangenen Jahre. Aber eines darf niemals vergessen werden: Selbst Unmenschlichkeiten dürfen wir nicht auf eine unmenschliche Weise beantworten."
Der tschechische Diplomat, der in wenigen Jahren zu einem der führenden Diplomaten des Staates Israel werden sollte, verabschiedete sich schweren Herzens. Er verstand nicht ganz, warum der Besuch so schief gegangen war. War es, weil er an manchem, was mit dem Transfer verbunden war, selbst zweifelte? Solch ein Mist. Es war das erfolgloseste Gespräch, das er mit Mr. Laski jemals geführt hatte!

22. Detonation

Wie man eine Säuberung angeht – Menschen in Aussig geprügelt, getötet, in die Elbe geworfen – Kann man sich gegen Genozid wehren? Ein wenig doch.

Prag, Anfang August 1945
Werwölfe in Aussig!, schlugen viele Prager Zeitungen Alarm. Es war eine Anspielung auf vermeintliche deutsche Gruppen oder Einzelpersonen, die sich nach Kriegsende, bis auf die Zähne bewaffnet, in Wäldern tummeln und Menschen aus dem Hinterhalt attackieren sollten. Faktisch hat niemand die *Werwölfe* gesehen.
Bewaffneter deutscher Untergrund im Land! Das jagte den Lesern Angst ein.
Dreister Sabotageakt im Munitionsdepot!
Schickt sie doch endlich 'Heim ins Reich'!, zitierte ein Tagesblatt den Slogan der ehemaligen Henlein-Partei von 1938. *Haben uns die Deutschen nicht lange genug gequält?*
Wieder wollen sie uns die Republik zerschlagen, schrieb ein Kommentator mit ähnlichem Bezug. *Wir lassen es nicht zu!*
Ústí nad Labem durch Nazis bedroht! So hieß Aussig auf Tschechisch. Den Bewohnern von Prag wurde der Eindruck von höchster Bedrohung suggeriert. Sie wussten weder ob die Lage wirklich ernst war noch was in Aussig tatsächlich geschah.

Aussig, Juli 1945
Drei Tage vor den Ereignissen in Aussig hatte sich knapp dreißig Kilometer südlich, im Pulvermagazin Nummer eins in Theresienstadt eine Explosion ereignet.
„Das ist interessant“, sagte der Militärkommandant von Aussig. „Hat es denn Tote gegeben?“, fragte er den Telegrafisten, der ihm die Nachricht übermittelt hatte.

„Man schätzt vier oder fünf, Herr Kommandant."
„Nicht viel."
„Angeblich war es ein reiner Betriebsunfall."
„Schade. So etwas sollte man politisch nutzen!"
„Für was?", wunderte sich der Telegrafist.
„Für die Evakuierung, als deutsche Sabotage. Dann folgt die Bestrafung mit einer Säuberungsaktion."
„Meinen Sie hier in Aussig? Die Sache von Theresienstadt wird streng geheim gehalten."
„Damit verliert sie an Dramatik, nicht wahr?" Vor Langeweile streckte der Kommandant Arme und Beine. „Immerhin, wo war's denn ..., in Chotyně bei Hrádek nad Nisou - in Ketten bei Grottau - führte solch ein Ereignis zu sofortiger Aussiedlung! Das hab' ich mir gemerkt."
„Ketten bei Reichenberg?"
„Exakt. In den Armeekreisen sprach man viel davon."
„Was war dort?"
„In einem Fabrikobjekt der deutschen Firma Körber", erzählte der Kommandant genüsslich, „lud man Munition auf die LKWs. Es machte Pufff! und sieben unserer Soldaten waren dahin!"
„Deutsche auch?"
„Auch sieben. Und drei Schwerverletzte. Das geschah am neunten Juli. Eine Woche später wurde praktisch die gesamte deutsche Bevölkerung über die Grenze abgeschoben. Vorerst jedoch ...", er lachte vor Vergnügen, „mussten sie ein Strafgeld von hunderttausend Reichsmark auf den Tisch legen. Gut, nicht wahr?"
„Strafgeld, weshalb?"
„Um die Leiche des deutschen Pyrotechnikers Namens Neuhäuser fand man nämlich eine Zündschnur gewickelt. Ein Selbstmordattentäter. Klarer Fall."
„Ganz sicher?"
„Na ja, der verletzte tschechische Korporal, ein Bělka, schloss nicht aus, dass das Unglück auch durch unvorsichtiges Aufladen von Sprengkapseln verursacht worden sein konnte."
„Und die Zündschnur?"
„Konnte wohl arrangiert werden. Wer weiß. Als Argument war

es aber perfekt. Der Neuhäuser jedenfalls - oder wie der Tot hieß - konnte dagegen nicht mehr aussagen. Es hat funktioniert."
„Sie meinen ..."
„Ich meine, in dieser unserer Scheißstadt Aussig", klagte der erfolglose Militärkommandant, „komme ich nicht vom Fleck. Die Scheißdeutschen mimen loyale Bürger, laufen zwischen zu Hause und Arbeit fleißig wie Bienen hin und her, leise wie ein Furz. Mit solchem Material kann ich keine Säuberungsaktion ankurbeln."
„Unsere Soldaten geben auch nicht viel her", beschwerte sich der ältere Telegrafist. „Grünschnäbel sind's, gerade erst eingerückt."
„Und wie wär's, wenn ich die Svoboda-Garde anfordere, - als Verstärkung", überlegte der Kommandant. „Das sind Frontsoldaten, harte Jungs, die würden keinen Deutschen verhätscheln."
„Das ist eine gute Idee", lobte der Melder.
„Wie Sie gerade sagen, das ist die Lösung. Die Svoboda-Burschen lungern in Nordböhmen herum, ohne eine richtige Beschäftigung. Ihre Befehlshaber dürften ein offenes Ohr für meinen Vorschlag haben. Denn, merken Sie sich das, nichts ist schlechter als ein faul gewordener Soldat."
„Nun ja, eine Säuberung sollte nicht wie eine pure Armeeaktion aussehen", erinnerte sich der Mann von Telegraf und Telefon. „Das sagte man neulich bei der politischen Schulung. Allzu offensichtliche Militäreingriffe würden den Leitsatz entkräften, dass die Tschechen geschlossen, als ganze Nation, die Deutschen aus dem Land vertreiben", zitierte er.
Der Kommandant schaute sich den Untergebenen scharf an. „Sie werden noch Karriere machen." Mit lauten Schritten durchquerte er die Amtsstube. „Wie man sieht, verlangt man auch ein Stück Diplomatie von uns. Was schlagen Sie vor?"
„Ich? Wieso?" Nach einer Weile sagte er: „Und wenn wir auch einige Dutzend Männer in Zivil kommen lassen ...?"
„Den hier ansässigen Tschechen trauen Sie nicht viel zu - oder?", bemerkte der Kommandant ironisch.
„Wissen Sie, das ist so 'ne psychologische Frage. Das führte man bei der Schulung auch an. Für einen Nachbarn ist es peinlich,

den anderen Nachbarn über den Kopf zu hauen. Vielleicht möchte er es schon tun, fürchtet sich aber. Was wäre, wenn die Lage mal umschlägt? Also handelt er übervorsichtig."
„Fremde Zivilpersonen sollen also die Bevölkerung darstellen!", lachte der Kommandant. „Wie auf der Bühne! Dann dürften sie aber keine Waffen haben! Ein Problem ..."
„Herr Kommandant, es liegt so viel Zeug hier überall herum, Stangen und Latten - in den Kratern zerbombter Häuser."
„Sie denken aber an alles. Richtig!", lachte er kurz.
Der Telegrafist fühlte sich ermutigt, wie er vom Vorgesetzten ins Vertrauen gezogen wurde. Ein Sprungbrett vielleicht ...
„Es war ein nützliches Gespräch mit Ihnen." Der Kommandant überlegte einen Augenblick. „In zwanzig Minuten bin ich bei Ihnen. Ich werde viel telefonieren. Wünsche keine weitere Personen im Raum."
„Jawohl, Herr Kommandant."
„Die Generalstäbler in Prag sollen merken, wie die Beschleunigung des Abschubs, die sie so dringend fordern, hier in Aussig – realisiert wird!"
Auch dem Kommandanten ging's um die Karriere. Mit dem Krieg hat man zu viele Jahre verloren. Er dachte nicht daran, in einem Loch wie Aussig zu vermodern.

Aussig, Ende Juli 1945

Ein fürchterlicher Schlag erschütterte die Wohnung. Alois Ullmann zuckte zusammen. Da muss ein Schrank umgefallen sein! Er lief in den Nebenraum. Doch die Möbel standen ordentlich da wie immer. Was war es dann? Er kletterte aufs Hausdach. Hinter dem Marienberg bemerkte er einen Rauchpilz aufsteigen. Es folgten weitere, kleinere Explosionen. Das ist doch in Schönpriesen, fiel ihm ein. Im Depot neben der Zuckerfabrik sollten zwei Millionen Stück Munition gelagert sein, Panzerfäuste, Artilleriegranaten, alles durcheinander. Nach Kriegsende waren Waffen und Sprengmaterial in rauhen Mengen an tausend Stellen zu finden. Die deutschen Häftlinge vom Internierungslager Lerchenfeld waren beim Sortieren der Stücke in Schönpriesen be-

schäftigt. Unter ihnen waren auch ein paar prominente Nazis. Das war Ullamnn ganz recht, dass diese Elemente hinter Gittern waren. Aber die anderen, fragte er sich oft. Warum wurden die anderen unschuldigen oder harmlosen gefangen gehalten?
Er beobachtete, wie der Rauchpilz in die Höhe wuchs. Mein Gott, wenn das ganze Depot in die Luft fliegt, dann müssen auch wir uns vor einer Druckwelle hüten!
Was jetzt?! Noch einmal in die Stadt? Dort war er schon am Vormittag. Die Atmosphäre war gespannt. Die berüchtigten Svoboda-Soldaten, er erkannte sie an ihren Uniformen, jagten die Deutschen mit den weißen Armbinden von den Gehsteigen oder sie warfen sie sogar hinunter. Nach dem Willen der neuen tschechischen Herren durften die Deutschen keine öffentlichen Transportmittel, auch keine Gehsteige benutzen. So schlimm ist es in Aussig bisher noch nie gewesen!
Ullmann hatte die schändliche Armbinde mit dem „N“ darauf zu Hause gelassen. Das war sein Glück, aber auch ein beträchtliches Risiko. Er wagte es nur, weil er als Antifaschist und politischer Häftling Hitlers ortsbekannt war.
„Was ist denn los?“, fragte er einen guten tschechischen Bekannten, der ihn ganz sicher nicht verpetzen würde.
„Lauf lieber heim! In der Nacht ist die Svoboda-Garde eingetroffen!“, erwiderte der Tscheche. „Versteck' dich vor denen!“
Dem guten Rat zum Trotz ging er zuerst zum Bahnhof. Offensichtlich würden jetzt harte Zeiten über die hiesigen Deutschen kommen, also auch über ihn. Das war nach den Ereignissen in anderen Bezirken des Sudetenlandes klar. Deshalb wollte er jetzt für sich und seine Freunde, auch für die, die im Exil auf Informationen und Berichte warteten, für Ernst Paul oder Wenzel Jaksch in London, so viel wie nur möglich erkunden. Die konnten alles an die ausländische Presse weitergeben …

Es war kurz nach zehn Uhr morgens. Ein Zug aus Prag fuhr ein. Ullmann zündete sich eine Zigarette an und tat, als würde er den ausgehängten, sowieso obsoleten Fahrplan studieren. Aus einem Augenwinkel beobachtete er die Personen, die

aus dem Zug stiegen. Seine Befürchtungen verstärkten sich, als er grob wirkende Männer an sich vorbeilatschen sah. Keiner kam ihm auch nur annähernd bekannt vor. Als ehemaliges Vorstandsmitglied der Sozialdemokratischen Partei und Geschäftsführer des Arbeiter-Sportverbands kannte er so ziemlich jeden in der Stadt. Zweifelhaft aussehende Kerle, es waren ihrer nicht zehn, nicht hundert, sondern mindestens dreimal hundert. Sie strömten aus dem Bahnhofsgebäude hinaus. Achtzehn Jahre konnten die jüngsten, dreißig die ältesten unter ihnen sein. Insgesamt erweckten sie den Eindruck, als wäre eine Strafanstalt entleert worden, dachte Ullmann ironisch, aber es wurde ihm bange. Er fragte sich, was sie im Schilde führen mochten.
Das geschah vormittags. Jetzt um halb vier am Nachmittag beobachtete er die Rauchwolke hinter dem Berg emporsteigen, hörte Detonationen und konnte sich des Gefühls nicht erwehren, an die Stadt rücke etwas Böses heran.

Im Büro des Okresní národní výbor - der neuen Verwaltung des Bezirks Aussig - waren einige Amtspersonen versammelt. Unter ihnen der tschechische Militärkommandant. Nachdem die erste gewaltige Explosion den Boden unter den Füßen erschüttert hatte, zeigte sich der Kommandant wenig überrascht. Ohne zu zögern, verließ er die Kanzlei mit den Worten: „Jetzt machen wir Revolution gegen die Deutschen!“ An mehreren Stellen der Stadt begann die Schlachterei.

Ein Mann radelte an der Zuckerfabrik von Schönpriesen vorbei. Als entlassener deutscher Häftling aus einem nazistischem Konzentrationslager war er drei Wochen zuvor erst nach Hause gekommen. Er war ziemlich verbittert darüber, wie man ihn jetzt behandelte.
Gleich 1938, nach dem Anschluss des Sudetenlandes an das Dritte Reich, wurde er als deutscher Kommunist verhaftet. In den folgenden Jahren schleppte ihn die Gestapo über Theresienstadt durch Sachsenhausen bis Ravensbrück. Jetzt war er wieder daheim und war es doch nicht. Ohrenbetäubende Explosionen hat-

ten Herbert Schernstein vor einer Weile aufgeschreckt. Er radelte in die Nähe des Geschehens, um zu sehen, was los war. Nimmt das Elend immer noch kein Ende? Im Krieg, das wusste er, hatte man an die Zuckerfabrik die chemische Produktion angeschlossen. Jetzt lagerten an der Stelle Unmengen von Granaten. War es das, was hoch ging? Er hatte den Gedanken noch nicht zu Ende gedacht, als sich vor seinen Augen ein unwirkliches Schauspiel entfaltete. Aus den Häuserblocks um die Fabrik liefen Menschen heraus, die man offensichtlich aus ihren Wohnungen getrieben hatte. Soldaten der Svoboda-Garde jagten sie massenweise fort. Wohin? Was haben sie getan?
„Deutsche Saboteure!", hörte er die Soldaten rufen. „Jetzt müssen sie schwimmen gehen!" Die Gardisten schlugen auf die Menschen brutal ein. Mit Entsetzen beobachtete Schernstein, wie die Ausgetriebenen gegen das Elbeufer gehetzt wurden.

Die Sanitätsschwester Therese Mager hörte Detonationen, während sie durch die Schönpriesener Straße nach Aussig ging.
„Laufen Sie, laufen Sie nach Haus!", rief jemand. „Die Tschechen machen ein Pogrom gegen Deutsche!"
„Aus welchem Grund?", fragte sie zweifelnd.
„Die Deutschen hätten das Munitionsdepot in die Luft gejagt, behaupten die Tschechen." Der Mann war außer Atem. „Laufen Sie so schnell Sie können!"
Mit ihrer Rotkreuzbinde am Ärmel fühlte sich Therese geschützt. „Ich kann nicht einfach fortlaufen", erwiderte sie.
„Die Tschechen stürmen durch alle Straßen", warnte er. „Sie schlagen die Deutschen nieder und schießen auf sie, wenn sie versuchen zu fliehen. Sie werfen die Deutschen in den Fluß!"
Er rannte fort.
Therese eilte zum Elbeufer. Eine hohe Stahlbrücke überspannte majestätisch das breite Flussbett und verband den Stadtkern mit dem Industriegebiet Aussig-Schreckenstein. Für viele hunderte Menschen, die da täglich zur Arbeit und wieder nach Hause gingen, konnte die Brücke zum Nadelöhr werden. Gerade jetzt

kehrten die deutschen Arbeiter aus den Schicht-Werken und zahlreichen anderen Betrieben in die Stadt zurück. Therese erblickte schon den weiten Stahlbogen über dem Fluss und blieb wie versteinert stehen. Da starrte sie auf Szenen, die sie zuerst für eine Sinnestäuschung hielt. Das darf nicht wahr sein, dachte sie. Lebende Gestalten flogen übers Brückengelände und landeten tief unten im Strom. Sie sah eine männliche Gestalt, wie sie während eines unerträglich langen Falls mit den Armen ruderte, als möchte sie sich irgendwo festhalten. Es gab keinen Halt. Gut zwanzig Meter tiefer prallte sie auf die Wasserfläche und verschwand. Einige Hinuntergeworfene tauchten wieder auf. Wie leblose Puppen wurden sie von der Strömung weggetragen.
„Die Tschechen werfen Frauen und Kinder in die Fluten!", schrillte jemand.
Schon bemerkte sie auch weibliche Silhoutten im freien Fall. Vergeblich rangen sie um ihr Leben. Ein Kinderwagen wurde von der Brücke geschmettert. Er überschlug sich in der Luft und ein Baby kippte heraus, verfing sich jedoch im Riemenzeug. Vor aller Augen prallte es in den Tod. „Gott bestrafe die Verbrecher!"
Erschüttert beobachteteTherese die Täter, die Tschechen mit den roten Armbinden, meistens schwarz uniformiert. Sie erkannte sie. Es waren die neuen Angehörigen der SNB, wie sie sich bezeichneten, von den berüchtigten Bereitschaftsregimentern des sogenannten Verbands für Nationale Sicherheit. Ein Hohn und Widerspruch in sich.

Auf der Ferdinandshöhe hatten die tschechischen Kommandos ihre Maschinengewehr-Nester eingegraben. Von dort aus beschossen sie die Menschen, die im Strom trieben und vielleicht noch am Leben waren. Herbert Schernstein betrachtete entsetzt, wie die aus ihren Wohnungen ausgetriebenen Menschen durch die Svoboda-Soldaten in den Elbestrom gedrängt wurden. In seiner Sichtweite versanken Frauen und Kinder in den Wellen. Tauchte noch jemand auf, wurde er von den Maschinengewehren angepeilt, bis er getroffen wurde.

Das Wasser verfärbte sich blutig und der Körper verschwand für immer.

Nach dem Arbeitsschluss wurden die Beschäftigten der Firma Georg Schicht AG in Schreckenstein an ihrem Fabriktor gründlich nach Waffen durchsucht. Das wiederholte sich vor dem Aufgang zur Elbebrücke. Wer einmal auf der Brücke war, um den war es geschehen. Er durfte nicht mehr zurück. Schläge regneten von allen Seiten.

Max Becher spürte schon schwere Kopfverletzungen. Da wurde vor seinen Augen dem siebenundsechzigjährigen Obermeister, seinem Begleiter, der Kopf eingeschlagen.

Später erfuhr Becher, dass die Leiche des Kollegen in die Elbe geworfen, zehn Kilometer stromabwärts ans Ufer geschwemmt und dort gefunden wurde.

So schnell er konnte, taumelte Becher zum Aussiger Ende der Brücke. Da wurden die Ankommenden von hunderten von Tschechen mit Knüppeln und Eisenstangen empfangen. Einer von ihnen schrie ihm zu:

„Trag das in die Grube rüber!" Es handelte sich um keine Sache. Am Gehsteig lag ein Toter mit zertrümmertem Schädel.

„Wenn du zurückkommst, bist du an der Reihe!", gellte die Stimme weiter. „Wisch das Blut auf! Womit? Zieh deinen Rock aus!" Während der gruseligen Arbeit bekam er mehr Schläge. Fieberhaft dachte er nach, soweit er noch klar denken konnte, was er als Nächstes tun sollte. Nichts wie weg ...! Zurück geh' ich nie! Ein Tscheche verfolgte ihn bis in eine Nebengasse. Mit einem dicken, schweren Knüppel schlug er auf Becher ein. Erst als er meinte, der Deutsche sei schon tot, ließ er von ihm ab. Allmählich und nach einer Zeit, die er nicht abschätzen konnte, kam er wieder zu Bewußtsein. Zwei Männer bückten sich über sein Gesicht. „Mensch, er lebt", sagte einer auf Tschechisch. Vor Schrecken zuckte er zusammen.

„Keine Angst!", tröstete der andere ihn in gleicher Sprache. „Wir bringen Sie hier weg."

Vorsichtig nahmen sie Max Becher unter die Arme. Sie trugen ihn mehr, als dass sie ihn führten, die schmale Straße entlang.

„Diese Schweine von der schäbigen Soldateska“, klagte einer. „Sie kommen an und machen Terror bei uns. Wir, die hier wohnen, wollten das nicht, glauben Sie uns das bitte. Wie heißen Sie denn?“
„Becher, Max Becher“, flüsterte er fast.
„Gut, Herr Becher, wir klingeln einfach bei irgendeiner deutschen Familie. Gleich hier, die werden Ihnen weiterhelfen.“

Von der Brücke bis zum Bahnhof stand ein Spalier von Tschechen, die zum Angriff bereit waren. Otto Zeidler sah die Formation vor sich und zitterte. Als Diplomingenieur arbeitete er in einer Fabrik am anderen Elbeufer. Es gab für ihn keinen anderen Heimweg. Die Männer müssen Angereiste sein, ging ihm durch den Kopf. Die Gesichter kenne ich nicht. Sämtliche sind mit Knüppeln, Eisenstangen und sonst herbeigeschafftem Werkzeug bewaffnet. So gehen sie gegen die Heimkehrenden vor. Jemand stieß ihn nach vorn und schon war er mittendrin. Hiebe trafen ihn auf den Kopf, den Rücken und die Arme. Im Mund schmeckte er gleich Blut. Er rannte und rannte, ohne richtig den Weg zu sehen. Seine Brille blieb irgendwo zertrampelt liegen. Ein Wunder, dass er aus dem Spießrutenlaufen herauskam! Nur schnell nach Hause!

Seine Frau Anni war in der Küche beschäftigt, als sie die furchtbare Explosion gehört hatte. Was war’s? Sollte sie die Familie fragen, bei der die Zeidlers jetzt wohnten? Er war ein deutscher Beamter, aber die Ehefrau eine Tschechin.
Da stand die tschechische Frau in der Küchentür, sehr aufgeregt: „Frau Zeidler! Gehen Sie ja nicht raus!“
„Ist etwas?“, fragte Anni.
„Etwas ganz Schlimmes ist im Gange! Bleiben Sie nur im Haus!“
„Mein Mann!“, hauchte Anni.
„Warten Sie hier auf ihn!“, riet die Frau. „Bitte nicht rausgehen!“

Endlich erschien er, den Mantel mit Blut vollgesogen. Drei Platzwunden klafften an seinem Kopf. „Wie siehst du denn aus“, rief Anni entsetzt auf. „Woher …?“

„Eh … Gummiknüppel …". Als er den Mund aufmachte, sah sie, dass ihm Zähne ausgeschlagen worden waren. Sie sprang zu ihm. „Nicht berühren", fasste er sich schützend an seinen Arm. „Total zerbrochen …"
An die Wohnungstür angelehnt, sank er langsam nieder: „… dass ich euch noch einmal wiedersehe …!"
„Ich hole Dr. Schramek!", bot die Vermieterin mitleidig an. „Der bringt ihn wieder auf die Beine. Bleiben Sie bei ihm, Anni!"

Therese lief über die Töpfergasse zum Schulplatz. Im Ordinationszimmer ihrer Chefin warteten schon vier Verwundete. Gerade zog die Ärztin einen weiteren Schwerverwundeten von der Straße herein.
„Das is doch Herr Josef Horn!", hauchte ein Wartender.
„Sie kennen ihn?", prüfte die Ärztin, dankbar, dass jemand ihn identifizieren konnte. „Wo ist er wohnhaft?"
„Hier, in Aussig, so wie wir. Genau weiß ich es nicht."
„Wie alt?"
„Siebzig oder so herum." Zum Nachbarn bemerkte er mit einem Schaudern: „Man hat ihm den Hals durchgeschnitten!"
„Wir müssen ihn zum Krankenhaus bringen", entschied die Ärztin, nachdem sie ihn verbunden hatte. „Sie helfen mir, Therese."

Am Empfangschalter des Krankenhauses wies man sie ab. „Ich bitte Sie eindringlich!", redete die Ärztin dem Wärter zu. „In meiner Praxis konnte ich den alten Herrn nur notdürftig behandeln. Die weite Schnittwunde am Hals erfodert Spezialisten, Instrumente."
„Ich weiß nicht …"
„Rufen Sie den Rettungsarzt. Ich bitte Sie flehentlich. Sie wollen doch kein Menschenleben auf dem Gewissen haben?"
„Also, warten Sie mal."
Schließlich wurde der Alte aufgenommen. Auf dem Weg zurück zur Ordination hörten sie Schreie und Weinen aus allen Ecken und Straßen.
„Etwas verstehe ich nicht", sagte die Ärztin empört, „nämlich,

dass gegen den Massenmord weder eine tschechische Behörde noch die russische Besatzungsmacht einschreitet."
„Die Soldaten schießen noch auf die Menschen im Wasser", schilderte Therese, „und auf die, die aus der Elbe herausschwimmen. Ich hab's selber gesehen." Ihre Stimme brach, sie weinte im Gehen. Die Ärztin legte ihr den Arm um die Schultern:
„Wir sollten lieber schneller laufen. Die Verletzten brauchen uns."

Um den Marktplatz und den Bahnhof herum waren die wildesten Gruppen am Werk. Mit Zaunlatten, Brechstangen, Schaufelstielen schlugen sie wahllos und heftig auf deutschsprechende oder weiße Armbinden tragende Menschen ein, bis sie zusammenbrachen.
Wiederum ohne seine Armbinde, bewegte sich Ullmann schon fast zwei Stunden in der Stadt. Zu reden wagte er nicht, um sich nicht als Deutscher zu verraten. Was er da sah, war grauenhaft. Ins Wasserreservoir am Marktplatz warf man Deutsche hinein. Sobald sie hochkamen, drückte man sie mit Stangen wieder unter die Wasseroberfläche. Sein Eindruck war, dass die Täter keine im Bezirk Aussig wohnhafte Tschechen waren. Vielmehr waren es diejenigen, die er am Vormittag mit dem Zug ankommen gesehen hatte. An der Jagd auf die Deutschen beteiligten sich auch Soldaten der Svoboda-Garde. Außerdem bemerkte Ullmann einzelne russische Soldaten. Niemand hatte den Mut, sie zu stoppen. Die einzige Amtsperson, die mit allen Mitteln versucht hatte, dem Wüten des zugereisten Mobs Einhalt zu gebieten, so teilte man ihm mit, war der tschechische Bürgermeister von Aussig Herr Vondra. Dafür wollten die Wütenden selbst ihn in die Elbe werfen!

Erst gegen fünf Uhr beobachtete Alois Ullmann ein paar russische Offiziere, die bemüht waren, die Straßen freizumachen. Einige tschechische Uniformierte halfen ihnen. Bald wurde durch Lautsprecher ein allgemeines Ausgehverbot verkündet. Für Deutsche galt es von achtzehn Uhr an, für Tsche-

chen ab zwanzig Uhr. Er forschte weiter nach …
An drei Stellen der Innenstadt wurden Tote zusammengetragen. Mehrere Lastautos transportierten sie ab. Allein an diesen Stellen wurden rund vierhundert Tote gezählt, stellte Ullmann fest. Wieviele von anderen Stellen abtransportiert wurden oder wieviele Unselige die Elbe hinuntergeschwemmt worden waren, konnte niemand abschätzen.
Auch die eingeweihten Kreise nicht – oder waren sie gar nicht eingeweiht? – vom Národní výbor, der neuen Bezirksverwaltung, hatten keine Vorstellung, wie viele Menschen insgesamt an einem einzigen Tag grausam umgebracht wurden.

Die Stadt stand unter Schock. Trotz des Ausgehverbots wagte es Alois Ullmann, zu einem Freund zu gehen. Drei andere saßen schon in dem kleinen, spärlich beleuchteten Raum.
„Gut, dass du da bist", begrüßte ihn der Gastgeber. „Gerade besprechen wir die Gesamtlage. Die schlimmsten Vorahnungen werden wahr! Hör mal zu!"
„Der ganze Aussiger Bezirk", berichtete einer, „Ústí nad Labem, wie es jetzt heißen soll sowie die angrenzenden Bezirke Teplitz und Tetschen-Bodenbach - nun genannt Teplice und Podmokly-Děčín - sollen von allen Deutschen gesäubert werden."
Ullmann setzte sich. „Das darf nicht sein!" Auf einem Tisch nahm er ein Brettchen mit abgelegtem Messer wahr. Auf dem Brett lag ein Stapel angeschnittener grüngelber Tabakblätter.
„Sie wollen ganze Bezirke von den Deutschen säubern. So nennen sie es. Als wären wir räudig."
Ullmann sagte zum Gastgeber: „Du bist umsichtig, wie ich sehe. Richtig machst du das!", und nickte zum Tisch. Der Freund stimmte zu: „Jeder weiß, dass ich die Tabakpflanzen in meinem Hintergarten anbaue. Wenn ein Unberufener hereinplatzt - in der jetzigen Atmosphäre kann's wohl geschehen! - dann seid ihr", schaute er zu den anderen, „zu mir gekommen, um für eure Zigaretten Tabak zu holen."
„Richtig so", wiederholte Ullmann. Der Tabak schmeckte scheußlich, stank und qualmte, war aber trotzdem besser als gar

nichts.
Er fuhr fort: „Den ganzen furchtbaren Tag lang überlege ich, wie wir uns wehren könnten.“ Sein Gesicht war ernst und aschfahl.
„Wehren!“, rief einer spöttisch auf. „Die knallen uns doch gleich ab!“
„Was ich meine“, erklärte Ullmann, „wir können beispielsweise ein Gerücht verbreiten, dass die Greueltaten und Morde von jemandem gefilmt wurden!“
„Das glaubt uns kein Mensch“, zweifelte der erstere.
„Es wäre des Versuchs wert“, gab der Gastgeber zögernd zu. „Niemand kann letztlich mit Sicherheit bestreiten oder ganz ausschließen, dass Journalisten in der Stadt waren.“
„Es müssten aber ausländische sein“, dachte jemand weiter nach. „Wenn wir es als Flüsterpropaganda ausstreuen ...?“
„Das ist es! Es widerspricht allen internationalen Regeln und Verpflichtungen, wehrlose, friedliche Zivilisten auf eine so brutale Weise zu massakrieren!“ Jetzt stimmten alle zu.

„Wir werden überall behaupten, der Film befinde sich bereits in Sicherheit“, fuhr Ullmann fort. „Dann gäbe es vielleicht eine Chance, dass die tschechische Regierung weitere Verfolgungen von Deutschen verbietet.“
„Daran würd' ich sehr zweifeln. In Komotau und Brüx internieren sie unschuldige Menschen in Arbeitslagern, behandeln sie schlimmer als Sklaven. In Podersam wurden Dutzende Deutsche ermordet. Kein Richter oder Politiker greift ein.“
„Die Politiker wiegeln die Tschechen erst auf.“
„In ganz Nordböhmen und Nordmähren machen die Tschechen Krieg gegen uns“, bekräftigte der Zweifler. „Wo die Russen sitzen, dort ist alles erlaubt. Wir sind vogelfrei, geächtet und rechtlos.“
„Die tschechische Regierung hat noch einigen Respekt vor der Meinung des westlichen Auslands“, verteidigte Ullmann seine Idee. „Der Genozid muss gestoppt werden!“
„Du sagt es, Genozid, wahrhaftig.“

„Die Tschechen beschuldigen gerade uns Antifaschisten! Angeblich tragen wir die Hauptschuld an der Explosion“, sagte Herbert Schernstein, der auch unter den Anwesenden war. „Das ist doch die Höhe ...“

„Die Version hab’ ich auch schon gehört.“

„Dabei haben die Tschechen selbst faschistische Elemente unter sich“, fuhr Schernstein fort. „Kriminalinspektor Dibisch, der sich heute für den eifrigsten Kommunisten ausgibt, der hat mich vor dem Kriege verfolgt, weil ich in der Kommunistischen Partei war.“

„Also, mit dir springen die bös um“, sagte einer.

„Sie haben meine Mutter evakuiert, kurz bevor ich aus dem KZ zurückkam. Ist das nicht schlimmer als unter den Nazis?“, klagte Schernstein und zählte auf: „Meinem Freund Willi Krebs in Leitmeritz wurde sein Lebensmittelgeschäft binnen fünf Minuten weggenommen. Dabei war Krebs der Gründer der Kommunistischen Partei in Aussig-Prödlitz. Nein, die tschechischen Kommunisten unterstützen uns deutsche Kommunisten in keiner Weise. Von heute an trau’ ich schon gar keinem mehr!“

„Němec je Němec - Deutscher ist Deutscher!“, wiederholte einer, was sie überall zu hören bekamen.

Ullmann versuchte, die Debatte sachlich zu lenken. „Wer weiß etwas über das Depot in Schönpriesen?“, fragte er. „Was hat sich dort tatsächlich abgespielt? Waren noch Deutsche drinnen, als es hochging?“

„Soweit mir bekannt“, erinnerte sich einer, „wurden deutsche Häftlinge zwischen vierzehn und fünfzehn Uhr bereits ins Straflager Lerchenfeld zurückgeschickt. Das war unüblich. Normalerweise arbeiten sie viel länger. Aber heute, gut vierzig Minuten vor der Explosion, befand sich in den Fabrikanlagen kein Deutscher mehr, nur noch tschechische Bewachungsorgane.“

„Es konnte auch ein Unfall gewesen sein“, meinte ein anderer. „Man hat sich längst beschwert, dass dort tschechische Soldaten mitten zwischen der Munition rauchen. Sie legen Feuerstellen an, bringen Alkohol mit.“

„Andere Umstände allerdings, vor allem das planmäßige Schlachten und Morden nach der Detonation, sehen nicht nach einem Unfall aus", sagte Ullmann. „Alles deutet auf eine präzise, sorgfältig geplante Aktion hin."

Er begann darüber nachzudenken, wie er und seine Freunde mit ihren Familien vor dem weiterem Terror geschützt werden könnten, vor den drohenden Austreibungen, Verhaftungen, Internierungen in tschechischen Arbeitslagern, wo bereits so viele deutsche Menschen ohne Rücksicht darauf, ob schuldig oder unschuldig, gelandet waren und in den kommenden langen Monaten zwangsläufig zermalmt werden würden.
Sein Plan, antifaschistisch gesinnte Kollegen und Genossen, ihre Frauen und Kinder, rechtzeitig nach Deutschland zu bringen, sie mit wenigstens etwas Eigentum ausreisen zu lassen, mündete bald in die *Aktion Ullmann*, die das Schicksal von vielen Menschen erleichterte.

23. Werwölfe und Agenten

Beneš grübelt über gefährliche und große Tiere – Verpatzte Pressekonferenz – Svoboda enthüllt – Beneš macht Propaganda und kehrt auf eine Brücke zurück

Prag/Hradschin, spät abends Ende Juli 1945

Der abgedankte Präsident ließ sich von seinem, wie er glaubte, allgegenwärtigen Nachrichtendienst informieren. Er war stets überzeugt, *sein* Spähdienst wäre der beste der Welt, was selbst zur Zeit von František Moravec schwer übertrieben war. Der General hatte immer versucht, dem Präsidenten die megalomanische Vorstellung auszureden. Vergeblich.

Nachdem Beneš noch vor dem Abflug aus London auf Druck der Sowjets Moravec und zwei andere der höchsten Generäle, die ihm mit Leib und Seele ergeben waren, baden gehen ließ, war sein militärischer Nachrichtendienst nur dem Namen nach tschechoslowakisch. Es waren Verbindungen entstanden, von denen der Oberbefehlshaber keine Ahnung hatte und über die er keine Verfügung mehr besaß.

„Sagen Sie mir, was wird über die Ausschreitungen und die Exzesse in Aussig gemeldet?", fragte Beneš. Über einen blitzblanken Schreibtisch fixierte er seinen hohen Offizier mit strengen Augen.

„Momentan recht wenig. Man gibt nicht viel durch", erwiderte der Berichterstatter vorsichtig. Der Chef fragt, als lebe er auf einem andernen Stern! Hier auf der Burg ist er offensichtlich von allem ziemlich isoliert. Der unzeitgemäße Pomp des Hradschin - fiel dem Offizier ein -, diese vergoldeten Sessel und Lüster, das steigt vielleicht jedem in den Kopf. Zum Teufel mit der Wichtigtuerei!

„Ich wünsche genauestens und jederzeit, Tag und Nacht, über die Lage unterrichtet zu werden“, verlangte der Boss mit schneidender Stimme.
Als würden wir das nicht ohnehin tun! „Gewiss, Herr Präsident.“ Es war schon tiefe Nacht. Der Offizier saß vor seinem Befehlshaber voll im Dienst, statt sich in einem Restaurant mit gutem Essen zu laben oder mit seiner Freundin ins Bett zu gehen. Ich muss den Mann beschwichtigen, damit er mich ziehen lässt. „Die Militärkommandantur von Aussig“, erinnerte er sich leicht schläfrig, „sowie die örtlichen Sicherheitsorgane meldeten, die Stadt wieder unter Kontrolle zu haben.“
„Das verlange ich unbedingt“, spielte sich der Herrscher auf dem Kaiserstuhl auf. „Ich wünsche eine minuziöse Untersuchung der Ursachen dieser Tumulte sowie deren Verursacher!“
„Die Herren Minister des Innern und der Verteidigung operieren bereits. Morgen früh fahren beide persönlich vor Ort“, versicherte der Offizier.
„Sollten Nosek und Svoboda“, sagte Beneš familiär, „feststellen, dass es tatsächlich Werwölfe gewesen sind ...“
„Daraufhin deuten alle Anzeichen, Herr Präsident.“
„Nun, wir dürfen den Untersuchungsergebnissen nicht vorgreifen. Wie ich sage, sollte es sich bestätigen, dass tatsächlich Werwölfe für den Anschlag verantwortlich waren, so werde ich unseren Alliierten sofort nach Potsdam Bescheid geben.“
Mit geballter Faust schlug er auf den glänzenden Schreibtisch und beugte sich vor, um sein zorniges Gesicht in der Tischoberfläche wie im Spiegel zu betrachten. Dann lehnte er sich wieder voll zufrieden zurück.
„Das ist sehr weise, Herr Präsident.“
„In der Tat! Wie Sie sagen“, lächelte Beneš versöhnlich. „Sie wissen's wie ich: Die Angloamerikaner meinen, unsere deutsche Bevölkerung sei ganz harmlos.“
Beneš stand vom Tisch auf, ging zur Wandkarte mit der ganzen Erde darauf und postierte sich davor, als würde es die Welt angehen: „Die Deutschen besäßen angeblich keine Waffen mehr. Doch, siehe da!“ Er machte eine energische Geste. „Eine ganze

Fabrik wollten sie in die Luft sprengen. Unsere Alliierten werden sich noch wundern, was die alles im Schilde führen."
„Sämtliche Einzelheiten werden ans Licht kommen", stimmte der Offizier artig zu.
„Ihnen als Nachrichtendienstler darf ich's sagen: Wie Sie wissen, läuft die Konferenz in Potsdam. Ich verfüge über eine verlässliche Direktverbindung zu unserem besten Freund."
Der Offizier unterdrückte eine spontane Bejahung. Was ihm der Chef höchst vertraulich angedeutet hat, das wusste im Büro der Nachrichtendienstler jeder. Wiederholt hatte Beneš versucht, über seine sogenannten Geheimleitungen Stalin in Potsdam zu erwischen.
Stundenlang harrte er an der Strippe aus, bis der Gigant der Geschichte sich am anderen Ende gemeldet hatte. Dann flehte das Prager Staatsoberhaupt in schwerfälligem Russisch, wie die Tschechoslowakei die Hilfe des Großen Bruders zum Abschub aller Deutscher brauchte. Stalin hörte eine Weile schweigend zu, dann versicherte er düster: „*Waaschich Wragooov ubjom!*" - Eure Feinde zerschlagen wir! - und hängte ein.
Die Verbindungstelefonisten hörten jedes Wort mit. Sie saßen in einem kleinen Raum des Armeegeneralstabs in Dejvice. Ihre Stube war mit einer hässlich grauen, am Fenster festgenagelten Wolldecke von der Außenwelt abgeschirmt. Es war der geheimste Ort des Gebäudes. Selbst Generäle hatten kaum Zutritt und taten so, als ob der Ort einfach nicht existierte. Über die mächtigen Antennen auf dem Dach des Generalstabs besaß die Stube direkte Funkverbindung mit der sowjetischen Botschaft, die sich am Rande vom Baumgarten, der schönsten Parkanlage Prags, eingenistet hatte. In dem Gebäudekomplex in der Straße 'Unter den Kastanien' befand sich eine andere Geheimstube, von der aus der Generalissimus zu erreichen war, wo immer er sich auch geographisch aufhielt.
Natürlich wurden in diesen Stuben auch alle übrigen Telefonate Beneš's abgehört, gleich mit wem er sprach. Wusste er nicht davon?
Vorsichtig fragte der Offizier: „Sie meinen ...?"

„Jawohl, ich besitze eine Direktverbindung zu meinem geschätzten persönlichen Freund Jossif Wissarionowitsch." Beneš's Gestalt wuchs vor der Wandkarte mit den Kontinenten und den Meeren sichtlich in die Höhe. „Der wird uns nicht im Stich lassen wie die anderen es am liebsten tun möchten."
„Das ist beruhigend", nickte der Offizier. Die Märchen soll er seinen Politikern erzählen und sie damit in Schach halten. Das tat er schon mehrmals beachtenswert geschickt.
„Alles läuft über meinen heißen Draht", sagte der Chef hastig, ohne wahrzunehmen, dass der Draht gar nicht mehr sein eigener war. „Reden Sie bitte mit niemandem darüber. Das war nur unter uns gesagt."
„Gewiss, Herr Präsident."Wenn er wüsste wie viele Personen darüber schon redeten. Einige Strategen waren der Meinung, Stalin sei es ganz egal, ob Deutsche in diesem Staat lebten oder nicht. Was er wollte, waren ausgeräumte Gebiete, die er zur Befestigung der Außengrenze seines um die Tschechoslowakei ergänzten Reichs nutzen würde, eventuell als Abschussrampen für seine weiteren Vorstöße gegen den Westen, bekräftigten andere. Nur der Präsident quasselt und quasselt. Ist er sich keiner Gefahr bewusst? Jemand sollte es ihm sagen, nur wer? Ich bestimmt nicht! Auf mich würde er nicht nur nicht hören. Er würde mich versenken wie den General Moravec. Der versuchte nur einmal ihm klarzumachen, was los war. Dann musste er gehen. Der selbstgefällige, nur scheinbar mächtige Mann auf dem Hradschin ist sich selbst zum Maulwurf geworden! Das klang so irrsinnig, dass dem Offizier ein kurzes, ironisches Lächeln über die Lippen flog.
„Sie lächeln?"
„Ehm, ich bin zuversichtlich, dass wir alles meistern. Ich meine die Ereignisse von Aussig."
„Das setze ich voraus. Und ich wünsche keine Öffentlichkeit. Es gilt absolute Nachrichtensperre."
Aber wie lange? Gerüchte über Menschen, die von der Elbebrücke gestürzt wurden, waren zu brisant, um sie total zu unterdrücken.

„Anfragen der Presse haben wir abgewimmelt, Herr Präsident“, beruhigte ihn der Offizier. Plötzlich gähnte er vor Müdigkeit.
„Das muss auch so bleiben. Aus der Sicht des Staates sind die Journalisten die unverantwortlichsten Elemente der Welt, beinahe kriminell, mit ihrer unersättlichen Neugier.“
„Jawohl, Herr Präsident.“
Keine weiteren Ausführungen. Sonst komme ich hier nie weg. Endlich nickte der Chef und ließ ihn gehen.

Aussig/Prag, Ende Juli 1945

Etwa in der Zeit, als der zusammengeschlagene Max Becher aus einer deutschen Wohnung in Aussig mit einer Tragbahre endlich ins Krankenhaus befördert wurde, es war spät abends, gab Ludvik Svoboda seinem Generalstab eine wichtige Weisung:
Für Einheiten, die sich auf Gebieten mit deutscher Bevölkerung befinden, gilt ab sofort erhöhte Wehrbereitschaft. Ähnliche Befehle gingen vom Oberkommando des Verbands für Nationale Sicherheit, SNB, an Formationen der Polizei.
Einige zaghafte Einwände seiner Untergebenen, die Explosion in Aussig hätte auch durch Unvorsichtigkeit eigener Soldaten verursacht werden können, wies Svoboda vehement zurück. Freilich verneinte er es aus anderen Gründen, als die Aussiger Antifaschisten es taten.

Man zählte zusammen. Sechs Kopfverletzungen mit dreiundzwanzig Stichen genäht. Drei Rippen gebrochen. Der ganze linke Arm, den Max Becher zur Abwehr gegen Schläge, die ihn beinah getötet hätten, über den Kopf hielt, war dick verschwollen. Erst zwei Monate später, rein zufällig bei einer Durchleuchtung, sollte der Bruch des Unterarms festgestellt werden. Fast so lange blieb er im Spital. Einen weiteren Monat kurierte er sich zu Hause, bevor er wieder arbeiten konnte. Starke Schwindelgefühle beim Kopfheben und wenn er aufwärts schauen wollte, blieben Max Becher als Dauerfolgen. Wahrscheinlich war daran eine nicht erkannte, daher unbehandelte Gehirnerschütterung schuld. Trotzdem zählte er sich zu den Glücklicheren.

Auf einer schwarzweißen Ansichtskarte mit dem Elbetal, dem Schreckenstein und dem Böhmischen Mittelgebirge im Hintergrund schrieb im Jahre 1995 ein W. Erhart „aus Teplitz, Aussig und Wien“ eine schreckliche Botschaft: „Auf dieser Elbebrücke verlor mein Vater in seinem dreiundsechzigsten Lebensjahr das Leben - auf dem Heimweg vom Schicht-Büro.“

Prag/Aussig 1. August 1945

Kurz nach null Uhr meldete eine Abteilung des militärischen Nachrichtendienstes, des berüchtigten OBZ, von der Zwölften Division in Aussig an das Verteidigungsministerium in Prag: „Es handelt sich um Sabotage. Hier haben Deutsche aus dem Internierungslager Lerchenfeld gearbeitet.“

Die selbsternannten Minister Nosek und Svoboda - getroffene Gänse regten sich - erschienen persönlich in Aussig. Keineswegs jedoch, um die Morde und Gewalttaten an deutschen Zivilisten zu klären oder die Angreifer zu bestrafen. Kein Wort darüber. Viele verhaftete Deutsche, etwa siebzig an der Zahl, wurden über die Explosion im Munitionsdepot verhört, ohne ein klares Ergebnis. Schuld an der Katastrophe in Schönpriesen waren letztlich Werwölfe und ihre Helfershelfer. Werwölfe spukten durch die tschechische Presse. Sie waren überall, obwohl kein einziger je gefasst wurde. Die Bevölkerung bekam Angst. Der abschließende Bericht des selbsternannten Innenministers Nosek für die Regierung lautete, dass sechs tschechoslowakische Soldaten ihr Leben verloren hätten, zwei Dutzend Deutsche auch. Leicht bis schwerverletzt waren etwa zweihundert. Ziemlicher Materialschaden war entstanden. All das in Schönpriesen.

„Gewiss ist, dass es sich nicht lediglich um ein unglückliches Zusammentreffen von Zufällen handelte, sondern um eine unmittelbare Folge der deutschen Untergrundarbeit“, hieß es im Bericht. Zu den Ereignissen in der Stadt fügte Nosek hinzu:

„Etwa sechzig wurden aus der Elbe gezogen und einige erschlagen“, ohne zu erwähnen, dass die aus der Elbe Gezogenen erst durch uniformierte und nicht uniformierte Tschechen hineingestürzt und allesamt tot herausgeholt worden waren.

Ehrlicher, wenn auch immer noch unkorrekt, war einer der ersten internen Berichte, die sein Innenministerium erhalten hatte: „Erschlagen wurden etwa fünfzig Leute, wie viele in die Elbe geworfen worden sind, konnte nicht festgestellt werden."

Gleich am ersten August veranstalteten die zwei betroffenen und in der Tat verantwortlichen selbsternannten Minister, Nosek und Svoboda, eine Pressekonferenz in Aussig. Auf unbequeme Fragen der Journalisten nach den Opfern des Massakers und ihrem weiteren Schicksal ereiferte sich Svoboda:
„Wir werden hier keine Fünfte Kolonne dulden! Als Vorbild können wir uns die Sowjetunion nehmen. Innerhalb von achtundvierzig Stunden hat sie die zwei Millionen zählende deutsche Wolga-Republik liquidiert, nachdem dort deutsche Fallschirmjäger abgesprungen waren."

Svobodas Geschichte

„Mit den deutschen Fallschirmjägern, das stimmt nicht ganz", sagte Premier Fierlinger in seiner Prager Villa zu seinem Verteidigungsminister. „Das solltest du als Mitarbeiter vom engeren Kreis wissen", stellte er unmissverständlich fest. Svoboda überhörte kühl die Anspielung.
„Was war da?", fragte er, tatsächlich unwissend und einfältig.
„Die Fallschirmjäger waren in Wirklichkeit Sowjetburschen", weihte der Premier ihn ein. „Sie hatten sich deutsche Monturen angezogen und dann sprangen sie in der deutschen Wolga-Republik ab. Es waren wohl sowjetische Geheimdienstler. Genosse Stalin wollte die deutsche Republik liquidieren. Also wurde es für die Massen gebührlich inszeniert."
Während des Krieges war Fierlinger in Moskau Botschafter der tschechoslowakischen Exil-Regierung gewesen. Zur gleichen Zeit baute Svoboda in der Sowjetunion die tschechoslowakischen Streitkräfte im Rahmen der Roten Armee auf. Fierlinger wusste Bescheid über mehr Sachen als andere Politiker, ja als der Präsident selbst und konnte schweigen. Daher durfte er nach

Kriegsende mit sowjetischer Unterstützung eine steile Karriere als Ministerpräsident des befreiten Landes erfahren.
„Natürlich wurde es als deutscher Verrat am sowjetischen Volk dargestellt mit allem Drum und Dran. Das sah perfekt aus. Man muss die Massen von wichtigen Dingen überzeugen", sagte er mild.
„Das war mir nicht bekannt", gab Svoboda verlegen zu. Der Kerl kennt sich besser aus, als ich. Was weiß er denn über mich? Fierlinger hatte ihn als Privatgast eingeladen. Es schien, er wollte Svoboda etwas mitteilen. Fierlingers Villa stand hübsch versteckt in einem Diplomatenviertel unweit vom Baumgarten. Wenige Schritte davon entfernt, rein zufällig, lag das Areal der sowjetischen Botschaft. Wenn der Ministerpräsident mit seinen Hunden fast täglich spazieren ging, fiel Svoboda ein, konnte er treffen, wen er wollte. Oder jemand konnte ihn treffen.
„Nun ja", redete der Premier besänftigend weiter, „es ist besser, mit gewissen Dingen nicht so direkt zu argumentieren. Überhaupt sollte man mit dem sowjetischen Vorbild sparsam umgehen. Du bist parteilos, ich bin Sozialdemokrat. In beiden Fällen eine verlässliche Tarnung." Wußte er alles? „Nach dem Wunsch Moskaus sollen unsere Deutschen als innere Angelegenheit dieses unseres Staates behandelt werden. Das erfüllen unsere demokratischen Freunde in der Nationalfront sehr gut. Du sollst immerhin den Eindruck erwecken, als gehörtest du zu ihnen."
„Sollte ich?"
„Es ist ein Befehl." Fierlinger ging zu einer protzigen Bar im Salon und mixte Drinks für beide. „Du erinnerst dich wohl an die Begebenheiten Ende 1942, an die Sache mit deinen schönen Briefen und Tagebucheintragungen?"
Das war das Schlüsselwort. Svoboda beklagte sich dort ziemlich naiv über die sowjetischen Verhältnisse. Von Moskau aus bat er die Londoner Regierung, ihn aus dieser Hölle nach England zu holen. Das war aber auch schon eine Tarnung, eine gefährliche, wie er bald spüren sollte. Ein paar sowjetsiche Offiziere hatten ihn damals, 1942, zum Abendessen eingeladen. Inzwischen wühlten andere Geheimdienstler seine Wohnung durch und fanden die

Aufzeichnungen. Man wollte ihn sofort erschießen. Geistesgegenwärtig gab er den Beamten eine gewisse Telefonnummer im Kreml an und bat sie, dort anzurufen. Das geschah, und das Blitzurteil wurde überraschenderweise annulliert. Den Rest der Nacht verbrachten sie alle gemeinsam mit Wodka.

Also, überlegte Svoboda schnell, wenn Fierlinger das weiß, gut. Dann ist klar, dass auch er zum Klub gehört. Er weiß aber nicht alles, denkt vielleicht, die hätten mich erst 1942 angeworben. Er hat keine richtige Macht über mich, auch wenn er es nicht glaubt. Mit einer unbewegten Miene sagte er: „Was meinst du denn?"

„Ich meine Folgendes", fuhr Fierlinger sanft, doch mit neuer Autorität fort. „Ich muss jetzt deine Erklärungen von Aussig ins richtige Licht rücken." Er reichte ihm den Drink. „Du brauchst keine Angst zu haben", sagte er, als er Svobodas bleiches Gesicht sah und sich das auf seine Weise erklärte. „Alles läuft nur unter uns."

Er spricht mit mir, als wäre er mein Resident, fand Svoboda. Da irrt er sich aber gewaltig. Leicht höhnisch beendete Fierlinger das Thema: „Du wirst dich künftig um deine Armada kümmern, das machst du gut. Sonst aber, bei Pressekonferenzen und so wirst du die Klappe halten!"

Fierlinger lächelte mit seinen schmal geschnittenen, asiatisch wirkenden Augen. Vielleicht kam er auch wegen seines Aussehens in Moskau gut an, dachte Svoboda spöttisch. Mal sehen, wer von uns den längeren Atem hat.

„Wir wollen keinen Streit miteinander haben", hörte er den selbsternannten Premier sagen. Der Soldat in Svobodas Brust erwiderte barsch: Das würd' ich dir auch nicht raten.

Prag/Hradschin, Anfang August 1945

Mit einem Ohr hörte Beneš seiner Frau zu. Er hatte viel zu grübeln und zu kombinieren. Seine Lage änderte sich auf allen Seiten ständig. Da musste er die fragile Koalitionsregierung der Linken und derer, die nicht recht wußten, was sie wollten, zusammenhalten. Andererseits versuchte er, im internationalen Spiel am Ball zu bleiben. Beinah machte es ihm Spaß.

Kürzlich sagte er in einem Interview für die Reuter-Agentur, dass der *Transfer der Bevölkerung organisiert, auf eine geordnete und humane* Weise durchgeführt werden muss. Ob die fürsorgliche Wortschöpfung von ihm stammte oder ob er sie irgendwo abschrieb - Faktum ist, dass sie zehn Tage später fast wortgetreu ins abschließende Protokoll der Postdamer Alliiertenkonferenz zur Bewilligung der Bevölkerungsvertreibung gleich fürsorglich aufgenommen werden sollte.
Im französischen Blatt 'Samedi Soir' erschien gerade Beneš's Gespräch über die bevorstehende Nationalisierung der Škoda-Werke, der Brünner Rüstungsbetriebe und der Karlsbader Quellen. Da werden die Deutschen besonders sauer sein, die Quellen und die schönen Hotels gehörten ja ihnen! *„Das Eigentum der Sudetendeutschen wurde enteignet, da sie fanatische Nazisten waren. Ihr Grundbesitz entlang der Grenze wird in Wälder umgewandelt. Der Streifen der Sudeten war überbevölkert“*. Der 'Samedi Soir' druckte das ganz artig ab.
Und schon meldete sich die schweizerische 'Weltwoche' mit der Bitte um seine Überlegungen zur *„Rolle der Tschechoslowakei im neu entstehenden Europa“*. Beneš sagte zu. Die Grundthesen gingen ihm durch den Kopf, als seine Frau anfing, mit ihm zu reden. Die Menschen seien aufgewühlt und empört, erzählte sie. Es gäbe wieder Angst vor den Deutschen.
„Meine Nichte rief mehrmals an!“, sagte sie alarmiert.
„Tatsächlich“, erwiderte er, in Gedanken gestört.
Die Nichte war ein wichtiges Stimmungsbarometer. Oft konnte er schwer einschätzen, wie das Volk auf verschiedene Dinge reagierte oder reagieren würde. Einfache Leute, die er immer wieder anzusprechen suchte, blieben ihm stets ein Rätsel.
„Deine Nichte?“, fragte er mit plötzlich gewecktem Interesse. „Was sagt sie denn?“ Die Frau könnte sich als verlässliche Informantin erweisen.
„Sie sprach über die Sabotage in Aussig, wollte wissen, ob wir auch in Prag etwas zu befürchten haben. Glaubst du ...?“
Er unterbrach sie: „Kannst du bitte das Radio anmachen? Gleich soll Fierlinger über Aussig sprechen.“

„Da bin ich gespannt!“, sagte Hana und ging zum Empfänger. Die Erklärung des Premiers war kurz.
„Die Gefahr der Werwölfe“, sollte man nicht überschätzen, flößte Fierlingers Stimme den Hörern Mut ein. „Auch wenn über den Anteil der Werwölfe an den kriminellen Ereignissen in Aussig nicht gezweifelt werden kann, würden wir mit irgendeinem Ausbruch des Volkszorns oder mit Lynchjustiz die Dinge nicht besser machen. Im Gegenteil, damit könnten wir die Situation eher verschlechtern.“
Hana und Edvard saßen beim Mokka.
„Der Fierlinger ist doch ein guter Mann“, sagte sie nach einer Weile. „Er versucht, Leidenschaften einzudämmen, den Menschen Angst zu nehmen.“
Angst ... das war es, was wirkte, leuchtete ihm plötzlich ein. Die Angst vor den Deutschen war vielleicht wirkungsvoller als nur Hass.
Beneš vernahm einen leisen Klick im Steuermechanismus. Endlich hatte er es raus. Das war der gemeinsame Nenner, den er so lange gesucht hat. Er hielt sich für einen Meister der kleinen und kleinsten Schritte. Ständig unternahm er neue Vorstöße, setzte neue Schriftstücke auf. Jedes Memorandum, wie er die Schreiben nannte, formulierte er ein wenig anders. So verschob er die Dinge millimeterweise nach vorn und zurück, seitwärts, hinauf und hinunter. Nach einer gewissen Zeit entstand eine ganz neue Lage. Oder, er hatte für jede unterschiedliche Auffassung ein Dokument, das er nach Belieben vorlegen konnte. Das hat sich tausendfach bewährt. Die beständig wiederholten Schachzüge führten allmählich zu völlig veränderten Verhältnissen. Fast niemand merkte das.
„Du hast recht“, sagte er zu seiner Frau. „Fierlinger versteht, wie man mit dem Volk reden muss. Ich werde ihm ein Memorandum mit warmer Anerkennung schicken“, bemerkte er mit versteckter Ironie.
„Schon wieder eins“, seufzte sie. „Du kommst von deiner Arbeit gar nicht mehr los.“
Er stand auf. „Die Aufgabe habe ich mir nicht ausgesucht.“
„Aber selbst auferlegt, wie ein Packesel“, beschwerte sie sich.

Das ewige Schreiben, Hin-und Her-Organisieren, bescherte Beneš den Ruf eines sehr fleißigen Mannes. Das Bild hatte auch seine Frau von ihm. Man sollte es ihr nicht nehmen.
„Es hat viel Mühe gekostet“, philosophierte er. „Doch heute ist die Nation endlich mal einheitlich und einig geworden.“ Er strahlte Zufriedenheit und Ruhe aus.
„Übrigens“, sagte er zu Hana, als er zum Arbeitsraum ging, „der Butler soll beim Schneidersalon anrufen, sie möchten für mich Stoffe aus England kommen lassen. In den knittrigen Klamotten, wie man sie hier trägt, kann ich nirgends erscheinen.“ Er lächelte kurz. „Ein gut gekleideter Präsident hat das Spiel schon gewonnen.“
Er schloss die Tür hinter sich. Ihm war klar, was er für die 'Weltwoche' schreiben wird:
„*Die Tschechoslowakei wird nicht nur am Freundschaftsvertrag festhalten, den sie mit dem großen sowjetischen Nachbarn geschlossen hat, der ihr mit Grenzen, Sprache und Kultur so nahe steht, sondern auch die im Kriege fest geschmiedeten Freundschaftsbeziehungen mit den Westmächten entwickeln und nichts versäumen, was eine Harmonie zwischen West und Ost unterstützt, eine Harmonie, die sie als Grundstein der Sicherheit und des Friedens für sich und das übrige Europa erachtet.*“ Punkt und Schluss.
An allen Seiten muss für gute Laune gesorgt werden. Hauptsache man biegt den Skandal von Aussig richtig hin. *Ich* kann jetzt die allgemeine Angst vor den Deutschen gut nutzen. Das Argument der Angst, das kann nicht nur sofort, sondern Jahrzehnte lang tief wirken!

Bayern 1997

Im Jahre 1997 schrieben ehemalige Vertriebene, die in Bayern lebten, an die Stadtverwaltung von Aussig. Sie baten, die Brücke über die Elbe nicht mehr als „Edvard-Beneš-Brücke“ zu bezeichnen. Das sei eine Verachtung der Opfer vom Juli 1945. Ihrer Erfahrung nach war Beneš der wichtigste Initiator der Tragödie böhmischer und mährischer Deutscher nach dem Zweiten Weltkrieg.

„*Warum sollte sie nicht 'Brücke der Versöhnung' heißen?*", schlugen die Vertriebenen vor.

Die tschechische Verwaltung von Aussig lehnte jede Namensänderung ab. Über die Elbe soll auch weiterhin eine *Edvard-Beneš-Brücke* führen. Mit Recht.

Auch Schreibtischtäter, wie magisch angezogen, kehren an die Orte ihrer Verbrechen zurück.

Aussig: Edvard Beneš-Brücke (die treffendste Namensgebung)

24. Ein wunderschöner Sommer

Eine Gruppe wehrt sich – Karte an den Gefangenen – Liebevoller Abschied vom Böhmerwald – Ein Minister will für den Premier aussagen, darf jedoch nicht

London, Anfang August 1945
"Ich frage mich", überlegte ein Herr am Tisch eines Londoner Privatklubs mit einer Prise Sarkasmus, „ob Beneš die Deutschen vertreibt, damit er um jeden Preis Präsident bleiben kann, oder ob er Präsident bleiben will, damit er um jeden Preis die Deutschen vertreiben kann."
„Würdest du's bitte wiederholen!", rief jemand amüsiert.
Ersterer sagte es noch einmal, ohne sich zu versprechen. Er fügte hinzu: „Die Antwort darauf weiß ich bis heute nicht."
„Eine guter Satz", lobte die kleine Tischgesellschaft mit traurig ironischem Unterton.
„Im September 1939 schrieb Bullitt an Roosevelt, Beneš wolle eine provisorische Regierung für die Tschechoslowakei errichten, um sich 'wieder an die Spitze von etwas' zu setzen", sagte einer nachdenklich. „Bullitt war amerikanischer Botschafter in London."

Mehrere förmlich gekleidete Herren saßen in einem gemütlichen, holzgetäfelten Raum und ließen ihrem Mundwerk freien Lauf. An der Wand hing ein Porträt des ehemaligen, kürzlich verstorbenen britischen Premiers Lloyd George und zwei oder drei Bilder von weit weniger bekannten Mitgliedern des Klubs. Die Gäste waren Tschechen mit einem oder zwei Slowaken darunter, sämtlich Leute, die keine Lust hatten, ihr Exil zu beenden.

„Beneš führte Dossiers über alle Politiker der Ersten Republik", sprach der gut informierte Herr weiter. „Er bewahrte die Aktei in einer Villa auf. Sollten Entscheidungen im Parlament oder im Kabinett getroffen werden, lud er den einen oder anderen möglichen Widersacher zum freundschaftlichen Gespräch ein. Vorher ließ er die Akte des Betroffenen holen."
„Und weiter..." Alle hörten dem Klatsch gespannt zu. Soweit die Nachkriegsversorgung es erlaubte, hat jeder einen Drink gewählt oder genoss eine echte Tasse Kaffee. Mehrere zündeten sich Zigaretten oder Zigarren an. Es waren Menschen verschiedenster Berufe, zwei Lehrer, ein Jurist, ehemalige Offiziere vom niedrigen bis zu höchstem Rang, ein Bankdisponent, Diplom-Ingenieure, ein Universitätsdozent und ein Professor, ein oder zwei Redakteure und Staatsbeamte. Nur, - das war einmal. Die meisten arbeiteten in einer Fabrik, einem kleinen Büro oder auf einer Farm, um für sich und für die Familie den Lebensunterhalt zu verdienen. Die Zeiten waren hart.
Die rare Sitzung in einer friedvollen, gepflegten Umgebung hat ein Manager unter ihnen ermöglicht, der sich glücklicherweise in der privaten Wirtschaft behaupten konnte, was ihm auch den Weg zur Mitgliedschaft in dem britischen Klub geebnet hat. Was die Anwesenden verband, war ihre Gesinnung, ihr bisher machtloser, oft verzweifelter Protest gegen die politische Entwicklung in der Heimat.
„Wenn ein Widerspenstiger auf seiner Auffassung bestand", erklärte der Herr, der viel wusste, „öffnete Eda mit einem lieben Lächeln sein Dossier und bemerkte: Da gibt's 'ne Geschichte über Sie und die Dame Sowieso. Oder: Wie ich höre, haben'S 'ne Menge Schulden. Oder: Es gibt Zeugen für gewisse Transaktionen. Was auch immer. Zuletzt versprach der Gast artig zuzustimmen, wie Eda es wollte." Er schaute sich um: „Ihr traut es ihm nicht zu? Das hat mir mein Doktorvater an der Uni erzählt!" Den ungläubigen Mienen seiner Freunde erklärte er: „Eda war sein Schulfreund, später waren sie Gegner. In der Schule wurde Beneš Eda-Kiste, Eda-Bedna, genannt, da er ein verschlossener Streber war und ein Egoist."

„Die Sache mit den Dossiers, das wäre die Erklärung für seine unerschütterliche Position in der Ersten Republik."
„Wie wäre er zu der Aktei gekommen?", zweifelte einer.
„Er war halt fleißig."
„Es gab eine ergiebige Quelle", sagte Karel Locher, seinerzeit entlassener Sekretär des jungen Minister Beneš. „Nach dem Umsturz 1918 übergab ihm der ehemalige Polizeipräsident das ganze Archiv der österreichischen Polizei. Der Polizeichef war ein Verwandter seiner Frau Hana."
„Das klingt wie ein Krimi!"
„Wie nennt man das? Korruption, Nepotismus?"
„Der Logik entbehrt es keineswegs", sagte ein Herr. „Vergessen wir nicht, meine Herren, dass Beneš in den ersten Monaten der Republik auch Innenminister war. Dadurch wäre er sogar berechtigt gewesen, ein Polizeiarchiv zu übernehmen."
„... und sich das Beste unter den Nagel zu reißen. Macht jeder."
„Seht ihr", sagte Locher. „Ich lüge nicht."
„Und wenn es doch eine Verleumdung ist?"
„Den Mann kannst du gar nicht verleumden. Schau dir die Früchte seiner Arbeit an."
Die Früchte hatten sie alle zu spüren. Wegen ihrer Ansichten, selbständiger Meinungsäußerungen oder Taten, waren sie schon während des Kriegsexils oft angepöbelt oder gar verfolgt, einige interniert und von der Exilgemeinschaft ausgestoßen worden. Aus gleichem Grund war es nun für sie riskant, in die Heimat zurückzukehren. Traurig waren sie, aufgebracht und nachdenklich.
„Gottlob, dass wir hier sitzen - und nicht dort", meinte einer.
„Dort würdest du weniger angenehm sitzen, hinter Gittern vielleicht", nickte ein anderer, schwenkte sein Glas und nippte daran genüßlich . „Den Whiskey hättest du dort auch nicht."
„Auf dem Hradschin schon."
„Ja, da müsstest du aber zum käuflichen Schwein werden."

„Meiner Meinung nach", sagte Lev Prchala, der bisher geschwiegen hatte, „geschah der große Knick im Sommer 1940."

„Was für einen Knick?"
„So früh?"
„Übertreibst du nicht?"
„Lasst ihn reden", bat einer die Anwesenden. „Der General gehörte ja zur Führungsspitze."
„Ich besaß wenig Entscheidungsgewalt", bremste Prchala die Erwartungen. „Im anderen Fall steckten wir heute nicht alle hier im ewigen Exil, abseits der Politik und der Gremien." Eher für sich sagte er: „Vielleicht wären wir auch alle tot ..."
„1940, sagst du?"
„Zum fatalen Knick kam es in dem Augenblick, als eifrige Exulanten dem absolut nicht bevollmächtigten, abgedankten Beneš erlaubten, sie für amtliche Exilposten zu sortieren, auszuwählen und zu ernennen. Damit haben sie ihn als Chef anerkannt."
„Er wurde aber ausdrücklich an die Spitze des Exils gebeten, durch einige Konsuln, Botschafter und andere Personen. Das müssen wir ihm zubilligen und auch uns eingestehen."
„Es gab mehr Gruppen und Persönlichkeiten", erinnerte sich einer, „nicht nur Beneš. Da waren Štefan Osuský in Paris und die Menschen um ihn oder Milan Hodža, der letzte Premier, der das Münchner Diktat ablehnte."
„Richtig. Beneš überrollte sie, indem er sich bei den britischen Behörden als verantwortlich für den tschechoslowakischen ausländischen Widerstand durchsetzte, mit ihnen ein Finanzabkommen schloss und eine Exilregierung zu bilden begann. Er hatte Geld zur Verfügung, konnte Ämter anbieten. Statt eines öffentlichen Auswahlprozesses verhandelte er mit jedem Kandidaten einzeln und unter der Hand. Wer ihm gefiel, den nahm er. Wen er nicht mochte, der wurde übergangen und vergessen."
„Und alle akzeptierten das!", empörte sich ein Herr.
„Es waren ja bezahlte Posten", betonte Prchala. „Wer solch ein Angebot bekam, der hielt Schritt und das Maul, wie wir Soldaten sagen."
„Anfang Dezember 1940", präzisierte Locher, „bewilligten die Briten Beneš eine langfristige Geldanleihe. Als Gegenleistung durfte die Bank of England das gesamte Gold der Tschechoslo-

wakischen Nationalbank abkaufen, das sich in London befand, als eine Art Sicherheit für einen zeitlich unbegrenzten Kredit."
„Allerdings, unter strengen Bedingungen", räumte jemand ein.
„Trotzdem war es Kredit. Seine Riege schöpfte auch aus Patenten, die einigen tschechoslowakischen Industrien gehörten. Durch das Geld, das ihm zur Verfügung stand, erhielt Beneš eine ziemliche Machtstellung als Chef der provisorischen Regierung", bekräftigte Locher. „Die nutzte er ausgiebig."
„Richtig", sagte Prchala. „Die Briten verfolgten das auch mit einigem Misstrauen. Hatten sie ihm doch auferlegt, nach dem Betreten des heimischen Bodens müsse sich die provisorische Regierung sofort auflösen. Das tat sie auch, angeblich während der Zugreise von Moskau nach Humenné". Er machte eine Pause und schaute die Freunde ernsthaft an. „Allerdings um in Kaschau gleich eine andere nicht gewählte Regierung einzusetzen! Fast die gleichen Herren, mit der kommunistischen Exilspitze aus Moskau verschmolzen, ergriffen die Macht im Staat. Das wussten die Briten nicht mehr oder es interessierte sie nicht. So schuf Beneš Schritt für Schritt den Kern davon, was heute in der Heimat regiert."
„Korruptes Gesindel!"
„Der einzige, der sich aus eigener Entscheidung rechtzeitig verabschiedet hat, ist Feierabend. Der resignierte noch im Februar 1945 in London, erklärte die Politik der Exilregierung für katastrophal. Die entscheidende Rolle Beneš's darin hat er aber nicht gemerkt oder nicht merken wollen."
„Aus ähnlichen Gründen waren schon andere früher abgefallen", korrigierte einer.

„Konnten sie denn nicht aktiver eingreifen, etwas gegen die nahende Katastrophe tun?", fragte ein Herr schmerzerfüllt, als wäre eine Nachbesserung noch möglich.
Prchala zeigte über den Tisch: „Unser Freund Locher hat ja ein ganzes Buch darüber geschrieben."
„Ein sehr kleines Buch", bemerkte Locher sachlich.
„Nun ja, dir stand auch kein Gold der Nationalbank zur Verfü-

gung", bemerkte der General bitter. „Das Buch musste im Selbstverlag erscheinen. Er prangerte die Mißstände unter den Privilegierten um Beneš herum und seine Person ausdrücklich an, wie sie sich mit seinen Dekreten als Gesetzgeber aufspielten und wie er und seine Clique unbequeme Menschen in britischen Internierungslagern schmoren, sie sogar selber einsperren ließen."

„Ja, die Briten waren im Krieg strenge Herren."

„Und - hat die Publikation etwas bewirkt?"

Locher schüttelte den Kopf. „Im brennenden London war kein brennendes Interesse für *interne* Dinge, wie man das nannte."

„Die Abgestellten konnten so gut wie nichts tun", seufzte einer.

„Sie durften sich in Würde entfernen", ergänzte jemand spöttisch, „saubere Hände behalten, mehr nicht."

„So wie Milan Hodža", erinnerte sich einer aufgeregt. „Der erste Slowake als Premier - und der letzte der Ersten Republik. Auch den hat Beneš in die Wüste geschickt."

„Was ist aus Hodža geworden?", interessierte sich einer.

„Wurde nach Amerika hinausmanövriert."

„Und dort?"

„Dort machte er Propaganda für das, was ihm am Herzen lag, die slowakische Selbstbestimmung. Jan Masaryk beschwerte sich über ihn: Hodža rede, worüber er nicht sollte, und rede nicht, wovon er sollte."

„Nämlich?"

„Er sollte über Lidice reden."

„Aus der Tragödie von Lidice macht die Beneš-Clique direkt eine Jahrmarktvorstellung, wie ich aus der Heimat höre."

„Jawohl ... Eine Schande ist das!"

„Und Hodža?"

„Er starb vor einem Jahr in Florida."

„Das eigentlich Schlimme war", erklärte Prchala weiter, „dass Beneš die innere Zusammensetzung der Exilregierung jedes Jahr absichtlich und regelmäßig ein wenig veränderte, bis sie politisch total anders aussah als anfangs, wo sie doch überwiegend von

Demokraten besetzt war oder von solchen, die sich dafür hielten. Allmählich saßen auch die Kommunisten im Exilstaatsrat, bald im Exilkabinett und waren nicht mehr wegzukriegen."
„Warum tat er das? Er hatte doch Angst vor ihnen!"
„Er hat zwei Seelen in seiner Brust", erklärte Locher, der Beneš aus nächster Nähe kannte. „Die eine ist machthungrig, die andere aber total feige."
„Dass er den Kommunisten wieder und wieder nachgibt, muss irgendeinen Grund haben", vermutete jemand. „Als würde er erpresst ... Er wirft dem Wolf immer mehr Fraß zu, damit er schneller satt wird."
„Einmal frißt der Wolf ihn!", trumpfte ein Herr auf. „Die Kommunisten werden ihn mal stürzen."
„Das wäre verdient", nickte Prchala. „Tragisch ist nur, dass durch einen Mann wie ihn die ganze Nation gefährdet wird."

„Wie William Shakespeare schrieb", erinnerte sich jemand: „Das Unglück eines Prinzen reißt das ganze Volk mit in den Abgrund ..."
„Du bist ein Poet."
„Ich hielt den Satz für unverständlich und überzogen", gestand der Literaturkenner. „Jetzt weiß ich, was der große Dramatiker gemeint hat. Übrigens ...", er wandte sich der ganzen Gesellschaft zu: „Aus sicherer Quelle erfuhr ich, dass Dr. Preis im Gefängnis sitzt."
„Der Chef der Živnobanka?!", rief jemand am anderen Tischende ungläubig auf. „Der gute alte Herr?"
„Genau. Jaroslav Preis."
„Der war doch im Widerstand tätig", betonte derselbe. „Das ist allgemein bekannt. Er hat für Aktionen Geld beschafft."
„Sicher haben die Kommunisten ihn eingesperrt", meinte ein anderer nachdenklich.
„Und Beneš spielt schweigend mit", sagte der Informierte. „Doktor Preis würde nämlich Beneš das verschacherte Gold vorwerfen. Jetzt wird Dr. Preis der Kollaboration beschuldigt."
„Es sitzen hunderte Tschechen und Slowaken, sagt man, nur weil jemand sie verleumdet hat."

„Vor mir hat General Moravec einmal erwähnt", bemerkte einer, „die Männer vom heimischen Widerstand hätten überlegt, ob sie als ihren Führer Beneš oder lieber Dr. Preis anerkennen sollten."
„Moravec vom militärischen Nachrichtendienst?"
„Jawohl, František Moravec. Er erzählte, wie Beneš wütend wurde, als jemand es ihm verriet. Moravec hatte es aus erster Hand."
„Also auch Eifersucht."
„Konnte vielleicht Beneš mitgewirkt haben, damit Dr. Preis inhaftiert wurde?"
„Jedenfalls hätte er die Macht, ihn auf freien Fuß zu setzen. Der alte Herr sei krank."
Dr. Jaroslav Preis wurde erst 1946 ohne Schuldspruch entlassen. Wenige Tage danach starb er im Familienkreis in seiner Wohnung.
„Nicht auszuschließen", bestätigte Locher. „Beneš überlegt nicht lange. Seine Rivalen kragelt er ab."
Im entstandenen Schweigen fragte jemand:
„Was gibt's sonst Neues?"
„Meine Herren! In Aussig hat man Menschen in die Elbe geworfen", fiel einem wieder auf, was er vorhin gehört hatte.
„Wie bitte?"
„Man hat Deutsche von einer Brücke hinuntergeschmissen, auch Frauen und Kinder. Hunderte sind angeblich umgekommen oder gar tausende, sagt man. Ich will es noch nicht glauben."
„ ... und wir sitzen da und plaudern?"
„Was können wir schon tun?", sagte einer deprimiert.
„Irgendetwas bestimmt!"
„Ich werde mit den Polen reden", entschied Prchala. „Die echten Demokraten unter ihnen, nicht die, die sich nur so nennen, die sind ja auch im Exil geblieben. In ihrer Heimat wird die deutsche Minderheit gleich brutal behandelt, ausgetrieben wie bei uns. Ich meine, wir sollen gemeinsam die Weltöffentlichkeit aufrütteln!"
„Da bin ich aber skeptisch."
„Auch wenn wir nicht gleich etwas bewirken. Nur schweigen zu den Verbrechen und dem Unrecht, das drüben die Oberhand ge-

winnt, das dürfen wir ganz bestimmt nicht", drängte Prchala. „Deswegen sind wir doch zusammengekommen."
Der General schaute von einem zum anderen um den Tisch herum. „Wir sollten uns darüber einigen, was wir künftig unternehmen wollen."
„Auf keinen Fall dürfen wir stillhalten", stimmten mehrere Herren zu. „Deswegen sind wir doch im Westen geblieben. Wir können uns an die Alliierten wenden."
„Die werden uns eher abweisen", meinte der Skeptiker. „In ihren Augen sind wir Exulanten nichts als Versager."

München, Januar 1991

„Die Schurken!" Paul sagte es ein wenig anders, „die haben uns das Paket für Adrian aus Leopoldov zurückgeschickt!"
Rechtzeitig vor Weihnachten sandten wir es ab und Ende Januar war es wieder da. Es stand darauf: *Empfänger unbekannt.*
„Ich weiß, weshalb", gab Paul traurig zu. „Er heißt nicht Starčik, sondern Stárik. Das hab' ich nachträglich herausgefunden."
„Dich trifft keine Schuld", beruhigte ihn Jan, der das Paket mit Dauerwurst, Tee, Rasierbedarf, Zigaretten und anderen kleinen Sachen für den rätselhaften politischen Gefangenen vorbereitet und zur Post gebracht hatte. „Schuld ist die Gefängnisleitung. Die wussten bestimmt, für wen es war. So viele Adrians mit einem ähnlichen Familiennamen wird es dort wohl nicht geben."
„Folterknechte sind das", sagte Paul. „Wie gehabt."
„Sie wollen verhindern, dass wir Kontakt mit ihm aufnehmen", sprach ich einen Verdacht aus, der mir aus mehreren Gründen wahrscheinlich erschien. „Jemand hat es auf ihn abgesehen. Aber warum?"
„Wie unter den Kommunisten", bekräftigte Paul. „Schikanen! Nichts hat sich geändert!"
Ich erinnerte mich an die Gefängnismeuterei, die Tabulka im Dezember 1989 in Kuřim bei Brünn zu besänftigen versuchte. Ein alter Direktor, alte Wachposten, kommunistische Sterne und Slogans an der Wand.
„Es wird nicht so leicht sein, wie wir hofften", sagte ich.

„Ich schick' das Paket noch einmal hin", entschied Jan und legte es in sein Auto. Wir waren alle zum Paketpostamt gegangen, um zu sehen, was eigentlich los war. „Erst kaufe ich ein paar frische Sachen darein. Jetzt muss ich zurück ins Büro."

„Das bedeutet aber", sagte ich zu Paul, nachdem wir vor dem Postgebäude allein geblieben waren, „dass Adrian von uns noch überhaupt nicht weiß ..."

„Verdammt", sagte Paul. „Die ganzen Feiertage hab' ich an ihn gedacht, starrte meine Zimmerdecke an und wiederholte: Mir geht es gut ... Mir geht es gut ... Er schmort noch dort ... Er schmort noch dort ... Ich krieg' ihn raus!" Er hatte Tränen in den Augen.

„Weißt du was, schicken wir ihm eine Ansichtskarte!", schlug ich vor. „Die kommt schneller an als das Paket.„

Wir kehrten zur Posthalle zurück und schrieben Adrian einen Gruß, als spielten wir um Zeit. *In den kommenden Monaten sollten wir durch ständige Wechselbäder von Hoffung und Kampf mit einer posttotalitären Justiz gehen und eine Menge harte Lehren erhalten.*

„Was kann dahinter stecken, dass sie ihn von uns fernhalten?", fragte ich ziemlich einfältig, als wir die Karte in den Briefkasten warfen. „Was hat er verbrochen?"

„Frag' lieber, was die Kommunisten verbrochen haben. Über die Samtene Revolution können sie nur lachen. Der Horror läuft seit 1948 bis heute noch."

„Eher seit 1945, glaub' mir!"

„Na ja, du bist Experte."

„Ich hab' immer mehr Beweise, dass es schon damals angefangen hat."

Böhmerwald, 1945

Es war ein wunderschöner Sommer. Ein Mann und ein bald gleich großer Junge marschierten über die Wiesen und Wälder des Böhmerwalds. Sie atmeten den Duft von Blüten und Kräutern ein, die überall wucherten. Der Bub hielt den Mann am Ärmel zurück: „Leise, Papa!" Nur wenige Meter vor ihnen weideten Rehe, eine ganze Gruppe mit zwei Kleinen. Die Männer standen still. Gott, wie lange habe ich so etwas nicht gesehen, überlegte der Ältere. Im Krieg waren die fremden Wälder voller Lärm, voll mit abgehackten Zweigen und abgeschälter Baumrinde. Auch die Bäume starben oder waren verletzt wie die Menschen. Wie ich mich nach dem wunderbaren Frieden dieser Landschaft sehnte, die in meinem Herzen unversehrt geblieben war und hoffte, ihren Frieden einmal wieder zu finden!

Er erwiderte den Druck der jungen Hand.

Als die rotbraunen Tiere fortgehüpft waren, sagte er:

„Hier haben unsere Vorfahren gelebt, seit Menschengedenken."

Der Junge an seiner Seite nickte: „Ich weiß, Papa."

„Eines Tages nehme ich dich mit nach Steinkirchen. Aus der Gegend stammen wir", erklärte Otto Paleczek.

„Wo liegt das?"

„An der Landstraße nach Budweis hinter Kamenný Újezd, in Chlumec, da soll bis heute ein großer Bauernhof stehen, vielleicht dreihundert Jahre alt. Verwandte sagen, den hat jemand von unserer Familie aufgebaut. Dein Ur-Ur-Urgroßvater."

„Das find' ich gut", nickte der Junge.

Paleczek wurde erst kürzlich nach mehreren Jahren Frontdienst in der Wehrmacht aus der amerikanischen Gefangenschaft entlassen. Ursprünglich war er Einkaufsleiter der Papierfabrik in Pötschmühle, unweit von Krummau. Nun gewöhnte er sich allmählich wieder an den alten Beruf, es gab aber fast nichts, das so war wie vor dem Krieg.

„Du sollst nie vergessen, hier ist unsere Heimat", sagte er zum Sohn. Auf seine Dienstreisen nahm er ihn mit, auch um der Hoffnungslosigkeit zu entfliehen, die sich in seiner Seele breit machte. Meist fuhren sie mit dem Zug, dann wanderten sie zu Fuß. Der Vierzehnjährige soll das Land, in dem die Familie tief verwurzelt war, lieben lernen, sich gut einprägen, solange dies noch möglich war.

„Bald bist du ein erwachsener Mann", sagte Otto Paleczek zum gleichnamigen Sohn. „Wahrscheinlich werden wir unser Land verlassen müssen."

„Hauptsache, du bist wieder da", sagte der Junge. „Mit dir schaffen wir alles."
„Die Zeiten sind härter als erwartet, mein Lieber." Er legte dem Sohn einen Arm um die Schultern. Es war unnötig, dem Junior etwas zu erzählen. Täglich brachen kleine tschechische Banden in deutsche Häuser ein, plünderten und beschlagnahmten, was sie für sich selbst brauchten oder zu brauchen glaubten. Vor ein paar Tagen haben neue tschechische Nachbarn Skier und Schlitten für ihre Kinder requiriert. Otto und seine zwölfjährige Schwester Margit durften nur sprachlos zusehen.
„Warum ist es so, Vater?", wagte der Junior zu fragen. „Ich meine, warum verfolgt man uns?" Plötzlich hatte er Furcht in den Augen und die Stimme brach. Ein Gefühlsausbruch, den er sich vor der Mutter, die schon genug zu ertragen hatte, nie leistete.
„Die Tschechen machen einen fatalen Fehler", versuchte der Mann es verständlich zu machen. „Die Gesetzlosigkeit hätten sie nicht zulassen sollen. Die wendet sich eines Tages gegen sie."
„Aber wann!"
Der Antwort wich er aus. „Schau dir das schöne Land an. Wir alle haben es aufgebaut."

Schließlich fing er an zu erzählen: „Vor Jahrhunderten, viel früher, als dein Ur-Urgroßvater den Hof bei Steinkirchen errichtet hat, kamen deutsche Siedler aus anderen benachbarten Gebieten, um die Wildnis zu bezähmen. Es gab amtlich bestimmte Personen, sie hießen Lokatoren, die das rauhe Land an zugezogene Bauern verteilten. Erst musste es gerodet und kultiviert werden. Wir nahmen niemandem etwas weg! Die Lokatoren, für jeden Ort einer, erhielten dann oft das Recht, eine Mühle oder eine Wirtschaft zu betreiben. Unsere Dörfer und Städte blühten allmählich auf. Wir sind nicht als irgendeine Horde gekommen, sondern als Bürger. Auf Geheiß der böhmischen Könige haben wir menschenleere Gebiete besiedelt", sagte er und fügte bitter hinzu: „Die Tschechen nennen uns jetzt Kolonisten. Das wäre doch ehrenhaft. Das waren sie selbst ursprünglich auch."

„Warum jagen sie uns hinaus?“
„Miese und schäbige Politiker haben das angezettelt.“ Kürzlich hörte er im Radio, wie der zurückgekehrte Präsident Beneš die Tschechen aufforderte, den Deutschen allen Besitz abzunehmen, bis auf ein Taschentuch, mit dem sie sich die Tränen abtrocknen könnten. Solch ein Zynismus!
„Man sagt, wir seien Fremde“, klagte der Junge. Sie waren an eine breite, gepflegte Kieselstraße angelangt und wählten eine Seite, die durch mächtige Bäume überschattet war.
Der Vater erwiderte: „Schau mal, ich bin einundvierzig. Ich habe über die Geschichte nachgedacht. Es ist merkwürdig. Die Zeiten seit der Ankunft der Deutschen und ihrer Anwesenheit in Böhmen decken sich fast haargenau mit dem wirtschaftlichen und kulturellen Aufstieg Böhmens, mit den Jahrhunderten, in denen das Königreich eine wichtige Rolle in Europa spielte. Sie decken sich sogar mit dem wirtschaftlichen und politischen Aufstieg der Ersten tschechoslowakischen Republik! Heißt das denn nicht, dass wir einen Anteil an dem Erfolg haben? Heute leugnen die Tschechen das alles.“
„Warum tun sie das?
„Wegen Hitler, sagen sie.“
„Das ist aber ungerecht!“
„Vergeltung ist niemals gerecht.“ Vater zeigte auf seinen Ärmel. „Es ist ungerecht, wenn wir diese Armbinde mit dem ’N‘ tragen müssen. Es ist empörend, dass wir unsern Radioapparat sowie meine Jagdwaffen abgeben mussten! Es ist eine Schande, wenn tschechische Nachbarn uns ausrauben, wann immer es ihnen beliebt. Mein gutes Motorrad bin ich los.“ Das hat ihm ein junger Tscheche einfach für sich weggenommen.
„Es ist gegen alle Regeln, wenn du und deine Schwester keine Schule besuchen könnt. Und das Schlimmste ist, dass wir uns wie Leibeigene gar nicht vom Wohnort rühren dürfen! Für mich hat die Firmenleitung eine Ausnahme beim Kommissar vom Narodný Výbor erwirkt. Holz für die Fabrik muss nach wie vor eingekauft werden. Ich nehm’ dich mit, damit du noch deine Heimat siehst. Es bleibt aber fraglich, wie lange du mich begleiten kannst.“

„Und wenn nicht mehr?“, fragte der Junge bang.
„Dann verschwinden wir. Über alle Berge ...“
„Hast du etwas Böses getan?“, wagte der Sohn eine Frage.
Der Mann blieb stehen:
„Meinst du, die Fabrik würde mich weiter beschäftigen, wenn ich etwas verbrochen hätte? Und die Amerikaner hätten mich als Sanitäter im Soldatenlager in Krummau arbeiten lassen?“ Er setzte den Weg fort. „Nein, mein Sohn, ich habe nichts verbrochen. Ich meine nur, wir werden fliehen, wenn es nicht besser wird! Viele deutsche Familien sind in Bedrängnis geraten, sie verlassen die Heimat bei Nacht und Nebel.“
„Ich verstehe“, sagte der Sohn, erleichtert, dass es seine Familie noch nicht betraf.
„Schau dir unsern schönen Böhmerwald genau an solange es geht. Du bist inzwischen wirklich groß geworden.“ Wie viele Kriegsjahre hatten sie sich nicht gesehen? Der Vater hat die Kindheit seiner Kinder verpasst. „Sei bereit. Das wollt' ich dir sagen. Eines Tages fliehen wir auch.“
„Wohin denn?“
„Über die Grenze.“
Sie standen vor einem einsamen Bauernhaus. „Hier wollen wir um paar Lebensmittel bitten“, sagte Vater. „Die Tschechen haben uns die Zuteilungen wieder gekürzt! Die Leute hier kenn' ich gut. Hoffentlich werden sie uns etwas für den Kochtopf für Mutter mitgeben!“
Während der Heimfahrt passten sie gut auf und näherten sich der Wohnung mit Vorsicht. Die tschechischen Wachen durchsuchten die Deutschen auch auf der Straße, bei Tag und bei Nacht. Zum jungen Otto gewandt wiederholte Paleczek:
„Trotzdem bleibt es unsere Heimat für immer.“ Eher für sich sagte er: „Aber fliehen müssen wir, bevor man uns vertreibt wie die armen Leute aus Vollmau.“

Aston Abbots, 1943
„Unsere Propaganda“, sagte Beneš zu seinem Sekretär, „muss immer und immer wieder unaufhörlich beweisen, schreiben, dar-

auf aufmerksam machen, dass die böhmischen nazistischen Deutschen die eigentliche Ursache des Kriegs gewesen sind und es immer bleiben werden! Deshalb müssen sie aus der Tschechoslowakei weg! Das Territorium ist unser. Wir brauchen es zur Sicherung des Staates, allerdings ohne die Deutschen, das hat München bewiesen. Ripka muss Propaganda machen! Niemand tut etwas ..." Das waren Beneš's Worte mitten im Kriege, im Oktober 1943.

Die Lügengeschichte

Die historisch widersinnige Behauptung von Edvard Beneš wurde auch noch 2000 von manchen Tschechen wiederholt, auch wenn sie vorne und hinten nicht stimmte. Und Beneš hatte das gewusst!

„Bereits im Januar 1935 wurde uns bekannt", schrieb der damalige tschechische Diplomat in Berlin, Miroslav Schubert später an Feierabend, „und es wurde mit allen Einzelheiten nach Prag gemeldet, dass Hitler sich der Tschechoslowakischen Republik bemächtigen will. Die Durchführung des Plans Hitlers wurde durch das Abkommen von München hinausgeschoben. Der Plan der Besetzung der ČSR blieb dennoch bestehen. Am einundzwanzigsten Oktober 1938, also keinen Monat nach München, liest man unter dem Punkt Vier der Befehle Hitlers für die Wehrmacht: Die Liquidierung des restlichen tschechischen Staates."

Die Besetzung lediglich des Sudetenlandes hielt Hitler in seinen Plänen zur Machtergreifung in der ganzen Tschechoslowakei nur auf. Die Belange der Sudetendeutschen waren ihm gleichgültig, wie einem Diktator eben die Belange einfacher Menschen nur gleichgültig sein können. *Ihretwegen* einen Krieg zu führen, welch ein Witz!

Prag, Juni 1945

Ladislav Feierabend kehrte nach Prag zurück und war glücklich und entsetzt zugleich. Er war zu seiner geliebten Frau Hanička und den Kindern aus England wiedergekommen. Da sie 1940 mit ihm nicht fliehen konnte, hatten die Nazis seine Frau als Geisel behandelt, sie ins Konzentrationslager eingesperrt. Gottlob hat sie Ravensbrück überlebt. Die Kinder, in der Obhut von Großeltern, waren inzwischen fast erwachsen und lieb wie eh und je. Er war voller Dankbarkeit und Glücksgefühl.

Schlimmer erging es den Freunden. Sein Parteichef und kurzlebiger Premier der geschmälerten Nach-München-Republik, die nur ein halbes Jahr lang hielt, Rudolf Beran, saß im Gefängnis. Beran hatte das Amt des Ministerpräsidenten im November 1938 von General Syrový übernommen, der seinerseits dem hastig abgedankten Milan Hodža vorübergehend gefolgt war. Nachdem die deutsche Wehrmacht am fünfzehnten März 1939 in Prag einmarschiert war, nahm Beran seinen Hut. Jetzt waren sowohl Beran als auch Syrový hinter Gittern. Weswegen eigentlich? Syrový kam zu der Schmach überhaupt wie die Jungfrau zum Kind. Als nur einige Wochen amtierender Ministerpräsident musste der General die Münchner Kapitulation unterzeichnen, obwohl das Debakel durch Beneš, auch gegen Syrovýs ausgesprochenem Willen, beschlossen wurde. Allerdings hatte Beneš es nicht unterzeichnet, sondern dies der Regierung auferlegt. Jetzt war also Syrový der Kollaborateur und sollte sich wie Beran vor dem Nationalgericht verantworten. Wofür? Feierabend war Finanzminister der Regierung Beran gewesen, später auch der Protektoratsregierung von General Eliáš. Für beide Chefs hätte er die Hand ins Feuer gelegt! Nur, Eliáš brauchte es nicht mehr.

„Herr Präsident!", sagte Feierabend zu Beneš bei einer Privataudienz, „ich beantrage hiermit, vor das Nationalgericht gestellt zu werden."
„Was erzählen Sie mir da, Kollege?", erwiderte Beneš empört.
„Als ehemaliges Mitglied seiner Regierung", sagte Feierabend, „will ich zu Berans Gunsten aussagen. Anders geht es auf keine Weise. Keine Zeitung nimmt meine Artikel an. Es gibt kein Gremium, wo ich die Wahrheit vortragen kann. Nur vor dem Gericht hätte ich die Möglichkeit, Berans edles Verhalten zu bezeu-

gen. Ich war auch in der Protektoratsregierung Minister", argumentierte er, „also muss ich, laut dem Kaschauer Regierungsprogramm vor Gericht gestellt werden!"
„Allerdings sind Sie ins Ausland geflüchtet", wandte Beneš ein.
„Das war nur, weil unsere Untergrundorganisation verraten wurde. Die Gestapo kam zu meiner Villa, um mich zu verhaften. Um ein Haar bin ich entwischt. Meine Kinder haben mir das Leben gerettet."
Die Bemerkung interessierte Beneš nicht. Daher konnte Feierabend auch nicht die Geschichte über das abgesprochene Signal zwischen Tochter und Sohn erzählen, nämlich wie der Sohn, mit seiner Pfeife spielend, unbekannte Zivilpersonen am Gartentor aufhielt, während die Tochter zu ihrem Vater ins Zimmer mit dem Aufschrei 'Vater, lauf!', hereinbrach und wie er durch die Nachbarsgärten rannte und über die Zäune sprang. Das war der Anfang seines langen, von Mal zu Mal improvisierten Fluchtwegs, der ihn über Mähren, die Slowakei, Ungarn und Jugoslawien zuerst nach Frankreich und dann nach England gebracht hatte.
„Die beiden Premiers, sowohl Beran als auch General Eliáš, haben mit dem Untergrund systematisch zusammengearbeitet," bekräftigte Feierabend. „Das kann und will ich bezeugen."
„Eliáš wurde ja von den Nazis hingerichtet."
„Vielleicht war es besser für ihn", bemerkte Feierabend bitter.
„Was sagen Sie da?"
„Zuerst wurde er nur interniert und verhört. Nach neun Monaten aber, nach dem Attentat und dem Tod Heydrichs, hat man ihn in Berlin exekutiert. Sonst säße er heute auch im Gefängnis, nicht wahr? Wie Beran."
„Das meinen Sie nicht im Ernst."
„Die Protektoratsregierung gehört in den Kerker. So heißt das politische Dogma. Ich war auch ihr Mitglied. Ich will vor Gericht gestellt werden und aussagen."
Beneš wurde rot im Gesicht. „Kollege, darüber will ich nie mehr etwas hören. Sollten Sie vor Gericht kommen, dann würde ich es als Beleidigung meiner eigenen Person auffassen."

Sie standen sich gegenüber wie zwei Hähne. Erst nach dem letzten Satz Beneš's ließ die Spannung nach. Feierabend fühlte sich geschmeichelt, sogar beruhigt, dass ihn der Präsident, nachdem er selbst seiner Londoner Exil-Regierung den Rücken gekehrt hatte, trotzdem nicht fallen lassen will. Die Zeit war voller Gefahren und seine Frau und Kinder haben schon genug ertragen müssen.
„Setzen wir uns doch“, forderte Beneš ihn mit einem warmen Lächeln auf. „Erzählen Sie mir wie es Ihnen geht!“
„Ich bin Privatmann und Bauer“, stellte der Besucher versöhnlich fest.
„Na, na, mit Ihrem Großgut und dem Schloss in Mirošovice.“ Beneš war bestens informiert.
„Alles ist schwer verwüstet“, klagte Feierabend. In den tiefen Klubsesseln erinnerte er sich: „Ein Problem, auch meine Möbel wurden mir gestohlen, meistens von den Menschen im Dorf“, fügte er mit Bedauern hinzu.
„Möbel, sagen Sie.“
„Ich wollte gerne in London etwas kaufen. Dort gibt es wunderschöne Möbelstücke sehr preiswert aus Häusern, die durch Bombardierungen ruiniert wurden.“
„Das ist gut.“
„Nur, wie kann ich sie herbringen?“ sagte Feierabend. „Die Speditionen arbeiten noch nicht, oder sind überlastet.“
„Das wäre wiederum für mich kein Problem“, sagte Beneš. „Wenn Sie in London etwas kaufen, werde ich es zusammen mit meinen Sachen aus Aston Abbots abtransportieren lassen.“
„Das kann ich doch nicht verlangen“, wehrte sich Feierabend.
„Abgemacht“, entschied Beneš. „Gut, dass Sie es mir mitgeteilt haben. Entschuldigen Sie, Kollege … es gibt viel zu tun.“

Die Audienz war vorbei und Feierabends Zeugenaussage zugunsten Berans vom Tisch. Beneš atmete auf. Das würde mir noch fehlen, Beran zu entlasten! Dabei käme der ganze Hader um das Münchener Abkommen, um die Deutschen und meine Rolle darin wieder hoch. Viele würden die Richtigkeit meiner

Entscheidungen in Prag, in London oder Moskau anzweifeln. Meine Vormachtstellung als Staatspräsident würde wackeln wie 1935, als Berans Agrarier einen Gegenkandidaten für das Präsidentenamt gegen mich aufgestellt hatten. Das vergess' ich dem Beran niemals!

In den nächsten Monaten sollten nur Belastungszeugen gegen Beran gehört und dabei geschlagen werden, damit sie richtig aussagten. Dafür hat Bedřich Pokorný gesorgt, der Vertreiber der Brünner Deutschen. 1947 wurde Beran zu zwanzig Jahren Freiheitsentzug verurteilt. Als er 1954 im Gefängnis Leopoldov verstarb, wurde er wie andere Prominente lediglich unter einer Nummer begraben. Später baute man ein Gebäude über den Friedhof. Rudolf Beran hat niemals mehr die Freiheit erlebt. All das konnte Feierabend vorerst nicht wissen.

London, August 1945

„Mister Jaksch?" Der Mann, den er zögernd angesprochen hatte, wandte sich ihm zu. Jetzt erkannte Lev Prchala ihn mit Sicherheit:

„Herr Jaksch! Dass ich Sie mitten in der Großstadt treffe!", sagte er, als hätte er ihn lange gesucht. Das stimmte auch.

Die Freude des anderen über ein Wiedersehen war gedämpft. „An der Oxford Street trifft sich die halbe Welt, Herr General. Wie geht es Ihnen so?" Nicht einmal die Hand streckte er aus, um den Tschechen zu grüßen.

Prchala schwieg einen Augenblick. Dann atmete er auf und sagte: „Herr Jaksch, ich wollte Ihnen sagen, wie tief ich durch die Ereignisse in Aussig und im Sudetenland überhaupt, erschüttert bin."

Jaksch richtete sich auf und seine Augen leuchteten etwas warmherziger: „Danke für die Worte." Der Tscheche erzählte dem sudetendeutschen Exulanten und verschworenen Antifaschisten über die gerade abgehaltene Versammlung im Klub. „Ich bin mit meiner Einstellung nicht allein. Es gibt mehr Landsleute, die denken wie ich."

Wenzel Jaksch war über das Geschehen in Aussig tief betrübt:

„Wissen Sie, in den ersten Kriegsjahren lud Beneš mich immer wieder zum Tee ein, wie er es nannte“, erinnerte sich der Chef der Sozialdemokraten. „Er schilderte mir, wie seine Exilregierung und er selbst die Sudetendeutschen aussiedeln wollten. Was konnte ich mehr tun als protestieren?! Ich war verzweifelt und machtlos. Es war mir klar, dass nach den Naziverbrechen unsere Menschen, auch die unbeteiligten, Verfolgungen ausgesetzt sein würden. Doch den sadistischen Plan einer totalen Vertreibung konnte ich mir nicht einmal vorstellen. Manchmal hielt ich es für einen Psychokrieg, den er gegen mich führte. Es war, als würde jemand Ihnen beim Tee erzählen, wie er Sie bald darauf vierteilen wird.“

„Es ist aber so gekommen“, sagte Prchala bedrückt.

„Nach der schrecklichen Vernichtung von Lidice hat mir Beneš - so als wäre ich daran schuld, wo ich doch das Geschehen sofort anprangerte - den Zugang zur BBC abschneiden lassen.

Ich wusste nicht mehr, wie wir unsere Menschen in der Heimat vor der bevorstehenden Vertreibung warnen sollten, geschweige denn schützen“, klagte Jaksch. „Heute konfiszieren die tschechischen Machthaber unseren Leuten sogar Radioapparate. Es ist blanker Terror. So haben die Nazis Juden behandelt. Das sage ich nicht als Entschuldigung. Das führe ich nur deswegen an, da die meisten Tschechen im Protektorat doch mehr oder weniger normal leben durften.“

„Bis auf Lidice“, nickte Prchala. „Da hat Hitler dem tschechischen Volk anschaulich gezeigt, was er mit dem Ausradieren meinte. Das, und vieles andere mehr, sitzt tief ...“

„Ich habe damals vor tschechischer Rache gewarnt“, bestätigte Jaksch. „Ich konnte mir nur nicht vorstellen, dass sie noch schlimmer sein würde als befürchtet. Von Aussig meldet man mir, wie alle Deutschen ohne Unterschied drangsaliert werden. Unsere Antifaschisten, Sozialdemokraten, gläubigen Christen und Kommunisten waren ja auch in den KZs und wurden getötet. Wir alle waren nicht umsonst ins Exil geflüchtet.“

Sowohl Lev Prchala als auch Wenzel Jaksch sollten ihre Heimat nie wiedersehen. Jaksch ging nach Deutschland. In der jungen

Bundesrepublik wurde er zuletzt Staatssekretär in der hessischen Landesregierung. Mit Lev Prchala und seinen Freunden im Tschechischen Nationalausschuss schlossen die Sudetendeutschen den ersten Vertrag über Ausgleich und Versöhnung zwischen beiden Völkern.

„Wie ich es sehe, Herr Jaksch", sagte der General in einem ernsthaften Ton, „wurden in Lidice wie in Aussig unschuldige Menschen angegriffen und ermordet."
Nach einer kurzen Pause hatte er sich entschlossen und erklärte feierlich: „Im Namen aller anständigen Tschechen bitte ich Sie und Ihre Freunde um Vergebung!"
Es war ein ungewöhnlicher Anblick in der britisch korrekten Oxford Street, als zwei hochgewachsene Männer sich in die Arme fielen. Hätten die Passanten sich nicht diskret abgewandt, so hätten sie sie sogar weinen sehen können.

25. Intrige

Kritischer General und Nachrichtendienstchef hadert mit Beneš um Fallschirmjäger und um Lidice – Er durchschaut Beneš's Spiel, ist aber verpflichtet zu schweigen

Prag, Sommer 1945

František Moravec lief die offene, breite Schlosstreppe zum Hradschin hinauf. Er hatte sich bei Beneš angemeldet. Es war wichtig, mit dem Chef zu reden, auch wenn er wusste, wie schwierig das Gespräch sein würde.

General Moravec wurde knapp vor Kriegsende, auf der Höhe seiner beruflichen Laufbahn, kaltgestellt. Elf Jahre lang stand er seit 1934 an der Spitze des tschechoslowakischen militärischen Nachrichtendienstes. Er stand nicht nur, er hatte ihn professionell aufgebaut. Seine Informationsquellen waren so gut, dass er und seine kleine Gruppe als die einzigen in der Nach-München-Republik genau wussten, dass die Hitler-Truppen am frühen Morgen des fünfzehnten März 1939 den Reststaat besetzen würden. Doch der damalige Regierungschef Rudolf Beran und seine Minister glaubten ihm nicht.

Moravec' Geschichte

Am Vortag des Einmarsches flog Oberst Moravec mit neun seiner Mitarbeiter, konspirativ und verdeckt, mit einem holländischen Flugzeug, beladen mit den nötigen Apparaturen, Dienstmaterial und Teilen des Archivs sowie mit einer beträchtlichen Summe an Auslandsgeld aus der Geheimkasse des Amts, von Prag über Amsterdam nach London. Am Abend des vierzehnten März landeten sie, allen war das klar - im Exil.

Am nächsten Morgen erreichte der Chef der deutschen Abwehr,

Admiral Canaris, das Areal des Generalstabs in Prag. Seine Leute verlangten die Herausgabe des Archivs des tschechoslowakischen Nachrichtendienstes.
Tschechische Offiziere, die vor Ort geblieben waren, erwiderten: „Wir haben alles vernichtet und verbrannt." Was Moravec mit sich fortgeschleppt hat, erwähnten sie nicht. Ein Major der deutschen Abwehr nahm es kühl zur Kenntnis: „Wir hätten dasselbe getan."
Sobald der abgedankte Präsident Edvard Beneš im Exil bekannt gab, er wolle den ausländischen politischen Widerstand leiten, stellte sich ihm Moravec mit seiner kleinen, wichtigen Mannschaft zur Verfügung. Nicht, weil es Beneš war, sondern da es für ihn und seine Offiziere die einzige Möglichkeit bedeutete, dem Land, dem sie Treue geschworen hatten, weiter zu dienen. Oberst Moravec und seine Gruppe wurden zur Schnittstelle hochbrisanter Informationen.
Alle Depeschen des Protektoratspräsidenten Hácha an Beneš gingen durch Moravec' Hände. Ebenso alle Nachrichten und Anweisungen von Beneš an den Präsidenten und die Protektoratsregierung. Über Moravec flossen auch alle Informationen des heimischen Widerstands an 'London' und das war wieder Beneš. Mit Beneš's ausschließlicher Kontrolle des Nachrichtenverkehrs war Moravec nicht einverstanden, doch konnte er nichts dagegen tun. Er war der Mann im Hintergrund wie Nachrichtendienstler es sind. Wichtig war, dass alles Material zugleich und sofort an den britischen Nachrichtendienst weitergeleitet wurde, blieb also nicht ganz ungenutzt. Das gehörte zur Vereinbarung mit der Regierung Seiner Majestät. Täglich versorgte Moravec Beneš mit Depeschen und nahm die seinen zum Funken oder für die Kuriere wieder mit. Beneš war direkt süchtig nach jedem Stück Papier, das Moravec ihm brachte. Es schien, er könnte ohne seinen Versorger nicht einmal atmen.
Während der Kriegsjahre wurden viele Offiziere befördert, es war die Gelegenheit, eine steile Armeekarriere zu machen. Um Oberst Moravec machte man einen hohen Bogen.
Beneš redete sich auf 'gewisse politische Kreise' aus - die Kom-

munisten waren gemeint -, die gegen seine Beförderung wären. Eines Tages hatte Moravec genug. Er stellte die Bedingung, zum General ernannt zu werden, sonst würde er den Dienst quittieren. Endlich gab Beneš nach, offenbar in der Befürchtung, seinen treuen Geheimdienstler zu verlieren.
In London war General Moravec zuletzt stellvertretender Chef des exiltschechoslowakischen Generalstabs geworden. Und er war es gewesen, der das Fallschirmkommando zur Tötung des Reichsprotektors Reinhard Heydrich ausgebildet und in die Heimat geschickt hatte. Gerade davon wollte er nun mit Beneš reden.

„Seien Sie willkommen, Kollege!" Beneš eilte ihm beinahe mit offenen Armen entgegen. „Was kann ich für Sie tun?" Was konnte er denn gutmachen, nachdem er seinen höchsten Spion selbst geopfert hatte?
„Herr Präsident! Ich habe ein böses Ereignis hinter mir."
„Erzählen Sie! Nehmen Sie doch Platz."
„Danke", sagte Moravec, doch er setzte sich nicht. In den alten Zeiten in London ging er bei Beneš ein und aus. Auch jetzt fühlte er sich nicht durchs Protokoll gebunden. Aufgeregt sagte er:
„Gerade hab' ich einer Hinrichtung beigewohnt."
„Och! Von wem?"
„Von einem, der unsere Jungs verraten hat."
Kühl wunderte sich Beneš: „Dann hat er die Todesstrafe verdient, oder?"
Moravec lief hin und her durch den Raum. „Voll und ganz! Da pflichte ich dem Tribunal bei. Was mich stört, ist die Tatsache, wie schnell das ging!"
„Der Tod?"
„Die Ausführung der Hinrichtung."
„Da kann kaum etwas zu schnell gehen. Meinen Sie nicht?"
„Herr Präsident!" Er blieb kurz stehen und schaute dem Chef in die Augen. „Wir beide haben die Jungs auf die schicksalhafte Reise geschickt! Sie persönlich haben sie vor dem Abflug verabschiedet, ihnen für die heldenhafte Bereitschaft gedankt."

„Ja, ich war sehr bewegt", erinnerte sich Beneš. „Es waren Helden, das bestreite ich nicht!"
„Warum wird dann", sagte Moravec, *„bis zum heutigen Tag unserem Volk verheimlicht, dass der Befehl zum Attentat auf Heydrich von Ihnen erging? Sie haben ihn mir gegeben!"*
Beneš schluckte und schwieg.
„Ich wäre dankbar", fuhr der kaltgestellte General fort, „wenn wir beide der tschechischen Öffentlichkeit reinen Wein einschenken könnten." Er ging wieder auf und ab, mit halb gesenktem Kopf wie es seine Gewohnheit war. „Es kreisen so viele Gerüchte in Prag. Ich, nur ich persönlich werde für den Terror verantwortlich gemacht, der durch Heydrichs Tod hervorgerufen wurde. Ist das nicht unfair?"
„Ja, das muss man schon ertragen, Sie wussten ja ..."
„Wir sollten doch klipp und klar sagen, dass ich Ihrem höchsten Befehl gefolgt war! Dass Sie als Oberbefehlshaber der Streitkräfte mich beauftragten, die Operation vorzubereiten, sie durchzuführen. Das wäre eine andere Sachlage."
Beneš hörte regungslos zu.
Der General in *Disponibilität* - so nannte man das berufliche Absägen, das ihn und einige andere getroffen hatte - ließ sich nicht abwimmeln:
„Herr Präsident! Ich halte die Aktion nach wie vor für wichtig. Aus militärischer Hinsicht bin ich stolz auf sie, doch über das Ausmaß der Opfer bin ich erschüttert." Moravec blieb wieder stehen, um Ruhe zu gewinnen. Das Schwierigste kam erst:
„Es wird immer weniger erträglich für mich, wenn Leute nur mir als dem vermeintlich einzigen Initiator den darauffolgenden nazistischen Terror, die tausende von Menschenopfern, ja die Vernichtung von Lidice immer wieder vorwerfen!" Mit leiser Stimme sagte er: „Es hätte eine andere Dimension, wenn Sie als der Oberbefehlshaber der Armee die Aktion vor dem Volk vertreten und begründen würden."
„Hmmmmm ..."
„Erinnern Sie sich", fuhr der General fort, „wie wir in London

und in Aston Abbots die Listen der Hingerichteten gemeinsam und täglich aus dem Radio hörten?“
Beneš schnaufte. „Schon damals sagte ich Ihnen, Sie sind viel zu sentimental.“
Dem Gast stockte der Atem. Damals meinte er, der Präsident trotze damit der Wucht der Tragödie. Jetzt klang es anders. Mit einschmeichelnder Stimme redete Beneš ihm zu:
„Glauben Sie mir, Kollege, es liegt in höherem politischen Interesse, dass Sie als Chef des Nachrichtendienstes von damals, die Verantwortung auch weiterhin allein tragen. Für Sie als Soldat und Offizier sind doch Opferbereitschaft und Pflichtbewusstsein keine Fremdwörter.“
„Sicher, Herr Präsident.“
„Versuchen Sie es bitte noch eine Weile auszuhalten. Sie sehen doch, meine schützende Hand bleibt Ihnen gewiss.“
„Das weiß ich zu schätzen, Herr Präsident!“ Nachdem so viel verspielt worden ist, wollte er sagen. Er biss sich aber lieber in die Zunge. So wie es nun aussah war Moravec’ persönliche Sicherheit tatsächlich von diesem Taktiker und Jongleur abhängig.

Er versuchte es noch einmal: „Wir haben ja gehofft, die Menschen im Protektorat würden sich erheben.“
„Genau!“, stimmte Beneš zu. „Ich hätte erwartet, die Verhafteten würden sich nicht so wehrlos von der Gestapo abführen lassen, wie sie es taten! Wo sie wussten, es erwartet sie der Tod, so oder so.“
Moravec nahm die Partei der Geopferten ein: „Das weiß mit Sicherheit und von vornherein doch niemand.“
„Kurzum, tapfer waren sie nicht“, urteilte das Staatsoberhaupt. Der kaltgestellte General schaute ihn nur ungläubig an: Dies war derselbe Mann, der vor wenigen Jahren seine hochgerüstete Armee, die neuntausend Grenzbefestigungen, groß und klein, in denen Maschinengewehrnester bis zu schwerer Artillerie installiert werden konnten, einfach stehen ließ, abdankte und Hals über Kopf ins Ausland flüchtete!

„Im Jahre 1938 waren die Menschen tapfer und wollten kämpfen!“, widersprach er spontan.
Beneš strafte ihn mit einem langen bohrenden Blick.
Trotzdem ließ es sich der General nicht nehmen, und betonte: „Aber damals hatten sie Waffen, eine perfekt eingespielte Armee und erstklassige Befestigungen. Im Protektorat dagegen standen sie mit leeren Händen da, mit entblößten Flanken wie nackt.“
Beneš trumpfte auf: „Gerade deshalb war es wichtig, das Attentat als Ausbruch des Volkszorns erscheinen zu lassen! Das hat uns politisch ungemein geholfen, erinnern Sie sich nicht?“ Im vertraulichen Ton sagte er: „Nur Sie und ich wissen die Fakten, nämlich, dass die Aktion unsererseits militärisch gesteuert war. Nur wir zwei wissen das! So soll es vorläufig bleiben.“

Der General war verzweifelt. „Es ist eine zutiefst peinliche Situation für mich, zumal ich als Privatperson dastehe.“
Nach kurzer Überlegung sagte Beneš trocken:
„Ich muss Sie doch nicht daran erinnern, auch wenn Sie sich in Disponibilität befinden, dass Sie auch weiterhin ans Staatsgeheimnis gebunden bleiben. Sollten Sie reden, müsste ich meine Kenntnis von der Aktion öffentlich leugnen.“
Moravec schwieg. Wenn Beneš ihn fallen lässt, kann er schnell im Knast landen. Gar vor einem Standgericht, wie er es heute gesehen hat. Dafür hat er nicht jahrelang mit aller Kraft und Mühe gedient!
Beneš fuhr fort: „Die Heydrichiade“ - so nannte man den Terror, der nach dem Attentat und Tod des Reichsprotektors einsetzte - „ist unser wichtigstes Argument für den Abschub der Deutschen überhaupt.“ Erklärend fügte er hinzu: „Ich erwarte endlich das grüne Licht von den Alliierten in Potsdam. Das dürfen wir uns jetzt nicht durch Streitereien, gar öffentliche Diskussionen vermasseln.“
„Aber die Wahrheit liegt anders“, wandte Moravec leise ein. „Das Attentat war eine geheime militärische Angelegenheit, keine Sache des heimischen Widerstands und schon gar nicht der breiten Schichten des tschechischen Volkes. Und mit der nazisti-

schen Vergeltung dafür hatten die Sudetendeutschen nichts zu tun."

„Das brauchen weder die Amerikaner noch die Engländer zu erfahren", sagte Beneš schroff. Er lief jetzt auch schon unruhig durch den Raum. „In einer kurzen Zeit hat sich alles geändert", beschwerte er sich. „Den Roosevelt hätt' ich wohl in der Tasche gehabt, wie Sie wissen, aber der ist mir gestorben. Wie Truman sich verhält, weiß ich nicht. Ob ein paar amerikanische sogenannte Humanisten", sagte er mit Spott, „ihn nicht gegen den Transfer einstimmen können ... Und der neue britische Premier Attlee ist für mich überhaupt ein geschlossenes Buch. Die Briten sind, wie uns schmerzhaft bekannt, mal unberechenbare Spinner mit ihren Menschenrechten und solchem Zeug. Ich bin eingeseift. Das ist die Wahrheit." Er lehnte sich an einen Stuhl an: „Meine einzige Hoffnung sind die Sowjets!"

„Nur, die können uns in den Rücken fallen", warnte Moravec. „Das hab' ich Ihnen in London ausführlich erzählt." Wollten die doch, dass ich gegen Sie als Präsidenten für ihre Stellen spioniere, wollte er sagen, aber er hatte keine Zeit dazu.

„Wegen den Sowjets zerbrech' ich mir nicht den Kopf", fiel ihm der Oberbefehlshaber ins Wort. „Das erklärte ich Ihnen auch schon in London. Die Sowjets sind von Anfang an für den Abschub gewesen. Unsere nationalen Bedürfnisse sind ihnen klar."

„Werden uns denn nicht unsere Kommunisten erpressen können?", drückte der General weitere Befürchtungen aus.

„Unsere Kommunisten, das verheimliche ich nicht, machen mir zu schaffen." Beneš machte eine nachdenkliche Pause.

„Ich zweifle aber nicht an ihrem höchsten Boss." Im Geiste hörte er die trübe, nach mehreren Abhörapparaten dumpf gewordene Stimme im Telefon, wie sie ihm von Potsdam aus versicherte *Waaschich Wragooov ubjom!* - Eure Feinde zerschlagen wir!

Moravec schüttelte nur den Kopf.

„Ich bin voller Vertrauen", sagte Beneš warmherzig und trumpfte auf: „Vergessen Sie eines nicht. Stalin ist mein Freund."

Der ehemalige Chef des militärischen Nachrichtendienstes senkte den Kopf. Er wusste kein Argument mehr und wagte keine Widerrede.

Im Vorzimmer traf der traurige General auf zwei alte Kollegen. Drtina mitten im kometenhaften Aufstieg, Feierabend am Abstellgleis wie Moravec auch. Sie redeten miteinander ein wenig säuerlich. Vor kurzem noch, in London, waren sie gute Freunde, auch mit Moravec. *Zwei Jahrzehnte später sollten alle drei, jeder aus recht unterschiedlichen Sicht, jeweils Memoiren über die Zeit und sich selbst darin verfassen, über ihre recht unterschiedlichen Schicksale.*

Während Drtina für eine lange Zeit im kommunistischen Knast landen sollte, entschlüpften die beiden anderen ins Exil, wieder auf abenteuerliche Weise. Moravec behauptete sich von allen dreien am besten, indem er die letzten achtzehn seiner Lebensjahre den Amerikanern als Berater im Pentagon treue Dienste erwies. Das alles konnten sie jetzt aber nicht ahnen.

„Hallo, František, ist etwas schief gegangen?“, fragte Drtina.

„Man wirft ihm das Attentat vor“, sagte Feierabend mit Anteilnahme in dritter Person, als wäre der Freund nicht in der Hörweite. „Das find' ich unfair. Es war doch eine Aktion des heimischen Widerstands, oder?“

Moravec blieb bei ihnen stehen, und antwortete nicht.

„Václav Černý, der Professor vom heimischen Widerstand, erzählt mit großer Sicherheit, das Attentat hätte der Exilstaatsrat in London befohlen“, sagte Drtina. Er hatte zwar seine besten Jahre in der präsidialen Kanzlei verbracht, doch trennten ihn verschlossene Türen vom echten Insider-Wissen. Außerdem erlaubte eine tiefe Ehrfurcht vor dem Chef Drtina nie, Beneš's Psyche und Taten zu analysieren, geschweige denn zu ergründen. Von den Ministern oder Mitgliedern des Staatsrats erfuhr er auch herzlich wenig.

„Das konnte nicht sein“, sagte Feierabend energisch. Mit einer breiten Geste setzte er sich auf die Ecke von Drtinas Schreibtisch.

„Das müsst' ich wissen“, fuhr Feierabend fort. „Als Mitglied der Exilregierung saß ich auch im Exilstaatsrat und dort wurde das

Attentat niemals besprochen. Es wäre auch gefährlich gewesen, solche hoch konspirative Aktionen in einem Gremium von fast vierzig Menschen zu diskutieren. Bald würden es die Spatzen von allen Dächern pfeifen! In eine Geheimsache Stufe eins durfte nur ein ganz winziger Kreis von Menschen eingeweiht gewesen sein." Das Thema interessierte ihn brennend, wie viele Menschen in Prag. „Nur, wer war das?"
„Ich jedenfalls", bemerkte Drtina, „kann darüber nur rätseln. Ich hörte einmal, wie vor dem Präsidenten von einem Attentat gesprochen wurde. Inwieweit er beteiligt war, das weiß ich nicht."
„Herr Präsident bestimmt nicht", meinte Feierabend. Außer Beneš's Ehrlichkeit konnte er sich nichts vorstellen. „Der Generalstaatsanwalt Drábek sagte, Dr. Beneš hat vor ihm erklärt, er wüsste nichts davon. Den höchsten Staatsanwalt dürfte der Präsident doch nicht belügen."
„Es ist tatsächlich ein Rätsel", wiederholte Drtina. „Bei der Aussendung von Funktechnikern war ich manchmal eingeweiht. Hier aber nicht. Soweit ich mich erinnere, hat eine heimische Widerstandsgruppe mit einer Depesche gegen die Ausführung eines Attentats protestiert. Nicht wahr?", wandte er sich an Moravec.
„Ich darf darüber nicht reden", erwiderte der.
„Es war auf jeden Fall eine heroische Tat tschechischer Patrioten", schwärmte Drtina. „Und ich sage dir", betonte er zu Moravec, „falls es dich trösten kann: Ohne das Attentat auf Heydrich, ohne Lidice hätten wir kaum erreicht, dass die Großmächte unsere Forderung nach dem Transfer der Deutschen akzeptierten oder akzeptieren werden, wie zu hoffen ist."
„Ja, das ist eine bedeutende Sache", nickte Feierabend.
Moravec verließ sie mit seinem Blick zum Boden, ohne Gruß. Feierabend schaute ihm mitleidig nach. „Ich sagte dem Präsidenten öfters, es mache keinen guten Eindruck, wenn er jeden Morgen als Erstes seinen Nachrichtendienstchef empfängt. Das tat er doch in Aston Abbots täglich.
Ich wollte Beneš ein wenig necken, versteht sich. Jetzt muss er sich von ihm trennen, wie man sieht."

Teils als Frage, teils als Herausforderung bemerkte er zu Drtina: „Es wird gemunkelt, den Moravec hätten die Sowjets abgesägt." „Was in der Armee geschieht, geht mich nichts an", erwiderte Drtina trocken.
„Recht hast du!", nickte Feierabend. Mit einem ironischen Unterton fügte er hinzu: „Es sei immer besser, weniger zu wissen als zu viel, sagt man."

Moravec schlenderte von der Burg hinunter zu den alten Dächern und Häusern der Kleinseite. Voller Gedanken ging er durch die pittoresken Gassen. Ihm wurde klar, Beneš hat ihn ausgenutzt. Als treuer Soldat steckte er jetzt allein in einer Falle. Wie groß sie war, was ihn alles noch erwartete, das war die Frage. Im Geiste hörte er die vorwurfsvollen, traurig trüben Stimmen der Mütter, Witwen und Töchter der Opfer, die nach dem Attentat hingerichtet wurden. Die Hinterbliebenen kamen öfters zu ihm und klagten. Moravec verstand vollkommen, warum die Verhafteten sich der Gestapo nicht widersetzt hatten wie Beneš es beanspruchte. Die Männer wollten gerade ihre Frauen, ihre Familien und Kinder schützen. Das leuchtete jedem normalen Menschen ein. War Moravec sentimental oder war Beneš zynisch?
Warum will Beneš nicht zugeben, dass er *persönlich* der Initiator des Attentats war, zumal die Aktion solch einen internationalen Ruhm erlangt hat? Warum verkündet er nicht offen und ehrlich, dass er als Oberbefehlshaber der Streitkräfte, wie er stets betonte, ihm, General Moravec, dem Chef des militärischen Nachrichtendienstes, einen unmissverständlichen Befehl zur Auswahl und Ausbildung der Fallschirmjäger erteilt hatte? Dass er ihr Training verfolgte, ihnen vor ihrem Abflug mit beschwingten Worten nochmals erörterte, wie wichtig ihre Aufgabe war. Warum nicht? Wieso versteckt er sich jetzt hinter dem Rücken von František Moravec, einem *disponiblen* General, auf den jeder spucken darf?

Ohne zu planen, wo er hingehen wollte, erreichte František die Karlsbrücke. Vielleicht blieb die Moldau das einzige

Wesen, mit dem er noch reden, Meinungen austauschen konnte, dachte er bitter. Er lehnte sich an die steinerne Brüstung und überlegte, wie gut alles angefangen hatte und wie offensichtlich schief so vieles gegangen war. Mit Wehmut sah er die zwei feinen Burschen vor sich, die Fallschirmjäger, die zuletzt unweit von dieser Brücke ihr Leben ließen. Er erinnerte sich an den unternehmungslustigen, begabten, heiteren Gabčík und an den hochgewachsenen, schlanken und disziplinierten Kubiš. Sie waren ein ideales Paar für die Operation. Beide waren ledig. Gabčík war Slowake, Kubiš Mährer. Ihr britischer Ausbilder war begeistert. Alle Prüfungen, ob in Jiu-Jitsu, im Schießen oder Granatwerfen bestanden sie ausgezeichnet. Die letzte Aufgabe, ihnen zu enthüllen, was der Zweck ihrer Vorbereitung war, übernahm Moravec selbst. Die Chance zu überleben und zu entkommen war gering, sagte er ihnen, jedem einzeln. „Sie haben das Recht, die ganze Wahrheit zu wissen." Dann fragte er jeden, ob er bereit war, die Aktion durchzuführen.
„Ich betrachte die Mission als Kriegsaktion", erwiderte Gabčík, „und das Todesrisiko als selbstverständlich."
Kubiš bedankte sich, für solch eine wichtige Sache ausgewählt zu werden. Beide Männer erklärten, einer möglichen Verhaftung durch die Gestapo würden sie den Tod vorziehen. Vom Ort des Attentats gelang es ihnen dann jedoch zu flüchten. Sie hätten vielleicht über die Slowakei ins Ausland und nach London zurückkehren können. Sie hatten doch eine Chance, dachte František Moravec.
Von uns aus und von den Briten erhielten sie alles, gefälschte verlässliche Dokumente, ihre Bekleidung, Unterwäsche, Schuhe, ja Zigaretten, Streichhölzer und Zahnpasta waren bis zum Detail tschechischer Produktion. Nichts hätte sie verraten. Sie besaßen eine Menge Protektoratsgeld, um selbständig handeln zu können.
Wie sind sie nur an ihren Verräter geraten?

František haderte mit ihnen, als wären sie noch am Leben. Ihnen wurde doch befohlen, sich von jedem fernzuhalten.

Deshalb wurden sie Ende April ausgesandt, um zur Not auch in der Natur zu überleben. Nun kursierten in Prag Gerüchte, sie wären im Winter, mitten im Schnee ausgesetzt worden. Das stimmte ganz und gar nicht. Man hat alles durcheinander gebracht. Ihre Legenden wurden mit jenen anderer Fallschirmjäger gemischt, die mit ihnen den Tod fanden. Zuletzt hatten sie sich in der Krypta einer Kirche in der Ressel-Straße mannhaft gewehrt. Erst als die deutschen Einheiten sie mit Wasser fast ertränkt hätten, erschossen sie sich. Der Mann, der sie preisgab, stand bei der Belagerung auf der Straße.
„Wie konnten Sie Ihre Kameraden verraten", fragte heute der Richter, „und sie dem sicheren Tod ausliefern?"
„Ich war nur einer in der Kette", versuchte der Täter sich zu verteidigen. Da hätte Moravec ihm weitere Fragen gestellt. Nicht so der Richter. Er wiederholte nur, wie der Verräter das tun konnte ...
„Herr Richter", antwortete der Mann, der auch mal aus London als Fallschirmjäger für eine andere Mission ausgesandt worden war - Moravec kannte ihn kaum -, „ich denke für eine Million Reichsmark hätten Sie dasselbe getan." Die soll er tatsächlich erhalten und die nächsten drei Jahre in Luxus, mit falscher Identität, gelebt haben.
Das Tribunal, ein Berufsrichter und vier Volksrichter, verurteilten ihn sofort, ohne Zögern zum Tode. Laut dem Retributionsgesetz musste das Urteil binnen zwei Stunden vollstreckt werden. Moravec redete noch mit dem Delinquenten, hätte gern viele Dinge geklärt. Nur, das Gericht zeigte kein Interesse. Ein abgelegter General, was hat er bei dem Prozess zu suchen? Moravec durfte nicht ausführlich erzählen, warum er so neugierig war.
Wieso hätten Jan und Josef, zwei echte Helden, wie František sie sah, nicht auf eigene Faust operiert? Sie hätten wahrscheinlich überlebt. Die Frage werden sie nie mehr beantworten.
Jetzt erschien es František, es steckte möglicherweise Absicht darin, die Begleitumstände des Attentats nicht mehr aufzuklären. Wem diente die Vertuschung der Tatsachen? Den Kommunisten, die keine Aktion aus dem Westen anerkennen wollten? Ihnen auch. Aber nicht nur! Fast erschrak er bei dem Gedanken.

Er wurde ruhiger, seine Gedanken klarer. Liebevoll beobachtete er die Moldau, die silbern und lebhaft dahinfloss. Mit dem Blick streichelte er die Häuser an den Ufern, unzählige spitze Türme. Alles war noch zauberhafter als er es in seinen Erinnerungen in der Ferne behielt. Hier will ich leben, bekräftigte František für sich. In beiden Weltkriegen musste ich fort, im Ersten als Soldat, im Zweiten als Nachrichtendienstler. Ich will nicht mehr wieder weg. Nur, wird es Bestand haben?
Der sowjetische Nachrichtenoffizier Tschitschajew, dem er in London aus Solidarität viel Material zur Verfügung gestellt hatte und der sich mit fast gar nichts erkenntlich zeigte, der hatte ihm noch gedroht: Die Sowjets würden es sein, die nach dem Krieg darüber entscheiden würden, wer in Prag Verteidigungsminister, wer Generalstabschef und wer Nachrichtendienstchef sein wird. Tschitschajew verlangte von Moravec, den britischen Nachrichtendienst, mit dem er tagtäglich zusammenarbeitete, und den Präsidenten Beneš für die Sowjets auszuspähen. Moravec wies Tschitschajew die Tür.
Und jetzt ist genau das eingetreten, wovon Tschitschajew in London vor dem Kriegsende gesprochen hat. Svoboda, früher ein bedeutungsloser Oberstleutnant bei einem Reservebataillon, war Verteidigungsminister. Moravec' ehemaliger Freund Boček, der 1943 als Offizier ohne Beschäftigung aus England nach Russland verlegt wurde, war Generalstabschef. Und der neue Chef des Nachrichtendienstes hieß nicht mehr Moravec.
Tschitschajew als Leiter des Prager sowjetischen Geheimdienstes saß in ihrer Botschaft, in der Straße *Unter den Kastanien.*

Wird unser Leben hier Bestand haben-? zweifelte František.
Sein Herz schrie *doch*! Sein Verstand, seine Erfahrung als Chef des militärischen Nachrichtendienstes wusste es haargenau. Die Souveränität des Landes war in fremde Hände gerutscht. Es war kein eigenständiger Staat mehr. Jegliche Geheimnisse wurden an die Sowjets weitergegeben. Darüber hatte er keine Illusion. Dafür sorgte sein Nachfolger im Dienst. Das war Verrat am eigenen Volk. Die Straßen und Plätze, durch die er irrte, waren zwar

nicht nur mit Stalin, sondern auch mit den Porträts von Eisenhower und Montgomery geschmückt. Aber das war nur noch ein Schein. Eines Tages wird der Präsident alles an die Kommunisten verlieren: Alles für sich selbst. Alles für sein Land. Eines Tages - wie bald? Schwer abzuschätzen. Als Professioneller durfte Moravec sich nicht täuschen lassen. Die Tschechoslowakei war verloren.

Freunde hatten František vor der Rückkehr gewarnt. Er wollte zurück, der Heimat zu dienen, mehr noch, die Hintergründe zu erforschen. Bescheid zu wissen, das war sein Beruf.
In London hatte man geglaubt, Beneš besäße von allen Exil-Staatsoberhäuptern den besten Nachrichtendienst. Das stimmte zum Teil und František war stolz darauf. Doch wem hatte das gedient und wem diente da *er selbst?*
Die opferbereiten Widerständler in der Heimat funkten unter höchster Lebensgefahr 'nach London'. Alles das endete in Beneš's Schublade. Auch den Exilministern gönnte Beneš nur Krümel davon. Er wünschte alles nur für sich und behielt es auch. Was in die Heimat gesendet wurde, kam wieder fast nur von Beneš. Eine echte Verbindung zwischen 'der Heimat' und 'London' bestand in Wirklichkeit nicht. Dafür hatten die Menschen in der Heimat ihre wertvollen Leben geopfert!
Wem hatte František also eigentlich so fachmännisch und fleißig gedient?
Sollte nun Beneš öffentlich erklären, dass er *allein* über das Attentat entschied, dann würde die nicht existente Verbindung ans Licht geraten. Man würde nicht aufhören zu fragen. In der Presse würde man lüften wollen, zu welchem Zweck das Attentat überhaupt geschah.
Bald würde man argumentieren, Beneš hätte das furchtbare Blutbad, welches folgte, kaltblütig einkalkuliert. Man würde sagen, auch Lidice hat er einkalkuliert. Denn die Menschen in der Heimat haben tatsächlich geblutet. Viele wurden tatsächlich hingerichtet. Über tausenddreihundert Menschen, einschließlich zweihundert Frauen wurden exekutiert. Aus dem Ghetto von There-

sienstadt wurden zu gleicher Zeit dreitausend jüdische Menschen deportiert und umgebracht. Das wusste František aus zuverlässiger Quelle.
Das unscheinbare Dorf Lidice ist tatsächlich überrollt, entvölkert, ausgerottet, dem Boden gleichgemacht worden. Es war nicht der Wille des Volkes, dass so etwas geschehen sollte. Weder in der 'Heimat' noch im Exil wünschte irgend jemand so etwas. Nur Beneš war nicht sentimental.

Jetzt missbrauchen Beneš und seine politische Clique die Tragödie von Lidice gegen die Sudetendeutschen. Doch die hatten mit dem Massaker rein gar nichts zu tun, dachte der General. Das ist äußerst unwahrhaft und unfair. František betrachtete sich selbst als Patrioten, war aber kein Chauvinist oder Fanatiker. Von seinem geheim ausgeübten Dienst kannte er beide Seiten der Medaille beziehungsweise noch mehrere davon. Er kannte viele Menschen bis auf die Unterwäsche. Ihm hatten sich hunderte Charaktere enthüllt, gute und feine, böse und hinterlistige. Mit ihrer Nationalität hatte es wenig zu tun. Sein glänzendster Agent A-54, Paul Thümmel, war ein Deutscher. Zuletzt war Thümmel Chef des deutschen Abwehr-Nachrichtendienstes beim Stab General Toussaints in Prag. Thümmel wurde später verhaftet und in Theresienstadt in den letzten Kriegstagen durch die SS erschossen. Er war ein guter Mann.

Beneš hat absolut vergessen, dass er nur Präsident einer kleinen Nation war, ein trockener, gefühlloser Zwerg der Weltgeschichte, so sah ihn František im Augenblick. Niemals hatte Beneš eine Ahnung von den wahren Absichten der Großmächte. Das konnte Františeks Nachrichtendienst ihm gar nicht liefern! Trotzdem versuchte Beneš, den Schiedsrichter zu spielen. Prophetisch verkündete er immer wieder, was und wann eintreffen würde. Sehr oft war das falsch. Mit seinen Prophezeiungen über ein baldiges Kriegsende, ob im Exilradio oder in seinen Geheimdepeschen, hatte Beneš die Widerstandskämpfer in der Heimat irritiert, sie vorzeitigen Gefahren ausgesetzt. Wiederholt hatte

František davor gewarnt! Später wurden die Falschaussagen Beneš's als sein Optimismus bewertet. Sie waren nichts anderes als sein Größenwahn. Manche Außenstehende meinten, sein Nachrichtendienst hätte versagt. So war es nicht. Der Dienst versuchte, Beneš davon abzuhalten, genaue Termine und Daten zu nennen. Aber das wussten nur Moravec und Beneš selbst. Höhere politische Interessen ...? Dass ich nicht lache! Sie waren nur die Interessen Beneš's.

Da kam noch etwas hinzu. Vom Ausland her erschien es nicht so deutlich. Wenn František jetzt immer wieder mit den Hinterbliebenen der Opfer des Naziregimes sprach, wurde ihm erst klar, dass durch den Verlust vieler wichtiger Persönlichkeiten eine klaffende Lücke in der tschechischen politischen und geistigen Elite entstand. Beneš konnte ruhig schlafen. Keine wichtigen Rivalen würden ihm die erworbene Vormachtstellung mehr streitig machen!

Eine Weile hatte er das Gefühl, er würde ersticken. Mit niemandem konnte oder durfte František über seine Entdeckungen reden, nicht einmal mit seiner lieben, treuen und tapferen Frau. Niemals hat sie ihm übel genommen, dass er am vierzehnten März 1939 mit einem holländischen Flugzeug nach London zwar seine Mitarbeiter mitnahm, nicht aber sie, die Ehefrau und die beiden Töchter, wie die Freunde von der britischen Botschaft es vorgesehen hatten. Vlasta musste mit den Kindern und den Familienangehörigen anderer Mitarbeiter im Sommer des gleichen Jahres über die polnischen Berge in die Freiheit klettern.

Tränen der Wut standen ihm in den Augen. František malte sich aus, was passieren würde, wenn er jetzt eine reale Chance hätte, all das öffentlich bekannt zu machen. Den Mitbürgern mitzuteilen, wie Beneš sie, uns alle, für seine blutige Intrige geopfert hat. Beneš hat die Tschechen belogen, verführt, ihnen durch seinen Hass die Köpfe verdreht, sie mit der Idee angesteckt, dass andere Völker Europas, Amerikas oder der

Sowjetunion für das Schicksal der Tschechen verantwortlich wären, dass immer die anderen für die Tschechen die heißen Kastanien aus dem Feuer ziehen müssten. So belehrte Beneš das Volk nach *seiner* Kapitulation von München. Die Moral des erniedrigten tschechischen Volkes war auf Null gesunken. Und jetzt stand sie bei vielen unter Null.
František war entsetzt und verzweifelt. Er stellte sich vor, wenn jetzt *alle* wüßten, was nur ihm bekannt war, dann würden wahrscheinlich die Tschechen ihren Hass umkehren. So wie sie jetzt aufgebracht sind, würden sie nicht mehr die Deutschen, sondern ihren gerühmten Beneš wie einen bösen Geist in Stücke reißen!

Was niemand wusste, Beneš hatte nur noch drei Jahre zu leben. In der Zeit, die ihm verblieb, gab es für ihn viel zu erledigen: Knapp drei Millionen deutsche Bewohner waren aus der Tschechoslowakei zu hetzen und zu jagen. Abertausende schufteten für lange Monate, oft Jahre, als Zwangsarbeiter in tschechischen Lagern. Viele kamen um, wurden ermordet, nahmen sich das Leben, ehe die übrigen in überfüllten Zügen, beraubt und menschenunwürdig über die Grenze transportiert wurden.
Leere Landschaften erzählen - oder schweigen - bis heute über ihre vertriebenen Kinder.
Mit diesen und anderen Untaten, mit seinen Aufrufen zur 'nationalen und sozialen Revolution', hat Edvard Beneš die Demokratie, die Rechtsstaatlichkeit, die gesamte Wirtschaft, ja selbst den Staat, den er einst mitbegründet hatte, die menschliche Dimension darin, vernichtet. Wie er selbst es nannte: liquidiert.
Er starb im Jahre 1948, einige Monate nach dem kommunistischen Putsch, dem er zuvor alle Wege geebnet hatte.

E n d e

Ortsnamen auf Deutsch und Tschechisch

Aussig - Ústí nad Labem	Landskron - Lanškroun
Bodenbach - Podmokly	Mies - Stříbro
Böhmisch Leipa -Česká Lípa	Pilsen - Plzeň
Brünn - Brno	Pohrlitz - Pohořelice
Brüx - Most	Reichenberg - Liberec
Budweis -České Budějovice	Reigen - Rajhrad
Dux - Duchcov	Schönpriesen - Krásné Březno
Freiwaldau - Jeseník	Teplitz - Teplice
Kaaden - Kadaň	Tetschen - Děčín
Karlsbad - Karlovy Vary	Theresienstadt - Terezín
Komotau - Chomutov	Vollmau - Folmava
Krummau - Český Krumlov	Znaim - Znojmo

Handelnde Personen

Vertriebene und Verfolgte

Deutsche Einwohner von Vollmau - sie und ihre Nachkommen leben heute meistens in Bayern, manche in Furth im Walde, vier Kilometer von Vollmau entfernt

Margit - deutsche Krankenschwester aus Brünn mit perfekten Tschechisch-Kenntnissen. Ihre haarsträubenden Erlebnisse beschrieb sie später für eine Dokumentensammlung unter den Initialen M. v. W.

Leutnant Waldemar - Prager Österreicher in den Wirren des Aufstands und der tschechischen Rache

Hildegard Hurtinger - Prager Deutsche, ihre Verwandten wurden umgebracht

Dr. Hans Wagner - Prager deutscher Arzt und Militärarzt, setzte sich für verwundete Soldaten und deutsche Zivilisten ein, unschuldig verhaftet

Anna Seidel - nach Theresienstadt deportierte Prager Deutsche

Adelheid - Prager Deutsche willkürlich misshandelt

Deutsche Bewohner von Landskron - zahlreiche ermordet, misshandelt, Überlebende in die UdSSR verschleppt

Erika Griessmann - junge Deutsche mit Familie unschuldig aus ihrem Heimatort Kladno verjagt
Ing. Eugen Scholz - mit Frau und Kindern aus Brünn geflüchtet, einander verloren, nach Monaten voller Qualen wieder vereint
Deutsche Altbewohner von Brünn - brutal vertrieben, sehr viele ermordet
Gerhard Wolf - Sohn einer vertriebenen Familie aus Brünn, dank tschechischer Nachbarn wieder vereint
Deutsche Bewohner von Rokitnitz - nach Sachsen vertrieben
Deutsche Bewohner von Brüx - drangsaliert durch tschechische Rotgardisten, durch Russen teilweise geschützt
Dr. Carl Grimm - Totenbeschauer und Zeitzeuge in Brüx
Deutsche Bewohner von Gablonz - vertrieben, zurückgeschickt, im Lager gelandet
Leni - mit Familie und anderen Bewohnern aus Böhmisch Leipa vertrieben
Dr. Siegel - Prager deutscher Arzt, als Gefangener schwer misshandelt, will nicht töten, er nimmt sich Typhuskranker an
Lieb - deutsch-mährischer Gutsbesitzer, total enteignet
Deutsche Bewohner von Aussig - Opfer eines tschechischen Pogroms
Alois Ullmann - Aussiger Antifaschist kämpft um Ende des Genozids
Otto Paleczek - ein Böhmerwäldler will mit der Familie fliehen
Wenzel Jaksch - sudetendeutscher Sozialdemokrat versucht im Exil vergeblich, Beneš von seinen Vertreibungsplänen abzubringen
Rudolf Beran - ehemaliger Premier der Tschechoslowakei nach dem Münchner Abkommen, verfolgt durch die Gestapo, ab Mai 1945 bis zum Lebensende wegen angeblicher Kollaboration mit den Deutschen unschuldig in tschechischem Gefängnis
Juden - nach Mai 1945 erneut in Theresienstadt, durch Tschechen enteignet

---

Übeltäter und Machtergreifer

Edvard Beneš - ab April/Mai 1945 tschechoslowakischer Präsident ohne demokratisches Mandat (im Oktober 1938 abgedankt). Er regierte ein Jahr lang ohne gewähltes Parlament mittels Präsidenten-Dekrete, heute als **Beneš-Dekrete** bezeichnet. In jenem einen Jahr wurde die brutale Vertreibung von mehr als drei Millionen deutscher Bürger der Ersten ČSR fast vollständig durchgeführt. Als Schreibtisch-Haupttäter der Vertreibung sicherte sich Beneš die volle Komplizenschaft der zu allem bereiten tschechoslowakischen Kommunisten, die drei Jahre später die totalitäre Diktatur in der ČSR einführten.
Hana Benešová - seine Ehefrau
JUDr. Prokop Drtina - Mitarbeiter Beneš's in Prag und im Exil. Verblendeter tschechischer Chauvinist, der sich für einen Demokraten hielt. Als füh-

rendes Mitglied der Partei der Nationalen Sozialisten, so hießen sie wirklich, rief er zur Vertreibung der altansässigen Deutschen auf.

Ludvik Svoboda - selbsternannter Verteidigungsminister, Agent Moskaus, führte mit der Armee und ihren Teilen die Vertreibung durch.

Bohumil Boček - Svobodas untergeordneter Chef des Generalstabs

Josef Smrkovský - kommunistisches Mitglied des Tschechischen Nationalrats, an der Auslieferung der Wlassow-Soldaten maßgeblich mitschuldig

Václav Kopecký - selbsternannter kommunistischer Minister

Bedřich Pokorný - Organisator des Brünner Todesmarsches, zum ersten Chef der kommunistischen Stasi in Prag ernannt

Václav Nosek - selbsternannter kommunistischer Innenminister, verantwortlich für die brutalen Hunger-Lager für Deutsche

Vladimír Clementis - selbsternannter slowakischer kommunistischer Staatssekretär im Auswärtigen Amt

Julius Ďuriš - selbsternannter slowakischer kommunistischer Minister für Landwirtschaft, verantwortlich für Konfiskationen und Umverteilungen

Klement Gottwald - Chef der ČS-Kommunisten, ein Diener Stalins, geheimer Widersacher Beneš's. Ab Mai 1945 Vizepremier, 1946 Premier, 1948 Präsident der ČSR, starb 1953 nach Stalins Begräbnis

Hubert Ripka - Beneš's Propagandachef im Exil

Fišerák - angeblicher Sekretär Havels im Jahre 1989

Zdeněk Fierlinger - ČS-Premier ab Mai 1945, Agent Moskaus

Kommandant Průša - Schlächter in der Kleinen Festung Theresienstadt

F. Říha - Mörder der Deutschen in Schwarzbach

Josef Hýbl-Borecký - Kommandant mordender Rotgardisten in Landskron

Mitglieder des Volksgerichts in Landskron

NIVA - paramilitärische Abteilung der ČS-Armee, verwüstete Vollmau

Iwan S. Konjew - sowjetischer Marschall in Wien

Tschitschajew - sowjetischer Nachrichtendienstchef in London und Prag

---

Opposition

politische - militärische - spontan menschliche - Zweifler - Forscher

General Srůnek - menschlicher Chef des ČS-Armeesanitätswesens

Václav Černý - Literaturhistoriker, verurteilte tschechische Grausamkeiten an den Deutschen als 'tschechischen Gestapismus'

Meine Eltern, Tante, Großmutter - Zeitzeugen, Zweifler, Helfer

Wolfgang und Otakar - ungleiche Freunde solidarisch in Not

Ladislav Feierabend - tschechischer Ex-Minister mit kritischen Ansichten

Legationsrat Čech - oppositioneller Beamter im Landwirtschaftsministerium

Junger Polizist - in Böhmisch Leipa bereut seine Beteiligung an Vertreibung

Miroslav - ein junger Tscheche gibt eine deutsche Wohnung auf
Lev Prchala - General der Ersten ČSR, politischer Opponent Beneš's, bleibt 1945 im Exil, setzt sich für Versöhnung mit den Deutschen ein
JUDr. Karel Locher - Prchalas politischer und persönlicher Freund
Dr. Přemysl Pitter - Retter von Kindern, bittet Beneš vergeblich um Hilfe
František Moravec - General, Chef des militärischen Nachrichtendienstes, ab Mai 1945 kaltgestellt, enthüllt später Wahrheiten über Beneš
Danubius - slowakischer Historiker Dr. Jan Mlynarik, prangert die Vertreibung und Edvard Beneš als Schreibtisch-Haupttäter an
Petr Tabulka - tschechischer Dissident der 1980er Jahre
Václav Havel - im Jahre 1989 angehender Staatspräsident
Olda - mein Sohn, unterstützt Dissidenten
Adrian - politischer Gefangener in Leopoldov im Jahre 1990
Paul - ein Freund in München 1990er Jahre, hilft Adrian
Pavel Tigrid - Journalist, zweimal Exulant, in den 1990er Jahren Minister in Prag
Viktor Fischl - zweifelnder tschechischer, später israelischer Diplomat
Stanislav A. Ausky - objektiver tschechischer Forscher und Militärhistoriker
Andrej A.Wlassow - russischer General stellte antistalinistische Armee auf, von Tschechen wie von den Alliierten verraten, in Moskau hingerichtet
General Bunjatschenko - Befehlshaber der 1. Division der Wlassow-Armee, die für Prag kämpfte, hingerichtet in Moskau
Kardinal Innitzer - in Wien wichtiger Helfer der Vertriebenen aus Brünn
Harold Laski - Chef der britischen Labour Party lehnte Vertreibung ab
Dr. Alfred M. de Zayas - amerikanischer Jurist und Menschenrechtler

---

Literatur

Ausky Stanislav A.
Vojska generála Vlasova v Čechách - Die Heere General Wlassows in Böhmen - Vyšehrad Praha 1996

Beneš Edvard
Demokracie dnes a zítra - Demokratie heute und morgen - Čin Praha 1946

Beneš Edvard
Odsun Němců z Československa - Abschub der Deutschen aus der Tschechoslowakei - Auswahl aus Memoiren, Reden und Dokumenten 1940-1947, Dita Praha 1996

Beneš Edvard
Paměti - Memoiren - Orbis Praha 1947

BERAN RUDOLF
Vylíčení vyšetřovací vazby před zahájením procesu - Schilderung der Untersuchungshaft vor dem Prozessbeginn - Manuskript aus dem Gefängnis 1945/46

BERTON STANISLAV
Jak se šlo na odsun - Wie man den Abschub anging - Manuskript 1996

Der „Brünner Todesmarsch" 1945, Eine Dokumentation. Hrsg. Hanns Hertl, Erich Pillwein, Helmut Schneider, Karl Walter Ziegler. BRUNA, Schwäbisch Gmünd 1998

BUREŠ MIROSLAV
Dva obrazy historického zločinu justice - Kapitána Alfreda Dreyfusse, francouzského důstojníka generálního štáb a Rudolfa Berana, předsedy Československé vlády - Zwei Bilder historischer Justizverbrechen - Kapitän Alfred Dreyfuss, französischer Offizier des Generalstabs, und Rudolf Beran, Vorsitzender der tschechoslowakischen Regierung - Artikel in der Zeitschrift Brázda Praha 1995

ČERNÝ VÁCLAV
Křik koruny české. Paměti 1938-1945 - Der Schrei der Krone Böhmens . Memoiren 1938-1945 - Atlantis Brno 1992

ČERNÝ VÁCLAV
Paměti IV - Memoiren IV - Sixty-Eight Publishers Toronto 1983

Dokumente zur Austreibung der Sudetendeutschen Im Selbstverlag der Arbeitsgemeinschaft zur Wahrung sudetendeutscher Interessen, München 1952

DRTINA PROKOP
Československo můj odsud - Die Tschechoslowakei mein Schicksal - Sixty-Eight Publishers Toronto 1982

Es geschah vor 50 Jahren - u. a. Zeitzeugen-Rubriken in: Sudetendeutsche Zeitung München 1996-1999

FEIERABEND LADISLAV KAREL
Politické vzpomínky I, II, III - Politische Erinnerungen - I: Universum Press New York, U.S.A. 1961-64, II und III: Selbstverlag Washington D.C. 1965-66, 66-68 Atlantis Brno 1994-96

FISCHL VIKTOR
Setkání - Begegnungen - Martin Praha 1994

HEJL VILÉM
Zpráva o organizovaném násilí -Bericht über die organisierte Gewalt - Univerzum Praha 1990

HILF RUDOLF
Deutsche und Tschechen, Symbiose-Katastrophe- Neue Wege Leske + Budrich Opladen 1995

Komu sluší omluva, Češi a Sudetští Němci - Wem die Entschuldigung geziemt, Tschechen und Sudetendeutsche - Hrsg. Kollektiv ungenannter Autoren, Erika Praha 1992

LOCHER KAREL
„Naše akce" - „Unsere Aktion" - Selbstverlag London 1942
LUŽA RADOMÍR
Odsun - Abschub - Exilausgabe 1952 (?)
MACDONALD CALLUM/JAN KAPLAN
Praha ve stínu hákového kříže, Pravda o německé okupaci 1939-1945 - Prag im Schatten des Hakenkreuzes. Die Wahrheit über die deutsche Okkupation 1939-1945 - Melantrich Praha 1995
MASARYK JAN
Volá Londýn - London ruft - Lincolns-Prager London 1945
Menschenrechte. Ihr internationaler Schutz - Beck-Texte in dtv München 1985
MLYNARIK JAN/DANUBIUS
Thesen zur Aussiedlung der Deutschen aus der Tschechoslowakei 1945-1947 Samisdat Prag 1977 Selbstverlag Danubius München 1985
MORAVEC FRANITIŠEK
Špion, jemuž nevěřili - Ein Spion, dem nicht geglaubt wurde - 68 Publishers Toronto 1977, Reprint by Rozmluvy, England 1987
Obzory - Horizonte - tschechische Exilzeitschrift London 1965
PALECZEK OTTO
40 Jahre Vertreibung und Flucht über Österreich aus unserer alten Heimat, dem schönen Böhmerwald, im Jahre 1945/46 Manuskript im Familienbesitz 1985
PAUL ERNST
Es gibt nicht nur ein Lidice - Sudetendeutscher Rat München 1988
PAUL ERNST
Lidice-Brno-Ústí nad Labem, Místa českého a německého utrpení - Lidice-Brünn-Aussig, Orte des tschechischen und des deutschen Leidens - tschechische Hrsg. Sidonia Dedina, Institut für die Mitteleuropäische Kultur und Politik Praha 1990
PECHÁČEK JAROSLAV
Dvacet let svobody - Zwanzig Jahre Freiheit - Národní politika München 1988
POSPÍŠIL JAROSLAV
Hyeny - Hyänen - Vizovice 1998
PRCHALA LEV
Korrespondenz und Zeitungsartikel (Sudetendeutsches Archiv, München)
SAKHAROW KONSTANTIN W.
Die tschechischen Legionen in Sibirien - Hendriock Berlin 1930, Dolz München-Altea 1995
SMUTNÝ JAROMÍR
Svědectví prezidentova kancléře - Zeugnis des Kanzlers des Präsidenten - Mladá fronta Praha 1996
Slyšme i druhou stranu - Hören wir auch die andere Seite an - tschechische

Auswahl aus „Dokumente zur Austreibung der Sudetendeutschen", Hrsg. Sidonia Dedina, Infcentrum Šumava České Budějovice 1990

STANĚK TOMÁŠ

Perzekuce 1945 - Verfolgung - Institut für die Mitteleuropäische Kultur und Politik Prag 1996

Die Sudetendeutschen, Eine Volksgruppe im Herzen Europas 1848-1988. Hrsg. Oskar Böse, Rolf-Josef Eibicht, Sudetendeutscher Rat München 1989

Der Synodalrat der Evangelischen Kirche der Böhmischen Brüder:

Zur Problematik der Aussiedlung der Sudetendeutschen Stellungnahme zur Diskussion, Hrsg. Pavel Smetana Praha 1995

TÁBORSKÝ EDUARD

Prezident Beneš mezi Západem a Východem - Präsident Beneš zwischen West und Ost - Mladá fronta Praha 1993 - Nach der englischen Originalausgabe von 1981: „President E. Beneš Between West and East, 1938-1948" at Hoover Institution Press, Stanford Univeristy, California, U.S.A.

Tausend Jahre deutsch-tschechische Nachbarschaft Hrsg. Ernst Nittner, Institutum Bohemicum der Ackermann-Gemeinde München 1988

TIGRID PAVEL

Kapesní průvodce inteligentní ženy po vlastním osudu - Taschenführer einer intelligenten Frau über das eigene Schicksal - Odeon Praha 1990

VOLKMAN ERNEST

Espionage John Wiley 1995 - **Špionažní aféry** - Alpress Frýdek-Místek 1996

Vollmau - Heimatbuch

ZAYAS DE, ALFRED M.

Die Anglo-Amerikaner und die Vertreibung der Deutschen Ullstein Frankfurt/M, Berlin 1996

Inhaltsverzeichnis

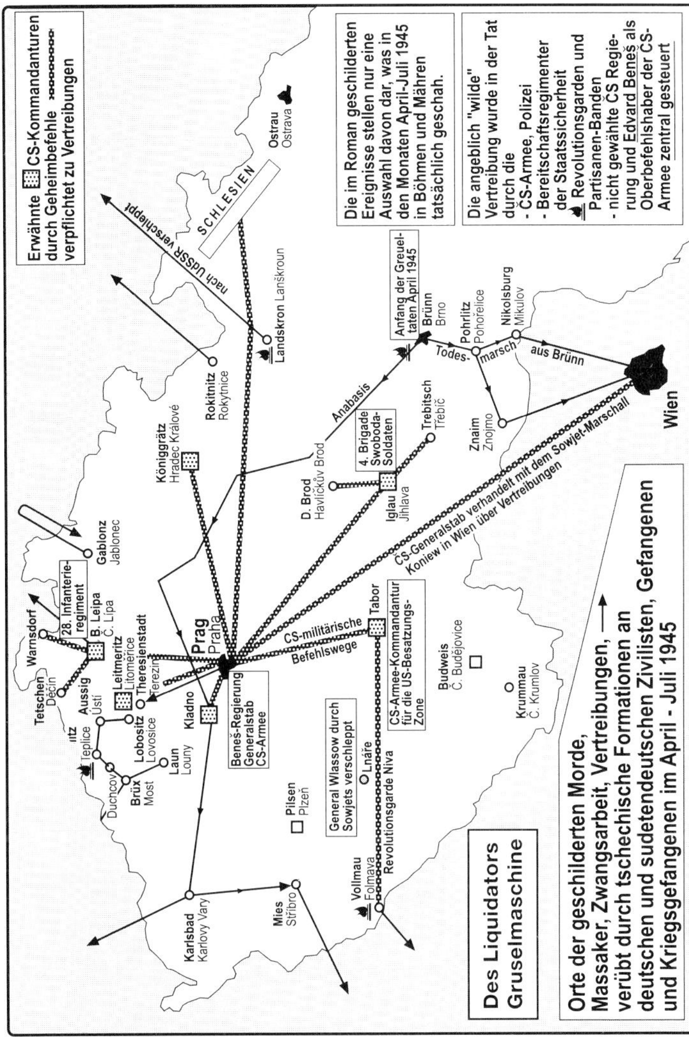
Des Liquidators Gruselmaschine
Orte der geschilderten Morde, Massaker, Zwangsarbeit, Vertreibungen, ⟶ verübt durch tschechische Formationen an deutschen und sudetendeutschen Zivilisten, Gefangenen und Kriegsgefangenen im April - Juli 1945
Erwähnte CS-Kommandanturen durch Geheimbefehle verpflichtet zu Vertreibungen
Die im Roman geschilderten Ereignisse stellen nur eine Auswahl davon dar, was in den Monaten April-Juli 1945 in Böhmen und Mähren tatsächlich geschah.
Die angeblich "wilde" Vertreibung wurde in der Tat durch die
- ČS-Armee, Polizei
- Bereitschaftsregimenter der Staatssicherheit
Revolutionsgarden und Partisanen-Banden
- nicht gewählte ČS Regierung und Edvard Beneš als Oberbefehlshaber der CS-Armee zentral gesteuert
SCHLESIEN
Ostrau Ostrava
nach UdSSR verschleppt
Landskron Lanškroun
Rokitnitz Rokytnice
Königgrätz Hradec Králové
Gablonz Jablonec
28. Infanterie-regiment
Warnsdorf
B. Leipa Č. Lípa
Tetschen Děčín
Aussig Ústí
Leitmeritz Litoměřice
Theresienstadt Terezín
Teplice
Lobositz Lovosice
Duchcov
Brüx Most
Laun Louny
Kladno
Prag Praha
Beneš-Regierung Generalstab CS-Armee
CS-militärische Befehlswege
Karlsbad Karlovy Vary
Mies Stříbro
Pilsen Plzeň
General Wlassow durch Sowjets verschleppt
Lnáře
Vollmau Folmava
Revolutionsgarde Niva
Tabor
CS-Armee-Kommandantur für die US-Besatzungs-Zone
Budweis Č. Budějovice
Krummau Č. Krumlov
D. Brod Havlíčkův Brod
Anabasis
4. Brigade Swoboda-Soldaten
Iglau Jihlava
Trebitsch Třebíč
ČS-Generalstab verhandelt mit dem Sowjet-Marschall Koniew in Wien über Vertreibungen
Anfang der Greueltaten April 1945
Brünn Brno
Todes-marsch
aus Brünn
Pohrlitz Pohořelice
Nikolsburg Mikulov
Znaim Znojmo
Wien

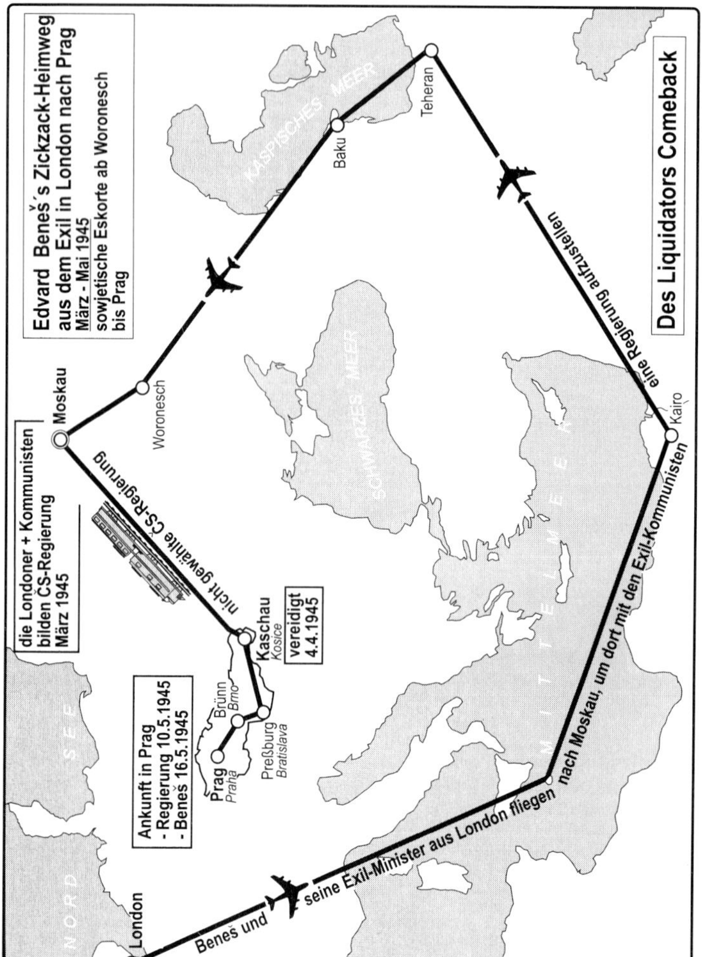
Edvard Beneš´s Zickzack-Heimweg aus dem Exil in London nach Prag
März - Mai 1945
sowjetische Eskorte ab Woronesch bis Prag
Des Liquidators Comeback
die Londoner + Kommunisten bilden ČS-Regierung März 1945
nicht gewählte ČS-Regierung
Moskau
Woronesch
Baku
Teheran
Kairo
KASPISCHES MEER
SCHWARZES MEER
MITTELMEER
NORDSEE
London
Beneš und seine Exil-Minister aus London fliegen nach Moskau, um dort mit den Exil-Kommunisten eine Regierung aufzustellen
Ankunft in Prag
- Regierung 10.5.1945
- Beneš 16.5.1945
Prag
Praha
Brünn
Brno
Preßburg
Bratislava
Kaschau
Košice
vereidigt 4.4.1945

Mies-Pilsener Heimatarchiv in Dinkelsbühl

Träger des Heimatarchives ist der **Heimatkreis Mies-Pilsen e.V.**, ein Zusammenschluß der seit 1945 aus dem ehemaligen Landkreise Mies und der Stadt Pilsen vertriebenen Deutschen.

Zweck des Archivs ist die Bewahrung des geistigen und kulturellen Erbes der aus dem genannten Gebiete vertriebenen Volksgruppe.

Das Archiv befindet sich in der Geschäftsstelle des Heimatkreises, Bauhofstraße 41, Dinkelsbühl. Daneben befinden sich Ausstellungsstücke im Heimatmuseum der Stadt Dinkelsbühl.

Öffnungszeiten: Nach Vereinbarung mit dem Archivbetreuer. In Ausnahmefällen auch nach Rücksprache mit dem Sekretariat Montag bis Freitag von 8 - 11 Uhr.

Die Vitrine im Heimatmuseum der Stadt Dinkelsbühl kann zu den Öffnungszeiten dieses Museums besichtigt werden.

Bestände

1. **Bücherei** mit etwa 1.000 Titeln meist heimatbezogener Literatur. Aktueller Autoren- bzw. Stichwortkatalog kann bezogen werden.

2. Sammlung alter **Bauerntrachten** aus dem südliche Egerland (Mieser sowie Kladrau-Chotieschauer Tracht).

3. **Mineraliensammlung** aus den Erzlagerstätten um Mies und den Steinkohleschächten des Nürschaner Kohlebeckens.

4. **„Sammlung Gröschl"**, etwa 150 Holzschnitte samt Druckstöcken des Heimatkünstlers A. Gröschl zu Motiven aus der Mieser Heimatlandschaft.

5. **Franz-Metzner-Dokumentation** mit ca. 60 ausstellungsfähigen Abbildungen der Werke des Künstlers.

6. **Fotodokumentationen** „Verfall einer Kulturlandschaft", Industrie vor 1945 im Mies-Pilsener Raum", „700 Jahre Pilsen", „150 Jahre Bürgerliches Brauhaus Pilsen", „40 Jahre Patenschaft" sowie „Das Werk Franz Metzners".

7. **Fotosammlungen** zu fast allen der 137 Gemeinden des Kreises Mies und der Stadt Pilsen.

8. Zahlreiche **Einzelstücke** wie z.B. Gebetbücher, Porzellan, Münzen, urkunden, Landkarten, usw.

Schrifttum des Heimatkreises Mies-Pilsen e.V.

Watzka, Karl	Excerpten aus der Chronik der Stadt Mies 1131 - 1875	Dinkelsbühl	1957
Kriegelstein, Alfred	700 Jahre Wiesengrund	ebda	1957
Storch, Karl	Sagen des Kreises Mies	ebda	1958
Ders.	Brauchtum und Volksglaube	ebda	1967
Heimatkreis Mies-Pilsen Hrsg.)	Heimatkreis Mies (Bearb.: Weschta, Pergher, Muhr, Kriegelstein)	ebda	1962
Weschta, Dr. Wilhelm	Kladrau - Geschichte des Klosters und der Stadt	ebda	1966
Ders.	Mies 1875 - 1945 (Chronik)	ebda	1971
Herzig, Dr. Anton	Die Gemeinden des Landkreises Mies	ebda	1975
		2. Auflage	1983
Ders.	Pilsen - Heimatstadt seiner deutschen Bewohner	ebda	1978
Volk, Friedebert	* Kirchsprengel und Kloster Chotieschau	Hersbruck	1984
		3. Auflage	1988
Festschrift	800 Jahre Bergstadt Mies (131 - 1931)	Mies	1931
	Nachdruck 1990		
Janka, Dr. Paul	Die Flurnamen der Gerichts-Bezirke Tuschkau, Staab, Wiesengrund (Diss. Prag 1941)	München	1990
Felbinger u.a.	* Westböhmische Heimat	Mies	1928
	Nachdruck 1991		
Mirtes, Hans	* Verfall einer Kulturlandschaft (181 S., 80 Abb.)	Dinkelsbühl	1992
Jünger, Julius	* Kunstmappe (mit 4 Motiven aus Jüngers Heimatstadt Mies)	Nürnberg	1992
Fritsch	* Heimatkarte des politischen Kreises Mies	Hof	1970
		2. Auflage	1992
Schmidt, Georg	* Die Burgen Westböhmens I und II	Mies	1925
	Nachdruck 1992		
Czech, Johanna u. Karl	* Stadt Mies in alten Ansichten, Band 1	Dinkelsbühl	1996

Czech, Johanna	Persönlichkeiten des Landkreises Mies und der Stadt Pilsen, Band 2/1	Dinkelsbühl	1997
Czech, Johanna	Band 3/2	Dinkelsbühl	1998
Böhm, Franz	Flug über die westböhmische Heimat	Dinkelsbühl	1999
Duus, Anna - Dörries, Bernhard	Zerstörte Heimat - Das Egerland heute...	Dinkelsbühl	2000

Periodika

Land an der Miesa	* Heimatbrief für den Heimatkreis Mies-Pilsen, erscheint mtl. Hrsg.: Vorstand des Hkr. Mies-Pilsen e.V. 3450 Bezieher	seit	1.1.1949
Jahrbuch	* Jahrbuch Mies-Pilsen	seit	1991

Weitere Schriften

Lieber, Hans	* Licht und Finsternis, 100 Gedichte eines Bergmannes	Mainz	1990
Christl, Ernst	* Geschichte des Dorfes Elhotten bei Mies	Nürnberg	1990
Lappat, Josef	* Geschichte des Dorfes Auherzen im Kreis Mies	Kelkheim	1992

Anmerkung: Die mit * gekennzeichneten Bücher sind noch lieferbar.